谨以此书向上海汉盛(合肥)律师事务所成立献礼!

公司内部法律风险与公司诉讼

蔡如堂◎著

法律出版社
LAW PRESS·CHINA
北京

图书在版编目（CIP）数据

公司内部法律风险与公司诉讼 / 蔡如堂著. -- 北京 : 法律出版社, 2024. -- ISBN 978-7-5197-9339-5

Ⅰ. D922.291.914

中国国家版本馆CIP数据核字第202493W2B2号

公司内部法律风险与公司诉讼
GONGSI NEIBU FALÜ FENGXIAN YU GONGSI SUSONG

蔡如堂 著

责任编辑 金 姗
装帧设计 贾丹丹

出版发行 法律出版社
编辑统筹 辞书·融出版编辑部
责任校对 裴 黎
责任印制 吕亚莉
经　　销 新华书店

开本 710毫米×1000毫米 1/16
印张 21.75 **字数** 321千
版本 2024年8月第1版
印次 2024年8月第1次印刷
印刷 北京虎彩文化传播有限公司

地址：北京市丰台区莲花池西里7号（100073）
网址：www.lawpress.com.cn
投稿邮箱：info@lawpress.com.cn
举报盗版邮箱：jbwq@lawpress.com.cn

销售电话：010-83938349
客服电话：010-83938350
咨询电话：010-63939796

书号：ISBN 978-7-5197-9339-5
定价：86.00元

凡购买本社图书，如有印装错误，我社负责退换。电话：010-83938349

自　序

公司是法律制度的产物，或者说，公司本身就是一种关于市场经济、微观经济单位的基本法律制度。回顾历史，审视现实，不难发现，公司与现代经济密不可分，现代公司制度与现代市场经济密不可分。

现代市场经济的最基本组织单位是企业。企业的最主要存在形式是公司。换句话说，公司是现代市场经济的细胞，与现代市场经济相伴而生。同样的，中国公司是中国市场经济的细胞。中国公司制度与中国特色社会主义市场经济相伴而生。所以，公司法之于市场经济的重要性是不言而喻的。若定要言之，可引一言以蔽之。那就是：公司法是市场经济的两部经济宪法之一〔1〕。

我国公司法律制度的变迁为上述观点提供了最好的诠释，也是最雄辩的例证。中华人民共和国第一部公司法于1993年12月29日公布，巧合的是最近一次修订的公司法于2023年12月29日公布，前后整整三十年。三十年来，我国公司法经历了六次修改，其中包括四次修正和两次修订。〔2〕公司法的这六次修改也是我国社会主义市场经济制度发展的生动写照。

公司法2023年的这次修改，即2023年12月29日通过的对公司法的第二次修订，是公司法有史以来修改内容最多、修订范围最广的一次。本次修订之后的新《公司法》于2024年7月1日起施行。有学者称公司法这次修改对公司实务的影响将是革命性的。笔者基本认同这种观点。不过，本书不是探讨我国当代公司法变

---

〔1〕　另一部当然是规范公司、其他企业或者市场经济主体非正常退出的法律——破产法。但相较于我国公司法的日臻完善，我国破产法律制度的完善依然任重道远。

〔2〕　我国法律修改的方式一般有修正和修订两种，前者一般修改内容较少，后者则往往修改内容较多。前者一般用于对个别法律条文的具体内容作出修改，而后者一般用于对法律的体系和内容作较大幅度的修改。

迁历史的著作，而是一部以2023年最新《公司法》为背景，面向实务的著作。本书不仅是笔者研习2023年《公司法》的心得，更是笔者对我国公司法律制度二十多年持续思考和实践经验的总结，凝结了笔者半生的法律和阅历之积累。借此机会将其聚之成书，以飨读者。希冀以此对我国社会主义市场经济发展和法治建设尽绵薄之力。

是为序。

说 明

一、本书中提及的法律、行政法规、规章和规范性文件名称中的“中华人民共和国”均省略。

二、本书中提及的法律、法规、规章和规范性文件，没有特别说明的，为最新版本。

三、本书中引用法律条文时，条文的款项之间不另行分行、分段。

四、本书中司法解释和文件使用如下简称：

序号	全称	简称
1	《最高人民法院关于适用〈中华人民共和国公司法〉若干问题的规定（一）》	《公司法司法解释（一）》
2	《最高人民法院关于适用〈中华人民共和国公司法〉若干问题的规定（二）》	《公司法司法解释（二）》
3	《最高人民法院关于适用〈中华人民共和国公司法〉若干问题的规定（三）》	《公司法司法解释（三）》
4	《最高人民法院关于适用〈中华人民共和国公司法〉若干问题的规定（四）》	《公司法司法解释（四）》
5	《最高人民法院关于适用〈中华人民共和国公司法〉若干问题的规定（五）》	《公司法司法解释（五）》
6	《最高人民法院关于适用〈中华人民共和国企业破产法〉若干问题的规定（一）》	《破产法司法解释（一）》
7	《最高人民法院关于执行〈中华人民共和国刑法〉确定罪名的规定》（法释〔1997〕9号）	《确定罪名的规定》
8	《最高人民法院关于印发修改后的〈民事案件案由规定〉的通知》（法〔2020〕347号）	《民事案由规定》

续表

序号	全称	简称
9	《最高人民法院关于适用〈中华人民共和国民事诉讼法〉的解释》(法释〔2022〕11号)	《民诉法解释》
10	《最高人民检察院、公安部关于公安机关管辖的刑事案件立案追诉标准的规定(二)》(公通字〔2022〕12号)	2022年《刑事案件立案标准的规定(二)》
11	《最高人民检察院、公安部关于公安机关管辖的刑事案件立案追诉标准的规定(二)》(公通字〔2010〕23号)	2010年《刑事案件立案标准的规定(二)》
12	《最高人民法院关于适用〈中华人民共和国民法典〉合同编通则若干问题的解释》	《民法典合同通则司法解释》
13	《最高人民法院关于适用〈中华人民共和国合同法〉若干问题的解释(二)》	《合同法司法解释(二)》
14	《全国法院破产审判工作会议纪要》	《破产审判会议纪要》
15	《最高人民法院关于限制被执行人高消费及有关消费的若干规定》	《限制被执行人高消费若干规定》
16	《全国法院民商事审判工作会议纪要》(法〔2019〕254号)	《九民纪要》
17	《最高人民法院关于适用〈中华人民共和国民法典〉总则编若干问题的解释》	《民法典总则编司法解释》
18	《最高人民法院、最高人民检察院关于办理贪污贿赂刑事案件适用法律若干问题的解释》	《贪污贿赂案件司法解释》
19	《最高人民法院关于适用〈中华人民共和国民法典〉有关担保制度的解释》	《民法典担保制度司法解释》

目　录

上篇　总　论

下篇　分　　论

上篇 总论

第一章　2023年《公司法》修订要旨

“公司是最重要的市场主体。公司法是社会主义市场经济制度的基础性法律。”〔1〕我国《公司法》从1993年12月29日的首次制定到2023年12月29日的本次最新修订，经过了整整三十年。三十年来，我国《公司法》经历了四次修正，两次修订。我国公司制度随着公司法的修改日臻完善。2023年的最新修订是公司法通过以来修改内容最多的一次，是对公司制度的系统性修改和完善。2023年12月29日，中华人民共和国第十四届全国人大会常委会第七次会议修订通过《公司法》〔2〕。新《公司法》自2024年7月1日起施行。“2023年《公司法》立足于本土语境，凝聚了多数人的共识……已然是一部具有中国特色的现代企业制度基本法，是一部现代化的《公司法》。”〔3〕与之前生效的2018年《公司法》相比，公司法本次修订的内容非常庞杂，梳理起来其中最重要的制度性变革主要有以下几个方面。

第一节　公司注册资本制度的改革

新《公司法》废除了以往实施的“注册资本全面认缴制”，转而实行“有限责任公司注册资本的限期认缴制和股份有限公司注册资本的实缴制”。

自1993年我国制定公司法以来，跟随时代的变迁、理论研究的深入以及实践

---

〔1〕 全国人大常委会法制工作委员会副主任王瑞贺于2021年12月20日在第十三届全国人大常委会第三十二次会议上所作的《关于〈中华人民共和国公司法（修订草案）〉的说明》。

〔2〕 以下简称2023年《公司法》或新《公司法》。

〔3〕 刘斌主编：《新公司法修订导读与条文对照》，中国政法大学出版社 2024年版，第1页。

中正反两方面经验的总结,《公司法》经历了多次修改,我国的公司注册资本制度走过了从1993年《公司法》的全面实缴制,到2005年《公司法》的有限认缴制,再到2013年《公司法》的全面认缴制,最后到2023年《公司法》的有限责任公司限期认缴制与股份有限公司实缴制相结合的历史变迁。

1993年,中华人民共和国第一部《公司法》颁布,1993年《公司法》第23条第1款和第78条第1款[1]共同规定了当时的公司注册资本全面实缴制,即有限责任公司的注册资本为全体股东实缴的出资额,股份有限公司的注册资本为实收股本总额。2005年10月27日,《公司法》第一次修订,改全面实缴制为有限认缴制,"有限认缴制"是指2005年《公司法》规定的注册资本认缴制有两个主要限制,一是认缴期限的限制,即须在两年内缴清;二是首次出资须实缴最低资本限额。2013年12月28日,《公司法》第三次修正,取消了认缴期限和首次最低实缴限额,开始实行注册资本的全面认缴制。2013年的这次公司注册资本制度的修改在当时被媒体通俗地解读为注册资本"零首付"+认缴期限的"无限期"。

自2013年《公司法》引入注册资本全面认缴制以来,一方面,市场有了明显活跃,公司注册数量有了较快增长,我国公司数量从2012年年底的1300万家增长到2023年年底的4800万家;另一方面,实践中也出现了注册资本完全认缴影响债权人权益保护和个别认缴注册资本数额和期限显著异常的情况。在此背景下,2023年《公司法》修订废除了2013年以来实行了十年的全面认缴制,修改为有限责任公司注册资本的限期认缴制和股份有限公司注册资本的实缴制。

一、有限责任公司注册资本的限期认缴制

(一)"五年以内缴足注册资本"的限期认缴制及其例外规定

对于有限责任公司注册资本,2023年《公司法》废除了2013年《公司法》规定的"无期限"的完全认缴制,规定了限期认缴制,将有限责任公司注册资本的认缴期限限定在五年以内。新《公司法》第47条第1款规定:"有限责任公司的注册资本为在公司登记机关登记的全体股东认缴的出资额。全体股东认缴的出资额由股

---

〔1〕 1993年《公司法》第23条第1款规定:"有限责任公司的注册资本为在公司登记机关登记的全体股东实缴的出资额。"第78条第1款规定:"股份有限公司的注册资本为在公司登记机关登记的实收股本总额。"

东按照公司章程的规定自公司成立之日起五年内缴足。”有限责任公司存续期间增加注册资本，也实行五年以内缴足的限期认缴制。新《公司法》第228条第1款规定：“有限责任公司增加注册资本时，股东认缴新增资本的出资，依照本法设立有限责任公司缴纳出资的有关规定执行。”

在规定“五年限期认缴”的一般要求的基础上，新《公司法》继续保留了2018年《公司法》第26条第2款的内容，即在实行认缴制的一般原则之下，保留对于特殊公司的例外规定——法律、行政法规以及国务院决定对有限责任公司注册资本实缴、注册资本最低限额另有规定的，从其规定。本次公司法修订在保留该内容的同时，增加了可以另行规定的内容，新《公司法》第47条第2款规定：“法律、行政法规以及国务院决定对有限责任公司注册资本实缴、注册资本最低限额、股东出资期限另有规定的，从其规定。”

与2018年《公司法》第26条第2款相比，对于可以另行规定的内容，后者比前者增加了“股东出资期限”，即对于特殊的公司，法律、行政法规和国务院可以规定与一般认缴期限（五年）不同的认缴期限。从理论上说，该认缴期限既可以短于一般期限的“五年”，也可以长于一般规定的“五年”。这为未来修法和立法预留了足够的空间。对于需要调控而又无须实行完全实缴制的特殊行业，法律、行政法规和国务院可以规定比一般认缴期限五年更短的注册资本认缴期限；与此相对应，法律、行政法规也可以出于扶持的立法目的而另行规定长于五年的出资期限。

（二）革命性的新制度——有限责任公司注册资本的加速到期制度

2023年《公司法》第54条规定了有限责任公司认缴注册资本的加速到期制度，从根本上扭转了之前对于股东认缴期限利益的过度保护态度[1]，具体规定如下：“公司不能清偿到期债务的，公司或者已到期债权的债权人有权要求已认缴出资但未届出资期限的股东提前缴纳出资。”

笔者认为，新《公司法》第54条规定的有限责任公司股东认缴注册资本加速到期制度，给股东带来的法律责任上的意义以及对司法实务的影响将会是革命性

---

〔1〕 根据《公司法司法解释（三）》第13条的规定，只有“未履行或未全面履行出资义务”的股东才负有相关责任。而《九民纪要》第6条进一步明确了“在注册资本认缴制下，股东依法享有期限利益”。

的。因为，按照新《公司法》生效之前的旧《公司法》[1]及其配套规定，如《公司法司法解释（三）》第13条以及《九民纪要》第6条等规定，除非公司破产或者达到破产条件而不申请破产，或者注册期限已到股东恶意延长使其仍未到期，股东享有（注册资本缴纳）的期限利益，对于认缴期限未到期的认缴注册资本，认缴股东没有缴纳的法定义务，相关主体诉请股东履行相关责任的，法院不予支持。而新《公司法》第54条规定的内容则完全改变了这种过度的期限利益保护，该条规定的“未届出资期限”的认缴注册资本加速到期的前提条件是“公司不能清偿到期债务”。《企业破产法》第2条在规定企业破产条件时也使用了完全同样的表述，而对于“不能清偿到期债务”应当如何理解，《破产法司法解释（一）》第2条作出了明确规定：“下列情形同时存在的，人民法院应当认定债务人不能清偿到期债务：（一）债权债务关系依法成立；（二）债务履行期限已经届满；（三）债务人未完全清偿债务。”

可见，在如何界定何为“不能清偿到期债务”的问题上，采用的是“停止支付说”，而不是“支付不能说”。两者的区别是，前者是债务履行期届满而债务人未完全清偿的客观状态，后者则是需要去考察“能”还是“不能”清偿的清偿能力和清偿可能性的相对主观的判断。换句话说，依据新《公司法》第54条的规定，只要公司所欠债务是真实合法的债务并且到期公司未能清偿，则公司和公司的债务人就可以主张该公司的注册资本加速到期，要求公司股东履行出资义务向公司缴纳其认缴的注册资本，即使该注册资本按照该公司章程是“尚未到认缴的出资期限”的。

综上可见，无论是从保护公司利益和保护公司债权人利益的角度看，还是从股东责任角度看，新《公司法》第54条规定的有限责任公司股东认缴注册资本加速到期制度无疑是对2013年以来公司法规定的全面认缴制实践中存在的缺陷以及司法理论和实践中对于“认缴期限期待利益”过度不当保护的一种矫正和重大变革，其对于完善我国市场经济的制度意义和实践意义将是革命性的和开拓性的。

（三）老公司的过渡

如前文所述，自2013年《公司法》实行全面认缴制以来，我国公司数量从2012

---

〔1〕 以下若无特别说明，本书的“旧《公司法》”均指2018年《公司法》。

年年底的1300万家增长到2023年年底的4800万家，净增3500万家。在可以“零首付”和“无限期”认缴的旧《公司法》背景下，这11年间新注册的3500万家公司当中的一大部分的注册资本认缴期限都长于五年，其到期时间也大都在新《公司法》生效之后，即2024年7月1日之后。对于如此庞大的不符合新《公司法》规定的“存量公司”的注册资本问题如何解决，新《公司法》第266条第2款给出了方案：“本法施行前已登记设立的公司，出资期限超过本法规定的期限的，除法律、行政法规或者国务院另有规定外，应当逐步调整至本法规定的期限以内；对于出资期限、出资额明显异常的，公司登记机关可以依法要求其及时调整。具体实施办法由国务院规定。”

也就是说，对于按照旧《公司法》登记设立的不符合新《公司法》规定的存量老公司注册资本的问题，法律规定了总的解决原则——逐步过渡。在这个总原则之下，新《公司法》只规定了一般情况和例外情况，即一般情况下“逐步过渡”。“明显异常”的公司，登记机关可以直接要求调整。但是，“一般情况”和“明显异常”这两者具体如何界定，具体如何“逐步过渡”，新《公司法》并未作出具有可操作性的具体规定，而是进行了授权立法，即授权“具体实施办法由国务院规定”。2024年7月1日，中华人民共和国国务院令第784号公布《国务院关于实施〈中华人民共和国公司法〉注册资本登记管理制度的规定》（以下简称《注册资本登记管理制度的规定》），自公布之日起施行。对于有限责任公司注册资本认缴期限如何过渡到符合新《公司法》规定的问题，《注册资本登记管理制度的规定》第2条规定了“3+5”的制度，即三年的内部调整期再加五年的过渡期。“三年的内部调整期”是指存量有限公司可以在新《公司法》实施之日起三年内，即从2024年7月1日至2027年6月30日，将股东认缴注册资本的出资期限调整到五年以内。换句话说，如果公司在三年过渡期的最后一天，即2027年6月30日才将认缴注册资本的出资期限调整，并且是跳转到新《公司法》允许的最迟期限——五年的话，那么该公司股东最长可以到2032年6月30日前缴足其在新《公司法》生效之前期限超过五年的出资。同时，根据《注册资本登记管理制度的规定》的规定，存量公司现有章程规定的认缴出资期限在2027年7月1日之后的剩余期限超过五年的，公司才应当按照该规定调整出资期限。也就是说，如果现有存量公司的章程规定的出资期限虽然超过五年，但其到期日在2032年6月30日之前的，则该公司无须调整出资期限。对于什么样的标准属于“出资期限、出资额明显异常”，《注册资本登记管理制度的规定》第3条规定的是“公司登记机关可以结合公司的经营范围、经营状况以及股东的出资能力、主营项目、资产规模等进行研判”。

二、有限责任公司欠缴出资股东的强制除名与失权制度

欠缴出资股东的强制除名与失权制度是2023年《公司法》创设的一项全新制度，规定在2023年《公司法》第52条：“股东未按照公司章程规定的出资日期缴纳出资，公司依照前条第一款规定发出书面催缴书催缴出资的，可以载明缴纳出资的宽限期；宽限期自公司发出催缴书之日起，不得少于六十日。宽限期届满，股东仍未履行出资义务的，公司经董事会决议可以向该股东发出失权通知，通知应当以书面形式发出。自通知发出之日起，该股东丧失其未缴纳出资的股权。依照前款规定丧失的股权应当依法转让，或者相应减少注册资本并注销该股权；六个月内未转让或者注销的，由公司其他股东按照其出资比例足额缴纳相应出资。股东对失权有异议的，应当自接到失权通知之日起三十日内，向人民法院提起诉讼。”

从以上规定可以分析归纳出关于该项制度的以下内容：

第一，股东强制除名与失权制度是一把“双刃剑”。一方面，欠缴注册资本的股东会被强制终止股东身份，并且完全丧失一切股东权利（针对该除名失权事项本身的诉权除外），同时涉及的相关股权应依法转让或者减资并注销；另一方面，该股权在原股东失权后“六个月内未转让或者注销的，由公司其他股东按照其出资比例足额缴纳相应出资”，即其他股东必须担负起缴足该股权所对应的认缴出资的法定义务。可见，该制度既对被除名股东带来被除名和完全丧失股东权利的严重法律后果，又可能增加其他股东的法定出资义务。

第二，适用股东强制除名与失权制度的前提条件和针对对象是未在公司章程规定的出资期限内缴纳所认缴的注册资本的有限责任公司股东，即欠缴注册资本，且经催缴后未在限期内缴纳所认缴出资的股东。

第三，股东强制除名与失权的实施程序分为三步：第一步是公司向欠付出资的股东发出书面催缴通知，且该书面催缴通知必须载明六十日以上的缴付出资宽

限期；第二步是相关股东仍未按通知宽限期履行出资义务之后，公司董事会作出对该股东除名使其失权的决议；第三步是向该股东发出失权通知。

第四，被除名股东对于除名和失权有异议的享有诉权。

三、股份有限公司的注册资本制度恢复为实缴制

2013年《公司法》及2018年《公司法》第80条第1款、第2款规定："股份有限公司采取发起设立方式设立的，注册资本为在公司登记机关登记的全体发起人认购的股本总额。在发起人认购的股份缴足前，不得向他人募集股份。股份有限公司采取募集方式设立的，注册资本为在公司登记机关登记的实收股本总额。"可见，对于股份有限公司来说，按照2013年《公司法》的规定，其中以发起方式设立的，也是采取的认缴制；只有以募集方式设立的股份有限公司，其注册资本才是"实收股本总额"。

2023年《公司法》对此进行了修改，全面废除了股份有限公司注册资本的认缴制，转而实行股份有限公司注册资本实缴制。新《公司法》通过4个法律条文构建起股份有限公司注册资本实缴制：第98条第1款规定了发起设立的股份有限公司发起时注册资本的实缴制度，第101条和第103条第1款规定了募集设立的股份有限公司注册资本的实缴制，第228条第2款规定了股份有限公司增加注册资本发行新股时股东认购新股依照公司设立时缴纳股款的有关规定，从而规定了股份有限公司增加注册资本时也实行资本实缴制。

第二节　完善法定代表人制度

司法实践中围绕公司法定代表人事项出现了较多争议，但在法律层面缺乏足够的制度供给。在此背景下，新《公司法》对公司法定代表人制度进行了修改和完善。

一、旧《公司法》法定代表人制度遇到的问题

旧《公司法》的法定代表人制度主要规定在2018年《公司法》第13条、第25

条、第81条和第92条。该制度的主要内容包括，法定代表人的选任范围为限于董事长、执行董事或者经理三个身份职务；法定代表人（的姓名）是公司章程的必要记载事项；法定代表人（的姓名）及其变更是法定登记事项。

旧《公司法》的法定代表人制度在实践中遇到的问题从最高人民法院的一个公报案例可见一斑。《最高人民法院公报》2022年第12期刊登了最高人民法院与法定代表人身份有关的一个典型案例，其主要事实是韦某某原系新疆宝塔房地产公司法定代表人，后被公司免职，但是公司一直未申请在公司登记机关进行变更法定代表人的登记，导致韦某某因该公司的诉讼被限制高消费。韦某某起诉要求公司进行变更登记并将其不再登记为公司的法定代表人，但是一审、二审均败诉。经再审，最高人民法院最终判决撤销原一审、二审判决，并支持韦某某的诉讼请求判决公司进行变更登记。但是，由于登记机关系统设置问题，在没有新的法定代表人的情况下登记系统无法进行法定代表人变更登记，最高人民法院的上述判决截至2023年年底尚未被履行。关于本案例的更为详细的介绍，可参见本书第十章案例10.1。

总结起来，旧《公司法》法定代表人制度在实践中遇到的问题主要有以下几类：一是法定代表人姓名作为登记必要事项所带来的法定代表人登记内容与公司机关作出的变更实际不一致的问题，上述案例就是一个典型；二是法定代表人姓名作为公司章程必要记载事项所带来的变更法定代表人必然引起修改公司章程的问题；三是法定代表人只能在董事长、执行董事和经理三个职务当中选任，人选范围较为狭窄，不利于公司内部自治的问题；四是对于实践中出现的法定代表人“代持”、“挂名”甚至“冒名”等乱象，没有行之有效的法律规制的问题。

二、新《公司法》对法定代表人制度的完善

新《公司法》对法定代表人制度的完善主要体现在四个方面：一是扩大了可以担任公司法定代表人的人选范围；二是完善并细化了法定代表人的职权与责任；三是健全了法定代表人的辞任和补任制度；四是公司章程记载事项的变革——不再将法定代表人姓名作为公司章程必要记载事项，与此有关的必须在公司章程里记载的事项修订为“公司法定代表人的产生、变更办法”。

（一）扩大了法定代表人的人选范围——董事长以外的董事也可以担任公司法定代表人

按照2013年《公司法》及2018年《公司法》第13条的规定，可以担任公司法定代表人的人选包括董事长、不设立董事会的有限责任公司的执行董事以及经理，其他职务的人不可以担任公司法定代表人。新《公司法》扩大了可以担任公司法定代表人的人选范围。新《公司法》第10条第1款规定："公司的法定代表人按照公司章程的规定，由代表公司执行公司事务的董事或者经理担任。"按照这一条的规定，董事会除董事长可以担任公司法定代表人之外，其他董事也可以担任公司法定代表人，只要其"代表公司执行事务"。比如，公司章程既可以规定由董事会成员轮流担任公司法定代表人，也可以规定由公司董事会选任法定代表人，还可以规定公司法定代表人由董事长以外的董事担任，等等。这为公司章程规定"公司法定代表人的产生、变更办法"留足了空间，也为公司自治留出了更为广阔的空间。

（二）完善并细化了法定代表人的职权与责任

与旧《公司法》相比，新《公司法》完善并细化了法定代表人的职权与责任。新《公司法》第11条是新增的一条，该条规定："法定代表人以公司名义从事的民事活动，其法律后果由公司承受。公司章程或者股东会对法定代表人职权的限制，不得对抗善意相对人。法定代表人因执行职务造成他人损害的，由公司承担民事责任。公司承担民事责任后，依照法律或者公司章程的规定，可以向有过错的法定代表人追偿。"

不难发现，新《公司法》在这里规定了"内外有别"的法定代表人职权与职责制度。所谓"内外有别"，就是在公司对外的民事活动方面，对于一般的民事行为，公司法定代表人以公司名义从事的，其法律后果直接由公司承受。公司内部规定，如公司章程或股东会对法定代表人的限制，对外不得对抗善意相对人。而在理解相对人是否具有"善意"时，该相对人是否知道或者应当知道公司对法定代表人的该项"限制"往往会成为重要的认定依据之一。而按照新《公司法》规定的公司登记与公示制度，公司章程既不是必要登记事项，也不是必要公示事项[1]，因此，在一般情况下，交易相对人对于公司章程以及公司股东会对于公司法定代表人的限制系处于一种不知道且不应当知道的状态。以上这种对外的制度设计，其法理基础是维护市场经济交易的安全性和稳定性。在对内，即公司内部治理的制度设计上，瑕疵履职且有过错的法定代表人应当为其瑕疵履职向公司承担赔偿责任。该“内外有别”的规定与公司“董监高”责任制度[2]以及规范“影子董事”责任的新《公司法》第192条[3]的规定相互衔接，形成闭环，为实践中治理和规范法定代表人“代持”等公司法定代表人任职乱象提供了法律上的制度供给。

此外，对于法定代表人的代表权限，新《公司法》第35条更是在细节上作出了极具操作性的规定：“公司申请变更登记，应当向公司登记机关提交公司法定代表人签署的变更登记申请书、依法作出的变更决议或者决定等文件。公司变更登记事项涉及修改公司章程的，应当提交修改后的公司章程。公司变更法定代表人的，变更登记申请书由变更后的法定代表人签署。”根据该条第1款的规定，公司申请变更登记时由法定代表人代表公司签署相关文件。换句话说，这里规定了公司法定代表人签字的法定效力，在操作层面解决了公司控制权争议时经常会出现的“公章之争”和“盖章僵局”的乱象。所谓“盖章僵局”是指以下这种现象或者类似的现象：公司股东会、董事会等公司机关已经作出有效的相关决议，而公司公章却被卸任的公司前高级管理人员或其他人员掌控且其不配合交接公章，而该决议涉及事项需要登记，在进行登记时登记机关又要求公司必须在变更登记申请文件上加盖公章。而按照新《公司法》第35条的规定，公司法定代表人在变更登记申请材料上的签字具有法定的代表公司意志的效力。新《公司法》生效之后，登记机关再以“变更登记材料没有加盖公司公章”为由而不予办理变更登记，就属于明显的违法行政行为。

---

〔1〕 参见新《公司法》第32条和第40条规定的新的公司登记与公示制度。

〔2〕 详细内容可参见新《公司法》第八章及本书第十一章。

〔3〕 2023年《公司法》第192条规定：“公司的控股股东、实际控制人指示董事、高级管理人员从事损害公司或者股东利益的行为的，与该董事、高级管理人员承担连带责任。”另可参见本书第六章和第十四章。

如果说新《公司法》第35条第1款的规定是对之前公司控制权争夺乱象的绝佳回应，那么该条第3款的规定则回应得更为具体，该款直接规定了公司变更法定代表人的，相关变更登记申请由变更后的法定代表人签署。这样就从立法上摆脱了实践中多发的，由于卸任法定代表人不配合而带来的公司法定代表人变更登记困境。

（三）健全了法定代表人的辞任和补任制度

新《公司法》健全了公司法定代表人的辞任和补任制度，与扩大法定代表人的人选范围，规定代表公司执行公司事务的董事均可以担任公司法定代表人的规定相衔接，新《公司法》第10条第2款规定："担任法定代表人的董事或者经理辞任的，视为同时辞去法定代表人。"这就避免了在可能已经丧失董事资格进而已经丧失担任法定代表人资格的情况下，继续担任法定代表人的情况和争议。

同时，新《公司法》第10条第3款规定："法定代表人辞任的，公司应当在法定代表人辞任之日起三十日内确定新的法定代表人。"这就是新《公司法》规定的法定代表人补任制度。出现公司法定代表人辞任的情况之后，确定新的法定代表人是公司的法定义务。

（四）公司章程记载事项的变革

如前所述，根据2013年《公司法》第25条和2018年《公司法》第81条的规定，公司法定代表人是公司章程的必要记载事项。而修改公司章程是公司股东会或股东大会的职权。这就意味着，在旧《公司法》的制度下，只要变更法定代表人，就必须经过股东会或股东大会修改公司章程。这构成了公司实际治理过程中变更公司法定代表人操作的高门槛。因为召开股东会或股东大会本身需要花费相当的人力、物力和时间成本，除非特殊情况下召开的临时股东会或临时股东大会，正常情况下，公司每年才召开一次股东会或股东大会。因此，关于公司法定代表人的这项制度极大地限制了公司的自治空间，增加了公司的治理成本。

新《公司法》对此作出了积极回应，根据新《公司法》的规定，法定代表人的姓名不再是公司章程的必要记载事项，公司章程关于公司法定代表人的必要记载事项是——“公司法定代表人的产生、变更办法”[1]。这样一来，公司章程规定了“公司法定代表人的产生、变更办法”之后，按照该办法产生和变更法定代表人就不再属于章程本身的变更事项，公司变更法定代表人亦不需要再召开股东大会进行审议和通过。新《公司法》这项新制度将极大地降低公司变更公司法定代表人的各种成本；从制度设计层面较大程度地打破了之前旧《公司法》实务中带来的公司法定代表人变更的困境和僵局。

第三节 改革完善公司登记与公示制度

新《公司法》增设“公司登记”专章，即新《公司法》第二章。这一章从第29条到第41条，共13个条文。“公司登记”专章在新《公司法》中虽然是新增的独立的一章，但是其多数内容源于将旧《公司法》分别规定在不同章节的条款编纂到一起并对部分内容进行了修改。完全新增或者作出实质修改的条款主要有第32条、第35条、第37条、第39条、第40条和第41条等条文。

新《公司法》第二章最主要的制度贡献是分别设立了公司登记制度和公司信息公示制度。前者是指国家公司登记机关须将公司的六类“登记事项”通过国家企业公示系统向社会公示。后者则是指公司须按照公司法的规定将法定的“公示事项”自行通过国家企业公示系统向社会公示 。两者的区别有二：一是法定的公示主体不同，前者的法定公示主体是国家公司登记机关，而后者的法定公示主体是公司本身；二是公示的内容不同。下面我们进行具体讨论。

新《公司法》第32条规定了公司登记制度，具体规定如下：“公司登记事项包括：（一）名称；（二）住所；（三）注册资本；（四）经营范围；（五）法定代表人的姓名；（六）有限责任公司股东、股份有限公司发起人的姓名或者名称。公司登记机关应当将前款规定的公司登记事项通过国家企业信用信息公示系统向社会公示。”

第32条第1款规定的六类事项是法定登记事项，公司登记机关应当将法定登

〔1〕 参见新《公司法》第46条第1款第7项和第95条第8项。

记事项通过国家企业信用信息公示系统向社会公示。对于这六类法定登记事项之外的其他事项，公司登记机关没有将其公示的职责。

新《公司法》第40条规定了公司信息公示制度："公司应当按照规定通过国家企业信用信息公示系统公示下列事项：（一）有限责任公司股东认缴和实缴的出资额、出资方式和出资日期，股份有限公司发起人认购的股份数；（二）有限责任公司股东、股份有限公司发起人的股权、股份变更信息；（三）行政许可取得、变更、注销等信息；（四）法律、行政法规规定的其他信息。公司应当确保前款公示信息真实、准确、完整。"

至于法定登记事项公示的法律效力，登记和公示本身并不是相关事项成立和生效的条件。也就是说，相关事项是否进行了公司法上的登记和公示与其本身是否成立和生效没有必然联系。登记和公示达到的法律效果是对抗效力。新《公司法》第34条第2款规定："公司登记事项未经登记或者未经变更登记，不得对抗善意相对人。"这里对登记的效力采用了"登记对抗主义"。对于公示的法律效力，可以从两个层面来了解，第一，在国家企业信用信息公示系统公示的信息具有公信效力。换句话说，社会公众可以认为该系统公示的公司信息是真实的。依据该公示信息进行交易的善意相对人可以据此对抗登记义务人，即有义务依法进行登记和公示的人，通常为该公司。第二，对于登记义务人，即相关公司来说，也可凭借公示信息对抗交易相对人，即该公司可以认为交易相对人知道该系统上公示的其公司信息。

请注意，这里规定经登记不得对抗的是"善意相对人"，而不是"善意第三人"。两者的区别是，前者应当理解为其特定的法律行为与所涉及的特定登记事项相关联的人，即特定交易或特定行为或特定事件的"相对人"；而后者往往可以被理解为与特定事项没有特定关联的人。比如关于公司股权，有限责任公司股东姓名或名称属于登记事项，而其认缴和实缴的出资额、出资方式和出资日期等则属于公示事项，在这种情况下，特定股东股权转让的受让人就应该被理解为这里的"相对人"，而该笔股权转让行为没有直接涉及的其他人，比如股权转让方的债权人，就不是这里的"相对人"。

第四节 股东权利滥用与股东权利保护

俗话说，“生意好做，伙计难搁”。股东之间的人合性是公司法设计有限责任公司法律制度的法理基础。股份有限公司虽然是以资本的结合（资合）为基本理念，但是其中的非公众公司，尤其是发起设立的股东人数较少的股份有限公司也具有相当的人合属性。并且，即使是上市的公众公司，也同样存在大股东滥用股东权利和小股东权利保护的问题。正是在这样的背景下，新《公司法》完善了相关制度，既变革和细化了防范大股东权利滥用的制度，又加大了对小股东权利保护力度和权利受到侵害时的救济力度。

一、织严织密防范大股东滥用股东权利的制度

在承继旧《公司法》有关禁止股东滥用股东权利相关规定的基础上，新《公司法》第23条第2款规定了公司法人人格的横向否认，完善了公司法人人格否认制度；另在第89条第3款新增一项公司股东离散制度，即在控股股东滥用股东权利严重损害公司或其他股东权利的情况下，赋予其他股东对公司的股权回购请求权。以上这些新规定与新《公司法》在“董监高”责任制度及公司决议制度等方面共同织严织密防范大股东滥用股东权利的制度。后者在本书其他章节专题讨论，此处仅对前者作简要介绍。

（一）禁止滥用股东权利的一般规定

新《公司法》第21条规定了禁止滥用股东权利的一般规定及其法律责任：“公司股东应当遵守法律、行政法规和公司章程，依法行使股东权利，不得滥用股东权利损害公司或者其他股东的利益。公司股东滥用股东权利给公司或者其他股东造成损失的，应当承担赔偿责任。”该条第1款是关于禁止滥用股东权利的一般性规定，规定公司股东应当依法行使股东权利，不得滥用股东权利。该条第2款规定了股东滥用股东权利的法律责任，即若因股东滥用股东权利造成公司或其他股东损

失，滥用股东权利的股东应当承担赔偿责任。需要注意的是，该条规定的“赔偿责任”属于民事责任。而股东滥用股东权利，除了可能需要承担民事责任之外，根据具体情形，情节严重的还可能承担行政责任，甚至触碰刑律须承担刑事责任，这些将在本书第八章进行讨论，在此不予赘述。

（二）公司法人人格否认制度

新《公司法》第23条第1款和第2款规定了股东滥用股东权利而导致公司法人人格否认的法律制度：“公司股东滥用公司法人独立地位和股东有限责任，逃避债务，严重损害公司债权人利益的，应当对公司债务承担连带责任。股东利用其控制的两个以上公司实施前款规定行为的，各公司应当对任一公司的债务承担连带责任。”

公司法人人格否认制度，又被形象地称为“揭开公司面纱”制度，是指在公司股东或实际控制人滥用股东权利和公司法人独立地位，严重损害公司债权人等相关方的利益的情况下，为了保护后者的利益，而“否认”公司作为法人的独立人格，不再保护公司股东对公司的“有限责任”即公司在法律上的独立人格地位，从而让公司股东或者其他相关联方承担连带责任的法律制度。

新《公司法》第23条第1款直接来自2018年《公司法》第20条第3款，内容没有修改。该款规定了传统意义上的公司法人人格否认制度，即纵向上否认公司的独立人格及其滥用股东权利的有限责任。

新《公司法》第23条第2款是本次修订新增加的内容，该内容是法学研究和司法实践的最新成果，在立法层面确认了横向的公司法人人格否认制度。所谓“公司法人人格横向否认”，正如本款法律条文规定的那样，是指股东滥用权利的行为不限于其控股或者控制的一家公司，还包括其控制的两家或者两家以上的公司，在这种情况下，在纵向上，对公司人格予以否认；在横向上，对滥用权利行为所指向的各关联公司均予以法律独立人格的否认，让各公司均对滥用权利造成的损害承担连带责任。

二、完善小股东权利保护机制和权利受到侵害时的救济制度

在股东会行使权利时，除非公司章程另有规定，公司股东会采取多数决，即一

般事项过半数，特殊事项2/3以上赞成即可通过决议[1]。而在这种多数决规则下，理论和实践上都难以完全避免出现“多数”对“少数”的“暴政”可能性，即小股东可能受到大股东的挤压，小股东的权益可能受到侵害。为此，新《公司法》在旧《公司法》基础上，进一步完善了小股东权利保护机制和权利受到侵害时的救济制度。这方面新《公司法》最重要的突破是规定了一般性有限责任公司股东离散制度。

股东离散制度，是指在特定情况下，一般是在有限责任公司股东的人合性受到破坏甚至丧失的情形下，法律上设定的让一部分股东退出公司的法律制度。法律上一般是通过赋予特定股东股权回购或者股权收购请求权来设计股东离散制度。新《公司法》第89条第1款和第3款规定了股东离散制度，其中第1款来自2018年《公司法》第74条第1款，两者相比，后者仅作了个别文字修改，没有实质性变化。新《公司法》第89条第1款规定：“有下列情形之一的，对股东会该项决议投反对票的股东可以请求公司按照合理的价格收购其股权：（一）公司连续五年不向股东分配利润，而公司该五年连续盈利，并且符合本法规定的分配利润条件；（二）公司合并、分立、转让主要财产；（三）公司章程规定的营业期限届满或者章程规定的其他解散事由出现，股东会通过决议修改章程使公司存续。”本款规定了特定情形下的有限责任公司股东离散制度，即法律赋予在有限责任公司股东会上对特定事项投反对票的股东股权回购请求权。该权利的有效行使能够实现“公司股东离散”的法律效果。但是，稍加分析便不难发现，本款规定的“特殊情形”在公司实际运营中发生的概率是非常低的。因此，在仅有该款内容的旧《公司法》体制下，股东强制离散适用的机会很少。

新《公司法》对此作了改进，在第89条第3款增加规定了不设特定情形、可以

---

〔1〕 新《公司法》第66条规定了有限责任公司股东会会议议事规则：“股东会的议事方式和表决程序，除本法有规定的外，由公司章程规定。股东会作出决议，应当经代表过半数表决权的股东通过。股东会作出修改公司章程、增加或者减少注册资本的决议，以及公司合并、分立、解散或者变更公司形式的决议，应当经代表三分之二以上表决权的股东通过。”第116条规定了股份有限公司股东会的会议议事规则：“股东出席股东会会议，所持每一股份有一表决权，类别股股东除外。公司持有的本公司股份没有表决权。股东会作出决议，应当经出席会议的股东所持表决权过半数通过。股东会作出修改公司章程、增加或者减少注册资本的决议，以及公司合并、分立、解散或者变更公司形式的决议，应当经出席会议的股东所持表决权的三分之二以上通过。”

普遍适用的有限责任公司股东强制离散制度："公司的控股股东滥用股东权利，严重损害公司或者其他股东利益的，其他股东有权请求公司按照合理的价格收购其股权。"与第89条第1款稍作比较便可看出，本款规定的条件更为宽松，只要发生有限责任公司控股股东滥用股东权利，并且这种滥用给公司或者其他股东造成了严重损害，其他股东就享有"股权回购请求权"，而无须考察控股股东滥用股东权利的具体方式方法。

除了扩张有限责任公司股东股权收购请求权之外，新《公司法》对小股东权益的保护，还分别体现在损害赔偿请求权、股东代表诉讼等方面，这些具体内容将在本书下编分论的有关章节中详细讨论，在此不再展开。

第五节　改革完善公司内部治理结构

公司作为法律拟制的"人"，要实现其独立的法律人格就必须有较为完善的内部治理结构。1993年以来，我国一直实行的是在公司股东会（股东大会）之下平行设置董事会（执行董事）和监事会（监事）的双层制治理机构，也称为二元制治理结构。公司法的本次修订，在改革完善公司内部治理结构方面最大的亮点就是引入了只设董事会或董事而不设监事会或监事的"单层制"公司治理机构。除此之外，新《公司法》的重要修改还包括重新分配了股东会和董事会的职权以及在双层制治理机构中强化了监事会的职权。

一、引入董事会或董事"一元制"（单层制）的内部治理结构

新《公司法》规定的"一元制"包括两种类型，第一种类型是公司设董事会，不设监事会，这种类型的单层制必须在董事会内设审计委员会，并由董事会的审计委员会行使公司法上规定的监事会的职权。这种类型主要适用于规模较大的公司，无论是有限责任公司还是股份有限公司都可以适用。新《公司法》第69条〔1〕

〔1〕 新《公司法》第69条规定："有限责任公司可以按照公司章程的规定在董事会中设置由董事组成的审计委员会，行使本法规定的监事会的职权，不设监事会或者监事。公司董事会成员中的职工代表可以成为审计委员会成员。"

和第121条[1]分别规定了有限责任公司和股份有限公司的“一元制”治理机构。

第二种类型是不仅不设监事会或者监事，同时也不需要设审计委员会。这种类型的“一元制”内部治理结构只能适用于规模较小或者股东人数较少的有限责任公司[2]。如果是股份有限公司，并且也符合“规模较小或者股东人数较少”的条件，其简化内部治理结构可以不设董事会而只设一名董事，也可以不设监事会，但必须至少设一名监事[3]。

第一种类型的“一元制”结构有利于大公司设计更加高效的内部治理机制。第二种类型的“一元制”结构更加适应了我国的现实，即存量公司当中绝大多数都是“规模较小或者股东人数较少”的有限责任公司，因此其使用范围非常广泛。单层制内部治理结构的引入，为公司优化内部治理结构提供了法律制度基础，意义重大。随着新《公司法》的实施，“一元制”结构必将对公司治理产生深远的影响。

二、公司内部治理结构的其他变革

新《公司法》规定的公司内部治理结构的其他制度变革主要有两个方面，一是双层制下强化了监事会的职权，二是重新分配了股东会、董事会和经理的权限。

新《公司法》第80条强化了监事会的职权：“监事会可以要求董事、高级管理人员提交执行职务的报告。董事、高级管理人员应当如实向监事会提供有关情况和资料，不得妨碍监事会或者监事行使职权。”该条从正反两个方面强化监事会的职权，第1款是新《公司法》的新增条款，从正面赋予监事会要求董事和高级管理人员报告工作的权利。第2款是旧《公司法》的原有规定，来自2018年《公司法》第152条，新《公司法》在进行结构性技术修改的基础上，将其予以保留。

新《公司法》限缩了股东会的权限，与旧《公司法》第37条相比，新《公司法》第59条在规定有限责任公司职权时，删除了前者当中的第1项“决定公司的经营方针和投资计划”和第5项“审议批准公司的年度财务预算方案、决算方案”的内容；

---

〔1〕 新《公司法》第121条规定：“股份有限公司可以按照公司章程的规定在董事会中设置由董事组成的审计委员会，行使本法规定的监事会的职权，不设监事会或者监事。”

〔2〕 参见新《公司法》第75条、第83条。

〔3〕 参见新《公司法》第128条、第133条。

同时，新《公司法》第59条增加了第2款，即“股东会可以授权董事会对发行公司债券作出决议”的内容。此外，新《公司法》关于股份有限公司的授权资本制[1]亦属于董事会职权范围的扩大。新《公司法》删除了旧《公司法》关于经理法定职权范围的列举式规定，转而规定经理根据公司章程的规定或者董事会的授权行使职权并列席董事会会议[2]。新《公司法》实行后，公司经理不再具有法定职权，其职权完全属于公司自治事项，由公司章程规定，或者由公司董事会授权。

第六节 公司决议制度体系的改革与完善

关于公司法意义上的“决议”的定义，最高人民法院在某案件的裁判摘要[3]中是这样说的：“公司法意义上的董事会决议，是董事会根据法律或者公司章程规定的权限和表决程序，就审议事项经表决形成的反映董事会商业判断和独立意志的决议文件。中外合资经营企业的董事会对于合营一方根据法律规定委派和撤换董事之事项所作的记录性文件，不构成公司法意义上的董事会决议，亦不能成为确认公司决议无效之诉的对象。”

可见，公司法意义上的决议，是指公司股东会、董事会等公司机关依据公司法和公司章程规定的权限和表决程序，就公司事项经过审议和表决而作出的，体现其意志的文件。规范公司机关的完善的决议制度体系对于公司的正常运转具有决定性的意义。

新《公司法》规定的公司决议制度体系主要包括决议无效制度、瑕疵决议可撤销制度、决议不成立制度以及瑕疵决议的法律效力制度。其中的决议无效制度未作实质修改，瑕疵决议可撤销制度增加规定了未被通知参加股东会会议的股东

〔1〕 新《公司法》第152条规定：“公司章程或者股东会可以授权董事会在三年内决定发行不超过已发行股份百分之五十的股份。但以非货币财产作价出资的应当经股东会决议。董事会依照前款规定决定发行股份导致公司注册资本、已发行股份数发生变化的，对公司章程该项记载事项的修改不需再由股东会表决。”

〔2〕 参见新《公司法》第74条、第126条。

〔3〕 许某诉泉州南某有限公司、林某与公司有关的纠纷案，载《最高人民法院公报》2019年第7期。

的撤销权[1]。对于公司机关的会议召开和表决的方式，为适应数字时代的实际，新《公司法》第24条明确规定了可以采用电子通信方式："公司股东会、董事会、监事会召开会议和表决可以采用电子通信方式，公司章程另有规定的除外。"如果说上述这些属于技术性的微小修改，那么以下两项新增加的规定则毫无疑问属于制度性的重大修改。

一、确立了"决议不成立"制度

新《公司法》第27条是新增加的一条，该条规定了"决议不成立"的制度规则："有下列情形之一的，公司股东会、董事会的决议不成立：（一）未召开股东会、董事会会议作出决议；（二）股东会、董事会会议未对决议事项进行表决；（三）出席会议的人数或者所持表决权数未达到本法或者公司章程规定的人数或者所持表决权数；（四）同意决议事项的人数或者所持表决权数未达到本法或者公司章程规定的人数或者所持表决权数。"

法律上，"生效"和"成立"是既相互独立又相互联系的两个法律概念。"成立"是"生效"的前提条件。成立不一定生效，但不成立，就不存在是否生效的问题。法律行为只有符合了其必要的形式要件，才能够"成立"。新《公司法》第27条规定的公司决议不成立的情形，均是所谓"决议"其本身不符合法律规定的成为"决议"的形式要件。

二、确立了瑕疵决议的法律效力内外有别的原则

从内部治理的角度来看，公司法对瑕疵决议是持否定态度的，在出现决议无效、决议可撤销或者决议不成立等瑕疵决议的情况下，公司法通过赋予相关主体诉权和规定行为主体的法律责任等方式来确定和实现对这种否定性评价的制度设计。决议事项涉及公司登记事项并且已经依据该瑕疵决议被登记的，决议被判定为瑕疵决议之后，相关登记应当予以撤销。

如果说公司法立法的法理天平在对内的关系上偏重于公司规范治理和股东权利保护，并因此规定了决议无效、决议可撤销和决议不成立等制度体系。那么，在

---

〔1〕 参见新《公司法》第26条第2款。

公司经营涉及的公司对外关系方面，新《公司法》立法的法理天平则转移到另一端——侧重于保护交易安全和交易的稳定性，这是发展市场经济的内在要求。该内容体现在新《公司法》第28条第2款："股东会、董事会决议被人民法院宣告无效、撤销或者确认不成立的，公司根据该决议与善意相对人形成的民事法律关系不受影响。"从该款的规定可以看出，即使相关决议已经被法院判定为瑕疵决议，但是公司根据该决议所作出的对外法律行为则完全可能是有效的，只要该行为的相对人是善意的。这也体现了《民法典》确立的民法上保护善意相对人的民法基本原则。

第七节　加大"董监高"职责，防范内部腐败

为有效保护产权，防范公司内部腐败，公司法的本次修订完善了公司内部治理制度，织严织密了"董监高"忠实勤勉履职的制度，加重了其法律责任。"董监高"作为受托管理公司的具体负责公司的经营者和公司的法定机关的组成人员，对公司负有信义义务。这种信义义务又可以进一步分解为忠实义务和勤勉义务。

一、完善了"董监高"信义义务的一般条款

公司法的本次修订，首次在立法层面明确界定了"忠实义务"和"勤勉义务"，具体体现在新《公司法》第180条第1款和第2款："董事、监事、高级管理人员对公司负有忠实义务，应当采取措施避免自身利益与公司利益冲突，不得利用职权牟取不正当利益。董事、监事、高级管理人员对公司负有勤勉义务，执行职务应当为公司的最大利益尽到管理者通常应有的合理注意。"

第180条第1款定义了"董监高"的忠实义务，忠实义务的内涵是利益冲突的避免，即"董监高"必须"避免自身利益与公司利益冲突"。忠实义务的外延则是避免一切"利用职权谋取不正当利益"的行为。

第180条第2款界定了"勤勉义务"的概念。勤勉义务的核心要义是"合理注意"的义务，"注意"的目的是"公司的最大利益"，"合理"的判断标准是"管理者

通常应有的”。当然，这里的“最大利益”和“通常应有”的具体判断标准仍需要根据个案具体判断，同时也值得法学学术界和司法实务界继续深入研究。

二、充实细化了董监高“忠实义务”的具体规定

与旧《公司法》相比，关于“忠实义务”的规定新《公司法》修改和新增的内容比较多，更加充实细化了“忠实义务”的要求。

首先，对于需要遵守忠实义务的责任主体方面，明确规定了监事对公司负有忠实义务。新《公司法》第181条至第184条以及第186条在规定各种违反忠实义务的法律责任时，都增加了“监事”作为责任主体。

其次，新《公司法》进一步规范了“董监高”的关联交易行为。新《公司法》第182条规定：“董事、监事、高级管理人员，直接或者间接与本公司订立合同或者进行交易，应当就与订立合同或者进行交易有关的事项向董事会或者股东会报告，并按照公司章程的规定经董事会或者股东会决议通过。董事、监事、高级管理人员的近亲属，董事、监事、高级管理人员或者其近亲属直接或者间接控制的企业，以及与董事、监事、高级管理人员有其他关联关系的关联人，与公司订立合同或者进行交易，适用前款规定。”该条第1款增加规定了董监高对关联交易的报告义务，并保留了旧《公司法》规定的关联交易须经公司机关决议通过的制度。此外，对于有权对关联交易作出决议的公司机关，旧《公司法》只规定了股东会，而新《公司法》增加了“董事会”也可以作为有权决议机关。具体是由股东会还是董事会作出决议，则授权由公司章程作出具体规定。该条第2款是本次修订新增加的内容，该内容在法律层面明确扩大了适用关联交易报告和决议制度的范围，将其适用范围扩大到“近亲属”、“控制的企业”以及“有其他关联关系”的所有可能的主体。该款与第1款相结合，构成了规范董监高关联交易的完整制度：无论是学术称为“自我交易”（与自己交易）这种狭义的关联交易，还是与董监高的关联方进行交易的这种广义的关联交易，也无论交易形式上是直接进行交易，还是通过其他途径和手段而进行的“间接交易”，都在新《公司法》的规制范围之内。

最后，新《公司法》第183条和第184条完善了公司商业机会规则和竞业禁止规则。第185条规定了利益冲突事项的表决回避制度，董事会在对相关事项进行

表决时，“关联董事不得参与表决，其表决权不计入表决权总数。出席董事会会议的无关联关系董事人数不足三人的，应当将该事项提交股东会审议”。新《公司法》第193条新增了董事、高级管理人员对第三人承担过错赔偿责任的规定。新《公司法》第193条新增了董事责任保险的规定。

三、确立了“实质董事”制度

实践中“影子董事”“影子高管”现象时有发生：公司的控股股东或实际控制人，在名义上并不担任公司的董监高，甚至名义上不在公司担任任何职务，但是却通过指使董监高按照自己的意志行事等方式间接管控公司或者亲自管控公司。这类名义上不担任公司董监高职务却实际管控公司的人，就被称为“影子董事”或“影子高管”。新《公司法》第180条第3款专门对这种现象进行规制：“公司的控股股东、实际控制人不担任公司董事但实际执行公司事务的，适用前两款规定。”此处的“前两款规定”即关于董监高忠实义务和勤勉义务的规定。新《公司法》第192条规定：“公司的控股股东、实际控制人指示董事、高级管理人员从事损害公司或者股东利益的行为的，与该董事、高级管理人员承担连带责任。”

新《公司法》第180条第3款和第192条构建了新《公司法》上的“实质董事”制度。这个制度的核心内容有二：一是在忠实义务和勤勉义务的适用方面，将所谓的“影子董事”“影子高管”视为“实质董事”，与公司董监高适用同样的法律规定；二是在违反忠实义务和勤勉义务的法律责任方面，规定了“实质董事”承担连带责任。

第八节　其他主要变化

如前所述，本次公司法的修订是较为全面和系统的修订，修改内容较多。除以上七节介绍的重大修订之外，其他制度性的主要变化还有一人公司制度的修改、国有公司特别规定的变化、有限责任公司股权转让制度的改革、股份有限公司股份发行和转让制度的完善、公司终止（解散、清算与注销）制度的变化等。

一、一人公司制度的修改

从篇章结构上看，旧《公司法》在其第二章“有限责任公司的设立和组织机构”当中设专门的一节对“一人有限公司”进行特别规定，即该章第三节“一人有限责任公司的特别规定”。新《公司法》不再称此类公司为“一人公司”，而是称其为“一个股东的公司”。在结构上新《公司法》不再为该类公司设立专门的章节。

新《公司法》关于该类公司规定在实质上的修改，可以从两个方面理解，第一个方面是，新《公司法》大幅度取消了关于该类公司的特别规定，仅仅保留了旧《公司法》中的两个条款：一是新《公司法》第23条第3款，该款来自旧《公司法》第63条，是关于一人公司独立人格举证和股东有限责任限制的规定，该条内容未作实质修改；二是新《公司法》第60条关于一人公司不设股东会的规定，该条也未作实质修改，该条来自旧《公司法》第61条。除了保留上面两个条文对应的两项制度，新《公司法》悉数删除了旧《公司法》中其他关于一人公司的全部“特别规定”。这些被删除的内容当中，最重要的一条是旧《公司法》第58条，即“一个自然人只能投资设立一个一人有限责任公司。该一人有限责任公司不能投资设立新的一人有限责任公司”。新《公司法》实行后，一个自然人可以设立多个只有一个股东的公司，只有一个自然人股东的公司也可以再往下设立全资子公司。

理解一人公司制度变化的第二个方面是，新《公司法》拓展了一人公司的适用范围，旧《公司法》只容许“有限”公司是一人公司，而新《公司法》不仅容许有限责任公司是一人公司，而且也容许股份有限公司只有一个股东。新《公司法》第92条规定：“设立股份有限公司，应当有一人以上二百人以下为发起人……”与此相呼应，新《公司法》第112条第2款规定了只有一个股东的股份有限公司亦不设股东会。

二、国有公司特别规定的变化

从篇章结构上看，有关国有公司的特别规定，在旧《公司法》中是一节，新《公司法》调整提升到一章，即第七章。从条文数量上分析，旧《公司法》对此规定了7个条文，从第64条到第70条；新《公司法》有10个条文，从第168条到第177条。从涉及的公司类型上分析，旧《公司法》只规定了“国有独资公司”，即国家完全控股的有限责任公司；新《公司法》规定的“国家出资公司”既包括国有独资公司，还包括国有资本控股公司[1]。因此新《公司法》扩展了该部分规定规范和适用的对象。从条文涉及的内容上分析，新《公司法》第七章的10个条文中，有4条是关于国家出资公司的规定，另外6条是关于国有独资公司的规定。新增条文值得特别关注的有第170条、第173条、第176条和第177条。第170条规定了党的组织在国家出资公司中发挥领导作用。第173条规定了国有独资公司的外部董事制度，规定“国有独资公司的董事会成员中，应当过半数为外部董事，并应当有公司职工代表”。第176条规定了国有独资公司也可以不设监事会，代之以在董事会内设立审计委员会。第177条明确要求“国家出资公司应当依法建立健全内部监督管理和风险控制制度，加强内部合规管理”，将国家出资公司的合规建设与合规管理上升为法定义务。

三、有关上市公司的新规定

为了从立法层面进一步规范上市公司治理，公司法本次修订新增加了一些关于上市公司的特别规定。新《公司法》第136条第2款新增了关于上市公司章程应当记载的法定事项，包括“董事会专门委员会的组成、职权以及董事、监事、高级管理人员薪酬考核机制等事项”。新《公司法》第137条列举式规定了上市公司审计委员会对审计、财务等特定事项的前置审批权，并且授权国务院证券监督管理机构可以将其他事项规定为需要经审计委员会前置审批的事项。请注意，新《公司法》对于这里的“审计委员会”[2]没有作限定性规定，依据法律条文文义解释的原则，此处的上市公司“审计委员会”应当既包括依据旧《公司法》的规定，在公司设监事会的情况下在董事会中设立的“审计委员会”，又包括根据新《公司法》不设监事会的情况下在董事会中设立的“审计委员会”。新《公司法》第139条新

〔1〕 参见新《公司法》第168条第2款。

〔2〕 新《公司法》第137条规定：“上市公司在董事会中设置审计委员会的，董事会对下列事项作出决议前应当经审计委员会全体成员过半数通过：(一)聘用、解聘承办公司审计业务的会计师事务所；(二)聘任、解聘财务负责人；(三)披露财务会计报告；(四)国务院证券监督管理机构规定的其他事项。”

增了上市公司董事对关联事项的法定报告义务。第140条新增了上市公司披露其股东和实际控制人的法定义务。第141条新增了禁止上市公司交叉持股的制度。

四、有限责任公司股权转让制度的改革

新《公司法》简化并完善了有限责任公司股权对外转让的程序和股东责任。首先，对比旧《公司法》第71条〔1〕和新《公司法》第84条〔2〕，可以看出新《公司法》删除了旧《公司法》中“其他过半数股东同意”的前置程序。这就意味着，根据新《公司法》，有限责任公司股东对外洽谈股权对外转让具体事宜之前，无须事先征得其他股东的同意，只需要待转让的具体条件确定之后，直接通知其他股东，通知的目的是使其他股东行使其优先购买权。显然，新《公司法》的规定简化了有限责任公司股东对外转让股权的程序，将旧《公司法》规定的其他股东的“同意权”加“优先购买权”简化为只赋予其他股东“优先购买权”。其次，新《公司法》第86条〔3〕是新增加的条文，明确规定了有限责任公司股权转让的通知和股权变动制度。在此，新《公司法》在吸收《公司法司法解释（三）》第18条内容的基础上，新增了第88条〔4〕，明确了已认缴而未实缴股权转让过程中各关联方的出资责任。

---

〔1〕 旧《公司法》第71条规定：“有限责任公司的股东之间可以相互转让其全部或者部分股权。股东向股东以外的人转让股权，应当经其他股东过半数同意。股东应就其股权转让事项书面通知其他股东征求同意，其他股东自接到书面通知之日起满三十日未答复的，视为同意转让。其他股东半数以上不同意转让的，不同意的股东应当购买该转让的股权；不购买的，视为同意转让。经股东同意转让的股权，在同等条件下，其他股东有优先购买权。两个以上股东主张行使优先购买权的，协商确定各自的购买比例；协商不成的，按照转让时各自的出资比例行使优先购买权。公司章程对股权转让另有规定的，从其规定。”

〔2〕 新《公司法》第84条规定：“有限责任公司的股东之间可以相互转让其全部或者部分股权。股东向股东以外的人转让股权的，应当将股权转让的数量、价格、支付方式和期限等事项书面通知其他股东，其他股东在同等条件下有优先购买权。股东自接到书面通知之日起三十日内未答复的，视为放弃优先购买权。两个以上股东行使优先购买权的，协商确定各自的购买比例；协商不成的，按照转让时各自的出资比例行使优先购买权。公司章程对股权转让另有规定的，从其规定。”

〔3〕 新《公司法》第86条规定：“股东转让股权的，应当书面通知公司，请求变更股东名册；需要办理变更登记的，并请求公司向公司登记机关办理变更登记。公司拒绝或者在合理期限内不予答复的，转让人、受让人可以依法向人民法院提起诉讼。”

〔4〕 新《公司法》第88条规定：“股东转让已认缴出资但未届出资期限的股权的，由受让人承担缴纳该出资的义务；受让人未按期足额缴纳出资的，转让人对受让人未按期缴纳的出资承担补充责任。未按照公司章程规定的出资日期缴纳出资或者作为出资的非货币财产的实际价额显著低于所认缴的出资额的股东转让股权的，转让人与受让人在出资不足的范围内承担连带责任；受让人不知道且不应当知道存在上述情形的，由转让人承担责任。”

五、股份有限公司股份发行和转让制度的完善

新《公司法》对股份有限公司的股份发行和转让制度也进行了完善。其中对股份有限公司的股份发行制度的完善主要体现在新增规定了无面额股制度、类别股制度和授权资本制等三个方面。对股份有限公司股份转让制度的完善也主要表现在三个方面：允许章程设置转让限制、新增非公众股份有限公司异议股东回购请求权的规定以及新增禁止财务资助制度等。

（一）股份有限公司的股份发行制度的完善

新《公司法》新增规定了无面额股制度、类别股制度和授权资本制，完善了股份有限公司的股份发行制度。

1.无面额股制度

新《公司法》第142条在我国法律上首次引入了无面额股制度："公司的资本划分为股份。公司的全部股份，根据公司章程的规定择一采用面额股或者无面额股。采用面额股的，每一股的金额相等。公司可以根据公司章程的规定将已发行的面额股全部转换为无面额股或者将无面额股全部转换为面额股。采用无面额股的，应当将发行股份所得股款的二分之一以上计入注册资本。"该条第1款规定了股份有限公司可以采用无面额股的方式发行股份。并规定了公司只能在面额股和无面额股两种方式当中选择一种，而不能同时采用两种方式。第2款赋予了公司进一步的选择权，即公司的事后选择权：公司无论是采用面额股还是无面额股发行股份，在发行之后，都可以再选择转换为另一种股份，但是必须全部转换，不能只转换其中的一部分使公司同时既拥有面额股，又拥有无面额股。该条第3款规定了发行无面额股的会计处理规则。

2.类别股制度

类别股是指其权利与普通股不同的股份。新《公司法》通过3个条文构建起新《公司法》上的类别股制度，这3个条文是新《公司法》第144条至第146条。

新《公司法》第144条第1款规定了类别股法定制度，即公司不得自行创始类别股，公司只能发行该条第1款前3项明确规定的类别股或者国务院根据该款第4

项的授权规定的其他类别股。该条第1款前3项明确规定的类别股分别是:(1)财产权利与普通股不同的"优先股"和"劣后股";(2)表决权与普通股不同的多数表决权股和限制表决权股;(3)自由转让权受到限制的转让受限股。该条第2款规定了公众公司发行类别股的限制:公开发行股份的公众公司不得发行本条第1款第2项和第3项规定的类别股,即表决权多于或少于普通股的多数表决权股和限制表决权股以及转让受限股,但是公开发行前已发行的除外。该条第3款特别规定了表决权不同的类别股的表决权恢复制度,即选举和更换监事和审计委员会成员时,"类别股与普通股每一股的表决权数相同"。

新《公司法》第145条规定了发行类别股的股份有限公司在其章程当中记载类别股主要事项的法定义务。此外,新《公司法》第95条第5项亦对此作了概括性规定。

新《公司法》第146条规定了类别股分类表决制度,即发行类别股的股份有限公司在股东会审议《公司法》第116条第3款规定的公司章程修改、公司增减注册资本以及公司合并、分类、解散等特殊事项时,除普通股股东正常表决之外,还须经类别股股东会2/3以上表决通过。公司章程可以对需类别股分类表决的其他事项作出规定。

3.授权资本制

股份有限公司发行股份事项属于公司股东会的职权。这是因为股份有限公司发行股份必然会带来公司注册资本的增加,而公司增加注册资本属于股东会职权[1]。这是公司法关于股份有限公司发行股权的一般性规定。新《公司法》在继续沿用这种一般性规定的基础上,引入了授权资本制。

授权资本制,是指法律允许股份有限公司在一定条件下授权其董事会决定公司发行股份事宜。新《公司法》第152条和第153条规定了授权资本制。其中第152条第1款是关于授权资本制的基本规定:"公司章程或者股东会可以授权董事会在三年内决定发行不超过已发行股份百分之五十的股份。但以非货币财产作价出资

---

〔1〕 关于股份有限公司股东会的职权,新《公司法》第112条第1款规定了股份有限公司股东会的职权适用该法第59条第1款关于有限责任公司股东会的职权。而该法第59条第1款第5项是"对公司增加或者减少注册资本作出决议"。

的应当经股东会决议。”从该款规定可以得出新《公司法》授权资本制的几个基本要素，首先，“授权”的有效来源是公司章程或者公司股东会；其次，授权的有效时间是三年以内；再次，“授权”的数量上限是公司“已发行股份的百分之五十”；最后，可以进行“授权”的出资形式仅限于货币出资，通过非货币形式出资的方式发行股份的权限不可以“授权”给董事会。

新《公司法》第153条规定了董事会审议授权资本制的特别表决规则：“公司章程或者股东会授权董事会决定发行新股的，董事会决议应当经全体董事三分之二以上通过。”

（二）股份有限公司股份转让制度的完善

对股份有限公司股份转让制度的完善也主要表现在三个方面，即允许章程设置转让限制、新增非公众股份有限公司异议股东回购请求权的规定以及新增禁止财务资助制度。

1.允许股份有限公司章程设置股权限制性规定

实践中的股份有限公司出现了“两极分化”，一方面，以上市公司为代表的少数股份有限公司成为大型甚至超大型的公司；另一方面，绝大部分股份有限公司规模较小或者股东人数较少，呈现出规模小型化和治理封闭化的特点。为了回应后者治理的实践需求，新《公司法》准许股份有限公司章程对公司股份转让作出限制性规定：“公司章程对股份转让有限制的，其转让按照公司章程的规定进行。”[1]

2.非公众股份有限公司股东的股权回购请求权

出于同样的立法目的，新《公司法》将特定情形下异议股东股权回购请求权赋予了非公众股份有限公司。新《公司法》第161条第1款规定的非公众股份有限公司股东股权回购的具体情形与新《公司法》第89条第1款规定的有限责任公司股东股权回购请求权适用的具体情形相比，除了第2项不包括“公司合并、分立”两种情形之外，两者在其余方面完全相同。第161条第1款规定：“有下列情形之一的，对股东会该项决议投反对票的股东可以请求公司按照合理的价格收购其股份，公开发行股份的公司除外：（一）公司连续五年不向股东分配利润，而公司该五

〔1〕 参见新《公司法》第157条。

年连续盈利，并且符合本法规定的分配利润条件；（二）公司转让主要财产；（三）公司章程规定的营业期限届满或者章程规定的其他解散事由出现，股东会通过决议修改章程使公司存续。”

这里需要特别注意的是，一是在适用的主体范围上，可以适用异议回购请求权的范围不包括公众公司，即“公开发行股份的公司除外”；二是在适用的条件范围上，股份有限公司仅可以适用上述法定的特定事由，不适用于一般事由，新《公司法》第89条第3款规定的有限责任公司股东的一般性回购请求权并没有被扩展到股份有限公司。

3.禁止财务资助制度

新《公司法》第163条首次在公司法层面规定了我国的禁止财务资助制度：“公司不得为他人取得本公司或者其母公司的股份提供赠与、借款、担保以及其他财务资助，公司实施员工持股计划的除外。为公司利益，经股东会决议，或者董事会按照公司章程或者股东会的授权作出决议，公司可以为他人取得本公司或者其母公司的股份提供财务资助，但财务资助的累计总额不得超过已发行股本总额的百分之十。董事会作出决议应当经全体董事的三分之二以上通过。违反前两款规定，给公司造成损失的，负有责任的董事、监事、高级管理人员应当承担赔偿责任。”

禁止财务资助制度是指法律原则上禁止公司为他人取得公司股份而提供财务帮助的制度。上述第1款规定了我国禁止财务资助制度的一般原则和例外情形，一般原则是法律原则上禁止这种财务资助，包括禁止为他人取得母公司的股份提供资助，例外情形是“公司实施员工持股计划”不在此限。第2款规定了禁止财务资助制度的特殊例外规则的适用情形，即在资助的目的上是“为了公司利益”；在权利来源上需要有有效的授权，同时在程序上需要就具体资助事项经过公司机关有效决议。第3款明确规定了违反禁止财务资助制度的法律责任。

六、公司终止（解散、清算与注销）制度的变化

公司终止制度主要包括公司的解散、清算与注销制度。新旧《公司法》均设专章规定公司终止制度[1]。梳理分析公司法中关于公司终止制度的具体规定，可

〔1〕 见新《公司法》第十二章、旧《公司法》第十章。

以总结出公司终止一般需要经历三个步骤：①出现公司终止事由；②公司清算；③公司注销。以下分别介绍。

（一）出现公司终止事由

公司终止事由是指其出现将使公司依法应当进入法定终止程序并最终注销公司的程序。如果把公司这种法律拟制的“人”与自然人相类比，那么，公司终止程序则相当于其死亡和为其料理后事的程序。该程序完成后，公司就走完了其生命历程，公司正式消亡，不复存在。

公司的法定终止事由有二，一是公司解散，二是公司被宣告破产。前者属于公司法的规制范围，后者受破产法规制，公司法仅仅作出引用性规定〔1〕。新《公司法》第229条第1款规定了五种公司解散的事由：“公司因下列原因解散：（一）公司章程规定的营业期限届满或者公司章程规定的其他解散事由出现；（二）股东会决议解散；（三）因公司合并或者分立需要解散；（四）依法被吊销营业执照、责令关闭或者被撤销；（五）人民法院依照本法第二百三十一条的规定予以解散。”梳理该款规定的五种公司解散事由，依据解散事由的源头划分，可以将其分为一般解散、行政解散和司法解散三类。第一类是指来自公司内部的解散事由。该款前三项属于这一类。该款第4项规定的公司被“吊销营业执照、责令关闭或者被撤销”三种情况属于第二类，即行政解散。该款第5项规定属于第三类司法解散。

另外，新《公司法》第229条第2款增加规定了公司出现解散事由之后，公司负有法定公示义务。〔2〕

（二）公司清算

新《公司法》第229条第1款规定的五种公司解散事由，除了其中的“公司合并或者分立”并不必然导致公司清算之外，其余四项均是公司解散的法定事由，公司解散都应依法进行公司清算。新《公司法》对公司清算制度的完善如下。

第一，新《公司法》改革和完善了清算责任人制度。这主要包括对清算责任

---

〔1〕 参见新《公司法》第242条。

〔2〕 新《公司法》第229条第2款规定：“公司出现前款规定的解散事由，应当在十日内将解散事由通过国家企业信用信息公示系统予以公示。”

人范围和清算责任人的法律责任进一步明确两个方面。

新《公司法》进一步明确规定了清算责任人的范围。对于出现公司终止事由后，谁是公司的清算责任人这个问题，旧《公司法》区别有限责任公司和股份有限公司作了不同规定，前者的法定清算义务人是股东；后者的法定清算义务人是董事，同时准许股东大会确定其他人员〔1〕。对此，新《公司法》进行了修改和完善，不区分是有限责任公司还是股份有限公司，明确规定“董事为公司清算义务人”〔2〕。同时，新《公司法》将清算义务人与清算组进行了区分，2023年《公司法》第232条第2款规定：“清算组由董事组成，但是公司章程另有规定或者股东会决议另选他人的除外。”

新《公司法》进一步明确和细化了清算责任人的法律责任。一是新《公司法》第232条第3款明确规定了清算义务人怠于履行清算义务的赔偿责任：“清算义务人未及时履行清算义务，给公司或者债权人造成损失的，应当承担赔偿责任。”二是新《公司法》第238条明确规定了清算组成员的忠实义务和勤勉义务及其法律责任：“清算组成员履行清算职责，负有忠实义务和勤勉义务。清算组成员怠于履行清算职责，给公司造成损失的，应当承担赔偿责任；因故意或者重大过失给债权人造成损失的，应当承担赔偿责任。”本条第1款中的“勤勉义务”是新《公司法》新增内容。本条在规定清算组成员的法律责任时采取了内外有别的原则。清算组成员的对内责任，即对公司的责任更重：只要其违反了勤勉义务“怠于履行清算职责”并且因此“给公司造成损失”，就应当对公司承担赔偿责任。与此不同，对于清算组成员的对外责任，即对公司债权人的责任，公司法采取的是民法典上的“过错责任”，并且只有当“过错”达到比较严重的程度时，也就是只有在其过错行为构成“故意或者重大过失”的情况下，清算组成员才对因其过错所造成的公司债权人的损失，承担赔偿责任。

第二，新《公司法》改革和完善了司法强制清算制度。这方面主要是扩大了可以向法院提出司法强制清算申请的主体。旧《公司法》将该类主体限制在公司

〔1〕 参见旧《公司法》第183条。
〔2〕 参见新《公司法》第232条第1款。

债权人的范围内[1]。新《公司法》将可以申请司法强制清算的主体进行了两个方面的扩张。一是将公司出现一般清算事由怠于清算的情况下的申请主体，由旧《公司法》上的债权人扩大到新《公司法》上的利害关系人。后者的外延显然远大于前者，除了包含前者之外，至少还可以包含公司股东等与公司清算有利害关系的民事主体。二是在公司出现“被吊销营业执照、责令关闭或者被撤销”等行政解散事由的情况下，新《公司法》允许相关行政机关作为司法强制清算的申请主体向法院申请对公司进行司法强制清算。[2]

（三）公司注销

在有关公司注销的法律规定方面，新《公司法》增加了“简易注销”和“强制注销”两项新制度。

1.简易注销制度

新《公司法》第240条是关于简易注销制度的规定：“公司在存续期间未产生债务，或者已清偿全部债务的，经全体股东承诺，可以按照规定通过简易程序注销公司登记。通过简易程序注销公司登记，应当通过国家企业信用信息公示系统予以公告，公告期限不少于二十日。公告期限届满后，未有异议的，公司可以在二十日内向公司登记机关申请注销公司登记。公司通过简易程序注销公司登记，股东对本条第一款规定的内容承诺不实的，应当对注销登记前的债务承担连带责任。”

本条第1款规定了适用简易注销制度的实质要件和形式要件。实质要件需要满足以下两种情况之一：一是“公司在存续期间未产生债务”，二是公司“已清偿全部债务”。形式要件是公司全体股东需要对公司满足简易注销实质要件的事实作出承诺。

本条第2款规定了适用简易注销的程序和步骤：第一步是“通过国家企业信用信息公示系统予以公告”。第二步需要满足一个客观性实质条件，即公告期满并且没有人对公司简易注销提出异议。请注意，这里的“异议”相当于任何人对

---

〔1〕 参见旧《公司法》第183条。

〔2〕 新《公司法》第233条第2款规定：“公司因本法第二百二十九条第一款第四项的规定而解散的，作出吊销营业执照、责令关闭或者撤销决定的部门或者公司登记机关，可以申请人民法院指定有关人员组成清算组进行清算。”

于公司的简易注销都拥有“一票否决权”，即只要有人提出异议，那么简易注销程序就不能再继续进行，必须无条件终结，而不需要对该异议进行实质审查。此外，本款规定的两个“二十日”，前者是对公告时间的最低要求，而后者是在公告期满后，赋予公司去申请注销登记的最长时间期限。也就是说，前者是最短期限，后者是最长期限。第三步，公司申请简易注销登记。第四步，登记机关进行简易注销登记。

本条第3款规定了股东在办理注销登记时虚假承诺的法律责任——对公司注销登记前的债务承担连带责任。

2.强制注销制度

公司强制注销制度是指，对出现行政解散事由的公司由公司登记机关依法予以强制注销的制度。这是新《公司法》创立的新制度，新《公司法》第241条是关于该制度的规定：“公司被吊销营业执照、责令关闭或者被撤销，满三年未向公司登记机关申请注销公司登记的，公司登记机关可以通过国家企业信用信息公示系统予以公告，公告期限不少于六十日。公告期限届满后，未有异议的，公司登记机关可以注销公司登记。依照前款规定注销公司登记的，原公司股东、清算义务人的责任不受影响。”

根据本条第1款的规定，强制注销制度的适用范围仅限于行政解散的公司，即仅限于因“被吊销营业执照、责令关闭或者被撤销”三种行政解散事由之一而解散的公司，不能适用于因一般解散事由而解散的公司。对公司进行强制注销的实质条件是公司行政解散事由出现后“满三年未向公司登记机关申请注销公司登记”。本款规定的适用强制注销的程序和步骤与适用简易注销相类似，即都需要进行依法公告并满足公告期满无人异议的程序和条件。所不同的是强制注销无须申请，在公告期满无人异议的情况下，由登记机关直接进行强制注销登记。这是“强制注销”的题中应有之义。

本条第2款规定了强制注销登记对于原公司股东及其清算义务人的法律后果：原公司股东及其清算义务人的法律责任不因强制注销而受影响。公司被强制注销后，相关主体依然可以依法追究其法律责任。

第二章　公司内部法律风险综述

本书下篇将分十四章详细讨论公司的内部法律风险。从纵向看，讨论的内容从公司的“出生”一直贯穿到公司“死亡”的全过程。从横向看，讨论的内容将全方位地涵盖公司内部治理的各个主要领域。故此，本章作为本书上篇总论部分从总体上阐述公司内部法律风险的专章，不再介绍公司内部治理各方面的具体法律风险，而是代之以从整体概念和全局性的角度对公司内部法律风险进行综述。这主要从两个维度进行探讨，一是“法律风险”的维度，二是“公司内部”的维度。

第一节　法律风险通论

公司内部风险是法律风险的一种，法律风险的一般特质公司内部法律风险也同样具备。因此要想完整、准确地理解和防范公司内部法律风险，必须首先对法律风险的概念有一个基本的认识。

一、三个基本法律范畴——权利、义务和责任

在讨论“法律风险”这个概念之前，有必要介绍和回顾一下法律上的三个基本范畴：权利、义务和责任。可以毫不夸张地说，几乎所有法律都是围绕这三个范畴而展开的。也许是因为这三个法律范畴在法律和法学领域都太基础了，简直就是法律语言的基本起点；也许是这三个法律范畴每一个范畴的外延太广大了，实在不太容易总结概括其内涵，法律和法学著作当中对这三个基本法学范畴鲜有定义。

从权威词典对这三个词的一般定义来看，2012年商务印书馆出版的《现代汉语词典》（第6版）对“权利”这个词的释义是：“【权利】（名词）公民或法人依法行使的权力和享受的利益（跟‘义务’相对）。”这里用“权力”来释义“权利”。

该词典对“权力”这个词的释义是：“【权力】（名词）①政治上的强制力量：国家权力｜全国人民代表大会是最高国家权力机关。②职责范围内的支配力量：行使大会主席的权力。”

该词典对“义务”一词的释义是：“【义务】①（名词）公民或法人按法律规定应尽的责任，例如服兵役（跟‘权利’相对）。②（名词）道德上应尽的责任：我们有义务帮助学习差的同学。③（形容词）属性词。不要报酬的：义务劳动｜义务演出。”

该词典对“责任”一词的释义是：“【责任】（名词）① 分内应做的事：尽责任。② 没有做好分内应做的事，因而应当承担的过失：责任人｜责任状｜追究责任。”

《现代汉语词典》对这四个词的上述释义，也许符合或者基本符合一般生活语言中这四个词的基本含义。但是，当这些词作为基本法律术语时，上述释义显然没有完整准确地提炼其含义。比如，词典上述释义在解释“权利”这个词时使用了“权力”这个词，将“权利”定义为“公民或法人依法行使的权力和享受的利益”。但是，对照词典中关于“权力”一词的两个释义，词典在定义“权利”时所使用的这个“权力”，显然不属于其中任何一个。此外，在“责任”和“义务”作为基本法律范畴的情况下，如果套用词典中用“责任”这个词来定义“义务”的做法，明显难以周延。

笔者不才，在此尝试对法律上的这四个基本范畴作出自己的定义，以期抛砖引玉。

“权利”和“义务”是法律上两个最基本的范畴。笔者认为，可以从法律作为社会行为规范的这个本质出发，去考察法律上“权利”范畴和“义务”范畴的基本特征。“权利”是法律在设计社会行为规范时所使用的正面性的、肯定性的、认可或赋予性的、保护性的和自由性的（原则上可以被放弃的）制度性规定。法律为回应和规范社会现实，设计出各种各样的这类制度性规定，一类或一项这样的制度性规定在法律上被提炼和定义为一种“权利”。从某种意义上看，人类的法律发展史，就是法律上“权利”制度的演化发展史：从最早的身份权和财产权一直发展演化到如今庞大和复杂的权利制度体系。“义务”这个范畴确实是与“权利”相对应，它是法律在设计社会行为规范时所使用的限制性的、强制性的（原则上不能被放弃的）规定。

在考虑了其基本特征的基础上，我们可以顺着这个思路来尝试定义这两个法律基本范畴。

“权利”（与限制性定语连用时常简称为“权”），最基本最重要的法律范畴，是指针对特定事项或特定领域，法律通过赋予性或确认性的、正面和肯定性的、保护性的规定而确立的，赋予或确认相关法律主体的排他性利益或行为自由的某项法律制度或法律制度体系；亦指相关法律主体依据该项法律制度或制度体系所享有的排他性的利益或行为自由。

从某种角度看，一部人类社会的法律发展史，就是一部法律“权利”制度的演化发展史，是各种权利制度依次出现、演化和发展的历史。“权利”是现代法律最重要的范畴。现代社会异常庞大复杂的法律制度体系，就是各种法律“权利制度”的充分展开：民事法律是法律设定各种民事权利制度的法律体系，行政法律是为了保护和实现民事“权利”和政治“权利”而规范行政“权力”的法律体系，刑事法律是为了保护民事“权利”、政治“权利”以及国家的“行政权力”而规定犯罪和刑罚的法律体系。

“义务”，基本法律范畴之一，是指基于法律的明确规定，或者基于法律的一般性规定以及行为人的在先行为，行为人对特定事项或特定领域应该作为或者不作为或者应该如何作为的具有法律拘束力的对行为的规范性要求。义务又可以依据法律规定的法理基础和其针对性的不同，进一步区分为概括性义务和具体性义务。前者是法律为保障其设立的各种“权利”而对权利主体（享有权利的人）之外的所有人（不特定对象）的概括性要求——不得侵害权利。后者是法律针对特定事项或特定领域直接规定特定主体应该如何行为的针对特定对象的具体规范性要求。后者又被称为狭义的“义务”。

“责任”，又称“法律责任”，基本法律范畴之一，是指行为人因实施了法律上作否定性评价的行为而被法律要求承担的对其不利的法律后果。按照“不利后果”的严重程度和其基于的部门法的不同，“责任”可以分为三类，即民事责任，亦称民事法律责任；行政责任，也称行政法律责任；刑事责任，又称刑事法律责任。承担民事法律责任的基础法律关系是民事法律关系。民事法律关系是指平等主体之间的财产关系和人身关系，最基本的法律是《民法典》。民事责任的基本种类包括侵权责任和违约责任两大类，承担责任的方式前者主要包括停止侵害、排除妨碍、消除危险、损害赔偿[1]，后者主要包括继续履行、采取补救措施、赔偿损失、恢复原状等[2]。承担行政法律责任的基础法律关系是行政法律关系。民事法律关系是指国家各级行政机关及其部门在履行国家行政职能时与行政相对人之间发生法律关系，是身份不对等的法律关系，最基本的程序性法律是《行政处罚法》，实体性法律则散布于各相关领域的法律法规。承担行政法律责任的主要方式是被行政处罚，根据《行政处罚法》第9条的规定，行政处罚主要包括警告和通报批评等警戒性处罚、罚款和没收违法所得与非法财物等财产性处罚、吊销许可证等身份性处罚、责令停产停业等限制行为性处罚以及最长十五日行政拘留的限制人身自由的处罚等五大类。最后，也是最严重的一种法律责任，就是刑事责任，顾名思义，其基础是刑事法律关系。基本法律是《刑法》和《刑事诉讼法》。刑事法律是关于犯罪和刑罚及其如何追究的法律。承担刑事法律责任就意味着行为触犯刑律构成犯罪，承担刑事责任的方式是行为人被处以刑罚。众所周知，刑罚是最高等级的处罚，高到可以剥夺行为人的生命——死刑。除了最高等级的死刑之外，刑罚的种类还包括人们最熟悉的自由刑——有期徒刑，以及人们不是太熟悉的自由刑——拘役、财产刑——罚金、附加刑——剥夺政治权利和没收财产。所以，刑事责任是最严重的一种法律责任。

此外，权利、义务和责任彼此之间不是毫无关联的绝对独立的关系，而是既相互区别又相互联系的有机统一的关系。首先，“权利”作为最基本的法律范畴，是构建各种具体法律制度的基石和基本要素。其次，权利与概括性义务直接相对应。责任与权利和义务的关系则更为紧密。法律科以责任的基础一般情况下只有两种。一是责任人侵犯了他人的权利。二是责任人没有履行其狭义义务。因此，

---

〔1〕 参见《民法典》第七编“侵权责任”第二章“损害赔偿”。

〔2〕 参见《民法典》第566条、第983条、第985条。

一言以蔽之，承担法律责任的基础要么是侵权，要么是未履行义务。这就是三者之间的紧密联系。

二、法律风险

法律风险是法律主体从事法律行为给自己或者他人造成的不利法律后果或者造成不利法律后果的可能性。这里的“法律主体”是指实施法律行为的行为人，包括自然人、法人和非法人组织等。这里的“行为”包括法律上的“作为”和“不作为”，前者是指行为人主动做某事的行为；后者是指行为人在法律上有义务去做某事，即有义务“作为”，但实际却不去做该事，即有法律义务去“作为”但却不去做。这里的“法律行为”是指具有法律意义，即产生或可能产生法律后果的行为。所谓“法律后果”，是指会引起或导致法律上的后果，比如引起权利的变动，包括权利的设立、转移以及消灭等，又如导致法律责任的产生，等等。不产生也不可能产生法律后果的行为不属于这里所说的“法律行为”，比如，每个人每时每刻都在进行的呼吸行为一般情况下就不属于法律行为，一般闲聊的行为也不属于法律行为，等等。“不利法律后果”是指行为造成或可能造成的不利的法律后果。“不利法律后果”一般可能有两种情况，一种是特定主体某项或某些法律权利受到对其不利的影响，比如权利的丧失、受到限制等。另一种是该行为导致了特定主体需要承担一定的法律责任。这里的“特定主体”既包括行为人本人，也包括行为人以外的“他人”。

在各种法律风险，即各种法律行为可能造成的不利法律后果当中，产生并被追究法律责任是出现概率最多的一种。可以说，在绝大多数情况下，法律风险的有无和大小，就是相关法律行为引起法律责任的可能性的大小，以及可能引起的法律责任的性质、大小及其被追究的可能性。换句话说，考察行为的法律风险就是考察行为可能引起的法律责任。行为可能导致行为人承担什么样的法律责任，就是该行为具有什么样的法律风险。

因此，我们可以按照法律风险可能引起的法律责任种类的不同，而对法律风险进行分类。由于法律责任分为民事责任、行政责任和刑事责任三种，所以法律风险也可以与之相对应地分为三种，即民事法律风险、行政法律风险和刑事法律风险。第一种法律风险，民事法律风险，就是该行为导致或可能导致行为人或者其他人承担或可能承担民事法律责任的风险。这种风险一般止于财产的损失。第二种法律风险，即行政法律风险，是指该行为导致或可能导致行为人或者其他人承担或可能承担行政法律责任的风险。这种风险除了像民事法律风险那样可能造成财产损失之外，还可能造成身份资质贬损、被剥夺等行为限制的不利后果，并且严重者还可能有被限制人身自由的风险，即被行政拘留的风险。当然，如前文所示，行政拘留的时间上限是十五日。第三种法律风险就是刑事法律风险，就是该行为导致或可能导致有关人员承担或可能承担刑事法律责任的风险。这是诸法律风险当中最严重的一种法律风险，严重到行为人可能因此而失去自由甚至生命。

另外，需要特别指出的是，三种法律风险并不是孤立的。法律对权利的保护是立体的，全方位的。虽然法律按照责任方式和规范主体及事项的不同，分为民事法律、行政法律和刑事法律；与之对应的法律关系分别是民事法律关系、行政法律关系和刑事法律关系；与之对应的法律责任分别是民事法律责任、行政法律责任和刑事法律责任。但是，这并不意味着某一个行为只能受一种法律的规制，只承担一类法律责任。相反，一个行为可能只构成一种法律关系承担一类法律责任，但也完全可能同时构成两种甚至三种法律关系，并需同时承担两类甚至三类法律责任。一个行为，尤其是法律作否定性评价的行为构成什么法律关系，需承担什么法律责任，主要不是取决于其涉及的领域，而是法律上认定的其对法律秩序造成破坏的严重程度。比如，同是侵犯人身权的行为，就可能因其程度不同，而落入民事、行政或者刑事法律的规制。又如，侵犯知识产权的行为应当承担的法律责任是限于民事责任，还是在民事责任的基础上再加上行政责任，抑或是在民事责任的基础上加上刑事责任，这都取决于该侵权行为的严重程度。再如，公司的董事、监事和高级管理人员违反对公司的忠实勤勉义务的法律风险，即“董监高”违反忠实义务可能引起的法律责任到底是什么类型的法律责任，是民事责任，行政责任还是刑事责任？主要不是取决于违反了具体哪一条忠实义务，而是取决于该项行为的严重程度和危害程度。因程度的不同，其导致的法律责任可能仅仅是民事责任，也可能是民事责任加行政责任，还可能是民事责任和刑事责任，甚至民事责任、行政责任和刑事责任三者兼而有之。所以，我们不能抛开行为本身的具体情况而笼统地去谈论该行为的法律风险，同样一种行为因其严重程度和危害程度不同，既可能只具有民事法律风险，也可能具有行政法律风险或者刑事法律风险，抑或是三种法律风险的任意组合。

第二节　公司法律风险的“内”与“外”之别及公司内部法律风险概览

一、公司法律风险的“内”与“外”之别

从经济学的角度看，公司是现代市场经济最重要、最活跃的市场主体。既然是“最重要、最活跃”的市场主体，公司的最主要活动自然是其经营活动。从法律的视角来看待，公司的经营活动属于商事经营活动，其本质是公司与公司之外的其他法律主体之间的法律关系，因此是公司的外部事务，在法律上属于商事行为法的调整范围。与此对应，公司内部如何运转则是公司的内部事务，是商组织法，或者称为商事主体法的调整范围。

所以，公司的事务有“内”与“外”之分，调整公司事务的法律也有“内”与“外”之别。公司法是商事组织法，其调整的是公司内部法律关系，不调整或者说基本不调整公司营业当中涉及的公司对外的法律关系。公司经营涉及的对外的法律关系由《民法典》，尤其是其中的“合同编”以及与公司经营事务有关的其他相关法律予以调整。

公司营业过程中所产生或可能产生的法律风险，属于公司的“外部法律风险”。与公司内部法律风险相比，公司外部法律关系及其法律风险涉及的范围更广，内容更加复杂。受限于篇幅，本书只讨论公司内部事务涉及的法律风险。

二、公司内部法律风险概览

本书下篇将分门别类地对公司内部法律风险展开论述。这里从总体上介绍一下公司内部法律风险。从涉及的事项范围和时间跨度上看，公司内部法律风险遍

及公司内部事务的各个方面，跨越公司从“生”到“死”的全过程。可以说公司内部法律风险伴随公司内部事务的全过程和各方面。从公司内部法律风险涉及的主体来分析，公司内部法律风险的主体几乎涵盖了公司内部所有的主体，从“公司”本身，到各个公司机关的成员——股东、董事、监事和经理，再到公司副经理、财务负责人、上市公司董事会秘书等公司高级管理人员，最后甚至包括公司的普通员工。从风险种类上分析，公司内部法律风险既有民事法律风险，也有行政法律风险，还包括刑事法律风险。以下从这三个角度分别简要介绍。

（一）公司内部法律风险的范围

我们可以分别从时间跨度和事项范围两个维度去考察公司内部法律风险的范围。从时间跨度的维度去考察，可以发现，公司从“生”到“死”的整个过程中都存在内部法律风险。甚至在公司尚未“出生”之前的公司酝酿过程，即公司成立之前的筹备过程中，公司的内部法律风险就已经存在了，这主要包括公司未能完成设立的法律风险与有限责任公司在设立时认缴注册资本的法律风险等。公司成立之后，公司的内部法律风险遍及公司内部事务的方方面面，从注册资本的缴纳与股权转让，到股东会、董事会等公司机关的决议与公司对外投资与担保的内部决策，再到“董监高”日常履职过程中所负有的忠实义务和勤勉义务与非董监高的其他工作人员的信义义务，等等，公司内部事务的方方面面都存在法律风险。最后到公司的“死亡”阶段，即公司终止的过程中的解散、清算和注销的阶段，公司内部法律风险依然普遍存在。所以，从存在范围上分析，公司内部法律风险遍及公司内部事务的各方面，跨越公司从“生”到“死”的全过程。

（二）公司内部法律风险的主体

公司内部法律风险的主体，或者称为公司内部法律风险的风险主体，是指担负公司内部法律风险从而须承担该风险带来的不利法律后果的主体。公司内部法律风险的风险主体几乎涵盖了公司内部所有的人。第一类风险主体是该公司本身。当公司法律风险出现时，公司本身必然处于危险和潜在的危机之中。此外，当公司内部法律风险的可能性转化为现实性的时候，无论不利法律后果的直接承受主体是不是公司本身，公司都将受到损失。第二类风险主体是公司净资产的最终所有人——公司股东和实际控制人。公司股东享有股东权利，负有股东义务，无论是权利的滥用还是义务的违反，都会给股东带来法律风险。第三类风险主体是公司执行公司事务的公司管理者——公司的董事、监事和高级管理人员。依据新《公司法》第265条第1项的规定："高级管理人员，是指公司的经理、副经理、财务负责人，上市公司董事会秘书和公司章程规定的其他人员。"这类人员基于其经营管理公司的特殊身份，对公司负有忠实义务和勤勉义务，违反这两项法定义务会给这类人员带来不同程度的法律风险。第四类风险主体是公司的普通员工，这类主体虽然不是公司的"董监高"，在公司经营管理上没有像"董监高"那样的特殊身份，但是，其作为公司员工，依然会执行公司的事务，所以其在法律上对公司仍然负有一般的信义义务，对这种义务的违反依然会有法律风险。

（三）公司内部法律风险的种类

公司内部法律风险的种类既包括三种基本法律风险的每一种，又包括三种基本法律风险的各种组合。

第一种公司内部法律风险是民事法律风险，也是最普遍的一种风险。公司或者公司股东、公司的董监高甚至是普通职员，都有可能因其违反法定义务或者实施了侵权行为而面临民事法律风险。如前所述，这种法律风险导致的不利法律后果是承担民事法律责任，其中最多的是承担经济赔偿责任，包括连带赔偿责任和补充赔偿责任。"连带"是指在具有两个以上责任主体时，两个责任主体在对外承担责任时不区分先后顺序和比例，所有责任主体都有义务直接对外承担全部责任。"补充"是指在具有两个以上责任主体时，两个责任主体在对外承担责任时区分先后顺序和比例，其中一个或一些责任主体对另一个或另一些责任主体不承担或不能承担的责任再承担补充赔偿的责任，即次要责任人负有补足主要责任人未能完成的赔偿差额的责任。

第二种公司内部法律风险是行政法律风险。新《公司法》第十四章"法律责任"规定的大都是该类责任。除限制自由的行政拘留一般在公司内部法律风险的责任形式当中鲜有出现外，其他各种行政法律责任形式如行政罚款等财产性行政处罚，吊销营业执照等身份性处罚和责令改正、责令关闭等限制行为性质的行政处罚或行政强制措施等都属于较常见的公司内部行政法律风险。

第三种公司内部法律风险是刑事法律风险。新《公司法》第264条是一个指引性条款，内容为“违反本法规定，构成犯罪的，依法追究刑事责任”。这里的“依法”需要依据的法律，主要是《刑法》和《刑事诉讼法》。前者是关于犯罪和刑罚的实体法，后者是关于如何追究犯罪分子刑事责任的程序法。《刑法》设专门一节规定公司内部法律风险可能涉及的犯罪，即《刑法》第二编“分则”第三章“破坏社会主义市场经济秩序罪”第三节“妨害对公司、企业的管理秩序罪”。《刑法》该节从第158条到第169条之一规定了虚报注册资本罪等十六项罪名。尤其需要特别强调的是，于2024年3月1日起施行的《刑法修正案（十二）》加大了对民营企业的产权保护，“将现行对‘国有公司、企业’等相关人员适用的犯罪扩展到民营企业，民营企业内部人员具有上述相应行为，故意损害民营企业利益，造成重大损失的，也要追究刑事责任”[1]。

第四种公司内部法律风险是以上三种基本法律风险任意两种的组合或者三种同时具备。首先，新《公司法》第十四章规定的需要承担行政责任的绝大多数条款，都是同时需要承担民事责任的。因此，这些行为的法律风险当然兼具民事法律风险和行政法律风险。其次，如果一种侵权行为或者违反法定义务的行为的程度比较严重，并且造成了比较大的危害后果，使得这种行为构成了犯罪，那么我们当然就说这种行为具有刑事法律风险。但是，如果仔细考察《刑法》第二编“分则”第三章第三节“妨害对公司、企业的管理秩序罪”各条文规定的刑事犯罪，我们会发现其中绝大多数条文规定的行为在被追究刑事责任的同时，仍然需要承担民事责任。这就是民事法律风险和刑事法律风险兼而有之的情况。再次，当一种法律风险所涉及的行为在被追究了刑事责任并对外承担了民事责任之后，如果该行为同时符合需要承担身份限制性的行政责任，比如吊销许可等，或者行为限制性的行政强制，比如责令关闭、取缔等，那么这种行政责任也在追究的范围之内。这就是同时需要承担三种法律责任的同时具有三种法律风险的行为。这里之所以

---

〔1〕 沈春耀：《关于〈中华人民共和国刑法修正案（十二）（草案）〉的说明》，载中国人大网2023年12月29日，http://www.npc.gov.cn/c2/c30834/202312/t20231229_433982.html。

只提到身份限制性的行政责任和行为限制性的行政强制，是因为如果同一个法律行为所导致的行政责任形式和刑事责任形式有相同类别，比如同是财产惩罚性的行政罚款和刑事罚金，或者同属于限制人身自由性质的行政拘留与刑事拘役和有期徒刑，那么在追究刑事责任时，同类的行政责任会被刑事责任吸收，不再一并追究同类别的行政责任。

第三章　公司诉讼概论

本书所称的“公司诉讼”，不是指“公司”作为诉讼当事人或诉讼参与人的诉讼，而是指基于公司内部法律关系的“诉讼”。但是，与之相反，本书中“公司诉讼”这个词组当中所使用的“诉讼”，却是在其最广义的含义上使用这个词语，即这里的“诉讼”一词是指一切对结果具有强制拘束力的纠纷解决制度和责任追究制度。换句话说，此处的“诉讼”不仅指代法院受理的民事诉讼、行政诉讼和刑事诉讼这三种狭义的“诉讼”，还包含“仲裁”这种民事纠纷解决制度，以及行政复议这种行政纠纷解决制度。

在此基础上，让我们给本书中的“公司诉讼”下一个定义。

本书中的“公司诉讼”是指基于公司内部法律关系的纠纷解决及法律责任追究的制度。这些制度主要包括公司民事诉讼与仲裁，公司行政复议与行政诉讼，以及公司刑事诉讼。

第一节　公司民事诉讼与仲裁

公司民事诉讼通常是指为解决基于公司内部法律关系而发生的民事纠纷而进行的诉讼。这种诉讼在本书之外的语境下也经常被称为“公司诉讼”。所以，我们可以认为，本书之外的语境下使用的这种“公司诉讼”的概念，是狭义的“公司诉讼”，即本书中的公司民事诉讼。而本书中的“公司诉讼”则是广义的概念。

仲裁制度是与诉讼平行的解决平等主体之间的财产权益纠纷的制度。《仲裁法》没有排除公司内部纠纷适用仲裁。因此，在当事人之间有有效仲裁协议且其所涉内容在公司法、诉讼法当中均没有明确规定由法院管辖，比如明确规定“向人民法院起诉”的情况下，公司纠纷可以申请仲裁。

一、公司民事诉讼

民事诉讼是民事纠纷的法定解决机制。所有公司内部民事纠纷均可以通过民事诉讼的方式定分止争。在诉讼程序、一般证据规则等方面，公司民事诉讼与其他民事诉讼没有本质区别。公司民事诉讼之所以可以单独作为一类民事诉讼与其他民事诉讼相区分，是因为公司民事诉讼的诉权来源一般是公司法及其司法解释等配套的规定。违反公司法规定的法定义务需要承担民事责任或者侵犯公司法上的法定权利需要承担民事责任，是公司法赋予相关主体民事诉讼权利的基础。《民事案由规定》系统梳理了公司民事诉讼的类型。该规定将“与公司有关的纠纷”规定为第二十一类二级案由，在其之下包含24个三级案由，即案由262至285，其中的三级案由270“公司决议纠纷”和277“损害公司债权人利益责任纠纷”之下又各自包含2个四级案由。这24个三级案由以及4个四级案由是：262.股东资格确认纠纷；263.股东名册记载纠纷；264.请求变更公司登记纠纷；265.股东出资纠纷；266.新增资本认购纠纷；267.股东知情权纠纷；268.请求公司收购股份纠纷；269.股权转让纠纷；270.公司决议纠纷（1）公司决议效力确认纠纷，（2）公司决议撤销纠纷；271.公司设立纠纷；272.公司证照返还纠纷；273.发起人责任纠纷；274.公司盈余分配纠纷；275.损害股东利益责任纠纷；276.损害公司利益责任纠纷；277.损害公司债权人利益责任纠纷（1）股东损害公司债权人利益责任纠纷，（2）实际控制人损害公司债权人利益责任纠纷；278.公司关联交易损害责任纠纷；279.公司合并纠纷；280.公司分立纠纷；281.公司减资纠纷；282.公司增资纠纷；283.公司解散纠纷；284.清算责任纠纷；285.上市公司收购纠纷。

上述这些案由是依据旧《公司法》的有关规定梳理和制定的。随着新《公司法》的施行，新《公司法》当中新增加了多个可以提起诉讼的新事项，预计最高人民法院将会修改《民事案由规定》，制定与之对应的新的案由，比如新《公司法》

第52条增加规定了有限责任公司股东失权制度，该条第3款赋予失权股东提起异议之诉讼的权利，这项制度和诉权是新《公司法》新创设的，预计最高人民法院会为此增加“失权股东异议纠纷”或者类似名称的新案由。

二、公司仲裁

对于公司内部纠纷是否可以仲裁的问题，笔者认为只要公司法中没有“向人民法院提起诉讼”之类的明确规定，并且纠纷当事人之间有合法有效的仲裁协议，争议标的只涉及财产争议而不涉及身份争议（如股东资格确认），相关纠纷就是可以仲裁的。《仲裁法》第2条和第3条分别从正反两个方面规定了仲裁的受理范围，第2条规定：“平等主体的公民、法人和其他组织之间发生的合同纠纷和其他财产权益纠纷，可以仲裁。”第3条规定：“下列纠纷不能仲裁：（一）婚姻、收养、监护、扶养、继承纠纷；（二）依法应当由行政机关处理的行政争议。”显然从这两条规定当中不能解读出“公司内部纠纷不能仲裁”。而且，有一部分公司纠纷完全具备“平等主体之间的合同纠纷”这个《仲裁法》第2条法律明示的事项，比如，新《公司法》第43条规定的有限责任公司设立时的股东之间关于设立公司的协议：“有限责任公司设立时的股东可以签订设立协议，明确各自在公司设立过程中的权利和义务。”如果在该协议中有有效的仲裁条款，并且，该公司又因故没有完成设立，那么，各发起股东之间因履行该协议而引起的纠纷显然应由仲裁管辖。至于新《公司法》第44条关于公司设立过程中设立股东民事活动的责任应该如何承担的事项能否仲裁的问题，因为一方面该“为设立公司从事的民事活动”往往会涉及发起股东之外的行为相对人，另一方面公司法并未规定该类纠纷需要“向人民法院提起诉讼”，因此笔者认为原则上该类纠纷是可以仲裁的，当然前提条件是从事该民事活动的发起股东与该民事活动的相对人之间需要有有效的仲裁协议。

当然，如果公司法已经明确规定某类纠纷需要“向人民法院提起诉讼”，那么这类纠纷则不可以仲裁，比如新《公司法》第52条规定的股东失权异议纠纷以及第89条规定的股权回购请求权纠纷等。此外，关于股东资格确认的纠纷，因其争议标的带有身份性质，并非单纯的财产争议，不应由仲裁管辖。

第二节　公司行政复议与行政诉讼

本书所称的“公司行政复议”及“公司行政诉讼”是指公司或与公司相关的内部主体因基于公司内部法律关系的行为而被作为具体行政行为的行政相对人时，因不服该具体行政行为而提起的行政复议和行政诉讼。公司因外部行为（比如公司侵犯他人知识产权）而作为行政相对人时所提起的行政复议和行政诉讼不在本书的讨论范围。

关于行政复议是否是行政诉讼的法定前置事项的问题，按照本书的定义，对于公司行政复议和公司行政诉讼涉及的事项，即针对政府机关尤其是公司登记机关对基于公司内部法律关系所涉及的事项而作出的具体行政行为（包括行政不作为）不服而提起的行政复议和行政诉讼，法律没有将该类型的行政复议规定为行政诉讼的前置事项。对于相关具体行政行为不服的，既可以直接提起行政诉讼，也可以直接提起行政复议，并且如果对复议结果不服，还可以再提起行政诉讼。不过需要特别提示的是，依据《行政复议法》的规定，对于省级政府对下级政府的行政行为作出的复议决定，以及国务院部门对自己作出的行政行为作出的复议决定，复议申请人不服的，申请人享有选择司法或者行政裁决的权利，即在这种情况下，申请人可以选择提起行政诉讼，也可以选择向国务院申请裁决，并且两者只能二选一。如果选择司法裁决，那么就按照行政诉讼的程序进行，最终行政诉讼的裁决具有终局效力；如果选择了行政裁决，即选择了向国务院申请裁决，那么国务院的裁决就是最终裁决，具有终局效力[1]。

一、公司行政复议

规范行政复议的基本法律《行政复议法》没有对“行政复议”下定义。根据

〔1〕《行政复议法》第26条规定：“对省、自治区、直辖市人民政府依照本法第二十四条第二款的规定、国务院部门依照本法第二十五条第一项的规定作出的行政复议决定不服的，可以向人民法院提起行政诉讼；也可以向国务院申请裁决，国务院依照本法的规定作出最终裁决。”

法学通说，行政复议一般是指具体行政行为相对人对行政机关的具体行政行为不服而向行政复议机关申请对该行政行为进行复核，并由该上级机关对该具体行政行为的合法性和适当性作出判断并作出行政复议决定的行政救济制度。公司行政复议则是指公司或与公司相关的内部主体因基于公司内部法律关系的行为而被作为具体行政行为的行政相对人时，因不服该具体行政行为而提起的行政复议。

公司行政复议的申请主体一般限于公司以及与公司相关的公司内部主体，比如公司股东或发起人，公司的“董监高”和公司内部其他直接负责的主管人员及其他直接责任人员。公司行政复议的复议机关一般是公司登记机关所属的同级人民政府。这是因为，根据公司法的规定和本书对公司行政复议的定义，有权作出公司行政复议所针对的具体行政行为的行政机关大都是公司登记机关。而公司登记机关是负责公司登记事务的“政府工作部门”。按照《行政复议法》第24条第1项的规定，以对本级人民政府工作部门作出的行政行为不服为由申请复议的，由县级以上地方各级人民政府管辖。

新《公司法》背景下公司行政复议的范围将主要包括以下三类具体行政行为。第一类是新《公司法》第十四章“法律责任”诸条款规定的行政处罚，是适用最多的一类公司行政复议事项，其下又可以进一步细分为对行政罚款不服的行政复议和对吊销营业执照不服的行政复议。第二类是公司登记行政复议。从行政法上分析，公司设立登记的本质是一种行政许可行为。因此，该类行政复议适用的是《行政复议法》第11条第3项[1]。第三类是公司撤销行政复议。这类行政复议所涉及的行政行为的法律出处是新《公司法》第39条：“虚报注册资本、提交虚假材料或者采取其他欺诈手段隐瞒重要事实取得公司设立登记的，公司登记机关应当依照法律、行政法规的规定予以撤销。”如果公司被登记机关依据该条规定撤销，并且公司股东等利害关系人不服并认为公司登记机关的撤销不当，比如认为登记机关在作出撤销决定这项行政行为时，存在“认定事实错误”或者

---

〔1〕《行政复议法》第11条第3项规定：“有下列情形之一的，公民、法人或者其他组织可以依照本法申请行政复议……（三）申请行政许可，行政机关拒绝或者在法定期限内不予答复，或者对行政机关作出的有关行政许可的其他决定不服……”

“适用法律不当”等情况，在这种情况下对此提起的行政复议，就是公司撤销行政复议。

二、公司行政诉讼

行政诉讼，是指行政行为相对人对行政机关的具体行政行为不服并认为该行政行为违法，将该行政机关作为被告向有管辖权的人民法院提起诉讼，人民法院对该行政行为的合法性进行审理并依法作出判决的诉讼制度。规范行政诉讼的程序性法律是《行政诉讼法》。

本书中的公司行政诉讼，是指公司或与公司相关的内部主体因公司内部法律关系的行为而被作为具体行政行为的行政相对人时，因不服该具体行政行为而提起的行政诉讼，并不包括公司因外部行为（比如公司侵犯他人知识产权）而作为行政相对人时对相应行政行为不服而提起的行政诉讼。

在诉讼主体方面，行政诉讼总是以行政机关为被告，而不能以没有行政职权的普通公民或者一般民商事主体等“百姓”为被告。这些“百姓”在行政诉讼当中只能作为原告，或者第三人。行政诉讼指向的对象是政府机关的行政行为。具体到公司行政诉讼，鉴于公司法规定的相关行政行为的法定机关主要是公司登记机关，因此，公司行政诉讼的被告也基本是公司登记机关。而公司行政诉讼的原告既可以是公司，也可以是相关公司的股东、“董监高”或者公司其他工作人员。只要他们是公司行政诉讼标的事项具体行政行为的行政相对人，就可以作为公司行政诉讼的原告。

在诉讼对象方面，可以作为公司行政复议标的事项的具体行政行为，都可以作为公司行政诉讼的标的事项。即公司行政诉讼的标的事项大致也可以分为三类。第一类是新《公司法》第十四章“法律责任”诸条款规定的行政处罚。该类处罚的行政相对人如果认为登记机关所作出的处罚不符合法律规定，有权在法定期限内提起行政诉讼。第二类是公司登记行政诉讼。与第一类行政诉讼不同的是，该类行政诉讼的诉因一般是认为公司登记机关对公司设立、变更或者注销等事项的不予登记的行政行为违法或者驳回登记申请违法。第三类是针对登记机关依据新《公司法》第39条而撤销公司登记的行政行为而提起的行政诉讼。

在管辖方面，诉讼的管辖分为地域管辖和级别管辖。前者解决的是在地理空间维度上由“哪里的法院”管辖的问题。后者解决的是在法院的级别上由“哪一级的法院”管辖的问题。《行政诉讼法》第三章规定了行政诉讼的管辖。在地域管辖方面，一般分为两种情况。第一种情况是未经过行政复议直接提起行政诉讼的案件，由“作出具体行政行为的行政机关”所在地管辖。具体到公司行政诉讼，因为该类诉讼指向的行政行为一般是由公司登记机关作出的，所以，在地域管辖方面，未经过复议而直接提起行政诉讼的公司行政诉讼，一般是由该登记机关所在地的法院管辖。第二种情况是在提起行政诉讼之前已经经过行政复议的案件，作出具体行政行为的机关所在地和复议机关所在地人民法院都有管辖权。在级别管辖方面，公司行政诉讼一审一般是由基层人民法院管辖。基层人民法院是指县以及县级市法院和区法院。当然，对于“重大、复杂”的案件，根据其“重大、复杂”的程度和范围，一审的管辖法院也有可能是中级人民法院或者高级人民法院，理论上甚至包括最高人民法院〔1〕。综上所述，未经过行政复议的公司行政诉讼案件的一审一般由作出具体行政行为的公司登记机关所在地的基层人民法院管辖。经过行政复议的公司行政诉讼案件的一审既可以由作出具体行政行为的公司登记机关所在地的基层人民法院管辖，也可以由复议机关所在地的基层人民法院管辖。而个别“重大、复杂”的一审案件，根据其复杂的程度和重大的区域范围，也可以由中级人民法院甚至高级人民法院管辖。

在审级制度和裁判效力方面，与民事诉讼一样，我国行政诉讼也实行二审终审制。即诉讼当事人对一审法院的裁判结果不服的，可以向其上一级法院上诉。上诉后其上级法院进行的审理就是“二审”。一审裁判结果作出之后，如果各方当事人（指原告、被告和有上诉权的第三人）均未上诉，那么在上诉期届满后一审裁决就开始生效，即开始具有法律上的强制效力。行政诉讼的上诉期与民事诉讼相同，对一审判决上诉的，上诉期是十五日；对一审可以上诉的裁定上诉的，上诉期是十日。前述“十五日”和“十日”均从判决或裁定送达的次日开始起算。如果

〔1〕《行政诉讼法》第15条第3项和第16条规定，由中级人民法院和高级人民法院管辖“本辖区内重大、复杂的案件”“第一审行政案件”。第17条规定：“最高人民法院管辖全国范围内重大、复杂的第一审行政案件。”

在上诉期内，有当事人上诉，一审裁判结果就不立即生效，其效力处于待定状态。所谓“待定”，就是其效力需要等待二审裁决作出处理。二审在审理后理论上可以有两种不同裁决结果。第一种是驳回上诉，维持原判决裁定。这种情况下，一审法院的裁决会因二审的“维持”而在二审裁决送达后与二审裁决一起生效。第二种是撤销原判决、裁定。与“撤销”同时作出的还必须有两种之一的结果，一是在撤销原判决裁定的同时，对二审进行改判或者变更；二是在撤销原判决的同时，裁决发回原审人民法院重审。无论是这两者中规定的哪一种情况，原判决、裁定均因被上级法院撤销而永久不再生效。有所不同的是，前者案件有了生效的结果，基本画上了句号；而后者却几乎又回到了原点——由原审法院重新进行一审。

第三节　公司刑事诉讼

通俗地说，刑事诉讼就是关于如何认定犯罪以及追究罪犯刑事责任的法律诉讼制度。《刑法》是我国规定犯罪与刑罚的最重要实体基本法。《刑事诉讼法》是我国关于刑事诉讼的基本法律，是最重要的刑事程序法。

本书所称的“公司刑事诉讼”，是指行为人违反公司法上的义务程度严重到触犯刑律而构成犯罪，因而被追究刑事责任的法律诉讼程序，不包括公司作为单位犯罪的犯罪主体因违反公司法义务之外的其他违法行为而触犯刑律构成单位犯罪所涉及的刑事诉讼。

一、公司刑事诉讼的流程和办案部门

从诉讼阶段和办案部门分析，公司刑事诉讼属于普通刑事诉讼。其全过程一般需要经过侦查（调查）、起诉、审判和执行等四个阶段。四个阶段的办理部门一般分别是公安机关、检察机关、审判机关和监狱机关。但是，国有公司职员的公司诉讼犯罪属于公职人员利用职务犯罪，依据《监察法》的规定，由国家监察机关对该类犯罪进行调查，调查终结后移送检察机关提起公诉。

二、公司刑事诉讼的罪名[1]

我国《刑法》最早制定于1979年。1997年经过系统修订之后，我国刑法的体系框架和条文顺序等基本结构都被固定下来。此后的修改均采用“修正案”的方式。截至目前，全国人大常委会一共颁布了十二个刑法修正案。2023年12月29日，第十四届全国人大常委会第七次会议在审议通过对公司法的第二次修订的同时，审议通过了最近一次刑法修正案——《刑法修正案（十二）》。该修正案从2024年3月1日起实行。也就是说，经十二个修正案修正的1997年《刑法》，是我国的现行刑法。该法第二编“分则”第三章“破坏社会主义市场经济秩序罪”第三节“妨害对公司、企业管理秩序罪”是刑法当中关于本书所讨论的公司刑事诉讼所涉及的犯罪和刑罚的专门章节。该节从第158条到第169条之一，共15个条文。这15个条文规定的罪名分别是：第158条 虚报注册资本罪，第159条 虚假出资、抽逃出资罪，第160条 欺诈发行证券罪，第161条 违规披露、不披露重要信息罪，第162条 妨害清算罪，第162条之一 隐匿、故意销毁会计凭证、会计账簿、财务会计报告罪，第162条之二 虚假破产罪，第163条 非国家工作人员受贿罪，第164条 对非国家工作人员行贿罪，对外国公职人员、国际公共组织官员行贿罪，第165条 非法经营同类营业罪，第166条 为亲友非法牟利罪，第167条 签订、履行合同失职被骗罪，第168条 国有公司、企业、事业单位人员失职罪，国有公司、企业、事业单位人员滥用职权罪，第169条 徇私舞弊低价折股、出售公司、企业资产罪，第169条之一 背信损害上市公司利益罪。此外，《刑法》第163条第3款属于指引性条款，国有公司、企业等国有单位中的公职人员利用职务便利的受贿行为指引到《刑法》第385条和第386条，即受贿罪。

以上十五个条文的罪名当中，第159条规定的罪名可以分解为虚假出资罪和抽逃出资罪两个罪名，第161条规定的罪名可以分解为违规披露重要信息罪和不

[1] 《刑法》1997年修订后，最高人民法院和最高人民检察院分别制定了关于罪名的司法解释，其后从2000年起，两家联合发布关于罪名的补充规定，至2024年1月，共有八个“两高”联合发布的罪名补充规定。本书对罪名的称谓以《确定罪名的规定》及最高人民法院后续与最高人民检察院联合发布的八个补充规定的修正为准。

披露重要信息罪两个罪名，第162条之一规定的罪名可以分解为隐匿会计凭证、会计账簿、财务会计报告罪和故意销毁会计凭证、会计账簿、财务会计报告罪两个罪名，第164条规定的两个罪名分别对应该条的第1款和第2款。再加上第163条第3款指引的受贿罪，统计起来，公司刑事诉讼共有20项罪名。

三、公司刑事诉讼的刑罚

公司刑事诉讼涉及的上述20项罪名，刑法规定的对应的刑罚包括了除“管制”这项主刑之外的其他所有刑罚种类，即拘役、有期徒刑、无期徒刑和死刑四种主刑，以及罚金、没收财产和剥夺政治权利三种附加刑。其中，死刑只出现在《刑法》第163条第3款所指引的受贿罪。这意味着只有国有公司或者国有单位委派到非国有单位中履行公务的公职人员构成受贿罪才有可能触犯死刑。此外，没收财产这种附加刑也仅出现在该条之中。

非公职人员作为犯罪主体的公司刑事诉讼所涉及的罪名对应的刑罚，没有死刑，最高是无期徒刑，规定在《刑法》第163条第1款。这是《刑法修正案（十二）》新修订的；在此之前，该罪的最高刑罚是有期徒刑十五年。此外，剥夺政治权利这两项附加刑只有在被判处死刑和无期徒刑的情况下才会被适用。罚金这项附加刑则经常被适用，而且既可以附加适用，即刑法上规定的“并处罚金”；也可以单独适用，即刑法上规定的“单处罚金”。另外需要说明的是，“拘役”是指刑期在一个月以上，六个月以下的需要被采取羁押的限制自由的刑罚；单独判处有期徒刑的，刑期则在六个月以上，十五年以下。

下篇 分　论

第四章　公司设立相关法律风险及其诉讼制度

第一节　公司设立

如果把公司这个法律拟制的“人”与自然人作类比，那么，公司取得营业执照之时，就是公司这个“企业法人”正式“出生”之日。自取得营业执照时起，公司就具备了独立的法律人格，具有了法律上的权利能力和行为能力，可以开始营业了。而在此之前的过程则是公司孕育的过程，这个过程法律上叫作“公司设立”。

公司设立是指公司的发起人为成立公司并使之具有法律上的法人主体资格，按照法律规定的条件和程序而从事的一系列法律行为的总称。这一系列的法律行为主要包括为满足设立公司的实质要件和形式要件而进行的所有筹备工作以及向公司登记机关申请设立登记等。

在申请设立登记之前需要完成一系列的筹备工作以使拟设立的公司符合法律上的实质要件。首先，除了拟设立的公司是只有一个股东的一人公司之外，设立公司一般都会有两个以上的发起人。两个以上的发起人达成共同设立公司的合意，这个行为本身就构成了一个协议。至于这个协议在形式上是口头的还是书面的，对于拟设立的有限责任公司和股份有限公司，法律上有着不同的要求：如果拟设立的公司是有限责任公司，则法律上鼓励发起人签订书面的协议，但是不作强制性要求〔1〕；如果拟设立的公司是股份有限公司，那么法律强制性要求必须签订书面协议〔2〕。其次，新《公司法》第6条规定：“公司应当有自己的名称。公司名称

〔1〕 新《公司法》第43条规定：“有限责任公司设立时的股东可以签订设立协议，明确各自在公司设立过程中的权利和义务。”

〔2〕 新《公司法》第93条规定：“股份有限公司发起人承担公司筹办事务。发起人应当签订发起人协议，明确各自在公司设立过程中的权利和义务。”

应当符合国家有关规定。"因此，公司发起人需要为拟成立的公司取一个既"符合国家有关规定"，发起人自己又比较满意的名称。再次，公司需要有自己的住所。这就要求发起人为未来的公司安顿住所，这种"安顿"可以是租赁，也可以是发起人以房屋出资，还可以是购买，等等，但无论是哪种方式，都是重大的会引起内外部法律效果的法律行为。复次，公司需要有注册资本。因此发起人需要依法实缴或者认缴注册资本。最后，发起人还必须制作和签署公司内部治理最重要的法律文件——公司章程；依据公司法和公司章程召开第一次有限责任公司股东会或股份有限公司成立大会就公司法定代表人等公司事项作出决议。

在所有筹备事项完成后，发起人就可以向公司登记机关提交设立登记申请书、公司章程等文件，申请公司设立登记。公司登记机关审核认为符合公司设立条件的，由公司登记机关分别登记为有限责任公司或者股份有限公司；不符合公司法规定的设立条件的，不得登记为有限责任公司或者股份有限公司〔1〕。依法设立的公司，由公司登记机关发给公司营业执照。公司营业执照签发日期为公司成立日期〔2〕。取得公司登记机关签发的营业执照意味着公司正式成立。在此之前的一切与此相关的工作都属于公司设立行为。

法律行为会带来法律效果，其中不利的法律效果就是法律后果，也即行为的法律风险。公司设立行为作为法律行为也不例外，恰当合法的公司设立行为会带来良好的法律效果——公司依法成立并且公司是健康的，对公司和发起人均没有不良的后遗症。而不当的、不符合甚至违反法律规定的公司设立行为则可能带来不利的法律后果，如公司不能成立；公司虽然成立但带有"先天疾病"，发起人需依法承担法律责任，等等。这些不利的法律后果都是公司设立行为的法律风险，从法律风险的种类分析，这些法律风险既有民事法律风险，也有行政法律风险和刑事法律风险。从广义上说，所有这些行为可能引起的不利的民事法律后果都属于公司设立阶段的民事法律风险，包括虚假出资、超出履行能力的高额认缴出资等。与出资有关的法律风险在本书第五章专门讨论，不在本章讨论。因此本章只讨论除出资以外的公司设立阶段的法律风险。

---

〔1〕 参见新《公司法》第31条。

〔2〕 参见新《公司法》第33条第1款。

第二节 公司设立之民事法律风险与诉讼制度

一、公司设立之民事法律风险

按照法律关系涉及的主体和内容的不同进行划分，公司设立民事法律风险可以分为以下三类：第一类是发起人因设立活动而涉及民事责任风险，即新《公司法》第44条规定的民事责任承担风险；第二类是发起人之间因公司设立产生纠纷的法律风险；第三类是公司设立时，公司章程等重要文件内容不周详、不严密给后期公司治理和股东权利保护带来不利影响的潜在法律风险。

（一）发起人因设立活动而涉及的民事责任风险

新《公司法》第44条规定："有限责任公司设立时的股东为设立公司从事的民事活动，其法律后果由公司承受。公司未成立的，其法律后果由公司设立时的股东承受；设立时的股东为二人以上的，享有连带债权，承担连带债务。设立时的股东为设立公司以自己的名义从事民事活动产生的民事责任，第三人有权选择请求公司或者公司设立时的股东承担。设立时的股东因履行公司设立职责造成他人损害的，公司或者无过错的股东承担赔偿责任后，可以向有过错的股东追偿。"

根据新《公司法》第44条的规定，公司设立民事法律风险的主体因公司最终是否依法成立而有所不同。如果设立公司的目的得以实现，即公司成功设立，那么公司设立民事法律风险的主体既包括发起人，也包括设立后的公司。如果设立公司的目的未能实现，即公司没有成功设立，那么公司设立民事法律风险的主体就只有发起人。新《公司法》第44条第1款是一项一般性规定，适用的是公司成功设立的情况。在这种情况下，公司成立后发起人设立公司所从事的民事活动的法律后果由公司承继。第44条第2款规定的是公司未能成功设立的情况下的责任承担。在这种情况下公司设立活动的法律后果由设立时的股东承受。有两个以上股东的，对于因设立活动而对外产生的债权债务，由所有股东连带享有和承担。第

44条第3款规定了第三人的选择权。即发起人在办理公司设立事项时，如果是以自己的名义，而不是以未来公司的名义，那么该行为的相对人就是这里所说的“第三人”。在公司设立后，该“第三人”有权选择要求公司承担民事责任，或者要求该股东承担民事责任。但是需要注意，这里的选择，只能二选一，而且选择作出之后，不能再反悔和重新选择。第44条第4款规定的是公司和无过错股东对过错股东的追偿权。与前三款不同的是，前三款规定的都是公司或者发起人因设立活动而引起的与公司外部的法律关系；而这一款规定的是公司与其股东或者公司股东之间的内部法律关系。因此，严格来说，这一款属于接下来讨论的第二类法律风险。

另外，需要特别注意的是，新《公司法》第44条并未区分是否实际执行了设立活动。也就是说，未实际执行设立活动的股东与实际执行设立活动的股东对设立活动承担一样的法律后果。所以，从风险防范的角度来看，设立股东时应指派老成持重、办事可靠的股东去具体落实公司设立事务。否则，可能带来的风险是不可控的。

由上可见，公司设立阶段原则上各发起人对外承担的是连带责任。法律之所以这么设计。背后的法理基础是把设立中的公司作为发起人之间的合伙对待。原因是公司成立之前，即公司拿到营业执照之前，公司尚不具备法人资格，因此公司法上关于公司的独立人格和股东有限责任的规定均不能适用。

（二）发起人之间因公司设立产生纠纷的法律风险

发起人之间因公司设立产生纠纷的法律风险，既可能存在于公司未能如期设立的情况下，也可能存在于公司能够如期设立的情况下。

对于前者，即公司未能如期设立的情况下发起人之间发生民事纠纷的法律风险，前文提到的新《公司法》第44条第2款规定的“享有连带债权，承担连带债务”所解决的仅仅是因公司设立行为而产生的对外债权债务问题。而这些权利和义务在对外“连带”之后，各发起股东之间如何分享和分担，公司法未作出进一步的具体规定，而是将这一问题留给了法理和当事人自己的协议。所以，发起协议尤为重要。发起人在实际开始设立活动之前，各发起股东应该进行仔细的协商和谋划，最好是寻求专业人士的帮助，并在此基础上签订周详的发起协议。对此，法律也有明确规定，新《公司法》第43条对于设立有限责任公司的发起人签订发起协议作出了倡导性规定，而第93条则对设立股份有限公司的发起人签订发起协议作出了强制性规定。

对于后者，即公司能够如期设立的情况下发起人之间发生民事纠纷的法律风险，除了前文提到的新《公司法》第44条第4款规定的具体办理设立事务的股东因过错致人损害可能面临的被公司和其他股东追偿的法律风险，还包括公司虽然如期成立，但是发起股东达成合意的事项，比如投资安排、人事安排等未能依约履行的法律风险，等等。

（三）设立时重要文件不完善的民事法律风险

设立时的文件，最重要的有两份，一份是发起人协议，另一份是公司章程。

无论公司最终成立与否，发起人协议都是发起人之间最重要的法律文件，是解决发起人内部纠纷的最直接的法律依据。因为“合同就是当事人之间的法律”。遗憾的是，实践中很多共同设立公司的发起人之间的协议仅仅停留在口头的形式上，更不用奢谈其内容是否完备。

公司章程是公司最重要的内部法律文件，是公司治理的内部“宪章”，公司章程不仅对公司具备法律约束力，而且对公司股东，对公司股东会、监事会、审计委员会、法定代表人等公司机关，以及对公司董事、监事和高级管理人员，等等，都具有法律约束力。可以毫不夸张地说，对于公司内部规范治理以及保护股东权利来说，公司章程的重要性怎么强调都不为过。非常遗憾的是，实践当中有太多的企业主在合作办企业时对公司章程完全不重视，对章程的内容不管不问，有的甚至随便从互联网上下载一份模板直接作为自己公司的章程。这是毫无风险防范意识的典型表现。

俗话说“未雨绸缪，有备无患”。在公司设立阶段不重视重要法律文件的做法，法律风险是巨大的。相反，如果能够在公司设立阶段针对自身情况，在专业人士的帮助下，充分运用公司法赋予的公司治理的自主权，制定一部适合自身的完善的公司章程和发起人协议，就既可以在最大限度上防范法律风险，又可以为后期公司的规范治理打下坚实的基础。

案例4.1 陕西省府谷县前某集团有限责任公司、陕西省地某有限公司公司设立纠纷案〔1〕

【裁判要旨】

公司设立纠纷属于公司内部纠纷，应当从形式和实质两个方面综合分析认定当事人拟设立的公司是否成立，而不应仅仅依据工商公示信息作出认定。

工商登记制度旨在通过公示赋予登记事项公信力来保护与公司发生交易的善意第三人，其记载的事项系被法律推定为真实而非客观真实。对于公司内部股东之间的纠纷，不涉及善意第三人，当工商登记信息与营业执照或工商档案内容不一致，并且有证据证明该登记信息可能存在错误时，应当进一步审查工商档案材料、相关证照等证据，综合认定公司成立情况。

【案情简介】

当事人：陕西省府谷县前某集团有限责任公司（以下简称前某公司）与陕西省地某有限公司（以下简称地某公司）、陕西省华某有限公司（以下简称华某公司）

2001年9月26日，地某公司、前某公司及华某公司作为发起人在西安签订了《扩建协议书》，决定设立“陕西府某发电有限责任公司”。三方在该协议中约定了各自的出资比例和出资额。同日，三方当事人签订了公司章程，章程确定了三方在协议中约定的注册资本及股权比例，并进一步明确了三方各自的投资方式和出资期限：公司确定注册资金为5800万元，其中，地某公司投资696万元，占股12%，其中直接投资400万元。前某公司投资4060万元，占股70%，华某公司投资1044万元，占股18%，其中直接投资600万元。地某公司、华某公司的剩余投资740万元，以两公司在府某发电有限责任公司的收益资金投入。2001年9月28日，本案三方股东向府谷县工商局提出了注册“陕西府某发电有限责任公司”的登记申请。2001年10月8日，陕西府某发电有限责

〔1〕 参见最高人民法院民事裁定书，(2019)最高法民再186号。

任公司取得营业执照、税务登记证等，同时，工商登记信息显示，公司名称为“陕西省府某发电有限责任公司”，出资人信息主管部门名称为孙某虎、主管部门类型为自然人股东。三方当事人在设立本案所涉公司之前还共同设立了府某发电有限责任公司，股东为地某公司、前某公司及华某公司。

2002年1月21日，府某发电有限责任公司向陕西府某发电有限责任公司转款600万元。2003年12月25日，陕西府某发电有限责任公司向地电公司出具股本金收据，金额为300万元。同日，陕西府某发电有限责任公司向陕西省农电管理局出具300万元的收据。2003年3月28日，陕西省发展和改革委员会发文停止了陕西府某发电有限责任公司火电工程的建设。

【案件分析】

本案中发起股东的协议、章程和申请设立的公司名称为“陕西府某发电有限责任公司”，后工商登记信息显示的公司名称为“陕西省府某发电有限责任公司”，后者比前者多了一个“省”字，并且工商登记信息显示的股东信息也与前者不一致。据此，地某公司认为三方拟发起设立的公司没有成立，并诉至陕西省榆林市中级人民法院，提出如下诉讼请求：

地某公司一审诉讼请求：(1)请求解除地某公司、前某公司及华某公司于2001年9月26日签订的《扩建协议书》；(2)判令地某公司、前某公司及华某公司共同清理在筹备设立“陕西府某发电有限责任公司”的过程中所产生的债权、债务；(3)请求判令前某公司向地某公司退还投资款600万元及投资收益(因土地增值)400万元，以上共计1000万元。

榆林市中级人民法院一审判决支持了地某公司关于“拟发起设立的公司未成立”的诉讼主张，并部分支持了地某公司诉讼请求，判决：(1)解除本案三方当事人于2001年9月26日签订的《扩建协议书》；(2)在本判决生效后十日内，由前某公司返还地某公司投资款300万元；(3)驳回地某公司的其他诉讼请求。案件受理费81,800元，由地某公司负担51,800元，由前某公司负担30,000元。

一审宣判后，前某公司不服，上诉到陕西省高级人民法院，请求撤销一审判决，驳回地某公司的诉讼请求。

二审陕西省高级人民法院亦以工商登记的“陕西省府某发电有限责任公司”的名称及其股东信息等与三方协议的“陕西府某发电有限责任公司”不一致为主要理由，判决认定“原审法院认定陕西府某发电有限责任公司未成立并无不当”，并据此判决驳回上诉，维持原判。二审宣判后，地某公司仍然不服，申诉到最高人民法院。2019年3月29日，最高人民法院作出（2018）最高法民申5783号民事裁定书，裁定提审本案。2019年7月17日最高人民法院对本案再审审理终结并作出（2019）最高法民再186号民事裁定书。最高人民法院再审裁定：一、撤销陕西省高级人民法院（2018）陕民终574号民事判决及陕西省榆林市中级人民法院（2016）陕08民初484号民事判决；二、本案发回陕西省榆林市中级人民法院重审。

对于本案中三方约定的“陕西府某发电有限责任公司”是否成立应当如何认定的问题，最高人民法院认为，应从形式和实质两个方面予以分析认定：“（在形式方面）新证据可证明：陕西府某发电有限责任公司已领取营业执照，工商档案所记载的公司名称、股东信息与三方约定一致，网上公示信息记载的公司名称、股东信息最初与三方约定不一致，但在二审期间经过工商管理部门更正，已与工商档案和三方约定一致。至于地某公司、华某公司主张更正后的网上信息仍有企业性质、组织管理形式等方面与约定不一致的错误，均无法否定工商档案记载的内容。该新证据使本院倾向于认为三方约定的公司在形式上已经成立。

工商登记制度旨在通过公示赋予登记事项公信力来保护与公司发生交易的善意第三人，其记载的事项系被法律推定为真实而非客观真实。本案系公司内部股东之间的纠纷，不涉及善意第三人，当工商登记信息与营业执照或工商档案内容不一致，并且有证据证明该登记信息可能存在错误时，应当进一步审查工商档案材料、相关证照等证据，综合认定公司成立情况。原审仅以网上登记信息与当事人约定不符，就认定该公司非当事人约定设立的公司，进而认定案涉公司未成立，依据不足。

从实质上而言，根据已查明的事实，2001年9月，三方签订《扩建协议书》

就涉某电厂二期扩建工程项目开始合作，约定三方共同投资成立陕西府某发电有限责任公司并以该公司名义进行项目建设。2001年10月，陕西府某发电有限责任公司领取营业执照。2002年1月，地某公司、华某公司分别向陕西府某发电有限责任公司出资300万元，合计600万元。2004年1月，陕西府某发电有限责任公司召开股东会，决定地某公司、华某公司不再继续投资案涉项目，约定按《中华人民共和国公司法》有关规定重新找股东继续与前某公司合作。在上述情况下，应当查明在两年多的合作期间内，陕西府某发电有限责任公司所经营从事的内容是否系案涉项目相关工作，地某公司、华某公司是否参与或知晓相关事务，即该公司在实质上是否依照三方《扩建协议书》约定进行民事活动，工作内容、目的和成果是否为了案涉项目的利益，如果该公司在实质上仍是三方约定成立的公司，则无论其公司名称或工商登记信息如何，均不影响公司成立的事实。

综上，本案应从形式和实质两方面进一步查明事实方能认定三方约定的公司是否成立，原审认定公司未成立依据不足，属于认定基本事实不清。

二、与公司设立民事法律风险有关的诉讼制度

与公司设立民事法律风险有关的诉讼制度包括民事诉讼和仲裁。其中民事诉讼依据最高人民法院的《民事案由规定》，与公司设立相关的有两个独立的案由，即“公司设立纠纷”与“发起人责任纠纷”，此外，设立过程中为设立公司而实施的民事行为的履约纠纷，在诉讼时会基于该行为本身的法律关系而被作为外部纠纷归入其他案由，比如“租赁合同纠纷”“买卖合同纠纷”等。

发起人协议当中有有效仲裁条款或者发起人之间另行达成有效仲裁协议，并且公司未能如期成立情况下，发起人之间基于发起协议而发生的财产纠纷属于仲裁管辖，这是公司民事法律纠纷可以由仲裁管辖的最典型的情况。

（一）公司设立相关民事诉讼

最高人民法院2020年最新修改的《民事案由规定》当中与公司设立相关的案由有两个，一个是“公司设立纠纷”，另一个是“发起人责任纠纷”。前者主要适用

于前述第二类法律风险引发的纠纷，即发起人之间因公司设立产生的民事纠纷。后者主要适用于前述第一类法律风险引发的纠纷，即发起人因设立活动而涉及的对外民事责任纠纷。

公司设立相关民事诉讼的当事人，既可以是设立公司的发起股东，也可以是成立后的公司，还可以是公司设立行为的行为相对人，即设立行为的合同债权人或侵权债权人。

公司设立相关民事诉讼的管辖。依据《民事诉讼法》第27条的规定，公司设立相关民事诉讼的管辖属于专属管辖，不适用原告就被告的一般管辖原则。该类纠纷由公司住所地人民法院管辖。根据新《公司法》第8条的规定，公司主要办事机构所在地为其住所地。依据最高人民法院司法解释的规定，主要办事机构所在地不能确定的，以其注册地或者登记地为住所地。但是，在设立失败，即公司未成立的情况下，就不存在"公司住所地"，在这种情况下，则应该按照普通管辖的原则确定管辖：有合同基础的按照普通合同纠纷确定管辖，即合同履行地和被告住所地法院均有管辖权；没有合同基础的侵权案件，则应由被告住所地法院管辖。

（二）公司设立相关仲裁

仲裁的管辖权来自当事人的选择，所以，与其他仲裁案件一样，公司设立法律风险引发的争议要想通过仲裁方式解决，就必须有合法有效的仲裁协议。这里所说的"仲裁协议"，既可以是当事人专门就仲裁管辖达成的协议，也可以是其他协议当中所包含的仲裁条款。

与法院审理的民事诉讼制度相比较，仲裁制度还有很多特点，这里略举其二。一是仲裁具有保密性。民事诉讼具有公开性特点，即民事诉讼以公开审理和公开判决为原则，以不公开审理为例外。而仲裁的审理是以不公开审理为原则，以公开审理为例外。仲裁的裁决亦不公开。这就是仲裁的保密性。这既是仲裁的特点之一，同时对于希望不公开合同争议的主体来说，这也是仲裁的一个优点。二是仲裁的管辖不像民事诉讼那样有严格的地域和级别限制。不同的仲裁机构之间没有上下级关系。仲裁也没有地域管辖的概念。争议具体在哪一家仲裁机构处理，完全由当事人在仲裁协议当中选择，不受地域限制。

如前所述，发起人协议纠纷，尤其是当公司设立失败，公司没有如期成立情况下的发起人协议纠纷，是公司民事法律纠纷当中可以由仲裁管辖的最典型的一种情况。除此之外，即使是公司成立的情况下，因发起人协议履行涉及的财产纠纷也可以通过仲裁方式解决。因发起人为公司设立而与外部签订的合同纠纷亦可以通过协议约定仲裁管辖。

不过，需要注意的是，前述《公司法》第44条规定的法律责任的承继和承担，其中的“承受”者和“承担”者包括成立后的公司以及公司的发起人，包括未实际实施相关设立行为的发起股东。但是，这种实体法的规定并不当然地及于仲裁，仲裁的主体严格限缩于仲裁协议的签订人。所以，鉴于设立活动在时间上发生在公司成立之前，因此，要将成立后的公司作为仲裁当事人，还需要在公司成立后与公司签订仲裁协议。与此类似，对于有多个发起股东，但只有其中一部分实际实施了为设立公司而对外签订协议的情况下，该协议当中仲裁条款的效力并不因新《公司法》第44条的上述规定而当然及于未在协议上签字、也未实际实施该行为的其他发起股东。要想在仲裁中将“其他发起股东”一并作为仲裁当事人一次性“一揽子”解决纠纷，也需要再与“其他发起股东”针对仲裁管辖达成仲裁协议。

第三节　公司设立之行政法律风险与诉讼制度

行政法律风险和刑事法律风险与民事法律风险有着截然不同的质的差别。民事法律风险对应的是民事责任，民事法律风险和民事责任既可以因行为人违反法律的强制性规定，或者违反法律规定的必须履行的义务而产生，也可以因行为人的民事过错行为或者违反当事人之间合同约定的违约行为而产生。而且往往后者更多。与此相反的是，行政法律风险和刑事法律风险及其对应的行政法律责任和刑事法律责任基本上都是基于行为人作出了法律作完全否定性评价的比较严重的违法行为。换句话说，行政法律风险和刑事法律风险一般不会因行为人违反民事合同约定的违约行为或者比较轻微的违法行为而产生，而是基于情节比较严重的行政违法行为或刑事违法行为而产生。存在行政违法行为是产生行政法律风险和行政法律责任的前提和基础。存在刑事违法行为是产生刑事法律风险和刑事法律责任的前提和基础。鉴于此，本书分论部分在讨论具体的公司内部法律行为的行政法律风险和刑事法律风险时，将围绕具体的行政违法行为或者刑事违法行为而展开。

一、公司设立行政法律风险的行政违法行为——欺诈登记

欺诈登记是指新《公司法》第39条规定的“虚报注册资本、提交虚假材料或者采取其他欺诈手段隐瞒重要事实取得公司设立登记”的三种行为。

（一）虚报注册资本

根据新《公司法》第32条的规定，公司注册资本是公司法定登记事项之一。公司设立登记必须对公司的注册资本进行登记，公司成立后，注册资本增加或者减少的，亦需要依法办理变更登记。

虚报注册资本，是指在申请公司登记时，在申请材料里面向公司登记机关虚假报告公司注册资本。这种“虚假”，既包括在完全没有的情况下，虚构注册资本，比如虚构实际不存在的房屋或者其他有形财产或者虚构实际不存在的商标权、专利权等无形的工业产权，并将这些虚构的实际不存在的“资产”作价作为公司的注册资本向公司登记机关申报登记；也包括非常明显的“虚增”，比如将一项专利权作价1亿元作为注册资本出资到公司，但是，该项专利权的市场公允价值最高只值1万元。

根据全面认缴制背景下的法理精神以及国务院2021年7月颁布、2022年3月1日起施行的《市场主体登记管理条例》的规定，这里的“虚报注册资本”仅适用于实行实缴制的公司。在2013年至2023年，公司法实行了全面认缴制，注册资本实缴制限缩到其他法律、行政法规或者国务院有明确规定的实行实缴制的极小的范围内[1]。相应地，公司法中关于虚报注册资本法律责任的规定适用范围也被限缩到仅适用于实行实缴制的极少数公司，这样，相应的条款几乎成了罕被适用的“沉

〔1〕 旧《公司法》第26条第2款规定：“法律、行政法规以及国务院决定对有限责任公司注册资本实缴、注册资本最低限额另有规定的，从其规定。”第80条第3款规定：“法律、行政法规以及国务院决定对股份有限公司注册资本实缴、注册资本最低限额另有规定的，从其规定。”

睡”条款。

随着新《公司法》对股份有限公司的注册资本重回实缴制，这些“沉睡”了十年的条款将再次被“唤醒”，重新回到人们的视野。按照现行的在旧《公司法》时代制定的《市场主体登记管理条例》并结合新《公司法》的规定，在新《公司法》生效施行后，新《公司法》上的虚报注册资本条款，可以对按照新《公司法》新设立的股份有限公司适用。

（二）虚报注册资本、虚假出资的区别与联系

新《公司法》第39条和第250条规定了“虚报注册资本”，第252条规定了“虚假出资”。这两个概念各自的内涵与外延如何？两者之间有何区别与联系呢？

对于“虚报注册资本”，《刑法》第158条关于“虚报注册资本罪”构成要件的列举式描述对理解这一概念有所裨益：“申请公司登记使用虚假证明文件或者采取其他欺诈手段虚报注册资本，欺骗公司登记主管部门，取得公司登记……”

“虚报注册资本”的核心包括两个内容，一个是“虚”，即表现为使用虚假证明文件或者其他欺诈手段将没有实际出资或实际出资较少的客观状态“包装”成“实际出资或出资较多”的假象；另一个是“报”，即申报公司登记时使用欺诈的假象欺骗登记部门骗取登记。

“虚假出资”强调的核心是“虚假”二字，其虚假的外观表现既可以与虚报注册资本在“报”之前的外观表现相同，也可以有所不同，比如公司成立后通过虚假交易在没有实际出资的情况下制造出“已经出资的假象”。

“虚报注册资本”与“虚假出资”的相同点在于，在“出资是虚假的”这个层面，即在“实际没有出资却制造出已经出资的假象”这个层面，两者是相同的或者类似的。两者不同的是，前者除了强调“虚假”，还要强调“报”，即向登记机关申请登记并骗取登记，这个“报”既包括公司设立时的申请设立登记，也包括公司增资时的增资变更登记。当然，新《公司法》第39条的规定只适用于公司设立登记，但新《公司法》第250条规定的“虚报注册资本”就可以同时包含这两种情况。而后者没有对“报”的要求，即“虚假出资”强调的是出资本身的“虚假”，而不强调“报”，甚至如果构成“虚假出资”的同时，又进行了“报”的行为，即以虚假出资进

行了公司设立的登记申请或者增资的变更登记申请，并且成功骗取了登记机关的登记，那么，这种情况下就应该按照“虚报注册资本”进行处理，不能再按照“虚假出资”处理。

“虚报注册资本”与“虚假出资”的上述区分，在新《公司法》严格区分“登记事项”与“公示事项”的背景下，意义重大。按照《公司法》第32条和第40条的规定，公司登记事项是公司需要向登记机关登记，由登记机关公示的事项。登记事项的申请登记义务人是公司或者公司的发起人，而公示义务人是国家负责公司登记的政府部门。而公司公示事项则是公司有义务进行公示，但不需要向登记机关申请登记的事项。“注册资本”是公司登记事项。因此公司注册资本的数额是公司必须向登记机关申请予以登记的事项，而这个“申请登记”的环节也就是可能发生“虚报注册资本”的环节。然而，注册资本的具体情况却不是登记事项，而是“公示事项”。这里的“具体情况”包括“有限责任公司股东认缴和实缴的出资额、出资方式和出资日期，股份有限公司发起人认购的股份数；有限责任公司股东、股份有限公司发起人的股权、股份变更信息”。新《公司法》第40条第2款还规定“公司应当确保前款公示信息真实、准确、完整”。因此，如果公司在按照新《公司法》第40条第1款的要求公示公司注册资本的具体信息时，尤其是在公示其中的“有限责任公司股东实缴出资额”和“股份有限公司发起人认购的股份数”的时候，公示的内容是虚假的，即将没有实缴公示为已经实缴，或者将实际较少的实缴数额公示为较多的实缴数额，又或者虚构、夸大股份有限公司发起人认购的股份数，都构成“虚假出资”，但是，却不构成“虚报注册资本”。

（三）提交虚假材料或采取其他欺诈手段的欺诈登记

在申请登记时提供虚假材料，包括提交的申请文件虚假、证明材料虚假等，比如提供虚假住所证明材料，也包括提供虚假的股东证明材料如假身份证。采取其他欺诈手段隐瞒重要事实，比如冒名股东的情况：登记的股东并非真实股东，而是被冒名的虚假股东。申请人提供的被冒名人的身份证虽然是真实的，不属于“虚假材料”，但是该身份证是捡来的或者通过非法手段获取的，申请文件上被冒名人的签字是其他人签的。

二、欺诈登记行政法律风险之一——行政处罚

新《公司法》第250条规定了欺诈登记的法律责任，被追究该法律责任就是欺诈登记的行政法律风险："违反本法规定，虚报注册资本、提交虚假材料或者采取其他欺诈手段隐瞒重要事实取得公司登记的，由公司登记机关责令改正，对虚报注册资本的公司，处以虚报注册资本金额百分之五以上百分之十五以下的罚款；对提交虚假材料或者采取其他欺诈手段隐瞒重要事实的公司，处以五万元以上二百万元以下的罚款；情节严重的，吊销营业执照；对直接负责的主管人员和其他直接责任人员处以三万元以上三十万元以下的罚款。"根据该条的规定，欺诈登记的风险主体，即行政法律责任的承担主体包括两类，一是被登记设立而正式成立的公司；二是实施欺诈登记行为的自然人，即法条中规定的"直接负责的主管人员和其他直接责任人员"。

对欺诈登记的行政处罚的种类包括两种，一种是行政罚款，另一种是吊销营业执照。

行政罚款的数额采取了两种规定模式，一种是直接规定罚款的具体数额的上下限幅度范围，适用于虚报注册资本以外的欺诈登记。分为对公司的处罚和对责任人员的处罚，前者的罚款范围是5万元到200万元，后者的罚款范围是3万元到30万元。另一种适用于虚报注册资本，规定了罚款数额的计算方法：以虚报的注册资本为基数，按照一定比例处以行政罚款，比例的范围是5%至15%。注意这里的"以上"和"以下"都包括本数，比如"5万元以上"包括5万元，"200万元以下"包括200万元。

欺诈登记情节严重的，登记机关可以对欺诈登记设立的公司处以吊销营业执照的行政处罚。被吊销营业执照之后，公司的营业资格被剥夺，成为行为能力受限制的清算法人，不能从事清算之外的行为。此外，根据新《公司法》第229条第4项的规定，公司被吊销营业执照是公司解散的法定事由之一。这意味着公司被处以吊销营业执照的行政处罚将造成公司解散的法律后果。公司解散后须依法清算，否则相关清算义务人还须承担未履行清算义务的法律责任[1]。

---

〔1〕 参见本书第十七章。

三、欺诈登记行政法律风险之二——撤销公司设立登记

(一)关于撤销登记的法律规定

新《公司法》第39条规定:“虚报注册资本、提交虚假材料或者采取其他欺诈手段隐瞒重要事实取得公司设立登记的,公司登记机关应当依照法律、行政法规的规定予以撤销。”

《市场主体登记管理条例》第40条至第42条是关于登记机关撤销因欺诈登记而设立的公司的具体规定。根据这些规定,利害关系人认为公司是欺诈设立的并因此受到利益损害的,可以向登记机关提出撤销该公司的设立登记的申请。登记机关应当受理,受理后应当对该公司的设立登记是否属于欺诈登记进行调查。经调查,认为确实属于欺诈登记的,登记机关可以作出撤销公司设立登记的决定。认为不属于欺诈登记的,可驳回利害关系人的申请。若因被申请的公司失联或不予配合而无法调查,登记机关可以就相关申请进行公告,公告期满无异议的,登记机关可以作出撤销登记的决定。

公司成立之后会因营业带来复杂的内外部关系。《市场主体登记管理条例》第41条对“撤销公司设立登记”采取了较为谦抑的态度,规定了登记机关可以不予撤销市场主体登记的几种情况:“有下列情形之一的,登记机关可以不予撤销市场主体登记:(一)撤销市场主体登记可能对社会公共利益造成重大损害;(二)撤销市场主体登记后无法恢复到登记前的状态;(三)法律、行政法规规定的其他情形。”

(二)对撤销登记理论与制度的商榷与思考

撤销登记的法律性质以及已成立的公司因欺诈登记而被登记机关撤销的法律后果,值得商榷与思考。

首先,对于“撤销登记”这种行为的法律性质有必要进行进一步的探讨。

撤销公司设立登记显然是一种具体行政行为,那么这种行政行为的性质到底是什么呢? 是行政处罚,是行政强制措施,还是对行政许可的吊销、撤回、抑或对行政许可申请的驳回? 关于欺诈登记的撤销条款,旧《公司法》规定在“法律责

任”一章的第198条，“法律责任”一章规定的大都是“行政处罚”的内容。旧《公司法》的撤销登记也是与其他罚款和吊销营业执照等行政处罚并列在一起。因此，旧《公司法》的立法逻辑应该是将“撤销公司登记”作为行政处罚对待。

但是，旧《公司法》的这种设定发生了变化，全国人大[1]以及学界通说不再认为“撤销公司登记”的性质是行政处罚。“由于撤销公司登记在法律性质上并非行政处罚，而是对公司登记行为的纠正，将其（指法律条文，引者注）从本法的法律责任部分剥离出来进行规定”[2]。

其次，对于撤销公司登记的法律后果，前述《市场主体登记管理条例》第41条第2项显然采取了“恢复原状”的理论。规定“撤销登记后无法恢复到登记前的状态的”可以不予撤销。

笔者认为，以上关于撤销公司登记法律性质和法律后果的观点和制度设计值得进一步思考和探讨。第一，法律性质方面，撤销公司登记法律性质的“登记行为纠正说”会给该行政行为的行政相对人的法律救济带来极大的困难，因为这种性质上的界定，将该具体行政行为从《行政复议法》和《行政诉讼法》所罗列的受理范围内移除，致使该具体行政行为失去了法定的救济途径，这与这种行政行为所带来的极大的法律后果——直接导致一个已经，或者至少是曾经正式成立的市场主体的消亡——之间形成极为不对称的局面。第二，法律后果方面的“恢复原状说”不符合公司法现行制度的规定，甚至与之相悖。因为按照公司法的规定，公司登记被撤销导致的法律后果是公司解散[3]，公司解散的法律后果，是应当清算[4]。公司清算就是对公司的资产和债权债务进行清理和处理，清算的最核心任务就是用公司的资产清偿公司的债务，公司的资产在负担清算费用并将公司的债务全部清偿完毕之后，如果仍有剩余，则将该剩余资产分配给公司股东。如果清算发现公司资不抵债则须转为破产清算[5]。按照公司法上的这种制度设计，显然是承认公司被撤销登记的情况下仍具有“公司的资产”和“公司的债权债务”，并且需要

---

〔1〕 参见《全国人民代表大会常务委员会法制工作委员会关于公司法第一百九十八条“撤销公司登记”法律性质问题的答复意见》（2017年2月23日）。

〔2〕 刘斌：《新公司法注释全书》，中国法制出版社2024年版，第187页。

〔3〕 参见新《公司法》第229条。

〔4〕 参见新《公司法》第232条第1款。

〔5〕 参见新《公司法》第237条。

用“公司的资产”来偿还“公司的债务”。这与“恢复原状说”显然是不同的。

四、不服行政行为的法律救济制度——行政复议和行政诉讼

公司的设立登记被登记机关认定为欺诈登记可能导致上述两类法律风险，即被行政处罚或者被撤销登记。如果该公司认为登记机关的认定是错误的并对登记机关的这种认定不服，那么该公司有没有法律上的救济手段呢?

如果该公司被认定为欺诈登记并据此被行政处罚，那么法律赋予了其充分的救济手段——行政复议和行政诉讼。

而如果该公司被认定为欺诈登记并据此被撤销登记，那么，正如前文探讨的那样，非常遗憾，该公司的救济手段将非常有限：该公司如果对此提出行政复议或者行政诉讼，将极有可能被以“不属于法定的受理范围”为由被程序性驳回，留给该公司的救济途径可能只有援引《市场主体登记管理条例》第42条[1]请求该公司登记机关或者其上级机关进行复核。

（一）不服欺诈登记行政处罚的行政复议

根据新《公司法》第250条的规定，因欺诈登记引起的行政处罚包括行政罚款和吊销营业执照两类。两类处罚属于法定的行政处罚，都是可以提起行政复议的事项，如果处罚相对人不服并且认为处罚违法或者不当，可以提起行政复议。

1.不服欺诈登记行政处罚行政复议的申请人和被申请人

不服具体行政行为而提起行政复议，该行政行为的行政相对人是申请人，作出该行政行为的行政机关是被申请人。欺诈登记行政处罚的作出机关是政府负责公司登记的机关，即政府公司登记部门，按现行体制，就是各级市场监督管理部门，由之前的工商行政管理部门改革而来。欺诈登记行政处罚的行政相对人就是被处罚人。按照《公司法》第250条的规定，被处罚人包括两类主体，一类是被认定为欺诈登记所涉及的公司本身，另一类是具体实施欺诈登记行为的自然人，即法条中所规定的“直接负责的主管人员和其他直接责任人员”，这些人员，既可能

[1]《市场主体登记管理条例》第42条规定：“登记机关或者其上级机关认定撤销市场主体登记决定错误的，可以撤销该决定，恢复原登记状态，并通过国家企业信用信息公示系统公示。”

是公司的发起人或发起股东，也可能是受发起人委托具体办理登记的人员，这些人在成立之后的公司当中的职务，可能是“董监高”或一般工作人员，也可能不是其工作人员。

2.不服欺诈登记行政处罚行政复议案件的管辖

2023年新修订的《行政复议法》对行政复议管辖制度作出了较大修改，仅从增加条文数量上就可见一斑，修订之前的《行政复议法》一共43条，而2023年新修订的《行政复议法》共有90条，条文数量翻了一番还多。按照修订之前的《行政复议法》的规定，对于县级以上各级人民政府工作部门的具体行政行为不服提起行政复议的，该部门的本级人民政府和其上一级主管部门都是该行政行为的复议机关，都有行政复议管辖权，具体向哪一个复议机关申请行政复议，由申请人选择。但是，修订后的《行政复议法》已经废除了这种制度。按照最新规定，除对海关、金融、外汇等垂直管理部门和履行行政复议机构职责的地方人民政府司法行政部门作出的行政行为的复议机关《行政复议法》另有特别规定之外[1]，这种情况只能够向该部门的本级政府提起行政复议[2]。该部门的上一级部门不再拥有对该行政行为的行政复议管辖权。申请人也不再享有对复议机关的选择权。

3.不服欺诈登记行政处罚行政复议的听证

新《行政复议法》极大地拓展和完善了行政复议的听证程序。修订之前关于复议听证的内容只在国务院2007年5月颁布的行政法规《行政复议法实施条例》当中出现了一次，即该条例第33条规定：“行政复议机构认为必要时，可以实地调查核实证据；对重大、复杂的案件，申请人提出要求或者行政复议机构认为必要时，可以采取听证的方式审理。”

与此形成鲜明对照的是新《行政复议法》关于听证的规定，新法在3个条文中较为详细地规定了听证制度，其中最主要的内容在新《行政复议法》第50条和第51条。第51条是关于听证通知等的程序性规定。第50条第1款和第2款构建起新行政复议法的听证制度：“审理重大、疑难、复杂的行政复议案件，行政复议机构应

---

〔1〕 参见2023年《行政复议法》第27条、第28条。

〔2〕 参见2023年《行政复议法》第27条第1项。

当组织听证。行政复议机构认为有必要听证，或者申请人请求听证的，行政复议机构可以组织听证。”该条第1款规定了强制听证制度，即对于“重大、疑难、复杂”的复议案件，实行强制听证制度，要求复议机关“应当组织听证”。该条第2款规定了普通案件的听证制度，即对于不属于“重大、疑难、复杂”案件的普通案件，只要满足两个前提条件当中的一个，也可以组织听证。这两个条件一个是复议机关认为有必要，复议机关可以在审理普通复议案件时主动组织听证；另一个是申请人对于普通案件也有权利请求听证。这在新《行政复议法》施行之前，是不可以的。因为修订之前的《行政复议法》的实施条例规定只有对“重大、复杂”的案件申请人才可以请求听证。

4.行政复议代理制度

申请人申请行政复议，可以委托代理人代为参加行政复议。新《行政复议法》第17条明确规定，行政复议的申请人、第三人可以委托一至二名律师或者其他代理人代为参加行政复议。这有利于保障行政复议参加人有效行使其复议权利，更好地维护其合法权益。

最后需要指出的是，申请复议是免费的，新旧《行政复议法》都明确规定：行政复议机关受理行政复议申请，不得向申请人收取任何费用。

（二）不服欺诈登记行政处罚的行政诉讼

行政行为相对人不服欺诈登记行政处罚，认为该行政处罚存在违法情况的，可以向人民法院提起行政诉讼。根据新《公司法》第250条的规定，因欺诈登记引起的行政处罚包括行政罚款和吊销营业执照两类。两类处罚属于法定的行政处罚，都是可以提起行政诉讼的事项，如果处罚相对人不服并且认为处罚违法或者不当，可以提起行政诉讼。

1.行政诉讼程序

法律没有规定针对欺诈登记行政处罚的行政诉讼需要复议前置。因此，行政复议不是诉讼之前所必经的前置程序。行政相对人不服欺诈登记行政处罚的可以根据行政诉讼的一般规定，直接提起行政诉讼。当然，行政相对人也可以先申请行政复议，通过行使行政复议权先进行救济，如果对行政复议决定不满意，还可以再提起行政诉讼。不过，依据行政复议法和行政诉讼法的规定，行政相对人对行政行为不服进行救济时，可以选择先复议，再诉讼；也可以选择不复议，直接诉讼。但是不可以选择同时既复议，又诉讼[1]。

2.不服欺诈登记行政处罚行政诉讼的原告

不服具体行政行为而提起行政诉讼，该行政行为的行政相对人是原告。欺诈登记行政处罚的行政相对人就是被处罚人。按照新《公司法》第250条的规定，被处罚人包括两类主体，一类是被认定为欺诈登记所涉及的公司本身；另一类是具体实施欺诈登记行为的自然人，即法条中所规定的“直接负责的主管人员和其他直接责任人员”，这些人员，既可能是公司的发起人或发起股东，也可能是受发起人委托具体办理登记的人员，这些人在成立之后的公司当中的职务，可能是“董监高”或一般工作人员，也可能不是其工作人员。也就是说，被登记机关以欺诈登记为由处以行政处罚的公司及其“直接负责的主管人员和其他直接责任人员”，都可以作为提起行政诉讼的原告。

3.不服欺诈登记行政处罚行政诉讼的被告

根据行政诉讼法的规定，未经复议直接提起行政诉讼的，作出行政处罚行政行为的行政机关是行政诉讼的被告。就欺诈登记行政处罚而言，以欺诈登记为由作出行政处罚的机关是政府负责公司登记的机关，即政府公司登记部门，按现行体制，就是各级市场监督管理部门，由之前的工商行政管理部门改革而来。所以不服欺诈登记行政处罚的行政诉讼，未经复议直接提起行政诉讼的，作出欺诈登记行政处罚的登记机关，即市场监督管理部门是该行政诉讼的被告。对于经过复议的案件应当列谁为被告的问题，《行政诉讼法》的规定比较复杂，以复议机关是维持还是改变原行政行为而有所不同，该法第26条第2款、第3款是这样规定的：“经复议的案件，复议机关决定维持原行政行为的，作出原行政行为的行政机关和复议机关是共同被告；复议机关改变原行政行为的，复议机关是被告。复议机关在法定期限内未作出复议决定，公民、法人或者其他组织起诉原行政行为的，作出原行政行为的行政机关是被告；起诉复议机关不作为的，复议机关是被告。”

---

〔1〕 参见2023年《行政复议法》第39条，2017年《行政诉讼法》第44条。

4.不服欺诈登记行政处罚行政诉讼案件的管辖

管辖最重要的是解决在哪个法院进行一审的问题。与民事诉讼一样，行政诉讼的管辖亦分为地域管辖和级别管辖两个方面。前者主要解决由哪里的法院审理的问题，后者主要解决由哪一级法院审理的问题。对于地域管辖，欺诈登记行政处罚的行政诉讼案件不适用专属管辖原则，应适用一般管辖原则，即“行政案件由最初作出行政行为的行政机关所在地人民法院管辖。经复议的案件，也可以由复议机关所在地人民法院管辖”〔1〕。此外法律还规定了“法院跨区域管辖行政案件”的制度，但是其具体实施需要经最高人民法院批准〔2〕。对于级别管辖，结合行政诉讼法和行政复议法的规定，对于未经复议直接起诉的案件或者虽经复议但复议机关维持原行政行为的案件，一般由基层人民法院审理一审；对于经过复议并且复议机关改变原行政行为的案件，一般由中级人民法院审理一审。

第四节 公司设立之刑事法律风险——虚报注册资本罪

公司设立之刑事法律风险就是在公司设立时实施了严重的违法行为——虚报注册资本，欺骗公司登记主管部门，取得公司登记，并且达到了“情节严重”的程度，从而涉嫌构成虚报注册资本罪，并可能会被追究刑事责任的法律风险。刑法规定此罪的刑罚是三年以下有期徒刑或者拘役，并处或者单处罚金。

一、“两虚一逃”罪的前世今生——法律条文背后的故事

虚报注册资本罪、虚假出资罪和抽逃出资罪被简称为“两虚一逃”罪。“两虚一逃”罪是《刑法》第158条和第159条规定的罪名。虽然公司成立后增加注册资本的环节虚报注册资本也可以构成虚报注册资本罪，并且从本质上说这个罪名所涉及的事项也可以归类到股东出资方面的法律风险，但是鉴于虚报注册资本行为对应的民事责任和行政责任在本书中均放在本章进行讨论，并且实践中实际构成

〔1〕 参见2017年《行政诉讼法》第18条第1款。

〔2〕 参见2017年《行政诉讼法》第18条第2款。

该罪名的情况也多是在公司设立环节发生虚报行为，因此，本书将对该罪名的讨论放到本章，而没有放到讨论股东出资法律风险的第五章。

仅从条文内容上看，《刑法》第158条从1997年《刑法》修订之后，至今一直没有任何变动，这一条的具体内容如下："申请公司登记使用虚假证明文件或者采取其他欺诈手段虚报注册资本，欺骗公司登记主管部门，取得公司登记，虚报注册资本数额巨大、后果严重或者有其他严重情节的，处三年以下有期徒刑或者拘役，并处或者单处虚报注册资本金额百分之一以上百分之五以下罚金。单位犯前款罪的，对单位判处罚金，并对其直接负责的主管人员和其他直接责任人员，处三年以下有期徒刑或者拘役。"此外，《刑法》第159条关于虚假出资罪和抽逃出资罪的内容，自1997年以来也没有修改过。

但是，与法条文本没有丝毫变化形成鲜明对比的是，自1997年修订《刑法》二十多年以来，实践中对这三个罪名的认识和实际追诉情况却发生了巨大的，甚至可以说是天翻地覆的变化。

这是因为，在这期间，公司法发生了重大变化。

我国公司法肇始于1993年，至今经过了四次修正和两次修订。四次修正分别是，1999年12月第一次修正，2004年8月第二次修正，2013年12月第三次修正，2018年10月第四次修正。两次修订是，2005年10月第一次修订，2023年12月第二次修订。

1993年刚刚制定公司法的时候，公司法规定的注册资本制度是完全实缴制；2005年公司法第一次修订时，改之前的完全实缴制为有限认缴制，即在保留注册资本最低限额和最低实缴限额的同时，实行了限期认缴制；2013年公司法第三次修正时对公司注册资本制度作出了颠覆性的变革——实行了完全认缴制，通俗地讲就是将"设立公司必须实际缴纳一定的注册资本，并将剩余认缴出资在法定期限内缴足"的"有限认缴制"修改为"设立公司时可以不缴纳任何注册资本，认缴的出资何时缴足也没有任何时间限制"的"完全认缴制"。这也就是媒体所称的注册资本的"零首付"和"无限期"。2023年12月最近的这次修订，即公司法的第二次修订，在公司注册资本制度方面，又进行了重大变革：即将前文论述的"有限公司注册资本制度"调整为"限期认缴制"，使股份有限公司注册资本制度重回实缴制。

这就是我国公司法关于公司注册资本制度的前世今生。

既然公司法上规定的公司注册资本制度有着如此复杂的“身世”，那么，也就不难理解与之相对应的刑法罪名——虚报注册资本罪、虚假出资罪和抽逃出资罪这三个罪名在社会认知和司法实践中发生的巨大变化了。1997年修订《刑法》时所对应的是1993年《公司法》，当时的注册资本制度是完全实缴制。因此，从1997年修订《刑法》规定这几个罪名到2015年，尤其是2013年实行完全认缴制之前，这几个罪名是追诉率比较高的罪名。2013年实行完全认缴制之后，这几个罪名对应的公司法上的制度发生了一百八十度的大转弯，与之相适应，全国人大常委会在2024年4月24日制定了与2013年《公司法》规定的完全认缴制相对应的立法解释——《全国人民代表大会常务委员会关于〈中华人民共和国刑法〉第一百五十八条、第一百五十九条的解释》，该解释的主文内容为：“刑法第一百五十八条、第一百五十九条的规定，只适用于依法实行注册资本实缴登记制的公司。”

二、新《公司法》背景下虚报注册资本罪的适用

新《公司法》生效后，现行关于虚报注册资本罪的法律体系由以下几个部分组成：

1.《刑法》第158条关于虚报注册资本罪犯罪构成的规定。

2.《全国人民代表大会常务委员会关于〈中华人民共和国刑法〉第一百五十八条、第一百五十九条的解释》。

3.新《公司法》规定的股份有限公司的注册资本实缴制，以及经公司法指引适用的其他法律、行政法规和国务院规定的特殊公司的注册资本实缴制。

4. 2022年《刑事案件立案标准的规定（二）》第3条规定的立案追诉标准：“〔虚报注册资本案（刑法第一百五十八条）〕申请公司登记使用虚假证明文件或者采取其他欺诈手段虚报注册资本，欺骗公司登记主管部门，取得公司登记，涉嫌下列情形之一的，应予立案追诉：（一）法定注册资本最低限额在六百万元以下，虚报数额占其应缴出资数额百分之六十以上的；（二）法定注册资本最低限额超过六百万元，虚报数额占其应缴出资数额百分之三十以上的；（三）造成投资者或者

其他债权人直接经济损失累计数额在五十万元以上的；（四）虽未达到上述数额标准，但具有下列情形之一的：1.二年内因虚报注册资本受过二次以上行政处罚，又虚报注册资本的；2.向公司登记主管人员行贿的；3.为进行违法活动而注册的。（五）其他后果严重或者有其他严重情节的情形。本条只适用于依法实行注册资本实缴登记制的公司。”

综合归纳上述规定，可以总结出新《公司法》施行后虚报注册资本罪的构成要件：

第一，主体要件。能够构成本罪犯罪主体的是依法实行注册资本实缴制的公司以及该公司的发起设立人员。这里的“实行注册资本实缴制”的公司，包括新《公司法》生效后新注册的股份有限公司，以及公司法以外的其他法律、法规和国务院规定的实行注册资本实缴制的特殊公司，比如保险公司[1]和商业银行等[2]。

第二，主观要件。有隐瞒未实际出资以及欺骗登记机关等的主观故意以及为了取得公司登记的主观目的。

第三，客观要件。客观要件有三点。（1）行为上实施了虚报的行为。（2）结果上取得了依法本不该取得的公司登记。（3）程度上达到了“情节严重”。“情节严重”与否的具体判断标准是2022年《刑事案件立案标准的规定（二）》第3条规定的具体内容。

案例4.2　陈某丰虚报注册资本案[3]

【裁判要旨】

在公司设立登记及变更登记过程中，采取欺诈手段虚报注册资本，欺骗公司登记主管部门，取得公司登记，虚报注册资本数额巨大的，构成虚报注册资本罪。

---

〔1〕　参见《保险法》（2015年修正）第69条。

〔2〕　参见《商业银行法》（2015年修正）第13条。

〔3〕　参见湖北省黄山市中级人民法院刑事判决书，（2016）鄂02刑初6号；湖北省高级人民法院刑事裁定书，（2017）鄂刑终116号。

【案情简介】

2006年2月，被告人陈某丰设立黄石市恒某担保有限责任公司（以下简称恒某担保），为企业或个人提供融资性担保业务，以收取担保金额的3%作为主要收入。2008年12月，陈某丰设立黄石市黄石港区泰某小额贷款有限责任公司（以下简称泰某公司），为中小企业及个人办理各项小额贷款业务，以收取不超过同期银行贷款利率的4倍利息作为主要收入。2006年2月至2012年12月，陈某丰在恒某担保、泰某公司设立登记及变更登记过程中，采取欺诈手段虚报注册资本，欺骗公司登记主管部门，取得公司登记。其中，恒某担保虚报注册资本数额9609万元，泰某公司虚报注册资本数额2000万元。具体犯罪事实如下：

一、恒某担保虚报注册资本事实

1. 2006年2月，陈某丰发起设立恒某担保，申报公司注册资本金为1000万元，其中陈某丰出资650万元占65%股份，李某甲出资200万元占20%股份，张某华出资150万元占15%股份。为取得工商登记，陈某丰以支付利息为条件向朋友陈某甲提出短期借款1000万元。同年2月15日，陈某甲从自己实际控制的黄石宏某冶金物资有限公司（以下简称宏某公司）转账1000万元到陈某丰银行账户。当日，陈某丰从其账户分别转款650万元、200万元、150万元至恒某担保、李某甲及张某华的银行账户，再通过李某甲、张某华账户分别将200万元、150万元转至恒某担保账户。同年2月17日，通过验资后，陈某丰将1000万元从恒某担保账户全额转回宏某公司账户，虚报注册资本金1000万元，占应缴出资数额100%。

2. 2008年4月，陈某丰申请变更注册资本金及股东，其中申请新增注册资本金2000万元，股东变更为陈某丰出资2650万元占88.33%股份、盛某（陈某丰前妻，已病故）出资350万元占11.67%股份（由李某甲、张某华转让）。为取得变更登记，2008年4月29日至30日，陈某丰分别通过郑某、肖某成、李某乙、陈某甲、夏某等人账户共计转账2000万元至其个人银行账户，再将其账户上2000万元转至恒某担保账户。同年4月30日，通过验资后，陈某丰将此2000万元从恒某担保账户转至其个人账户，再原额转回郑某、肖某成、陈某甲等人账户，虚报注册资本金2000万元，占应缴出资数额100%。

3. 2010年7月，陈某丰在2009年9月11日已减注册资本2200万元的基础上，申请新增注册资本金800万元，即变更后注册资本增加到1600万元，其中：盛某出资350万元，占21.875%股份，陈某丰出资1250万元，占78.125%股份。为取得变更登记，2010年7月19日，陈某丰分别通过泰某公司、陈某甲银行账户转账50万元、750万元共计800万元至其个人银行账户，再将其账户上此800万元转至恒某担保账户。次日通过验资后，陈某丰将800万元从恒某担保账户原额转回泰某公司、陈某甲账户，虚报注册资本金800万元，占应缴出资数额100%。

4. 2011年5月，陈某丰申请变更注册资本金及股东，其中申请新增注册资本金1000万元，股东变更为陈某丰出资1850万元占71.15%股份、盛某出资750万元占28.85%股份。为取得变更登记，2011年5月10日，陈某丰通过陈某甲账户分别转账600万元、400万元至恒某担保账户、盛某账户，再通过盛某账户将400万元转至恒某担保账户。次日，通过验资后，陈某丰将此1000万元从恒信担保账户原额转回陈某甲账户，虚报注册资本金1000万元，占应缴出资数额100%。

5. 2011年8月，陈某丰申请变更注册资本金及股东，其中申请新增注册资本金2400万元，股东变更为陈某乙出资1400万元占28%股份，陈某丙出资1000万元占20%股份，陈某丰、盛某出资额不变分别占37%、15%股份。为取得变更登记，2011年8月17日至18日，陈某丰分别通过李某丙账户、黄石新某有限责任公司账户、王某前银行贷款资金账户及陈某乙账户共计转账2400万元至陈某丙、陈某乙账户，并于8月18日由陈某丙、陈某乙账户分别转账至恒某担保账户。通过验资后，陈某丰于8月19日，分别将2030万元从恒某担保账户经炳某软件公司（后变更为湖北炳某生态农业有限公司）及其个人账户原额转给李某3700万元、陈某1300万元、泰某公司30万元；同年8月23日、29日，转给陈某乙父亲陈某丁控制的吴江市金某金属物资有限责任公司（以下简称金某公司）1000万元；恒某担保账户留存370万元，虚报注册资本金2030万元，占应缴出资数额84.58%。

6. 2012年10月，陈某丰申请新增注册资本金5000万元，其中陈某丰、陈某乙、陈某丙分别增资2600万元、1400万元、1000万元，盛某出资额不变占7.5%股份。为获取验资报告，2012年10月9日至10日陈某丰通过陈某甲、祝某、余某甲、朱某、黄某账户共计转账2600万元至其个人账户，通过陈某丁、黄某账户共计转账1000万元至陈某丙账户，再分别将上述3600万元及陈某乙账户1400万元共计5000万元转账至恒某担保账户。通过验资后，同月17日至24日，陈某丰将其中4979万元原路转回陈某甲账户1500万元、祝某账户1009万元、黄某账户350万元，转给陈某丁控制的金某公司、陕西金某房地产开发有限责任公司账户1620万元，转给陈某丰个人银行账户500万元，恒某担保账户留存21万元。虚报注册资本金4979万元，占应缴出资数额99.58%。

二、泰某公司虚报注册资本事实

2008年12月，陈某丰设立泰某公司，申报公司注册资本金为2000万元，其中恒某担保出资400万元，其余均为自然人出资。为获取工商登记，2008年12月9日至10日，陈某丰通过宏某冶金、陈某甲、陆某银行账户共计转账1900万元至其个人银行账户，随后将其账户中的400万元转入恒某担保账户再转入泰某公司账户，将其账户中的1600万元分别转入以股东名义出资的袁某琦、潘某、陈某甲、余某乙等15人银行账户，再通过此15人账户转入泰某公司账户。同年12月11日、22日，通过验资后，陈某丰分别将泰某公司1900万元、100万元转入其个人实际控制的祥利物资账户，并于12月11日原路转回陆某账户1500万元、陈某甲账户400万元，余下100万元于12月22日经其个人账户转给陈某珍102.9万元（用于归还借款人本息），虚报注册资本金2000万元，占应缴出资数额100%。

【案件分析】

黄石市人民检察院以黄检公诉刑诉［2016］2号起诉书指控被告人陈某丰犯虚报注册资本罪、非法吸收公众存款罪、集资诈骗罪，于2016年2月17日向本院提起公诉。

本案中，陈某丰申请设立的恒某担保、泰某公司分别是担保公司和小额贷款公司，均属于非银行金融行业，按照当时的法律亦属于法律规定注册资本必须实缴的特殊的公司。2006年2月至2012年12月，陈某丰在恒某担保、泰某公司设立登记及变更登记过程中，采取欺诈手段虚报注册资本，欺骗公司登记主管部门，取得公司登记。其中，在恒某担保公司设立和变更登记过程中，先后六次虚报注册资本，数额分别为1000万元、2000万元、800万元、1000万元、2030万元和4979万元，前四次虚报注册资本占其应缴注册资本的比例均为100%，后两次分别为84.58%和99.58%，六次合计涉及金额11,809万元，其中法院认定虚报注册资本数额9609万元；申请设立泰某公司虚报注册资本数额2000万元。

一审法院认为，被告人陈某丰在恒某担保、泰某公司设立登记及变更登记过程中，采取欺诈手段虚报注册资本，欺骗公司登记主管部门，取得公司登记，虚报注册资本11,809万元，数额巨大，其行为已构成虚报注册资本罪。

一审宣判后陈某丰上诉到湖北省高级人民法院，二审裁定驳回上诉，维持原判。

第五章　股东瑕疵出资相关法律风险及其诉讼制度

如前所述，法律风险是指某行为给某主体造成法律上的权利损失或者应承担法律责任的可能性。可以说，如果某行为既没有造成损失的可能性，也没有产生法律责任的可能性，那么我们可以说该行为没有法律风险。因为完全守法合规的出资基本上没有法律风险，市场风险、经营风险、道德风险等其他风险不在本书的讨论范围之内。行为的法律风险往往跟行为的合法性成正比。完全合法合规的行为一般没有法律风险。对于股东出资来说，如果股东完全依法按章程履行其出资义务，则不会因为该出资产生法律风险。如果说该股东在公司出资方面仍有法律风险，那也主要是来自其他股东瑕疵出资给其造成的法律风险。所以本章讨论关于公司出资的法律风险使用了一个限定词“瑕疵”，即本章讨论公司股东瑕疵出资相关法律风险及其相关诉讼制度。关于股东出资义务的制度基础，即新《公司法》规定的新的公司注册资本制度，已在本书第一章第一节进行了较为详细的讨论，本章不再赘述。本章第一节首先简要介绍股东的出资义务和瑕疵出资行为，然后分三节分别从民事法律风险、行政法律风险和刑事法律风险三个方面展开讨论。

第一节　股东出资义务与瑕疵出资行为概述

出资义务是公司法规定的股东的最根本义务。一切违反公司股东出资义务，未按公司章程规定按期足额出资的行为，都是瑕疵出资行为。根据行为人是否具有针对出资的欺诈行为，即是否故意将实际未出资或未足额出资的事实对外隐瞒并制造已出资的假象，可以将瑕疵出资行为分为非欺诈性瑕疵出资和欺诈性瑕疵出资。前者是指虽未按章程规定出资，但是并没有刻意隐瞒未足额出资的客观情况和制造已出资假象的瑕疵出资行为。后者是指行为人不仅在客观事实上未实际出资，而且还存在故意制造已出资的假象，隐瞒未出资事实的欺诈行为的瑕疵出资行为。

一、股东的出资义务

（一）股东出资义务

出资义务是股东的最根本义务。公司法针对有限责任公司和股份有限公司的股东出资义务，分别作出了明确规定。对于有限责任公司，新《公司法》第49条第1款规定："股东应当按期足额缴纳公司章程规定的各自所认缴的出资额。"对于股份有限公司，新《公司法》第98条规定："发起人应当在公司成立前按照其认购的股份全额缴纳股款。发起人的出资，适用本法第四十八条、第四十九条第二款关于有限责任公司股东出资的规定。"第100条规定："发起人向社会公开募集股份……认股人应当按照所认购股份足额缴纳股款。"第103条规定："募集设立股份有限公司的发起人应当自公司设立时应发行股份的股款缴足之日起三十日内召开公司成立大会……"换言之，股款未缴足之前，不应召开公司成立大会，依法不应成立股份有限公司。

（二）出资方式——可以作为出资的财产

对于可以作为出资的财产，即出资形式，《公司法》第48条第1款作了明确规定："股东可以用货币出资，也可以用实物、知识产权、土地使用权、股权、债权等可以用货币估价并可以依法转让的非货币财产作价出资；但是，法律、行政法规规定不得作为出资的财产除外。"可见，既可以用货币出资，也可以用非货币财产出资。但是，用非货币财产作为出资的，必须同时具备"可以用货币估价"以及"可以依法转让"两个条件。否则，就不是适格的可以用来出资的财产，不可以作为公司注册资本出资到公司。比如，劳务虽然具备一定的可估价性，但是不具有"可转让性”，因为劳务与提供者的身体附着在一起，不可以与其身体分离而单独转让，因此，与合伙不同，劳务不是可以出资到公司作为公司注册资本的合格“财产”。

（三）出资义务的履行方式

对于出资义务的履行方式，新《公司法》第48条第2款以及第49条第2款明确规定如下。

第48条第2款规定：“对作为出资的非货币财产应当评估作价，核实财产，不得高估或者低估作价。法律、行政法规对评估作价有规定的，从其规定。”第49条第2款规定：“股东以货币出资的，应当将货币出资足额存入有限责任公司在银行开设的账户；以非货币财产出资的，应当依法办理其财产权的转移手续。”

简单说来，公司法对出资义务的履行方式的规定是，以货币出资的，应当将出资的货币交付给公司。实践中交付的方式当然可以包括交付现金，也可以包括汇付至公司的银行账户。现金和银行存款都是这里规定的“货币”。以非货币财产出资的首先是需要对其进行估价，估价应当客观、公允，既不应高估，也不应低估。其次是“应当依法办理其财产权的转移手续”。这里依法办理财产权转移手续所依的“法”，主要是《民法典》，涉及特殊财产的还包括关于该特殊财产的特别的法律规定，如各类知识产权都有其特别的专门法。《民法典》针对不同种类的财产规定了不同的财产权转移手续。房屋等不动产原则上以登记机关的权利转移登记为合法有效的财产权转移手续。动产原则上以交付视为财产权转移。船舶、车辆等需要登记的特殊动产未经登记的权利转移不得对抗善意第三人[1]。

二、非欺诈性瑕疵出资

如前所述，本书所称的“非欺诈性瑕疵出资”是指虽未按章程规定出资，但是并没有刻意隐瞒未出资或未足额出资的客观情况并制造已出资假象的瑕疵出资行为。也就是虚报出资资本、虚假出资和抽逃出资三种欺诈性瑕疵出资之外的违反股东出资义务的行为。主要有以下几种情况：

---

〔1〕 参见《民法典》第209条、第224条和第225条。

（一）未出资

未出资是指股东完全没有履行公司章程规定的出资义务，同时也没有隐瞒未出资事实的行为。包括有限责任公司章程规定的出资期限届满，在章程规定的出资时间范围内股东未实际出资，以及股份有限公司的发起人和股份认股人未按期缴纳股款。

（二）显性未足额出资

显性未足额出资是指在公司章程规定的出资期限内，股东虽然缴纳了出资，但是在数量上不够，即出资数额少于其认缴的出资或者认购的股份。这里的“未足额”既包括以货币方式出资的，未足额缴纳认缴或认购的数量的情况，也包括以货币之外的财产出资，没有缴足约定的数量。例如，章程规定在公司设立时某股东以10辆汽车出资，且对每辆汽车都作出了客观公允的估价，但是该股东在公司成立之前和成立之后只向公司移交了5辆汽车。

（三）隐性未足额出资

隐性未足额出资是指股东以非货币财产出资，出资财产也按期和按规定的数量向公司交付。但是，该财产的实际价值明显低于章程中的估价。例如，章程约定某股东以一套特定的机器设备按100万元的估价出资，该股东也实际交付了该机器设备，但是，该机器设备在交付时的公允价值只有10万元。请注意，这种情况如果是当初在股东之间形成出资合意的时候该股东即明确知晓该机器在当时的价值就只值10万元，而却故意将其高估为100万元，那么则构成虚假出资。不再属于这里讨论的非欺诈性瑕疵出资。如果这种出资物在交付时的价值明显低于其原估价的情况不是由于当初故意对价格进行高估造成的，而是其他不可归责于该股东的原因所导致，比如机器设备在交付运输途中因车祸部分受损，就属于非欺诈性瑕疵出资。

（四）出资交付瑕疵

如前文所述，新《公司法》第49条第2款规定股东“以非货币财产出资的，应当依法办理其财产权的转移手续”。出资交付瑕疵就是指股东以非货币资产出资在交付环节出现瑕疵,即在“依法办理财产权的转移手续”这个环节出现了瑕疵。这种情况多出现在以不动产以及需要登记的特殊动产等需要进行权利登记的财产出资的情况下。因为这种情况既需要将出资财产在实物层面上交付给公司,也需要进行财产权转移登记,即将出资财产的权利人由出资股东转移登记至公司。而在实践过程中,有时会出现以下两种交付与登记不一致的情况:一是实物已交付,但是未办理权利人变更登记;二是实物未交付,即虽在登记机关办理了出资财产的变更登记,但是却未交付实物。这两种情况都属于出资交付瑕疵。

三、欺诈性瑕疵出资——虚假出资和抽逃出资

如前文所述,本书所称的“欺诈性瑕疵出资”是指不仅未按章程规定出资,并且还刻意隐瞒未出资或未足额出资的客观情况并制造已出资假象的瑕疵出资行为。主要包括虚报出资资本、虚假出资和抽逃出资三种欺诈性瑕疵出资,即通常所说的“两虚一逃”。情节严重的“两虚一逃”都是构成犯罪的行为。本书第四章第三节初步讨论了虚报注册资本和虚假出资的区别与联系,第四章第三节论述了虚报注册资本罪。本章第四节还将对虚报注册资本罪、虚假出资罪与抽逃出资罪进行再辨析。这里简要介绍一下虚假出资和抽逃出资。

(一)虚假出资

公司法并未对“虚假出资”进行定义。公司法上对虚假出资的描述性规定仅仅可以理解为虚假出资的客观外在表现,或者说客观的后果,而并未界定虚假出资更为本质的内涵,即“虚假”二字。否则,本书中前述讨论的“非欺诈性瑕疵出资”都会被定为“虚假出资”,这显然不符合法律将“虚假出资”规定为须承担行政责任,甚至将其入罪并规定了最高五年有期徒刑的立法本意。新《公司法》第252条规定:“公司的发起人、股东虚假出资,未交付或者未按期交付作为出资的货币或者非货币财产的,由公司登记机关责令改正,可以处……”这里在“虚假出资”四个字之后的描述性内容“未交付或者未按期交付作为出资的货币或者非货币财产”,显然不能理解为是对“虚假出资”的定义,仅仅能够理解为是对其后果或者说特征之一的进一步描述。因为“未交付或者未按期交付”出资,仅是一种

客观存在，而这种客观存在既可能存在于“虚假出资”的情况当中，也可能存在于前述谈论的非欺诈性瑕疵出资的情况当中。而在后一种情况下，股东仅是没有如期履行民事上的出资义务，其并没有任何进一步的可责难的故意违法的行为。如果认为这种情况也属于这里规定的“虚假出资”，那显然是不符合法律的立法本意的。因为法律上的“虚假出资”是一种严重的可责难的故意违法行为，严重到轻则应受到行政处罚，重则应入罪并最高可判处五年有期徒刑的程度。

所以，笔者认为，应该从“虚假”两个字上来理解虚假出资的本质特征，并可以据此对其作出界定：虚假出资是指公司股东或发起人在客观上未交付或者未按期交付或者未足额交付作为出资的货币或者非货币财产，并且在主观上恶意隐瞒其未出资或者未按期足额出资的真相并制造已出资假象的行为。

（二）抽逃出资

抽逃出资是指公司股东在公司成立后又非法将已经出资到公司的资产转移出来的行为。《公司法司法解释（三）》第12条规定了几种可以认定为抽逃出资的行为：“公司成立后，公司、股东或者公司债权人以相关股东的行为符合下列情形之一且损害公司权益为由，请求认定该股东抽逃出资的，人民法院应予支持：（一）制作虚假财务会计报表虚增利润进行分配；（二）通过虚构债权债务关系将其出资转出；（三）利用关联交易将出资转出；（四）其他未经法定程序将出资抽回的行为。”

第二节　瑕疵出资的民事法律风险及其诉讼制度

瑕疵出资的民事法律风险就是因瑕疵出资而产生的依法应承担民事责任的风险。可以从责任主体和需要承担的责任的具体内容、形式两个角度来考察瑕疵出资的民事法律风险。从前一个角度考察，可能因瑕疵出资行为而承担法律责任的主体除了瑕疵出资股东本人之外，还包括瑕疵出资股东以外的其他股东、该公司以及公司的“董监高”等。从后一个角度考察，瑕疵出资民事法律风险所产生的民事法律责任的具体内容包括补足出资、赔偿损失等，责任形式既包括单独责任，也包括连带责任。

一、瑕疵出资股东本人的民事法律风险

瑕疵出资股东本人是瑕疵出资的行为人，自然应当担负瑕疵出资的法律风险，其中非欺诈性瑕疵出资的法律风险主要局限于民事风险，欺诈性瑕疵出资则既要担负民事法律风险又有行政，甚至刑事法律风险。这里只讨论民事法律风险，主要包括以下几个方面。

（一）瑕疵出资股东对未按期缴纳的出资承担立即补足的民事责任

有限责任公司股东应当按照公司章程规定按期足额缴纳出资。股份有限公司发起人和认购人应当按照公司章程规定按期足额缴纳认购股款。本书将两者都称为“按照公司章程规定按期足额缴纳出资”。这是公司股东在公司法上的最根本义务。无论是否存在主观恶意，这个客观情况都构成股东违反出资义务。该股东负有立即补足出资的义务，应当承担立即补足出资的民事责任[1]。

（二）瑕疵出资股东对瑕疵出资给公司造成的损失承担赔偿责任

根据新《公司法》第49条第3款以及第107条的规定，瑕疵出资股东除应当承担前述补足出资，即向公司足额缴纳出资之外，还需要赔偿因其瑕疵出资而给公司造成的损失。这种损失应当根据瑕疵出资所涉的具体情况而确定。例如，以货币出资的，逾期出资必然带来货币的时间价值——货币的利息——损失。又如，约定以房屋出资并约定将出资房屋作为公司的办公用房，后因股东未交付出资房屋导致公司另行租赁房屋作为办公用房的，迟延交付房屋期间公司承租办公用房支付的租金，可以认定为因股东瑕疵出资而给公司造成的损失。

（三）瑕疵出资股东被除名而失权——被“开除”的法律风险

新《公司法》所有条文当中被认为是最重磅的一个条文就是第52条。这一条规定了董事会“开除”瑕疵出资股东的制度，也称为瑕疵出资股东的除名与失权

---

〔1〕 新《公司法》第49条第3款规定：“股东未按期足额缴纳出资的，除应当向公司足额缴纳外，还应当对给公司造成的损失承担赔偿责任。”第107条规定：“本法第四十四条、第四十九条第三款、第五十一条、第五十二条、第五十三条的规定，适用于股份有限公司。”

制度，或者瑕疵股东失权制度[1]，新《公司法》第52条第1款规定：“股东未按照公司章程规定的出资日期缴纳出资，公司依照前条第一款规定发出书面催缴书催缴出资的，可以载明缴纳出资的宽限期；宽限期自公司发出催缴书之日起，不得少于六十日。宽限期届满，股东仍未履行出资义务的，公司经董事会决议可以向该股东发出失权通知，通知应当以书面形式发出。自通知发出之日起，该股东丧失其未缴纳出资的股权。”

根据这一款的规定，董事会有权“开除”未按期缴纳出资股东的股东资格。根据《公司法》这一条的规定，依法作出“开除”决定之后，只要向该股东发出“开除”通知，“自通知发出之日起”被“开除”的股东就“丧失其未缴纳出资的股权”。

如果被“开除”的股东对此有异议，那就只能依法诉讼解决。这个被“开除”股东的权利救济问题在本节稍后进行讨论。

案例5.1　张某萍抽逃全部出资被股东会“开除”股东资格案（张某萍、臧某存公司决议纠纷案）[2]

【裁判要旨】

（1）根据《公司法司法解释（三）》第17条之规定，以股东会决议方式解除股东资格需要具备以下要件：一是股东未履行出资义务或者抽逃全部出资；二是经公司催告缴纳或者返还，在合理期间内仍未缴纳或者返还出资。

（2）在公司召开股东会审议将瑕疵出资股东除名的议案时，被除名的股东不享有表决权。

（3）公司以股东会决议方式解除股东资格，除了需要具备《公司法司法解释（三）》第17条规定的特别条件外，还需要符合公司法以及公司章程有关股东会决议程序的要求。

【案情简介】

法院查明的主要案件事实如下：

---

〔1〕 参见本书第一章第一节。

〔2〕 参见最高人民法院民事判决书，（2018）最高法民再328号。

一、凯某公司设立时注册资本为1000万元，股东为陈某坤、薛某纪、臧某存、刘某、马某花、张某卿、逄某强、山东省服装进出口公司黄某公司。2007年12月26日，公司注册资本增加为3000万元，股东改为陈某坤、薛某纪、臧某存、刘某、马某花、逄某强、山东省服装进出口公司黄某公司。2007年12月27日，公司注册资本增加至6500万元，新增股东李某国。2008年1月3日，凯某公司召开股东会并作出决议：(1)公司注册资本由6500万元增至10,000万元，增加的3500万元由新增股东张某萍出资；(2)同意修改公司章程。2008年1月4日，公司章程修正案将公司注册资本修正为10,000万元，股东为张某萍、李某国、陈某坤、薛某纪、臧某存、刘某、马某花、逄某强、山东省服装进出口公司黄某公司。2014年8月26日，青岛凯某置业有限公司名称变更为山东凯某置业有限公司。公司章程第17条规定："召开股东会议，应当于会议召开十五日前通知全体股东，股东会应当对所议事项的决定做成会议记录，出席会议的股东应当在会议记录上签名。"

二、2008年1月4日，青岛汇某会计师事务所出具验资报告，载明：截至2008年1月4日，凯某公司收到股东缴纳的第三次新增注册资本合计3500万元，其中股东张某萍出资3500万元，并于2008年1月4日存入凯某公司的银行账户。2008年1月7日，凯某公司通过银行给青岛技术开发区建某房地产开发有限公司(以下简称建某公司)汇款1700万元，2008年1月7日，凯某公司给青岛福某集团有限公司(以下简称福某公司)汇款1800万元，共计3500万元。上述案外人建某公司、福某公司分别于2008年1月7日出具收款收据。

2010年6月30日，凯某公司分别为上述两公司出具收款收据，金额分别为1700万元、1800万元，但没有证据证明上述两公司实际支付相应款项。

三、2014年5月5日，凯某公司召开股东会，决议解除张某萍、李某国的股东资格，并将相应的股份转给臧某存。后经法院判决，因该股权转让协议中张某萍的签字不真实，确认该股权转让协议无效。2015年10月28日，凯某公司召开董事会，决议向张某萍送达《催告返还抽逃出资函》，该函称："因张某萍于2008年1月4日增资后，随即于1月7日将增资的3500万元抽逃，至今未返还给公司，你抽逃出资的行为，不仅严重违法，更是严重侵害了我公司的合法权益。为此，通知你在收到本函或者我公司依法将本函公告后五日内，向我公司返还你抽逃的出资3500万元以及赔偿利息……”2015年10月30日，凯某公司在青岛财经日报、山东法制报、工人日报公告上述《催告返还抽逃出资函》。同时，以手机短信的方式向张某萍的手机发送信息，通过邮政特快专递的方式邮寄送达上述《催告返还抽逃出资函》。

四、2015年11月6日，凯某公司召开董事会，董事会决议于2015年11月27日召开临时股东会，审议关于解除张某萍公司股东资格、解除李某国公司股东资格以及解除股东资格后公司增资、减资等事项。2015年11月9日，凯某公司通过工人日报、山东法制报、青岛财经日报公告该通知，并通过手机短信、邮政特快专递方式向张某萍送达。2015年11月27日，凯某公司召开股东会，股东臧某存、刘某、陈某坤、逄某强、马某花、薛某纪的委托代理人陈某，青岛佳某服装有限公司（原山东省服装进出口公司黄某公司）的代表人王某霞参加会议，李某国、张某萍未到会，参加会议的股东持股比例共计30%。会议经审议，并经参会股东具有2/3以上表决权的股东同意，通过决议解除张某萍公司股东资格，参会股东均在决议中签字确认。上述会议过程，经山东省青岛市黄岛公证处进行公证。

【案件分析】

臧某存向山东省青岛市中级人民法院起诉，请求：（1）确认凯某公司于2015年11月27日股东会决议中关于解除张某萍公司股东资格的决议有效；（2）确认张某萍在增资凯某公司3500万元后存在抽逃出资的情形；（3）确认张某萍对于解除其股东资格的股东会决议不享有表决权。

一审法院青岛市中级人民法院判决支持了臧某存的第一项诉讼请求，判决确认凯某公司解除张某萍股东资格的决议有效，同时判决驳回臧某存的其他诉讼请求。张某萍不服一审判决，上诉到山东省高级人民法院，请求撤销原判，驳回全部诉讼请求。二审山东省高级人民法院判决驳回上诉，维持原判。

张某萍仍不服申诉到最高人民法院，最高人民法院提审本案并作出

(2018)最高法民再328号民事判决书。在该判决书中，最高人民法院论述了此案例分析前述“裁判要旨”部分提炼了三项裁判要旨。并认为本案一审、二审判决的认定和论证虽然符合其中的前两项，即“以股东会决议方式解除股东资格需要具备的要件”以及“在公司召开股东会审议将瑕疵出资股东除名的议案时，被除名的股东不享有表决权”。但是，对于第三项，即“股东会在作出解除股东资格的决议时股东会的程序应符合公司法和公司章程的规定”，最高人民法院认为本案当中案涉的股东会不符合公司法以及该公司章程规定的程序，主要理由是：原审在李某国未参加股东会决议，亦未查明李某国是否存在抽逃出资且公司是否履行了法定的催收及通知程序的情况下，直接排除了李某国的表决权，认定股东会决议仅有代表30%表决权的股东通过仍属合法有效，确有错误。在此情形下，关于解除张某萍股东资格的股东会决议仅有30%表决权的股东通过，未达到法定表决权比例，根据《公司法司法解释（四）》第5条之规定，案涉股东会决议不成立。

此外，最高人民法院还认为，当事人只能针对法律关系提出确认之诉，而不能要求对某一事实进行确认，或者对某一法律适用问题进行确认。而臧某存请求确认张某萍抽逃出资和确认张某萍对于解除其股东资格的股东会决议不享有表决权，前者属于对事实的确认，后者则涉及法律适用问题，均不属于确认之诉的审理对象，故对这两项诉讼请求不予审理。基于此，最高人民法院对该案进行了改判，判决撤销原一审、二审判决，驳回臧某存关于请求确认青岛凯某置业有限公司于2015年11月27日股东会决议中关于解除张某萍公司股东身份决议有效的诉讼请求，并驳回臧某存关于请求确认张某萍存在抽逃出资事实，以及张某萍对解除其股东资格的股东会决议不享有表决权的起诉[1]。

---

〔1〕 2024年7月1日新《公司法》施行后，本案主要判决依据的《公司法司法解释（三）》和《公司法司法解释（五）》都面临是否继续有效的问题。另外，新《公司法》第52条规定的“催缴失权”制度与《公司法司法解释（三）》的规定有较大不同，如新《公司法》规定的作出令股东失权的决议的主体是公司董事会。这里在未来的公司法实践中也会存在失权股东指派的董事有没有表决权的问题。笔者认为，可以借鉴本案的裁判精神认定失权股东指派的董事在董事会审议失权议案时没有表决权。

(四)瑕疵出资股东因瑕疵出资导致出资期限加速到期而须提前缴纳已认缴但未到期出资的法律风险

对于有限责任公司的注册资本制度，新《公司法》第54条在规定实行最长五年限期认缴制度的同时，也规定了在公司不能清偿到期债务情况下认缴注册资本加速到期的制度[1]:“公司不能清偿到期债务的，公司或者已到期债权的债权人有权要求已认缴出资但未届出资期限的股东提前缴纳出资。”

既然是瑕疵出资，那就意味着存在已认缴的出资没有按期缴纳到公司的客观情况。而这种客观情况必然会给公司的偿债能力带来负面影响，当这种负面影响大到致使“公司不能清偿到期债务”的程度时，公司本身以及债权人都有权启动公司注册资本的加速到期制度，即要求“已认缴出资但未届出资期限的股东提前缴纳出资”。当经法院或仲裁等生效法律文书确定的债务经申请强制执行仍未能履行的情况出现时，一般可以理解为这里的“不能清偿到期债务”的条件已经符合。

二、瑕疵出资股东以外的其他股东面临的民事法律风险

瑕疵出资股东以外的其他股东面临的民事法律风险主要包括以下三个方面:

(一)公司设立时瑕疵出资股东或发起人以外的其他股东或发起人对出资不足的部分承担连带责任的法律风险

新《公司法》第50条规定了公司设立时非瑕疵出资股东的连带责任:“有限责任公司设立时，股东未按照公司章程规定实际缴纳出资，或者实际出资的非货币财产的实际价额显著低于所认缴的出资额的，设立时的其他股东与该股东在出资不足的范围内承担连带责任。”

对于股份有限公司，新《公司法》第99条规定了类似的制度:“发起人不按照其认购的股份缴纳股款，或者作为出资的非货币财产的实际价额显著低于所认购的股份的，其他发起人与该发起人在出资不足的范围内承担连带责任。”

以上连带责任仅能适用公司设立过程中股东瑕疵出资的情况，而不能适用公司设立之后增加注册资本的情况，按照公司章程在公司设立时需要缴纳的注册资

---

〔1〕 另见本书第一章第一节。

本已经全部缴纳，但是在公司设立之后认缴期限届满时股东未按期出资的情况也不适用。

（二）因瑕疵出资导致出资期限加速到期而须提前缴纳已认缴但未到期出资的法律风险

本节“一、（四）”所谈论的因瑕疵出资导致出资期限加速到期而须提前缴纳已认缴但未到期出资的法律风险，其适用主体不仅包括瑕疵出资股东本人，也包括截至当时尚未构成瑕疵出资的其他股东。也就是说，即使公司不能清偿到期债务的主要原因是由于某股东的虚假出资，法律所规定的“加速到期”不仅针对该股东未届认缴期限的认缴出资（如有），而是针对全部股东认缴的注册资本。

（三）因瑕疵出资股东被“开除”而被迫增加出资的法律风险

瑕疵出资股东以外的其他股东还有一项法律风险，那就是如果前文讨论的瑕疵出资股东被“开除”，其认缴的出资所对应的股权，必须在六个月内依法处置，不能长期作为公司的库存股。这里的“依法处置”的方法包括“依法转让”以及“依法减资后注销”这两种。要“依法转让”就必须找到愿意受让该股权并完成出资义务的受让人。那么“依法减资后注销”这个方法呢？根据公司法关于公司减少注册资本的规定，公司减少注册资本依法需要完成“通知债务人”“公告”等法定程序，而且，公司债权人“有权要求公司清偿债务或者提供相应的担保”。可见，如有公司债权人行使该权利，公司就需要清偿甚至是提前偿还债务或者提供担保，否则就不符合法定的减资条件，难以完成减资。

如果法定的六个月内按照前述方法都未能将除权的股权“依法处置”，那么法律也不允许公司长期持有该库存股，而是在新《公司法》第52条第2款规定了其他股东的强制购买义务：“依照前款规定丧失的股权应当依法转让，或者相应减少注册资本并注销该股权；六个月内未转让或者注销的，由公司其他股东按照其出资比例足额缴纳相应出资。”

三、公司因股东瑕疵出资面临的民事法律风险

公司因股东瑕疵出资面临的民事法律风险主要来自两个方面：

（一）公司因虚报注册资本被撤销登记的法律风险

新《公司法》第39条规定了公司虚报注册资本骗取设立登记的，登记机关可以撤销登记。鉴于本书第四章第三节已经详细讨论了公司虚报注册资本相关问题，在此对此项法律风险的具体制度不再赘述。这里需要说明的是，本书之所以在第四章第三节把公司因虚报注册资本被撤销设立登记放到公司登记的行政法律风险，而在本章又将归入公司的民事法律风险。是因为前者是着重从"撤销登记的法律性质，即其到底是什么性质的行政行为"这个角度去立论；而本章则着重从"公司被撤销登记将导致其法人资格丧失"这个民事后果的角度去立论。

（二）公司因受到吊销营业执照的行政处罚而解散的法律风险

吊销营业执照当然是一种行政处罚，属于行政法律风险。因瑕疵出资被吊销营业执照也是一种瑕疵出资的行政法律风险。本章第三节还将对此展开讨论。这里所谈论的股东瑕疵出资对于公司的民事法律风险不是指其因股东瑕疵出资而被吊销营业执照的法律风险，而是公司因股东瑕疵出资被吊销营业执照这种行政法律风险爆发后所引发的法律后果，就是公司解散。对于公司来说，公司解散意味着其继续存续的法律基础丧失，并由正常法人转变为清算法人。后者的行为能力受到严格限制，只能进行清算事务，而不能进行其他事务，更不能进行正常营业。也就是说，在法律上清算法人不具备清算之外的行为能力。这当然是公司最大的民事法律风险。

四、与瑕疵出资有关的"董监高"的民事法律风险〔1〕

瑕疵出资虽然是公司股东的行为，但是，其法律风险却可以蔓延到公司的"董监高"。这种风险来自公司法规定的"董监高"对公司的法定忠实义务和勤勉义务及其合理的逻辑推演。这方面的法律风险主要包括以下两方面：

〔1〕 参见本书第十一章"公司'董监高'相关法律风险与诉讼制度"。

(一)违反"出资核查义务"应赔偿公司损失的法律风险

新《公司法》充实完善了"董监高"对公司的忠实义务和勤勉义务的制度。同时,新《公司法》引入了董事会中心制及董事会一元制,并令其与董事会和监事会二元制在法律上并存。在此背景下,新《公司法》第51条规定了公司董事会对股东出资的核查和催缴义务以及违反该义务的责任制度:"有限责任公司成立后,董事会应当对股东的出资情况进行核查,发现股东未按期足额缴纳公司章程规定的出资的,应当由公司向该股东发出书面催缴书,催缴出资。未及时履行前款规定的义务,给公司造成损失的,负有责任的董事应当承担赔偿责任。"本条第1款规定了公司董事会对股东出资的核查和催缴义务,即核查股东出资情况是董事会的法定义务。经核查发现瑕疵出资的,董事会必须以公司名义向瑕疵出资股东催缴,要求其按期足额缴纳出资。这也是董事会在公司出资事项上的法定义务——催缴义务。对股东出资情况的核查义务和对欠缴出资的催缴义务,构成董事勤勉义务的一部分,如有违反,该条第2款规定了其法定责任。这种法定责任就是董事违反"出资核查和催缴义务"的法律风险。这项法律风险是:如违反出资核查和催缴义务并由此给公司造成损失,"负有责任的董事应当承担赔偿责任"。

这项制度是新《公司法》规定的新制度。待新《公司法》施行后,如何判定"违反核查和催缴义务"与"公司损失"之间的因果关系,可能会是在实践中将遇到的需要进一步探讨和明确的问题。

(二)股东抽逃出资时"董监高"的法律风险

新《公司法》第53条规定:"公司成立后,股东不得抽逃出资。违反前款规定的,股东应当返还抽逃的出资;给公司造成损失的,负有责任的董事、监事、高级管理人员应当与该股东承担连带赔偿责任。"本条第1款是关于禁止股东抽逃出资的法律规定。本条第2款不仅规定了股东抽逃出资的返还义务,而且还规定了"董监高"的相关义务。一方面,作为公司机关中执行公司事务执行者,公司"董监高"负有对公司的忠实义务和勤勉义务。应当依法维护公司利益,并恪尽职守。另一方面,正常情况下,股东"抽逃出资"的行为能够得以完成,往往需要公司的董事、监事或者高级管理人员等这些公司管理者的协助和配合，甚至是直接实施。正是基于此，新《公司法》才作出上述规定。

案例5.2 新疆锦某电力集团有限公司、中某电力投资有限公司损害公司利益责任纠纷案[1]

【裁判要旨】

“公司成立后，股东不得抽逃出资”。具体而言，抽逃出资是指公司成立后，股东非经法定程序，从公司抽回相当于已缴纳出资数额的财产，同时继续持有公司股份。按照公司法人人格独立制度的规定，公司的财产权受法律保护。股东向公司履行出资义务后，其出资财产的所有权转移到公司。股东非经法定程序，在公司成立后，不得取回出资资产。

不能仅仅因为具有公司“董监高”的身份而直接认定其对股东抽逃出资承担连带责任。只有其对股东抽逃出资存在协助行为时，才应当对抽逃出资承担责任。

【案情简介】

2013年1月22日，新疆生产建设兵团某师与中某电力有限公司（以下简称中某公司）签订合作协议，约定共同开发古尔图河二级水电站项目。2013年7月9日，新疆锦某电力集团有限公司（以下简称锦某公司）与中某公司共同出资注册成立中某水电有限责任公司（以下简称中某水电公司），陈某晖任法定代表人，注册资金1亿元，其中中某公司占公司股份65%，应缴出资额6500万元，2013年7月8日实缴出资额2600万元；锦某公司占公司股份35%，应缴出资额3500万元，2013年7月8日实缴出资额1400万元。2014年4月中某水电公司股东会变更股权比例，中某公司占公司股份86%，2014年4月29日，中某公司缴纳第二笔出资额6000万元，共计出资8600万元。

---

〔1〕 参见最高人民法院民事判决书，(2020)最高法民终87号。

（一）注册资本金2600万元的由来和资金流出情况

2013年7月1日，新疆慧某财务管理咨询有限公司董某霞向中某公司转账2600万元，2013年7月2日，中某公司将2600万元转入新疆慧某财务管理咨询有限公司法定代表人徐某账户，后从徐某账户转给陈某晖，2013年7月8日，陈某晖将2600万元转入中某公司，当日，中某公司将2600万元转入中某水电公司作为第一笔注册资本金。2013年10月9日，中某水电公司从其建设银行伊犁分行奎屯支行营业部账户转账3000万元至其招商银行乌鲁木齐迎宾路支行账户，于2013年11月12日办理定期存款2680万元。当日，中某建设公司以该存单作质押，向招商银行乌鲁木齐迎宾路支行贷款2600万元。2013年11月13日，中某建设公司收到贷款2600万元后，在同一天内，以支付货款形式向安徽省鼎某电气贸易有限公司转入2600万元，安徽省鼎某电气贸易有限公司又将2600万元转至陈某晖账户，陈某晖再将2600万元转至新疆慧某财务管理咨询有限公司董某霞账户，归还了借款2600万元。2014年5月12日，中某建设公司向北京天某咨询有限公司借款2600万元，归还了招商银行乌鲁木齐迎宾路支行2600万元贷款本息。2014年5月14日，中某公司再次用中某水电公司2680万元存单作质押，向招商银行乌鲁木齐迎宾路支行第二次贷款2600万元，并于当日和次日运用类似的循环转账的方式归还了北京天某咨询有限公司借款2600万元。2014年11月13日，中某公司筹措资金归还了向招商银行乌鲁木齐迎宾路支行的第二次贷款2600万元的本金及利息。2014年11月20日，中某建设公司以中某水电公司的两张存单，一张2680万元、一张80万元作质押，第三次向招商银行乌鲁木齐迎宾路支行贷款2600万元。2015年11月19日，2600万元贷款到期后，中某建设公司未按约定时间还款，招商银行乌鲁木齐迎宾路支行于2015年11月24日将中某水电公司质押存单本金及利息支取，用于归还贷款本金2600万元、利息702,572元，余款1,810,751.34元退还至中某水电公司账户。

（二）注册资本金6000万元的由来和资金流出情况

2014年4月29日，中某公司为中某水电公司增资，与北京天某咨询有限公司签订《借款协议》《财务顾问协议》，约定向该公司借款6000万元，借期两天，2014年4月30日归还；财务费用90万元。当天，北京天某咨询有限公司股东邢某与孔某志、毛某军就关于中某公司向北京天某咨询有限公司支付借款利息事宜，出具《承诺书》，其中内容包含约定的借款6000万元的还款流程：由中某水电公司转入中某建设奎屯分公司，再由中某建设奎屯分公司转入中某公司，最后由中某公司归还北京天某咨询有限公司。2014年4月29日，北京天某咨询有限公司向中某公司转入6000万元，当日，中某公司将6000万元转入中某水电公司作为第二笔注册资本金。2014年4月30日，中某水电公司向中某建设奎屯分公司以预付工程款形式转款6000万元，同一天内，中某建设奎屯分公司将6000万元转入中某公司，中某公司又将6000万元转入北京天某咨询有限公司，归还了借款6000万元。

锦某公司以中某公司抽逃出资8600万元及陈某晖、张某秀和陈某辉协助抽逃为由，诉至新疆维吾尔自治区高级人民法院生产建设兵团分院，请求法院判决中某公司返还出资8600万元及利息，并请求判决陈某晖、张某秀和陈某辉承担连带责任。

【案情分析】

本案争议焦点有二，一是中某公司是否存在抽逃其在中某水电公司出资8600万元的事实；二是陈某晖、张某秀、陈某辉是否对中某公司向中某水电公司返还出资本金和利息承担连带责任。

一审法院新疆维吾尔自治区高级人民法院生产建设兵团分院审理后作出（2017）兵民初5号民事判决书，判决如下：

一、中某公司于本判决生效后十日内向中某水电公司返还出资8600万元及利息500万元，合计9100万元；二、陈某晖对中某公司向中某水电公司返还出资2600万元承担连带责任；三、驳回锦某公司的其他诉讼请求。

一审宣判后，锦某公司、中某公司和陈某晖均不服，上诉到最高人民法院。最高人民法院审理后于2020年6月30日作出（2020）最高法民终87号民事判决书，判决驳回上诉，维持原判。

法院的主要判决理由如下：

一、中某公司完成了出资义务

中某公司作为中某水电公司的股东，按照公司章程的规定，以及与另一股东锦某公司形成的股东决议，其应当向成立的中某水电公司缴纳注册资金8600万元。由于中某公司自身缺乏资金，在公司成立之时，向新疆慧某财务管理咨询有限公司董某霞借款2600万元，于2013年7月8日转入中某水电公司，作为该公司缴纳的第一笔注册资本金。中某水电公司股权比例发生变动后，中某公司又向北京天某咨询有限公司借款6000万元，于2014年4月29日转入中某水电公司，作为中某公司缴纳的第二笔注册资本金。至此，该公司履行了向中某水电公司出资8600万元的股东出资义务。

二、中某公司的行为构成抽逃出资8600万元

（一）何为“抽逃出资”

“公司成立后，股东不得抽逃出资”。具体而言，抽逃出资是指公司成立后，股东非经法定程序，从公司抽回相当于已缴纳出资数额的财产，同时继续持有公司股份。按照公司法人人格独立制度的规定，公司的财产权受法律保护。股东向公司履行出资义务后，其出资财产的所有权转移到公司。股东非经法定程序，在公司成立后，不得取回出资资产。股东抽逃出资的行为侵犯了公司法人的财产权，破坏了公司资本制度维持原则，致使公司资产实际减少。《公司法司法解释（三）》第12条规定，“公司成立后，公司、股东或者公司债权人以相关股东的行为符合下列情形之一且损害公司权益为由，请求认定该股东抽逃出资的，人民法院应予支持：（一）制作虚假财务会计报表虚增利润进行分配；（二）通过虚构债权债务关系将其出资转出；（三）利用关联交易将出资转出；（四）其他未经法定程序将出资抽回的行为”。

（二）2600万元构成抽逃出资

中某公司利用其关联公司中某建设公司，通过三次以中某水电公司银行存单质押向银行贷款的手段，将中某公司向董某霞的还款义务通过其和中某建设公司的关联关系，对中某水电公司的控制关系转化为中某建设公司对银行的贷款债务。该贷款债务以中某水电公司的银行存单质押，中某建设公司未按时偿还贷款，银行行使质押权，最终中某水电公司代偿了2600万元贷款及利息。中某公司向董某霞借款2600万元向中某水电公司出资，实质是中某水电公司代替中某公司偿还了出资借款，中某公司构成2600万元出资的抽逃。

（三）6000万元构成抽逃出资

中某公司利用其对中某水电公司的控制地位，和其关联公司中某建设公司，以工程款名义将出资转出，构成注册资本抽逃。

中某公司于2014年4月29日从北京天某公司借款6000万元缴纳了第二笔注册资本金，约定次日归还。同日，中某水电公司以支付工程款的名义向中某建设公司转款6000万元，再由中某建设公司转入中某公司，由中某公司归还了向北京天某公司的借款。虽中某建设公司与中某水电公司存在施工关系，但该6000万元在出资后同日又转出，最终归还了借款，该转款流程与事先《承诺书》中的还款流程一致，中某公司以工程款的形式将出资转出归还出资借款的意图十分明显。应当认定中某公司以中某水电公司向其关联公司中某建设公司支付工程款的名义，将其缴纳的第二笔注册资本金6000万元抽逃。

三、陈某晖、张某秀、陈某辉是否承担连带责任

（一）可以认定陈某晖对中某公司抽逃资金2600万元的行为存在协助行为，陈某晖应当对此部分承担连带责任

陈某晖作为中某公司和中某水电公司的法定代表人，使用其个人账户参与协助2600万元出资的转出，根据《公司法司法解释（三）》第14条的规定，陈某晖应当对该2600万元承担连带责任。陈某晖关于其不应承担连带责任的上诉请求不能成立。锦某公司无证据证明陈某晖个人协助抽逃6000万元出资，因此其主张陈某晖对6000万元承担连带责任的上诉请求不能成立。

（二）本案证据不能认定张某秀和陈某辉存在协助抽逃行为，该二人不应对中某公司抽逃资产承担连带责任

不能仅仅因为其具有公司“董监高”的身份而直接认定其对股东抽逃出资承担连带责任。只有其对股东抽逃出资存在协助行为时，才应当对抽逃出资承担责任。本案中，尽管张某秀系中某建设公司的法定代表人和中某水电

公司的董事，陈某辉系中某建设公司奎屯分公司的负责人以及鼎某公司的法定代表人，但是锦某公司无证据证明张某秀、陈某辉协助中某公司抽逃注册资本。因此对于锦某公司请求张某秀、陈某辉对抽逃出资承担连带责任的上诉请求，法院不予支持。

五、股东资格与股东出资之民事诉讼

从广义上说，《民事案由规定》当中规定的“股东资格确认纠纷”、“新增资本认购纠纷”以及“股东名册记载纠纷”等几个案由也属于与股东出资有关的纠纷。本书将其前两个案由放在本章予以讨论。“股东名册记载纠纷”多发生在股权转让环节，本书将其放在讨论股权转让的第七章进行论述。此外，除名与失权制度以及被除名股东的诉权制度，是本次公司法修订新引入公司法的内容，以旧《公司法》为基础的现行《民事案由规定》自然没有专门针对该诉讼制度的案由。随着2024年7月1日新《公司法》的生效施行，预计最高院会修订《民事案由规定》为该项诉讼制度增加一个独立的三级案由——股东除名与失权纠纷。在此之前，该类纠纷可以列入现有案由当中的“股东出资纠纷”或者“股东资格确认纠纷”。本书以前瞻性视角将该类纠纷独立出来讨论。

（一）股东资格确认之诉

股东资格确认纠纷是指当事人之间对于某人是不是某公司的股东或者到底谁是公司的股东发生争议而引发的民事诉讼纠纷。这类纠纷既包括因股权变动引起的股东资格争议，比如因继承引起的继承人的股东资格争议，也包括现实当中常见的登记公示的公司“股东”与实际的投资人不一致的情形，包括冒名登记和借名登记两种情况。两者的共同点是，登记公示的“股东”都不是真实的向公司出资的“股东”。所以前者被称为“名义股东”或“显名股东”，后者被称为“隐名股东”或“实际股东”。两者的不同点是，前者当中的“名义股东”对其被登记为“股东”的事实是不知情的，其名字是被冒用的；而后者当中的“名义股东”对其被登记为“股东”的事实不仅是知情的，而且是同意的。所以前者当中的“名义股东”又被称为“冒名股东”，后者当中的“名义股东”又被称为“挂名股东”。这里讨论与冒名登记和借名登记有关的股东资格确认纠纷，以及与此相关的隐藏在“执行异议纠纷”案由下的“股东资格确认纠纷”。至于股权转让过程中涉及的与冒名登记和借名登记有关的纠纷则在本书第七章“股权转让”专章予以谈论。

1.冒名登记引起的股东资格确认纠纷

“冒名登记”，顾名思义，是指被登记为“股东”的人是在不知情的情况下被登记为公司股东的。之所以发生被登记为公司股东的情形，一般是由于登记申请人非法使用被登记人的身份证明文件，比如用捡来的甚至是盗窃的身份证，也包括其他合法持有别人身份证的情形，比如因受托办理其他事情而持有委托人身份证，并假冒其签名将其申请登记为公司“股东”。如果冒名登记人对公司的出资是真实的，那么这种行为就是虚报注册资本之外的一种典型的欺诈登记行为。公司和申请人等责任人应承担欺诈登记的法律责任，这种法律责任除了民事责任之外，还包括行政责任甚至刑事责任。该欺诈登记的法律责任，已在本书第四章进行了讨论。这里讨论的是被冒名登记为“股东”的人与公司真实投资人及公司和公司其他股东之间的“股东资格确认纠纷”。之所以把冒名登记和借名登记引起的民事诉讼放在本章予以谈论，是因为其背后的实质问题是谁才是公司真正的出资人的问题。冒名登记引起的股东资格确认纠纷既包括被冒名登记的“名义股东”通过民事诉讼进行维权的民事纠纷；也包括实际股东或者公司的其他股东起诉请求确认实际股东具有股东资格的民事纠纷。当然，对于被冒名登记的“名义股东”来说，其维权途径除了提起民事诉讼之外，还可以通过行政投诉的方式维权，即向登记机关投诉该欺诈登记行为并申请其进行查处。此外，被冒名登记的“名义股东”在诉诸民事诉讼或者行政投诉之前，还可以通过直接交涉或者委托律师交涉的方式维权。并且，如果在此阶段能够实现维权目的，其实是“不战而屈人之兵”的上上策。

2. 借名（挂名）登记引起的股东资格确认纠纷

借名登记，或者叫挂名登记，是指借名者与被借名者协商一致，在公司登记时，向公司实际出资的人不登记为公司股东，而将被挂名者登记为公司股东。这种情形又称为“代持股”，即其本质是名义股东代实际股东持有公司股权。代持股双方，即显名股东和隐名股东之间对于“代持股”是达成合意的。这是借名登记与冒名登记的本质区别。代持股双方对代持股行为，有的仅仅停留在达成口头协议；有的则将其合意以书面形式固定下来，这就是书面“代持股协议”。法律和司法实践原则上认可“代持股协议”的效力，即只要代持股协议是双方真实意思的表示，原则上认为该协议是有效的。但是，这种效力仅及于协议双方当事人，不能当然及于公司其他股东，更不能当然及于公司之外的其他第三人。《公司法司法解释（三）》第24条第1款规定：“有限责任公司的实际出资人与名义出资人订立合同，约定由实际出资人出资并享有投资权益，以名义出资人为名义股东，实际出资人与名义股东对该合同效力发生争议的，如无法律规定的无效情形，人民法院应当认定该合同有效。”

《公司法司法解释（三）》虽然是基于修订前的公司法，但是，该条规定的关于如何认定代持股情形下实际股东与显名股东之间代持股协议的效力以及如何处理二者之间以及与公司和公司其他股东之间权利义务的原则精神，在未来最高院针对新《公司法》制定配套司法解释时预计会被保留。

《公司法司法解释（三）》第24条第1款的上述规定，原则上认定代持股协议为有效合同。这里需要进一步探讨的是其中的“如无法律规定的无效情形”，应当如何理解。是否只要违反了法律的强制性规定，就可以被认为是“法律规定的无效情形”。对此，应当按照《民法典》及其配套司法规定进行认定。《民法典》第153条规定：“违反法律、行政法规的强制性规定的民事法律行为无效。但是，该强制性规定不导致该民事法律行为无效的除外。”该条第2款“违背公序良俗的民事法律行为无效”不难理解，其困难是具体适用时如何界定“公序良俗”的问题。该条第1款应该是《民法典》当中最难理解的条文之一。乍看起来，其内容好像是无意义的循环定义，其实不然，《民法典合同通则司法解释》第16条第1款规定：“合同违反法律、行政法规的强制性规定，有下列情形之一，由行为人承担行政责任或者刑事责任能够实现强制性规定的立法目的的，人民法院可以依据民法典第一百五十三条第一款关于‘该强制性规定不导致该民事法律行为无效的除外’的规定认定该合同不因违反强制性规定无效……”其后罗列了“该强制性规定不导致该民事法律行为无效”的五种具体情形，并在第2款进一步规定：“法律、行政法规的强制性规定旨在规制合同订立后的履行行为，当事人以合同违反强制性规定为由请求认定合同无效的，人民法院不予支持。但是，合同履行必然导致违反强制性规定或者法律、司法解释另有规定的除外。”可见，最新的司法解释抛弃了之前的“效力性强制性规定和管理性强制性规定”的二分法[1]，作出了更加具有可操作性的规定。

《公司法司法解释（三）》第24条第2款进一步明确了名义股东不实际享有股东权利：“前款规定的实际出资人与名义股东因投资权益的归属发生争议，实际出资人以其实际履行了出资义务为由向名义股东主张权利的，人民法院应予支持。名义股东以公司股东名册记载、公司登记机关登记为由否认实际出资人权利的，人民法院不予支持。”

但是，实际股东不能仅仅因为有代持股协议就可以要求将其登记变更为显名股东。因为，代持股协议对人的效力范围只能当然地及于前述协议的双方，而不能直接及于其他股东。因此，隐名股东要想变为显名股东，还需要依据公司法的规定取得其他股东的同意。《公司法司法解释（三）》第24条第3款对此进行了规定：“实际出资人未经公司其他股东半数以上同意，请求公司变更股东、签发出资证明书、记载于股东名册、记载于公司章程并办理公司登记机关登记的，人民法院不予支持。”

此外，对于代持股协议纠纷能否仲裁的问题，一般认为，如果争议标的是基于代持股协议而请求确认股东资格的，则属于身份争议，不应由仲裁管辖，只能进行诉讼，相应的仲裁条款或单独的仲裁协议应当被认定为“不属于仲裁管辖范围”而无效。但是，如果纠纷同样是基于代持股协议，但是争议的标的不涉及公司登记的股东身份的确认与变更，而仅仅涉及财产争议，比如相关股权已被确认由善意相对人取得，在此基础上的代持股协议双方的赔偿责任纠纷则可以仲裁。

3.隐藏在“执行异议纠纷”案由下的股东资格确认之诉

现实生活中多有发生的一种情况是：显名股东因拖欠债务被法院强制执行，该显名股东名下的股权被作为执行标的，隐名股东必然会对此提出执行异议。不管异议是否被支持，都可能由此引发民事诉讼。因为，如果异议被驳回，则作为异

---

〔1〕 最高人民法院针对原《合同法》的司法解释《合同法司法解释（二）》第14条规定：“合同法第五十二条第（五）项规定的‘强制性规定’，是指效力性强制性规定。”

议人的隐名股东就享有了提起执行异议的诉权，可以提起执行异议之诉。反之，如果异议被支持，法律则将提起执行异议之诉的诉权同时赋予申请执行人和被执行人[1]。而该类诉讼一般会以“执行异议之诉”的案由进行审理。但是，其背后的争议的实质关系依然是此处谈论的借名登记和冒名登记的法律关系。

在冒名登记和借名登记的情况下，实际股东享有股东权利，但却没有被登记为公司股东。既然没有被登记，当然也不会在国家企业信用系统中被公示为公司股东。而显名股东实际不享有股东权利却被登记和公示。那么，在这种情况下，实际股东的股东权利保护与登记公示信赖保护两者如何平衡？

根据新《公司法》，两者的平衡点被放置在“善意相对人”，而不是之前的一般意义上的“第三人”。

这是因为，新《公司法》第34条第2款已经将公司登记事项未经登记“不得对抗”的对象由之前旧《公司法》第32条第3款规定的“第三人”修订为“善意相对人”，与《民法典》第65条保持了一致。《民法典》第65条规定，“法人的实际情况与登记的事项不一致的，不得对抗善意相对人”。

新《公司法》这一条当中规定的“善意相对人”应当如何理解呢？一般认为，应当从两个维度去理解。第一个维度是“相对人”，即首先要考察的是要求对其“信赖登记公示”的信赖利益进行保护的主体是不是与该登记公示事项有关的相对人，如果回答是否定的，那么考察则就此结束。该人不是这类信赖利益保护对象，不得要求其权利可以对抗实际权利人，即实际股东。如果回答是肯定的，则需要继续考察其主观上是不是具有“善意”，如果回答继续是肯定的，该人才可以受到登记公示信赖利益的保护，其权利则可以对抗未经登记的实际权利人。以上法学理论如果落实到具体的现实生活中，在相关股权被显名股东转让的情况下，受让人即属于这里的“相对人”，至于其是否具有“善意”，则需要根据具体情况进行进一步考察。而接下来讨论的，显名股东的基于与登记事项无关的其他基础关系的一般债权人，就不是这里的“相对人”。

---

〔1〕《民事诉讼法》第238条规定：“执行过程中，案外人对执行标的提出书面异议的，人民法院应当自收到书面异议之日起十五日内审查，理由成立的，裁定中止对该标的的执行；理由不成立的，裁定驳回。案外人、当事人对裁定不服，认为原判决、裁定错误的，依照审判监督程序办理；与原判决、裁定无关的，可以自裁定送达之日起十五日内向人民法院提起诉讼。”

也就是说，如果申请执行人执行的标的就是相关股权本身，或者虽然执行标的不是相关股权本身，但是其据以执行的基础法律关系是基于与该股权相关的交易并且申请执行人在该交易中为善意相对人，那么，这种情况下应当保护申请执行人对登记公示的信赖利益，即应当判决可以执行显名股东名下的股权；否则，申请执行人就不是该股权的“善意相对人”，那么则应当保护隐名股东的权利，判决不能执行显名股东名下的股权。

案例5.3 王某勇、廖某等申请执行人执行异议案[1]

【裁判要旨】

工商登记只是证明股东资格并对抗第三人的表面证据。在认定股东资格时，工商登记只是相对优先适用，并不具有绝对效力。在处理公司内部股东资格时，实质要件应为重要的判断标准，而实质要件包括隐名的出资协议及实际出资人出资的事实。若公司未实缴注册资本，登记股东也未实际出资，则隐名的出资协议是应作为认定公司实际股东的主要依据。有限责任公司的实际出资人与名义出资人订立合同，约定由实际出资人出资并享有投资权益，以名义出资人为名义股东，实际出资人与名义股东对该合同效力发生争议的，如无合同法第五十二条规定的情形，人民法院应当认定该合同有效。

民事诉讼应当遵守诚实信用原则。“当事人在任何案件中都应当向法庭如实陈述，否则应自负不利后果乃至承担法律责任。”“禁止反言”规则不限于一个案件，当事人在一个案件中否认其在另一案件中所陈述内容的真实性且没有证据推翻另一案件中的陈述的，亦构成违反禁止反言规则。

【案情简介】

鉴于本案涉及当事人众多且其相互之间关系较为复杂，故此为便于理解，在叙述案件事实之前，首先介绍主要当事人及其相互关系。本案涉及十个主要当事人，该十个主要当事人及其之间的主要关系是：(1)新余市建某

〔1〕 参见最高人民法院民事判决书，(2021)最高法民终430号。

商品混凝土有限责任公司(以下简称建某公司),被诉称是持有100%股权的某盛公司实际股东,被判决对万某公司所欠的案涉债务负有连带还款责任;(2)廖某平,持有建某公司100%股权的股东兼法定代表人,某盛公司总经理,被判决对万某公司所欠的案涉债务负有连带还款责任;(3)新余市某盛商品混凝土有限公司(以下简称某盛公司);(4)王某勇,某盛公司显名股东,工商登记持有60%股权;(5)廖某,某盛公司显名股东,工商登记持有40%股权;(6)傅某华,被辩称是委托廖某代持股权的某盛公司实际股东;(7)吴某明,被辩称是委托王某勇代持股权的某盛公司实际股东;(8)新余市渝水区万某小额贷款股份有限公司(以下简称万某公司),案涉债务的主债务人,被判决偿还中国长某资产管理公司南昌办事处本金10,295万元及利息;(9)江西省某资产管理股份有限公司(以下简称江西资产公司),受让了中国长某资产管理公司南昌办事处对万某公司的案涉债权,强制执行申请人,执行异议之诉一审的原告;(10)平阳富久长某资产管理合伙企业(有限合伙),承继了江西资产公司权利义务,二审过程中被裁定替代后者作为本案被上诉人参加诉讼。

江西省高级人民法院于2017年9月26日对中国长某资产管理公司南昌办事处(以下简称长某资产南昌办事处)与万某公司、山某公司、建某公司和廖某平等14被告借款合同纠纷一案作出(2016)赣民初66号民事判决,与本案有关的判决内容主要有:万某公司于本判决生效后十日内偿还长某资产南昌办事处本金10,295万元及利息;建某公司和廖某平等10被告对万某公司的上述债务承担连带清偿责任。该判决生效后,长某资产南昌办事处于2017年12月26日将债权转让给江西资产公司,且上述被执行人未履行该生效法律文书确定的还款义务。江西资产公司向江西省高级人民法院申请强制执行,江西省高级人民法院于2018年3月7日立案执行。2019年4月16日,江西省高级人民法院向新余市市场监督管理局发出协助执行通知:(1)冻结王某勇持有的某盛公司60%的股权(金额1500万元);(2)冻结廖某持有的某盛公司40%的股权(金额1000万元)。王某勇、廖某向江西省高级人民法院提出异议,江西省高级人民法院于2019年7月2日作出(2019)赣执异6号民事裁定,裁定中止对王某勇、廖某名下某盛公司60%和40%股权的执行。为此,江西某金融公司向江西省高级人民法院提出申请人执行异议之诉。

江西资产公司向一审法院起诉请求：(1)准许执行王某勇、廖某代建某公司持有的某盛公司100%股权；(2)本案所有诉讼费由王某勇、廖某承担。

2012年5月29日，建某公司向新余市工业和信息化委员会和新余市经济开发区管理委员会等政府机关申请新建商品混凝土搅拌站项目，并为此与后者签订了《合同书》。2012年7月24日，王某勇、廖某在某盛公司章程上签名。2012年7月26日，某盛公司经工商登记成立，公司类型为有限责任公司，注册资本1000万元，法定代表人王某勇，公司股东为王某勇(持股60%)、廖某(持股40%)。但王某勇、廖某实际未出资。

2014年7月17日，甲方建某公司与乙方王某勇、丙方廖某签订一份《协议书》，三方经友好协商，自愿达成如下协议，一致确认：2012年12月6日，王某勇出资600万元、廖某出资400万元，在新余市工商局注册成立某盛公司。王某勇出资的600万元注册资金和廖某出资的400万元注册资金实际全部由建某公司出资，王某勇、廖某仅是某盛公司的名义股东，对该公司财产不享有所有权，实际股东是建某公司。

2013年8月1日，甲方傅某华、乙方吴某明、丙方王某勇、丁方廖某签订一份《协议书》，约定就共同投资经营某盛公司等相关事宜，达成协议，主要内容包括：(1)公司名称某盛公司，主营商品混凝土的生产及销售；工商登记注册资金为1000万元整，王某勇占60%，廖某占40%。(2)甲、乙、丙、丁四方各自实际股权及股权分布：①甲方在项目公司实际占有股权为40%，其股权现由丁方代持，该40%股权的权利及义务由甲方承担及享有，丁方对此无异议并予以配合。②乙方在项目公司占实际占有股权为30%，其股权现由丙方代持，该30%股权的权利及义务由乙方承担及享有，丙方对此无异议并予以配合。(3)丙方在项目公司实际占有股权为20%，其股权在丙方自持的60%中，甲、乙、丁三方对此无异议。(4)丁方在项目公司实际占有股权为10%，其股权由丙方代为持有，该10%股权的权利及义务由丁方承担及享有，丙方对此无异议并予以配合。2016年10月30日，某盛公司与廖某平签订一份《总经理聘用合同》约定，某盛公司聘请廖某平担任其公司总经理，聘用期限自2016

年10月30日起至2019年10月30日止。

出资和相关资金往来的事实。王某勇、廖某称780万元土地款系其出资，但根据转账凭证可证明780万元土地款中的156万元系建某公司转入某盛公司，而其余624万元系张某玲、徐某提供并转入某盛公司，王某勇、廖某未直接转款给某盛公司，上述款项也是以某盛公司名义缴纳，且王某勇、廖某在庭审中称不认识张某玲、徐某，也未提供其他证据证明其与张某玲、徐某存在借款关系，而从廖某平的有关银行账户流水看，其与张某玲、徐某存在资金往来，且多系廖某平转账给张某玲、徐某，故可认定上述款项并非王某勇、廖某提供。某盛公司成立后，建某公司及其全资股东廖某平与某盛公司之间资金来往频繁，金额达到3064.13万元，其中建某公司、廖某平转入到某盛公司款项达到2498.04万元。建某公司、廖某平有关银行流水显示，廖某平与吴某明、傅某华存在大量资金往来，且基本上是廖某平向吴某明、傅某华转款。

公司运营方面。某盛公司的筹备、成立、建成均由建某公司全资股东廖某平操办，且廖某平一直以来在某盛公司担任总经理职务，对某盛公司的业务、财务进行全面管理。王某勇、廖某自认某盛公司登记设立后从未参与过分配，也未实际参与经营管理。王某勇、廖某不具备混凝土行业经验及资源，更没有创办混凝土企业的条件和资质。建某公司的唯一股东及法定代表人的廖某平，主导了某盛公司运营管理、财务收支。

本案一审期间，王某勇和廖某主张其系代吴某明、傅某华持有某盛公司的股权，二审期间又辩称其系某盛公司实际股东。

【案件分析】

本案争议焦点是，王某勇、廖某是否对案涉股权享有阻却执行的民事权益，王某勇、廖某名下某盛公司100%股权是否为代持股权；如果是代持股权，某盛公司的实际股东是某盛公司还是吴某明、傅某华。

一审法院江西省高级人民法院支持了江西资产公司的诉讼请求，对本案作出（2019）赣民初73号民事判决书，判决准许执行王某勇持有的某盛公司

60%股权和廖某持有的某盛公司40%股权。

一审宣判后王某勇和廖某上诉至最高人民法院。

2021年5月8日，最高人民法院作出（2021）最高法民终430号民事判决书，判决驳回上诉，维持原判。

法院的主要判决理由如下：

一、关于工商登记对于股东资格认定的效力

法院认为，工商登记只是证明股东资格并对抗第三人的表面证据。在认定股东资格时，工商登记只是相对优先适用，并不具有绝对效力。在处理公司内部股东资格时，实质要件应为重要的判断标准，而实质要件包括隐名的出资协议及实际出资人出资的事实。若公司未实缴注册资本，登记股东也未实际出资，则隐名的出资协议是应作为认定公司实际股东的主要依据。根据《公司法司法解释（三）》第24条第1款规定，有限责任公司的实际出资人与名义出资人订立合同，约定由实际出资人出资并享有投资权益，以名义出资人为名义股东，实际出资人与名义股东对该合同效力发生争议的，如无《合同法》第52条规定的情形，人民法院应当认定该合同有效。

二、关于禁止反言规则的运用

最高人民法院在本案判决说理部分引用了民事诉讼的"禁止反言"规则，并且认为其不限于一个案件，当事人在一个案件中否认其在另一案件中所陈述内容的真实性且没有证据推翻另一案件中的陈述的，亦构成违反禁止反言规则。

最高人民法院在该判决中认为，"当事人在任何案件中都应当向法庭如实陈述，否则应自负不利后果乃至承担法律责任"。判决当中的具体论述如下："最后，从2014年7月17日《协议书》真实性等情况来看，王某勇、廖某称该协议并非各方真实意思表示，签订该协议仅是为了应对建某公司与渝某公司的民事诉讼纠纷。但王某勇、廖某在另案即（2014）余民二初字第70号案中，认可建某公司是某盛公司的实际出资股东，二人仅为代持的名义股东。建某公司在该案的起诉状、反诉答辩状也自认该事实，并以此为事由向渝某公司主张权利。《中华人民共和国民事诉讼法》第十三条第一款规定，民事诉讼应当遵守诚实信用原则。据此，当事人在任何案件中都应当向法庭如实陈述，否则应自负不利后果乃至承担法律责任。对于是否代持股份问题，王某勇、廖某在另案中的陈述和态度与本案查明的事实证据能够相印证，且符合情理，可以采信。王某勇、廖某现自认在另案中作了虚假陈述，但又无法为其在本案陈述真实性提供证明。故对王某勇、廖某在本案中反言性陈述，本院不予采信。”

（二）股东出资之诉

股东出资纠纷是指因股东瑕疵出资或者出资期限加速到期而引发的纠纷，从引起纠纷的原因的角度分析，可以分为以下几类：

第一，股东未按期足额出资，包括非欺诈性瑕疵出资以及虚假出资引起的股东出资纠纷。这类诉讼的诉讼请求，除应要求未足额出资股东限期补足，即限期缴纳出资之外，还可以一并主张赔偿因股东瑕疵出资给公司造成的损失。这类纠纷的被告一般是未按期足额出资的股东。如果是公司设立时存在的瑕疵出资，可以列设立时的所有股东为共同被告，并诉请其对未足额出资承担连带责任。公司可以作为这类纠纷的原告。其他股东要求公司提起诉讼公司不起诉的，其他股东也可以作为原告提起股东代表诉讼。

第二，股东抽逃出资引发的股东出资纠纷。与第一类纠纷相类似，这类诉讼的诉讼请求，除应要求抽逃出资股东限期返还所抽逃的出资以外，还可以一并要求其赔偿因股东抽逃出资给公司造成的损失。公司可以作为原告提起此类诉讼。公司经要求不提起的，其他股东也可以提起股东代表诉讼。除了抽逃出资的股东可以作为这类纠纷的被告之外，负有责任的公司董事、监事和高级管理人员也可以列为被告，并诉请其对抽逃出资给公司造成的损失承担连带赔偿责任。

第三，因出资义务加速到期引发的股东出资纠纷。如前文所述，新《公司法》第54条规定了股东出资义务加速到期制度，即当公司不能清偿其到期债务时，公司或者公司已到期债权的债权人可以要求股东提前缴纳出资。据此，这类诉讼的诉讼请求只能为要求认缴股东向公司缴纳出资，而不可以越过公司直接要求认缴股东向债权人交付认缴的出资。这在学理上叫作“入库规则”，即作为注册资本的出资应当交付至公司，而不应当越过公司直接付给公司的债权人。鉴于是“加速到期”，在此之前股东的出资义务受到“期待利益”的保护，通俗地说，就是在此之前因已认缴出资，但未届出资期限的股东没有立即缴纳出资的义务。因此，这类诉讼的诉讼请求通常不应该有“赔偿损失”。认缴出资的股东是这类诉讼的被告。公司和公司的已到期债权的债权人均可以作为原告。公司债权人作为原告时应列公司为第三人，并诉请被告向第三人缴纳出资。鉴于不能直接诉请被告向作为原告的债权人履行，因此，债权人作为原告提起该诉讼的，为了保障将来的“入库”出资，即交付至公司的股东出资能够成为偿还自己债权的保障，起诉债权人可以在自己对公司的债权进入执行或者诉讼等民事程序并且依法对公司的银行账户进行冻结之后，再提起这类出资义务加速到期之诉。

（三）新增资本认购之诉

新增资本认购纠纷是指发生在公司增加注册资本过程中因股东优先认购权以及有限责任公司新增资本的认缴和缴纳、股份有限公司新股的认购和股款缴纳以及与此相关的股东资格确认等引起的纠纷。

新《公司法》第227条规定：“有限责任公司增加注册资本时，股东在同等条件下有权优先按照实缴的出资比例认缴出资。但是，全体股东约定不按照出资比例优先认缴出资的除外。股份有限公司为增加注册资本发行新股时，股东不享有优先认购权，公司章程另有规定或者股东会决议决定股东享有优先认购权的除外。”本条第1款规定了原则上有限责任公司的股东在公司增资时有优先认缴权，但同时允许“全体股东一致约定”情况下的例外；第2款规定了股份有限公司增资时原则上股东没有优先认股权，但同时也认可章程和股东会作出的相反规定或决定。因此，在公司实务中对于有限公司法定优先认股权的行使，以及对于是否有例外约定和相反规定或决定及其效力等，会出现争议引发纠纷。这是新增资本认购纠纷这个案由项下的主要纠纷。

（四）除名与失权之诉

除名与失权制度是新《公司法》第52条新增的制度。在新《公司法》之前，

《公司法司法解释(三)》有限认可了股东会对欠缴出资股东除权的制度[1]。新《公司法》对此进行了完善和修改,在第52条构建起新《公司法》上的股东除名与失权制度。其具体内容前文已有详细论述[2],在此不再赘述。这里需要论述的是新《公司法》第52条第3款所规定的被除名股东的异议诉权制度。该款的具体规定如下:"股东对失权有异议的,应当自接到失权通知之日起三十日内,向人民法院提起诉讼。"针对这项新的股东除权制度及其异议诉讼制度,本书简要探讨如下:

第一,对于该款的诉讼所对应的案由,如前所述,笔者建议应当为其增加一个独立三级案由,可以叫作"股东除名纠纷"或者"股东失权纠纷"或者"股东除名与失权纠纷"。在此之前,该类诉讼是应当被纳入公司出资纠纷,还是应当被纳入公司决议纠纷,值得继续研究。

第二,关于该项诉讼制度的具体内容,该款已经明确的事项是,诉讼的原告应当是被除名的股东,即失权股东。至于被告的选择,失权决议是公司董事会作出的,是应该以公司为被告呢,还是应当以公司董事会为被告呢?笔者认为应当以公司为被告。因为董事会是作为公司的机关履行公司事务而作出失权决议,应该理解为此决议的法律后果由公司承担。

第三,该款规定的"三十日"是何性质?能否适用时效中断等规定?笔者认为其应当属于除斥期间,不能中断和延长。

第四,该项诉讼的诉讼请求应当是什么,是应当诉请判决确认董事会的决议无效,还是请求判决撤销董事会的决议?抑或请求判决确认公司的除权通知无效。笔者认为应当是后者,即请求判决公司除权通知无效或者判决公司对其除权的行为无效。

第五,被除权股东,即失权股东有可能从哪些方面提出"异议"并举证?笔者认为,失权股东既有实体异议的权利,也有程序异议的权利。前者是指该股东对于自己被公司认定为新《公司法》第52条规定的"股东未按照公司章程规定的出

---

〔1〕《公司法司法解释(三)》第17条第1款规定:"有限责任公司的股东未履行出资义务或者抽逃全部出资,经公司催告缴纳或者返还,其在合理期间内仍未缴纳或者返还出资,公司以股东会决议解除该股东的股东资格,该股东请求确认该解除行为无效的,人民法院不予支持。"

〔2〕见本书第一章第一节"二、有限责任公司欠缴出资股东的强制除名与失权制度"以及本书第五章及本章第二节瑕疵出资的民事法律风险及其诉讼制度"一、(三)瑕疵出资股东被除名而失权——被'开除'的法律风险"。

资日期缴纳出资”提出异议，围绕自己已经按期出资展开异议并举证。后者是指对于公司是否严格按照新《公司法》第52条规定的程序催缴，以及董事会本身的程序是否合法等方面提出异议并举证。

第六，法院应当如何审理失权股东异议之诉？法院应当对失权股东异议之诉进行全面审理，既要进行实体方面的审理，即审理失权决议所依据的“未按期出资”的事实是否成立，又要进行程序审理，即审理催缴与失权决议的作出是否符合公司法的规定。

第三节　虚假出资和抽逃出资的行政法律风险

股东出资方面的行政法律风险和刑事法律风险主要来自虚假出资和抽逃出资这两种具有较大主观恶性的欺诈性瑕疵出资行为。当然，从广义上说还包括虚报注册资本行为，但该行为的法律风险已在第四章进行了详细讨论，故而在本章不再讨论。依法合规的股东出资行为以及没有主观恶性或者说主观恶性比较小的非欺诈性瑕疵出资行为基本没有行政法律风险，更不存在刑事法律风险。因此，为了明确起见，分别讨论股东出资的行政法律风险和刑事法律风险的本章第三节和第四节的标题直接以“虚假出资和抽逃出资”作为限定词。此外，行政复议和行政诉讼作为行政法律风险所对应的救济制度，其基本特征已经在本书第四章第三节“四、不服行政行为的法律救济制度——行政复议和行政诉讼”部分作了深入探讨，本章及其后各章所讨论议题涉及的行政复议和行政诉讼如果没有需要专门介绍的特别之处，则不再作重复论述。

根据新《公司法》第252条和第253条的规定，虚假出资和抽逃出资的行政法律风险止于行政罚款。从风险责任主体上划分，分为欺诈性瑕疵出资行为股东本人的行政法律风险和其他参与实施人员的行政法律风险。这里需要特别提示的是，本章前文提到的冒名登记行为，存在被认定为欺诈登记的法律风险，对于欺诈登记，其行政法律风险则不仅局限于行政罚款，而是情节严重的会被处以吊销营业执照的行政处罚，或者直接被撤销公司登记。相关详细内容请参见本书第四章

第三节中的相关部分，这里亦不予赘述。

一、虚假出资和抽逃出资股东本人的行政法律风险

虚假出资和抽逃出资行为对瑕疵出资股东本人的行政法律风险是其被处以行政罚款的行政处罚。针对虚假出资行为，法律设定了两类对虚假出资股东的行政处罚，一是直接规定行政罚款具体数额的上下限幅度范围。这个范围是5万元以上，20万元以下。二是规定了罚款数额的计算方法：以虚假出资金额或者未实际出资金额为计算基数，按照一定比例处以行政罚款，比例的范围是5%以上至15%以下。第二种适用于情节严重的虚假出资行为。针对抽逃出资行为，法律没有规定按具体数额处罚这种方式。而是只规定了按照抽逃出资金额的一定比例对抽逃出资股东处以行政罚款，比例的具体范围与针对虚假出资情节严重情况下的处罚范围相同，也是5%以上至15%以下。这里的“以上”和“以下”都包括本数。

二、欺诈出资股东之外的其他参与人员的行政法律风险

虚假出资和抽逃出资股东之外的人员如果参与实施或者帮助实施虚假出资和抽逃出资行为，也会因此而承担行政法律风险，即被处以行政处罚的法律风险。

从主体上说，这些“虚假出资和抽逃出资股东本人之外的人员”，包括公司的董事、监事和高级管理人员，也可能包括公司的其他工作人员，甚至包括不属于公司工作人员的其他人员。判断的标准是其是否参与了虚假出资或抽逃出资行为，并且这种“参与”的深度达到了法律上应予行政处罚的严重程度。

从处罚的内容上说，因虚假出资和抽逃出资而给予这些“责任人员”的行政处罚轻于对虚假出资和抽逃出资股东本人的处罚。首先，对于这些“责任人员”的处罚，法律只规定了罚款具体数额的上下限幅度，而没有规定“以虚假出资金额或者抽逃出资金额作为计算基数按一定比例计算行政罚款数额”这种行政处罚种类。其次，对于这些“责任人员”施以处罚的罚款具体数额的上下限范围也低于对虚假出资和抽逃出资股东本人的范围。虚假出资的情况下，对实施股东之外的“责任人员”的处罚数额范围是“一万元以上十万元以下”，显著低于非情节严重情况下对实施股东的“五万元以上二十万元以下”的处罚范围。而对于抽逃出资

的情况，如前所述，法律直接规定了对抽逃出资股东按抽逃出资金额的比例施以行政罚款，而没有规定按具体数额的上下限处罚。

第四节　虚假出资和抽逃出资的刑事法律风险

虚假出资和抽逃出资的刑事法律风险是指情节严重的虚假出资行为和抽逃出资行为可以构成虚假出资罪和抽逃出资罪，并追究刑事责任的法律风险。现行法律和司法解释关于虚假出资罪和抽逃出资罪的具体规定主要有：《刑法》第159条的规定，《全国人民代表大会常务委员会关于〈中华人民共和国刑法〉第一百五十八条、第一百五十九条的解释》，以及2022年《刑事案件立案标准（二）》第4条规定的两罪的立案标准。其中《刑法》第159条是关于两罪的基本规定。全国人大常委会的立法解释规定这两个罪名仅适用于依法实行公司注册资本实缴制的公司。2022年《刑事案件立案标准（二）》规定了刑法条文中规定的“严重情节”在司法实务中应当如何把握和认定。让我们先看一下《刑法》第159条关于这两个罪的基本规定：“公司发起人、股东违反公司法的规定未交付货币、实物或者未转移财产权，虚假出资，或者在公司成立后又抽逃其出资，数额巨大、后果严重或者有其他严重情节的，处五年以下有期徒刑或者拘役，并处或者单处虚假出资金额或者抽逃出资金额百分之二以上百分之十以下罚金。单位犯前款罪的，对单位判处罚金，并对其直接负责的主管人员和其他直接责任人员，处五年以下有期徒刑或者拘役。”

结合刑法的上述规定、立法解释的有关规定以及新《公司法》规定的公司注册资本制度，可以总结出新《公司法》施行后虚假出资罪和抽逃出资罪的构成要件及其法定刑罚。

第一，主体要件。构成这个犯罪的主体要件属于特定主体，不是一般主体，即只有依法实行注册资本实缴制的公司的“发起人”或者“股东”才可以成为构成这两个犯罪的主体。为了对此加深理解，让我们将虚假出资罪和抽逃出资罪的犯罪主体的范围与可以被处以行政处罚的虚假出资和抽逃出资的行为主体范围进行比较，在后者当中，可以被行政处罚的主体范围除了虚假出资和抽逃出资的发起人及股东本人之外，还包括两类其他参与的“责任人员”，即“直接负责的主管人员和其他直接责任人员”。可以看出，刑法在将虚假出资和抽逃出资行为入罪时，与行政处罚相比，限缩了惩罚对象，将犯罪主体限缩到虚假出资和抽逃出资的发起人及股东本人，将可以被行政处罚的“直接负责的主管人员和其他直接责任人员”排除在可以构成这两个罪的犯罪主体之外，这体现了刑法的谦抑性。通俗地说，只有虚假出资和抽逃出资的公司发起人及公司股东本人才可以构成虚假出资罪和抽逃出资罪。这里的“依法实行注册资本实缴制的公司”既包括公司法之外的法律、行政法规和国务院规定实行注册资本实缴制的有限责任公司，也包括在2024年7月1日之后新成立的根据新《公司法》的规定已经实行注册资本实缴制的股份有限公司。

此外，单位可以构成虚假出资罪和抽逃出资罪这两个罪的犯罪主体。因为单位只要其具备独立法人资格并且具备出资设立公司的民事行为能力就可以作为公司的股东或者发起人，也即可以成为这两个犯罪的主体。单位包括企业法人以及代表政府“履行出资人职责”的国有资产监督管理机构或者其他部门等。

第二，主观要件。在主观要件方面，虚假出资罪和抽逃出资罪这两个罪都属于故意犯罪，都要求犯罪主体对瑕疵具备欺诈的故意，即具备“虚假”和“抽逃”的故意，其具体认定与上节及本章第一节讨论的基本一致，在此不再赘述。

第三，客观要件。客观要件包括行为要件和程度要件两个方面。第一个方面是指，在客观上实施了虚假出资行为，形成本该交付的出资实际未交付的事实，或者是实施了抽逃行为，形成已经作为出资投入到公司的资产又被非法从公司转移出去的事实。第二个方面是指，在程度上达到“情节严重”程度。认定是否构成“情节严重”的判断标准应根据2022年《刑事案件立案标准（二）》第4条第1款的规定：“〔虚假出资、抽逃出资案（刑法第一百五十九条）〕公司发起人、股东违反公司法的规定未交付货币、实物或者未转移财产权，虚假出资，或者在公司成立后又抽逃其出资，涉嫌下列情形之一的，应予立案追诉：（一）法定注册资本最低限额在六百万元以下，虚假出资、抽逃出资数额占其应缴出资数额百分之六十以上的；（二）法定注册资本最低限额超过六百万元，虚假出资、抽逃出资数额占其应缴出资数额百分之三十以上的；（三）造成公司、股东、债权人的直接经济损失累计数额在五十万元以上的；（四）虽未达到上述数额标准，但具有下列情形之一的：1.致使公司资不抵债或者无法正常经营的；2.公司发起人、股东合谋虚假出资、抽逃出资的；3.二年内因虚假出资、抽逃出资受过二次以上行政处罚，又虚假出资、抽逃出资的；4.利用虚假出资、抽逃出资所得资金进行违法活动的。（五）其他后果严重或者有其他严重情节的情形。”

第四，虚假出资罪和抽逃出资罪这两个罪的刑罚。这两个罪在刑法当中被合并规定在一个法条当中，具有完全相同的法定刑罚。其法定刑罚主刑包括有期徒刑和拘役两种自由刑，附加刑是财产刑——罚金。有期徒刑的最高刑期是五年。罚金刑的数额以“虚假出资金额或者抽逃出资金额”作为计算基数按比例计算，比例的上下限幅度是“百分之二以上百分之十以下”。

第六章　公司减资相关法律风险及其诉讼制度

第一节　公司减资概述

公司减资，又称减少资本或减少注册资本，是指公司按照一定的条件和程序降低其登记公示的注册资本的数额，从而减少其注册资本总额。

公司注册资本应当充实，因此法律禁止虚假出资和抽逃出资。但对于公司减资，法律上并非绝对禁止，而是规定了严格的条件和程序。

按照减资是否导致公司财产向股东回流或者是否减少股东的出资义务，减资可以分为实质减资和形式减资。实质减资是指减资在法律上导致公司财产向股东的合法回流或者减少股东的出资义务或者两者兼而有之。形式减资是指减资在法律后果上仅仅导致公司注册资本总额的减少，但既不导致公司财产向股东的合法回流，也不导致股东出资义务的减少。按照在程序上是否需要通知债权人，可以将减资分为一般减资和简易减资。一般减资需要通知债权人，且法律赋予债权人请求公司偿还债务或者提供担保的权利；简易减资不需要通知债权人，债权人也不享有请求公司偿还债务或者提供担保的权利。新《公司法》第225条规定的减资属于形式减资，也属于简易减资。这是新《公司法》修订新增加的条款。

一、实质减资

新《公司法》第224条规定了实质减资的程序以及需要遵循的原则："公司减少注册资本，应当编制资产负债表及财产清单。公司应当自股东会作出减少注册资本决议之日起十日内通知债权人，并于三十日内在报纸上或者国家企业信用信息公示系统公告。债权人自接到通知之日起三十日内，未接到通知的自公告之日起四十五日内，有权要求公司清偿债务或者提供相应的担保。公司减少注册资本，应当按照股东出资或者持有股份的比例相应减少出资额或者股份，法律另有规定、有限责任公司全体股东另有约定或者股份有限公司章程另有规定的除外。”本条前两款规定了一般减资的程序。结合这些规定和新《公司法》第32条、第34条的规定，梳理总结一般减资的程序包括以下几个步骤：第一，公司应当为减资编制资产负债表和财产清单。应当以减资的基准日作为减资资产负债表的基准日和财产清单的基准日。按照一般会计原理，基准日之后公告之前，如果减资资产负债表事项发生重大变化，还应当在公告时予以说明。第二，公司减资方案应当经股东会表决通过。根据新《公司法》第59条第1款第5项和第112条第1款的规定，公司减资属于股东会的职权。因此，公司要减少注册资本，需要股东会作出决议。又根据新《公司法》第66条第3款和第116条第3款的规定，公司减资属于股东会的特殊议事事项，要想通过减少公司注册资本的决议，有限责任公司需要“经代表三分之二以上表决权的股东通过”，股份有限公司需要“经出席会议的股东所持表决权的三分之二以上通过”。第三，将公司减资事项通知公司已知债权人，此事项应当在公司股东会作出减资决议之日起十日内完成。应通知的债权人的范围是所有已知债权人，包括债权尚未到履行期的债权人，以及债权存在争议的已知债权人，比如已经将减资公司作为被告起诉至法院要求其给付货币的债权人。第四，将减资事项予以公告。公告的方式有两种，一种是在报纸上公告，一般应当选择在当地有一定影响的报纸，另一种是在国家企业信用信息公示系统公告，公告应当在股东会作出减资决议之日起三十日内发布。在法定期限内，即债权人在接到通知之日起三十日内，债务已届履行期限的债权人可以要求公司偿还债务，债务未届履行期限的债权人可以要求公司为债务提供担保。第五，办理注册资本变更登记。公告期满，即公告发布之日起四十五日以后，如果公司没有收到债权人因公司减资主张公司偿还债务或者提供担保的要求，或者虽然收到该类要求但是已经按要求偿还债务或者提供担保，那么公司减少注册资本的法定条件和程序就完全满足了。此时，公司就可以向公司登记机关申请减少公司注册资本的变更登记。第六，公司登记部门办理公司减资的变更登记之后，应当将公司注册资本变更的信息通过国家企业信用信息公示系统向社会公示。

新《公司法》第224条第3款规定了公司减资应遵循的基本原则，即以同比例减资为原则，以不同比例减资为例外。所谓“同比例减资”是指公司在减资时应当对股东一视同仁。也就是说，在减资时，原则上应当按比例同时减少所有股东的出资金额或持股数额，而不应该一部分股东减少，另一部分股东却不减少。这里的“按比例”是指“按照股东出资或者持有股份的比例”。公司法之所以这样规定，是为了保持在减资前后公司股权比例不发生变化。这样可以尽量保持公司治理结构的稳定。但是，法律、有限责任公司的全体股东以及股份有限公司章程可以对这一原则作出例外规定，也就是说可以作出公司减资时不按照同比例减资的规定。这里需要特别提醒的是，对于有限责任公司来说，只有全体股东一致同意才可以作出不同比例减资的规定。

二、形式减资

新《公司法》第225条是2023年修订公司法的新增条款，这一条创设了一项新的减资制度——形式减资，从程序的角度，也可以叫作简易减资。具体内容如下：“公司依照本法第二百一十四条第二款的规定弥补亏损后，仍有亏损的，可以减少注册资本弥补亏损。减少注册资本弥补亏损的，公司不得向股东分配，也不得免除股东缴纳出资或者股款的义务。依照前款规定减少注册资本的，不适用前条第二款的规定，但应当自股东会作出减少注册资本决议之日起三十日内在报纸上或者国家企业信用信息公示系统公告。公司依照前两款的规定减少注册资本后，在法定公积金和任意公积金累计额达到公司注册资本百分之五十前，不得分配利润。”

（一）关于形式减资的理论分析

这里规定的形式减资，既不减少公司的净资产，也不免除股东缴纳出资或者股东的义务。形式减资的本质是一种公司会计科目事项的对冲和调整。这种会计科目的对冲和调整在实质上既不影响公司的净资产，也不影响公司的对外偿债能力。因此，公司法才作出如上规定。

首先，形式减资不影响公司的净资产，也不影响公司股东的股东权益。公司的现代会计制度是现代公司制度的两大基石之一。新《公司法》规定的可以进行形式减资的唯一法定事由是公司出现亏损并且依法用公积金弥补亏损之后仍有亏损。从资产来源的角度看，公司的资产来源于三个方面，一是来自股东的资本投入，这一部分在公司的会计科目上又可能被分拆为注册资本和资本公积金。二是来自公司的利润和其他综合收益，其中的利润部分在会计科目上又会被分拆为"未分配利润"、"法定公积金"和"任意公积金"〔1〕。三是来自公司负债，从理论上说，正常情况下，负债应当与对应的资产相等，不影响公司的净资产。比如公司从银行贷款一百万元，一方面公司的货币资产增加100万元，另一方面，公司的负债也增加100万元。新增加的资产和负债相抵后对公司的净资产没有影响。因此，公司资产的第一个来源和第二个来源形成公司的净资产。从股东作为公司的所有者从而享有公司的"所有者权益"或者叫"股东权益"的角度，其"权益"对应的是公司的净资产。而新《公司法》规定的形式减资，其实质是用公司的会计科目当中反映公司实收注册资本的"实收资本"这个科目的一部分去对冲和调整公司已经发生的实际亏损。所以，形式减资只是在"形式"上减少了公司的实收注册资本，并同时弥补了公司的亏损，形式减资之后，公司注册资本减少的同时，公司账面上的亏损也等额减少。因此，这种形式减资对公司净资产的数额没有影响，进而对公司股东的"股东权益"也没有影响。

其次，形式减资也不影响公司的对外偿债能力。如前所述，形式减资的本质仅仅是公司财务会计科目的对冲和调整，虽然减资之后，在形式上公司的"注册资本"总额减少。但是，其实质上既没有减少公司的资产，也没有免除股东缴纳出资的义务。因此，公司的实际资产和公司有权向股东催收出资或股款权利性资产都没有减少。所以说，形式减资对公司的对外偿债能力没有影响。

（二）形式减资的条件、程序和法律后果

新《公司法》第225条第1款规定了形式减资的条件。可以分为触发条件和限制性条件。触发条件是公司出现亏损，并且依法用公司的任意公积金、法定公

〔1〕 新《公司法》第210条第1款规定："公司分配当年税后利润时，应当提取利润的百分之十列入公司法定公积金。公司法定公积金累计额为公司注册资本的百分之五十以上的，可以不再提取"。第210条第3款规定："公司从税后利润中提取法定公积金后，经股东会决议，还可以从税后利润中提取任意公积金。"

积金和资本公积金等三类公积金弥补之后，仍有亏损。限制条件是“公司不得向股东分配，也不得免除股东缴纳出资或者股款的义务”。这里的“不得向股东分配”应当作广义理解，即应当理解为“不得以减少股东注册资本为由向股东转移公司资产”，否则就不再是形式减资，而是实质减资。这里的“不得免除股东缴纳出资或者股款的义务”也应当作广义理解，也就是说，对于股份有限公司来说，是不能免除和减少其股东缴纳股款的义务；对于有限责任公司来说，无论所认缴出资的认缴期限是否已经届满，都不能免除和减少股东缴纳所认缴出资的义务。

第225条第2款规定了形式减资的程序。与实质减资相比，形式减资在程序上最大的不同点就是，形式减资不需要通知债权人，债权人也无权仅仅因公司形式减资而要求公司偿还债务或者提供担保。两者的相同点是，形式减资也需要进行公告，公告的形式和时间要求也与实质减资相同，公告形式包括报纸和国家企业信用信息公示系统，公告的时间限制是股东作出减资决议之日起三十日内。此外，形式减资也需要办理注册资本变更登记并由登记机关公示。

第225条第3款是关于形式减资法律后果的规定。这种法律后果是形式减资之后，公司向股东分配利润受到限制。形式减资之后，“在法定公积金和任意公积金累计额达到公司注册资本百分之五十前，不得分配利润”。根据《公司法》第214条第2款的规定，公司用公积金弥补亏损，应当先使用任意公积金和法定公积金；使用任意公积金和法定公积金弥补之后，仍有亏损的，才可以使用资本公积金继续弥补亏损。又根据《公司法》第225条第1款的规定，在使用所有类型的公积金弥补亏损仍不足以弥补全部亏损的情况下，才可以启动用注册资本弥补亏损的形式减资。因此，启动形式减资意味着公司之前积累的任意公积金和法定公积金已经全部用于弥补亏损。这样，在形式减资之后的若干年内，公司每年的利润应当依法提取其中的百分之十作为法定公积金，并可以按股东会决议提取任意公积金，直到每年提取的两项公积金（法定公积金和任意公积金）之和累计达到或超过公司注册资本的百分之五十之前，提取两项公积金之外的剩余利润，包括往年累积下来的未分配利润，都不得向股东分配。

第二节 瑕疵减资的法律风险及其诉讼制度

公司减资未严格遵守公司法规定的条件和程序就是瑕疵减资。对于瑕疵减资，新《公司法》第十四章“法律责任”当中没有相关规定，刑法中更没有相关罪名。因此，瑕疵减资的法律风险仅限于民事法律风险，没有行政法律风险[1]和刑事法律风险；其诉讼制度亦止于民事诉讼。

一、瑕疵减资的法律风险

瑕疵减资的法律风险包括民事法律风险和行政法律风险，一般不涉及刑事风险。瑕疵减资的民事法律风险主要是新《公司法》第226条规定的瑕疵减资的法律责任，其责任主体包括瑕疵减资股东本人以及其他对瑕疵减资负有责任的股东和公司“董监高”，以下将对此进行详细阐述。瑕疵减资的行政法律风险主要是新《公司法》第250条规定的公司在减资时未依法通知债权人或者未依法公告的行政法律责任，这种责任的主体是减资公司，责任方式是行政罚款，罚款的区间是一万元以上，十万元以下[2]。

(一)新《公司法》关于违法减资法律责任的规定

新《公司法》第226条规定了瑕疵减资法律责任：“违反本法规定减少注册资本的，股东应当退还其收到的资金，减免股东出资的应当恢复原状；给公司造成损失的，股东及负有责任的董事、监事、高级管理人员应当承担赔偿责任。”这里规定的违法减资的法律责任可以分为减资股东的法律责任和“董监高”的法律责任。

对于因违法减资而减少出资的股东，其承担的是无过错责任。也就是说，不管减资股东对于违法减资行为是否具有过错，其都应当承担这里规定的法律责

---

〔1〕 当然，如果在减资后申请注册资本变更登记的过程中存在提供虚假材料或者作出虚假陈述等欺诈登记行为，则可能构成《公司法》第250条规定的欺诈登记的行政违法行为，并进而存在行政法律风险和承担行政法律责任的可能，但是，相关问题在本书中归入欺诈登记的法律风险。

〔2〕 新《公司法》第255条规定：“公司在合并、分立、减少注册资本或者进行清算时，不依照本法规定通知或者公告债权人的，由公司登记机关责令改正，对公司处以一万元以上十万元以下的罚款。”

任。如果该股东因为减少出资而收到了公司“退回”的资产，那么，其应当将该资产返还给公司；如果因“减少出资”而减免了其出资义务，包括减免其缴纳原认缴出资的义务，以及减免缴纳认购股款的义务，都应当“恢复原状”。所谓“恢复原状”，就是应当恢复到违法减资之前的状态，将公司的注册资本恢复到原来的数额，将股东的认缴出资或应支付股款亦恢复到原来的状态。如果违法减资给公司造成损失，那么，减资股东还应当承担无过错赔偿责任。

与减资股东承担的无过错责任不同，董事、监事和高级管理人员与违法减资有关的法律责任属于过错责任，即对违法减资负有过错的公司“董监高”亦应当对公司的损失承担赔偿责任。所谓过错责任，就是是否应当承担责任以及承担责任的大小，需要考察其对违法减资是否存在过错以及过错的程度。这里“负有责任的董事、监事、高级管理人员”当中的“负有责任”四个字应当理解为对违法减资负有责任，即实施或参与实施了违反减资的过错行为。此外，这里的“董监高”责任既然是一种过错责任，那么承担过错责任的其他两个构成要件，在这里也同样需要具备。这两个构成要件一个是损害结果，另一个是过错行为与损害结果之间的因果关系。

案例6.1 某旅行社股份有限公司与马某等公司减资纠纷案〔1〕

【裁判要旨】

注册资本关系到公司的债务承担能力，亦系相对人产生信赖利益的基础，对债权人具有担保的功能，注册资本的减少在一定程度上会动摇公司的资本信用基础，进而影响债权人的权利，因此在减资时，需要确实保护债权人的利益。《公司法》第177条规定，公司需要减少注册资本时，必须编制资产负债表及财产清单。公司应当自作出减少注册资本决议之日起十日内通知债权人，并于三十日内在报纸上公告。债权人自接到通知书之日起三十日内，未接到通知书的自公告之日起四十五日内，有权要求公司清偿债务或者

〔1〕 参见北京市高级人民法院民事判决书，(2021)京民终555号；北京市第四中级人民法院民事判决书，(2019)京04民初176号。

提供相应的担保。

交易相对人基于公司注册资本对公司偿债能力的信赖利益应以交易发生时公司的注册资本为基础。在交易发生后，公司以认缴方式增加注册资本，股东对认缴出资享有期限利益，在期限届满前，公司的实缴注册资本未变化，故并不对公司债务承担能力产生影响。增资之后认缴出资期限届满前又减资的，当减少后的注册资本并未低于其增资前的原有注册资本时，并不因该减资行为对增资之前交易相对方的信赖利益产生减损。

【案情简介】

一、北京某会馆的股东出资及股权变动等相关事实

2004年1月13日，北京某会馆设立，注册资本为人民币300万元。2016年10月18日，北京某会馆召开股东会，形成股东会决议：(1)同意注册资本变更为人民币5580万元，变更后的股东出资情况为：宋某基金会出资人民币2735万元、某教育公司出资人民币2622万元，马某出资人民币223万元……(5)同意修改公司章程。全体股东宋某基金会、某教育公司、马某在该协议上盖章或签字确认。根据同日的北京某会馆的章程，宋某基金会在出资人民币147万元基础上增资人民币2588万元，占注册资本比例的49%；某教育公司在出资人民币141万元基础上增资人民币2481万元，占注册资本比例的47%；马某在出资人民币12万元基础上增资人民币211万元，占注册资本比例的4%。各股东增资的出资时间均为2026年12月31日。根据北京市企业信用信息网，2016年12月7日，北京某会馆的注册资本由人民币300万元变更为人民币5580万元。2017年6月30日，宋某基金会将全部股权转给由其开办的基金会机关服务中心。同日，北京某会馆召开第四届第二次股东会，形成股东会决议：(1)同意增加股东基金会机关服务中心；(2)同意原股东宋某基金会退出。2018年1月24日，北京某会馆召开第六届第二次股东会，形成股东会决议：同意注册资金由人民币5580万元减至人民币300万元(其中，基金会机关服务中心减少人民币2588万元、某教育公司减少人民币2481万元、马某减少人民币211万元)；同意修改公司章程。全部股东基金会机关服务中心、某教育公司、马某在该决议上盖章或签字确认。2018年2月5日，北京某会馆在《北京青年报》上刊登《减资公告》，内容为：北京某会馆经股东会决议拟向登记机关申请减少注册资本，注册资本由人民币5580万元减至人民币300万元，请债权债务人自见报之日起45日内向公司提出债权债务或者提供相应担保请求。2018年3月30日，北京某会馆召开第六届第三次股东会，形成股东会决议：(1)同意注册资本变更为人民币300万元，变更后的出资情况为：基金会机关服务中心出资为人民币147万元、某教育公司出资为人民币141万元、马某出资为人民币12万元；(2)同意修改公司章程或章程修正案。根据同日的北京某会馆的章程，该公司注册资本为人民币300万元，其中基金会机关服务中心出资人民币147万元，占注册资本比例的49%；某教育公司出资人民币141万元，占注册资本比例的47%；马某出资人民币12万元，占注册资本比例的4%。该公司章程为北京某会馆的最新章程。同日，北京某会馆向工商登记行政部门出具债权债务清偿说明，说明自公告发出后，无任何单位提出清偿债务或提供相应的担保请求，公司债务已清偿完毕，对外也无担保行为，减资不会侵犯债权人利益。如有遗留问题，由各股东按照原注册资本数额承担责任。根据北京市企业信用信息网，2018年4月23日，北京某会馆注册资本由人民币5580万元变更为人民币300万元。

二、本案基础关系之合同纠纷的审理和执行等相关事实

北京市朝阳区法院于2017年7月26日受理某旅行社与北京某会馆旅游合同纠纷一案。该院经审理查明：2015年8月7日，某旅行社向北京某会馆发函："有关2014年11月-2015年4月的团款，请核对后汇给本司……共USD281864元。"2015年12月18日，北京某会馆向某旅行社发出《承诺书》，载明："2014年以来我方与某旅行社股份有限公司双方就两岸旅行多次组团合作，后双方于2015年5月5日签订《两岸旅行社组团契约》。双方于2015年8月7日最后对账，双方共同确认，我公司仍欠某旅行社股份有限公司团款美元281864元。现就我方所欠某旅行社股份有限公司团款美元281864元承诺如下：(1)我方于本承诺书签订之日起三日内，立即将美元186000元汇至某旅行社股份有限公司指定的账户，以某旅行社股份有限公司收到日为准。(2)余下的团款美元95864元于2016年3月11日前汇至某旅行社股份有限公司指定的账户，以某旅行社股份有限公司收到日为准……”2018年7月25日，北京市朝阳区法院作出（2017）京0105民初59378号民事判决，判令北京某会馆于判决生效之日起七日内支付某旅行社欠付合同款人民币1,828,116.16元及相应利息。该判决生效后，北京某会馆未自动履行债务，某旅行社依法向朝阳区法院申请强制执行，未执行到财产，2019年6月27日北京市朝阳区法院作出执行裁定终结该次执行程序。

某旅行社认为北京某会馆存在瑕疵减资并认为减资股东应向其承担还款责任，为此，诉至北京市第四中级人民法院，请求判令基金会机关服务中心、某教育公司和马某某在债务人、案外人北京某会馆欠原告、债权人某旅行社本金人民币1,828,116.16元及相应利息的债务在减资人民币650万元范围内承担补充赔偿责任；判令宋某基金会对基金会机关服务中心在北京某会馆欠某旅行社本金及相应利息的债务在减资人民币650万元范围内承担赔偿责任的范围内承担连带给付责任。

北京市第四中级人民法院作出（2019）京04民初176号民事判决书，判决驳回某旅行社的全部诉讼请求。某旅行社不服一审判决，上诉至北京市高级人民法院。北京市高级人民法院于2022年6月29日作出终审判决，以（2021）京民终555号民事判决书判决驳回上诉，维持原判。

【案件分析】

一审法院认为，北京某会馆在减少注册资本程序中未通知债权人某旅行社，确实存在程序上的瑕疵。本案的关键问题是该瑕疵是否对债权人造成实质影响。从北京某会馆、某旅行社自行确认该债权债务直至人民法院判决确认该债权债务的期间内，北京某会馆虽然对其注册资本进行了增减变动，但其增加的注册资本为认缴出资，出资期限尚未届至，各股东仍对认缴的出资享有期限利益。在认缴的出资尚未实际缴纳即对该增加部分又全部减去，结果是北京某会馆虽发生了减资行为，但其注册资本的金额在北京某会馆与某旅行社自行确认债权债务和经人民法院民事判决确认的两个时间点上均无变化，仍为人民币300万元，故债务人北京某会馆的该减资行为对债权人某旅行社而言并无实质性影响。由于北京某会馆的责任财产对某旅行社的担保和信赖功能未变化，且某旅行社亦未举证证明北京某会馆的各股东存在利用减资行为抽逃资本，损害债权人利益的过错，同时，本案亦不存在《公司法》[1]第20条规定的影响公司法人独立地位的情形，故某旅行社以《公司法》第3条、第177条以及《公司法司法解释（三）》第14条的规定，要求其债务人北京某会馆的各股东承担补充赔偿责任，以及要求宋某基金会对其开办单位基金会机关服务中心承担连带责任，无法律和事实依据，一审法院不予支持。

二审法院认为，注册资本关系到公司的债务承担能力，亦系相对人产生信赖利益的基础，对债权人具有担保的功能，注册资本的减少在一定程度上会动摇公司的资本信用基础，进而影响债权人的权利，因此在减资时，需要确实保护债权人的利益。《公司法》第177条规定，公司需要减少注册资本时，必须编制资产负债表及财产清单。公司应当自作出减少注册资本决议之日起十日内通知债权人，并于三十日内在报纸上公告。债权人自接到通知书之日起三十日内，未接到通知书的自公告之日起四十五日内，有权要求公司清偿债务或者提供相应的担保。一审法院认定北京某会馆在减少注册资本程序中未通知某旅行社，存在程序上的瑕疵，本院不持异议。本案二审的争议焦点是北京某会馆于2018年4月23日将注册资本人民币5580万元变更为人民币300万元是否损害债权人某旅行社的利益。根据查明的事实，自2014年起某旅行社与北京某会馆就两岸旅行多次组团合作，并于2015年12月对北京某会馆欠付某旅行社的团款进行对账确认。在此期间，北京某会馆的注册资本为人民币300万元，故此时，某旅行社对北京某会馆的信赖利益基础即为人民币300万元，亦为北京某会馆的债务承担能力。2016年10月18日北京某会馆做出增资决议，公司注册资本增至人民币5580万元，各股东为认缴出资，出资时间为2026年12月31日。2018年1月24日，北京某会馆股东会决议减资，注册资本由人民币5580万元变更至人民币300万元。首先，股东对认缴出资享有期限利益，在期限届满前，北京某会馆实缴注册资本仍为人民币300万元，故

〔1〕 本案例中引用的《公司法》均指2018年《公司法》。

并不对公司债务承担能力产生影响。其次，减少后的注册资本并未低于其增资前的原有注册资本，由此，也并不因该减资行为对某旅行社交易当时的信赖利益产生减损。综上，一审法院认定北京某会馆的减资程序存在瑕疵，但不损害某旅行社利益的认定并无不当，本院予以维持。

从本案的判决理由和判决结果可以看出，尽管两审法院都认定北京某会馆的减资确实存在未依法通知债权人某旅行社的事实，属于瑕疵减资。但是，却都未支持某旅行社的诉请。这里的关键点在于，瑕疵出资是否影响了未被通知债权人对公司注册资本的信赖保护利益。而这需要重点考察的是债权形成时公司的注册资本，这是债权人对公司注册资本信赖保护的基础。如果公司在债权形成之后，增加注册资本且系认缴，在到期之前又减少注册资本，并且，减少之后的注册资本不低于债权形成时候的公司注册资本的，一方面，这期间公司的资产并未因注册资本的减少而受到影响，另一方面，债权人对公司注册资本信赖利益的基础没有发生因债务人公司注册资本的增加和减少而发生变动。这就是本案两审法院虽然认定减资存在瑕疵但却未支持原告诉讼请求的原因。在公司增资后又减资的情况下，假如减资时未被通知的债权形成于公司增资之后，那么，无论增资是实缴还是认缴，也无论认缴有没有到期，减资股东和对瑕疵减资负有责任的其他股东和公司董监高则都应当承担法律责任。

（二）瑕疵减资的表现形式

对于瑕疵减资的表现形式，新《公司法》第226条没有作出具体的规定，仅规定“违反本法规定减少注册资本”。那么，什么样的减资会成为违反公司法规定的减资呢？梳理公司法的有关规定以及相关司法实践，可以看出瑕疵减资的“瑕疵”可能会表现在减资决议、减资方案以及减资程序等几个方面。

1.减资决议的瑕疵[1]

如前文所述，公司减资是公司股东会的职权，并且属于特殊事项。因此，减资必须有合法有效的股东会决议。既然是特殊表决事项，那么根据新《公司法》第

〔1〕 参见本书第十四章“公司决议制度相关法律风险及其诉讼制度”。

66条第3款和第116条第3款的规定，股东会要通过减资决议，有限责任公司需要"经代表三分之二以上表决权的股东通过"，股份有限公司需要"经出席会议的股东所持表决权的三分之二以上通过"。如果公司减资的减资决议出现瑕疵，必然导致减资属于违反公司法规定的瑕疵减资。这种减资决议的瑕疵既包括没有减资决议、减资决议主体错误，比如减资决议是董事会决议而不是股东会决议，也包括公司法规定的决议不成立〔1〕、决议无效〔2〕和决议可撤销〔3〕等，但是，可撤销的决议未被依法撤销的，仍属有效决议。

2.减资方案的瑕疵

减资方案是指关于如何减资的具体内容，包括公司注册资本减少的总额以及减少的注册资本在各股东之间如何分配，减少注册资本的方式是形式减资还是实质减资，等等。

公司有自行设计减资方案自主权，但是所设计的减资方案必须符合法律的强制性规定。比如，在减资数额如何在各股东之间分配的问题上，如果没有有效的例外规定，如其他法律针对特殊公司的例外规定或者有限责任公司全体股东另有约定或者股份有限公司章程另有规定，那么，就应当遵循同比例减资的原则。又如，如果是形式减资就必须符合形式减资的条件，并且在方案内容上也应当严格遵照公司法关于形式减资的规定，不能以"形式减资"为名实施实质减资。如果减资方案违反法律强制性规定，比如应该遵循同比例减资基本原则进行同比例减资的减资方案却规定了不同比例减资，那么就会因减资方案的瑕疵导致减资成为瑕疵减资。

3.减资程序的瑕疵

公司减少注册资本应当按照公司法规定的程序进行，如果没有遵守公司法规定的程序，就会因程序瑕疵而造成瑕疵减资。减资的具体程序已经在上一节介绍，这里不再赘述。这里需要强调的是，在减资程序的几个步骤当中，司法实践中最多发、最常见的是在"通知债权人"这个环节出现瑕疵，即公司减资时没有按照

〔1〕 参见新《公司法》第27条。
〔2〕 参见新《公司法》第25条。
〔3〕 参见新《公司法》第26条。

公司法的规定通知所有已知债权人。这极易引发债权人挑战减资效力的债权人维权之诉，导致“通过公司减资减少股东出资数额”之法律功能不能实现。从而引发瑕疵减资对减资股东的法律风险。不仅如此，在新《公司法》第226条加大了瑕疵减资法律责任的背景下，还可能引发其他参与股东和公司董事、监事和高级管理人员承担赔偿责任的巨大法律风险。

4.其他瑕疵

减资过程中的其他瑕疵也会导致减资成为瑕疵减资。主要的情况是公司减资过程中违反了诚信原则，存在出具虚假性材料或者进行虚假陈述的情况。比如，公司法规定公司减资应当制作资产负债表和财产清单，如果公司在制作资产负债表和财产清单时弄虚作假，就会导致公司减资成为瑕疵减资；又如，公司法规定只有在公司出现亏损且用公积金弥补亏损之后仍有亏损的情况下，才可以进行形式减资，而如果公司为了进行形式减资而在财务会计方面造假，在公司没有亏损的情况下虚列亏损，或者虚假增大亏损数额，则公司既构成财务会计方面的违法，又因此导致基于此的减资为瑕疵减资。

二、与减资相关的民事诉讼

结合新《公司法》第226条规定的瑕疵减资法律责任以及基于旧《公司法》的以往的司法实践，新《公司法》施行后，与减资相关的民事诉讼不仅会存在于《民事案由规定》规定的三级案由281“公司减资纠纷”，以及三级案由277“损害公司债权人利益责任纠纷”，包括其下的两个四级案由“股东损害公司债权人利益责任纠纷”和“实际控制人损害公司债权人利益责任纠纷”当中；也会存在于三级案由270“公司决议纠纷”，包括之下的两个四级案由“公司决议效力确认纠纷”和“公司决议撤销纠纷”，以及三级案由276“损害公司利益责任纠纷”当中；还会隐藏在“买卖合同纠纷”等其他债权人与公司之间争议的实质法律关系的其他案由之中。

（一）公司减资之诉

根据最高人民法院《民事案由规定》规定的三级案由281“公司减资纠纷”。公司减资纠纷应由公司所在的法院管辖。公司减资纠纷适用于以下几类案件：第一，公司股东之间因公司减资引发纠纷，而又不涉及减资决议本身的，比如因减资方案的履行发生争议，提起诉讼的[1]。这种情况下，主张权利的股东为原告，减资的公司为被告，如认为其他股东对于诉争事项存在亦应当承担给付责任的，同时列该其他股东为被告，否则，可列其他股东为第三人。第二，公司债权人认为公司减资为瑕疵减资且损害其利益，并且其基础债权关系业经生效法院判决或仲裁裁决，因而单独针对瑕疵减资提起诉讼的[2]。这种情况下，主张权利的债权人为原告，减资的股东为被告，可列公司为第三人。

（二）损害公司债权人利益责任之诉

公司债权人认为公司减资为瑕疵减资且损害其利益，并且其基础债权关系已经生效法院判决或仲裁裁决，因而单独针对瑕疵减资提起诉讼的，应当适用“公司减资纠纷”案由，但是，司法实践中亦存在适用“损害公司债权人利益责任纠纷”的判例，如“人民法院案例库”刊载案例“上海某建筑装潢材料有限公司诉陆某、汤某损害公司债权人利益责任纠纷案”（入库编号2023-08-2-277-004）。此外，需要注意的是，最高人民法院《民事案由规定》没有规定“董监高”对公司债权人的责任案由，规定的三级案由276“损害公司利益责任纠纷”一般理解可以适用于追索公司董监高因违反忠实和勤勉义务而应对公司承担的赔偿责任。而新《公司法》第226条规定了公司董监高对公司瑕疵出资负有责任的应当对公司的损失承担赔偿责任。而如果债权人据此起诉要求公司董监高直接对其承担责任[3]，如果适用三级案由276“损害公司利益责任纠纷”显然应当适用新《公司法》规定的“向公司赔偿”的“入库原则”，这与债权人的主张相悖。所以此时可以适用“损害公司债权人利益责任纠纷”这个三级案由，而不去适用其下的两个四级案由，因为其下的两个四级案由显然都不适合，因为其中一个四级案由是“股东损害公司债权人利益责任纠纷”，另一个是“实际控制人损害公司债权人利益责任纠纷”。

---

〔1〕 参见河南省濮阳市中级人民法院再审民事判决书，(2022)豫09民再6号。

〔2〕 参见中华人民共和国最高人民法院二审民事判决书，(2017)最高法民终422号。

〔3〕 笔者认为，新《公司法》第266条后段规定的“给公司造成损失的，股东及负有责任的董事、监事、高级管理人员应当承担赔偿责任”应当适用“入库原则”，赔偿的直接接受主体应当限于该公司。

案例6.2　上海某建筑装潢材料有限公司诉陆某、汤某损害公司债权人利益责任纠纷案[1]

【裁判要旨】

公司减资程序中，对于在减资变更登记前已经产生且未受清偿的债权，不论该债权数额是否确定、债权履行期间是否届满，均应纳入公司履行法定通知义务的债权人范围。如负有注意义务的股东在减资过程中对未能通知债权人存在过错，该股东应就公司减资后不能偿付的债务对债权人承担补充赔偿责任。

【案情简介】

某装饰公司成立于2009年7月14日。2014年10月20日，某装饰公司形成股东会决议：注册资本拟由1300万元减少至200万元，股东汤某拟减少400万元投资，减少后实际投资为100万元；股东陆某拟减少700万元投资，减少后实际投资为100万元。同日，汤某、陆某共同出具《有关债务清偿及担保情况说明》，载明公司对外债务为0元。同年10月23日，某装饰公司在《上海商报》刊登减资公告。某装饰公司于2014年12月10日完成减资变更登记。

2014年，原告因承揽合同纠纷将某装饰公司诉至上海市崇明区人民法院，请求某装饰公司支付工程欠款5,664,002元及逾期付款利息。案件历经一审、二审、再审程序，(2018)沪02民再80号判决某装饰公司支付原告剩余款项5,662,722元以及逾期利息。嗣后，原告申请执行未果。

【案件分析】

原告上海某建筑装潢材料有限公司（以下简称某建筑公司）诉称：原告为案外人上海某装饰工程有限公司（以下简称某装饰公司）制作客房木饰面。因某装饰公司未付清工程款，原告诉至上海市崇明区人民法院，要求某

〔1〕 上海市虹口区人民法院民事判决书，(2020)沪0109民初24683号。

装饰公司支付工程欠款5,664,002元及逾期付款利息。该案历经一审、二审与再审，(2018)沪02民再80号民事判决改判某装饰公司支付原告剩余款项5,662,722元及逾期利息。原告向上海市崇明区人民法院申请执行未果。经查，某装饰公司原注册资本1300万元，2014年12月10日减资至200万元，其中陆某减资700万元、汤某减资400万元。原告与某装饰公司之间的债权债务关系在2013年10月签订加工承揽合同时就已确立，陆某、汤某作为某装饰公司股东减资时，理应通知原告却未履行通知义务，而是直接登报公告，损害了原告权利，应比照抽逃出资的相关规定认定两人责任。故请求判令：陆某、汤某在各自减资范围内对(2018)沪02民再80号民事判决确定的某装饰公司的付款义务承担补充赔偿责任。

被告陆某、汤某辩称：某装饰公司与原告之间的工程款债务在减资前已经结清。即便工程款未结清，某装饰公司办理减资时，原告债权还未经生效判决认定，还不是某装饰公司的债权人。只有当合同履行完毕，经双方结算确认或由法院作出生效判决，才能确认双方的债权债务关系。某装饰公司早在2014年3月即委托案外人代办股权转让、减资手续，并提交《有关债务清偿及担保情况说明》。当时原告还未向上海市崇明区人民法院提起诉讼，某装饰公司无须通知原告。

法院审理认为：根据法律规定，公司减少注册资本时，必须编制资产负债表及财产清单，且应自作出减少注册资本决议之日起十日内通知债权人，并于三十日内在报纸上公告；债权人自接到通知书之日起三十日内，未接到通知书的自公告之日起四十五日内，有权要求公司清偿债务或者提供相应担保。据此，公司在减资时对已知或应知的债权人负有法定的通知义务，不能在未通知的情况下直接以登报公告方式代替通知。本案中，被告陆某、汤某辩称某装饰公司决议减资前已与原告结清工程款，无须就减资事宜通知原告，显与(2018)沪02民再80号生效判决结果相悖。公司作出减资决议后，应受通知的债权人系指在公司作出减资决议时对公司享有债权的主体，不以经生效法律文书确认为必要，也不以债权数额明确为前提。从生效判决结果来看，某装饰公司减资前并未与原告结算完毕，因此在某装饰公司减资时原告对其客观上享有债权，理应被通知。某装饰公司在能够与原告取得联系的情况下，未就减资事项直接通知原告而是登报公告，不符合法定程序，亦使原告丧失在某装饰公司减资前要求其清偿债务或提供担保的权利。

关于减资股东的责任承担。根据法律规定，股东负有按公司章程切实履行全面出资义务以及维持公司注册资本充实的责任。虽然减资事项的通知义务人为公司本身，但减资系股东会决议结果，是否减资、如何减资均取决于股东共同意志，股东对于公司减资的法定程序及后果亦属明知，且公司办理减资手续必须股东配合，故对于公司通知义务的履行，股东应尽合理注意义务。如公司减资时未依法履行通知已知或应知的债权人的义务，股东不能证明其在减资过程中对怠于通知的行为无过错的，当公司减资后不能偿付减资前的债务时，股东应当就该债务对债权人承担补充赔偿责任。本案中，陆某、汤某作为股东，明知原告向某装饰公司主张债权，仍然作出减资决议且未依法通知原告，其行为损害了某装饰公司对外清偿债务的能力，也损害了原告的债权，最终导致原告在某装饰公司减资前形成的债权在减资后无法获得清偿，应在减资1100万元范围内对某装饰公司不能清偿部分承担补充赔偿责任。

上海市虹口区人民法院于2021年1月25日作出（2020）沪0109民初24683号民事判决：一、被告陆某在减资700万元范围内对（2018）沪02民再80号民事判决书确定的某装饰公司对原告某建筑公司所负债务不能履行部分承担补充赔偿责任；二、被告汤某在减资400万元范围内对（2018）沪02民再80号民事判决书确定的某装饰公司对原告某建筑公司所负债务不能履行部分承担补充赔偿责任。

宣判后，被告陆某、汤某以原告并非某装饰公司的潜在债权人，而是通过向法院起诉成为某装饰公司的或然债权人等为由，提起上诉。上海市第二中级人民法院于2021年10月26日作出（2021）沪02民终8377号民事判决：驳回上诉，维持原判。

陆某、汤某仍不服申请再审，上海市高级人民法院于2023年3月17日作出（2021）沪民申3189号民事裁定：驳回陆某、汤某的再审申请。

（三）公司决议之诉

对于瑕疵减资来说，如果公司股东之间因减资决议是否成立、是否有效以及申请撤销等发生争议而诉至法院，或者公司的董事会、监事会等公司机关认为减资决议存在上述情况而代表公司诉至法院，那么应当适用“公司决议纠纷”这个案由。有关这个案由的具体诉讼制度详见本书第十四章。

（四）损害公司利益责任之诉

追索新《公司法》第226条后段规定的“……给公司造成损失的，股东及负有责任的董事、监事、高级管理人员应当承担赔偿责任”的“赔偿责任”，应当适用“损害公司利益责任纠纷”这个案由。此时，应当以公司为原告，以应承担赔偿责任的股东和董事、监事、高级管理人员为被告。董事会、监事会等公司机关怠于行使诉权，公司股东提起代表诉讼的，适用有关公司代表诉讼的规定，起诉的股东为原告，应承担赔偿责任的主体为被告，公司列为第三人。此时诉讼请求应当为要求被告向第三人，即向公司承担赔偿责任；而不是向提起代表之诉的原告承担赔偿责任。

（五）隐藏其他实体法律关系纠纷的案由之下

司法实践中，公司纠纷除了适用上述二级案由“与公司有关的纠纷”之下的三级案由和四级案由之外，还大量隐藏在诸如“买卖合同纠纷”“建设工程合同纠纷”等债权人与公司之间实质法律关系的其他案由之中。这是因为，如果债权人是基于其与公司的实质法律关系而形成的债权而提起债权确认和给付之诉（基础法律关系诉讼），同时在该基础法律关系诉讼的案件中请求确认公司的减资为瑕疵减资并将减资股东和/或其他责任主体列为被告，并诉请判决后者承担给付责任，那么这种情况下一般都会以基础法律关系适用的案由来确定案件的案由。尽管按照《民事案由规定》的精神，这种情况可以同时列举案由，但是，实践中要么案件本身只列一个案由，要么即使案件同时列了两个或两个以上的案由，但在搜索引擎中往往仅列一个主案由。这样，包括瑕疵减资在内的大量的与公司有关的纠纷就被隐藏在其他实体法律关系纠纷的案由之下。比如案例6.3就是一个典型例证。该案一审围绕买卖合同和瑕疵减资两个焦点展开，而二审争议的则完全是瑕疵出资的问题，但其案由是主案由“买卖合同纠纷”。

案例6.3　上海博某数据通信有限公司诉梅某信息科技（苏州）有限公司、杨某林、陈某兰等买卖合同纠纷案[1]

【裁判要旨】

1.公司减资依法应当通知债权人。债权人范围不仅包括公司股东会作出减资决议时已确定的债权人，还包括公司减资决议后工商登记变更之前产生的债权债务关系中的债权人。至于债权未届清偿期或者尚有争议，并不影响债权人身份的认定。

2.减资通知方式分为书面通知和公告通知。对能够通知到的债权人，公司必须以书面方式通知，并在报纸上或者国家企业信用信息公示系统公告通知。

3.公司怠于履行上述通知义务的，有过错的股东应在违法减资范围内对公司不能清偿部分承担补充赔偿责任。

【案情简介】

上海博某数据通信有限公司（以下简称博某通信公司）与梅某信息科技（苏州）有限公司（以下简称梅某科技公司）先后于2015年10月8日、2015年11月11日、2016年1月5日签订三份设备买卖合同。博某通信公司已按约交付设备，至起诉前梅某科技公司尚欠货款人民币（以下币种同）507,094元。

梅某科技公司设立于2014年7月，注册资本2000万元，股东为杨某林、陈某兰。梅某科技公司股东会于2015年9月15日形成决议：公司注册资本从2000万元减少到1000万元，杨某林出资金额由1950万元减少到950万元，陈某兰出资额50万元，维持不变。2015年10月16日，梅某科技公司在《苏州日报》上对上述减资事宜进行了公告，载明债权人可自本公告之日起45日内要求公

〔1〕参见上海市浦东新区人民法院民事判决书，(2017)沪0115民初65504号。

司清偿债务或者提供担保。2016年1月21日，梅某科技公司向苏州工业园区市场监督管理局申请注册资本变更登记申请。2016年8月，苏州工业园区市场监督管理局核发了新的营业执照。

梅某科技公司至2015年12月31日实缴出资500万元，至2016年12月31日实缴出资1000万元。为办理减资变更登记，2015年12月1日杨某林、陈某兰向工商管理部门出具《公司债务担保情况的说明》一份，承诺“本公司于2015年9月15日经股东会决议，将公司注册资本从2000万元减至1000万元，公司已于减资决议作出之日起10日内通知了全体债权人，并于2015年10月16日在《苏州日报》上发布了减资公告。至2015年12月1日，公司已对债务提供担保，所有债务由减资后全体股东担保”。

博某通信公司诉至上海浦东新区人民法院，请求判令被告梅某科技公司立即支付货款507,094元并支付逾期付款违约金；并请求判令被告杨某林和陈某兰对被告梅某科技公司的债务在1000万元限额内承担连带清偿责任。

杨某林、陈某兰辩称：梅某科技公司减资决议于2015年9月15日生效，订货合同均于此后签订。梅某科技公司减资时博某通信公司并非其债权人，故梅某科技公司不负有通知义务，二人作为梅某科技公司股东亦不承担赔偿责任。梅某科技公司同意二股东的抗辩意见，并辩称对拖欠货款的金额不认可。

上海市浦东新区人民法院于2018年5月2日作出（2017）沪0115民初65504号民事判决：(1)梅某科技公司向博某通信公司支付货款507,094元；(2)梅某科技公司向博某通信公司支付以及相应的违约金（以507,094元为基数，自2016年8月1日起至判决生效之日止，按中国人民银行同期贷款利率4倍计算）；(3)驳回博某通信公司其他诉讼请求。宣判后，博某通信公司提起上诉。上海市第一中级人民法院于2018年11月8日作出（2018）沪01民终11345号民事判决：驳回上诉，维持原判。博某通信公司向上海市高级人民法院申请再审。上海市高级人民法院于2020年6月24日作出（2019）沪民申1003号民事裁定，提审本案。

2021年2月1日，上海市高级人民法院作出（2020）沪民再28号民事判决：

一、撤销上海市第一中级人民法院（2018）沪01民终11345号民事判决；二、维持上海市浦东新区人民法院（2017）沪0115民初65504号民事判决第一项；三、撤销上海市浦东新区人民法院（2017）沪0115民初65504号民事判决第三项；四、变更上海市浦东新区人民法院（2017）沪0115民初65504号民事判决第二项为一审被告梅某科技公司应于判决生效之日起十日内支付再审申请人博某通信公司违约金（以507,094元为基数，自2016年8月1日起至2019年8月19日之前按同期中国人民银行公布的同期贷款基准利率的四倍计付；2019年8月20日之后按同期全国银行间同业拆借中心公布的贷款市场报价利率的四倍计付）；五、被申请人杨某林、陈某兰在1000万元范围内，对一审被告梅某科技公司的上述付款义务向再审申请人博某通信公司承担连带清偿责任。

【案件分析】

本案的争议焦点有三：（1）博某通信公司是否是梅某科技公司的债权人，梅某科技公司就减资事宜对博某通信公司是否负有通知义务；（2）如梅某科技公司负有通知义务，应以何种方式通知；（3）如梅某科技公司未依法履行通知义务，梅某科技公司股东应如何承担责任。

上海市高级人民法院认为关于争议焦点一，法院认为公司应通知的债权人范围不仅包括股东会形成减资决议时已确定的债权，还包括减资决议形成后至工商登记变更前产生的债权。具体考虑如下：第一，从条款定位和立法目的出发，《公司法》第177条“公司应当自作出减少注册资本决议之日起十日内通知债权人”之规定，旨在督促公司尽早履行通知义务，以保障债权人的信赖利益和知情权，而非免除公司对减资过程中与之形成债权关系债权人的通知义务。第二，从商事外观主义和保障交易安全角度考虑，债权人对于注册资本的合理信赖应当受到保护。交易相对方与公司进行交易之前通常会充分评估公司的资产信用状况，最直接的方法便是查阅市场监督管理部门公示的公司注册资本。虽然公司实际资产比注册资本更能反映公司的真实财产状况，但现实是，除上市公司外，交易相对方要从公开渠道获悉公司的实际资产状况几无可能。在公司资产信息和实收资本信息难以查明的情况下，注册资本作为股东权益的重要组成部分仍然是交易相对方衡量公司偿债能力的主要因素。交易相对方对于公司注册资本的合理信赖理应得到法律的尊重和保护。第三，从双方利益衡平角度思考，不应对债权人范围进行机械限缩解释。全面认缴制下公司资本的形成不再由强制性规范规制，而由股东根据实际经营需要确定出资的方式、期限和金额。实践中股东滥用认缴制损害债权人利益的情况屡见不鲜，考虑到现有立法就债权人保护制度仍延续法定资本制的规定，所以有必要对公司及其股东与债权人利益保护失衡的状态进行适当矫正，以避免股东利用减资程序损害债权人利益。第四，根据诚实信用原则，民事主体在民商事活动中应恪守诚信，善意行使权利、履行义务。公司及其股东明知减资行为会损害公司的偿债能力却不履行通知义务，有滥用公司减资程序之嫌，有违诚信原则。此外，公司工商登记变更之前发生的未届清偿期债权和尚存争议债权的债权人亦属于已知债权人。债权履行期限未届至只是行权存在一时性障碍，除不能立即受偿之外与已届清偿期的债权并无本质差别。同时，还应对债权的发生和债权的确定作必要区分，债权尚存争议亦不能否定债权的发生。故上述两类债权人均属于公司的已知债权人。

本案中，博某通信公司与梅某科技公司之间的买卖合同分别于2015年10月8日、2015年11月11日、2016年1月5日签订。合同是债发生的原因，故买卖合同签订之日，即博某通信公司与梅某科技公司的债权债务关系发生之时。博某通信公司享有要求梅某科技公司支付货款的请求权，是梅某科技公司的债权人。至于债权尚未到期或者债权数额尚未明确，均不影响博某通信公司作为债权人的身份。梅某科技公司对博某通信公司负有通知义务。

关于争议焦点二，减资通知方式分为书面通知和公告通知。关于通知的具体形式，虽然法律并未明确规定对于已知债权人必须采用书面方式通知，但从立法目的出发，《公司法》第177条规定公司减资应通知债权人，旨在保护债权人的信赖利益和知情权，以便债权人选择要求清偿或者提供债的担保。采取书面通知的方式，方能确保债权人收到减资通知，进而选择行使异议权。而公告通知作为一种拟制通知的方式应当是对书面通知的一种补充，仅适用于无法找到或者通知到的债权人。对于已知的、明确的债权人，公司应当以书面方式通知。本案中，博某通信公司是明确的债权人，梅某科技公司应以书面方式通知，而不得以公告方式替代。梅某科技公司未以书面通知形式履行通知义务，存在违法减资行为。

关于争议焦点三，尽管公司法规定公司减资时的通知义务人是公司，但公司减资系股东会决议的结果，是否减资以及如何减资完全取决于股东的意志。杨某林、陈某兰在通知债权人一事上亦未尽到合理的注意义务。本案中，梅某科技公司减少的是股东认缴的尚未实缴的注册资本。梅某科技公司对外承担责任的财产因此而减少，对外偿债能力亦因此而下降。梅某科技公司的瑕疵减资对博某通信公司的债权造成了实际的侵害。杨某林减资客观上降低了梅某科技公司的偿债能力，产生了和股东抽逃出资一致的法律后果，应对梅某科技公司不能清偿的部分在减资范围内承担补充赔偿责任。陈某兰虽未减资，但股东会决议由杨某林、陈某兰共同作出。陈某兰同意杨某林的减资，导致公司出现无法以自身财产清偿债务的后果，陈某兰应与减资股东杨某林在减资范围内承担连带责任。同时，考虑到二人书面承诺对公司全部债务提供担保的实际情况，再审判令杨某林、陈某兰应对公司债务承担连带清偿责任。

第七章 股权转让相关法律风险及其诉讼制度

第一节 股权转让概述

本书所称“股权转让”是取广义的概念，既包括有限责任公司股东转让其持有的该公司股权，又包括股份有限公司股东转让其持有的该公司股份。新《公司法》第四章专门规定了有限责任公司的股权转让，第六章专门规定了股份有限公司的股份分析和转让。

有限责任公司兼具人合性和资合性的特征，因此公司法将其股权转让分为内部转让（公司股东之间的相互转让）和外部转让（股东向公司原股东之外的人转让股权），两者有着截然不同的制度设计。股份有限公司是资合性商事组织，因此公司法没有对其股份转让设置内外之别，但是，存在其转让受到限制的类别股，以及针对公司发起人及董监高等特殊身份的人持有股份的转让限制。此外，按照转让是基于转让方与受让方的自由意志，还可以将股权转让分为意定转让和法定转让，前者是指转让方与转让方通过协商一致的“意定”而转让股权，后者则是指股权的变动并非完全出于变动双方的自由意志，而是基于法律的特别规定，比如《公司法》第85条规定的基于司法强制执行的股权转让、第52条规定的股东失权情况下的股权转让，以及第89条规定的异议股东的回购请求权引发的股权变动等。

一、有限责任公司股东的优先购买权

《公司法》第84条第1款规定有限责任公司股东之间可以自由转让股权。该条第2款是关于股权对外转让的法律规定，并同时规定了有限责任公司股东对拟

转让股权的优先购买权："股东向股东以外的人转让股权的，应当将股权转让的数量、价格、支付方式和期限等事项书面通知其他股东，其他股东在同等条件下有优先购买权。股东自接到书面通知之日起三十日内未答复的，视为放弃优先购买权。两个以上股东行使优先购买权的，协商确定各自的购买比例；协商不成的，按照转让时各自的出资比例行使优先购买权。"

与旧《公司法》相比，新《公司法》删除了股东对外转让股权"应当经过其他股东过半数同意"的规定，仅规定了其他股东的优先购买权。

《公司法》第84条第2款前段是关于股权对外转让程序和股东优先购买权行使期限的规定。依据该规定，有限公司股东拟向股东以外的人转让股权的，不需要在进行实质谈判之前事先征得其他过半数股东的同意，而是可以直接与意向或潜在的购买对象进行协商谈判转让的条件，或者直接拟定转让条件。转让条件确定之后，拟对外转让股权的股东应当将该条件书面通知其他股东。该款明确规定了"同等条件下"的"条件"需要包括的基本要素，这些要素包括拟转让股权的数量，转让价格，支付方式和期限等，支付方式可以包括支付的币种（尤其是当股权对应的出资为外币时）、是否接受非货币支付（如承兑汇票），支付期限可以包括是一次性支付还是可以分期支付，一次性支付的付款期限或者分期支付的具体时间和金额等。股东可以用来决定其是否行使优先购买权的时间限制是三十日，该三十日是一个行使权利的除斥期间，不适用中止、中断的规定。三十日期限届满其他股东未对是否行使优先购买权作出明确表态的，法律上直接视为其放弃优先购买权，全部股东均表示放弃或被视为放弃优先购买权的，拟转让股权的股东可以对外转让股权。此外，根据《公司法司法解释（四）》[1]第17条第3款和第20条的规定，除非公司章程或全体股东另有约定，拟对外转让股权的股东对其转让股权的要约，享有"撤回权"或称"反悔权"，即在公司其他股东提出行使优先购买权之

---

〔1〕《公司法司法解释（四）》针对的是旧《公司法》，在新《公司法》施行之后，该司法解释当中与旧《公司法》上"股权对外转让应当经其他股东过半数同意"相对应的有关内容，应当不再生效，但是其他所对应的旧《公司法》的规定被新《公司法》承继的相关内容，比如以下引用的转让股东的"撤回权"的有关规定，在最高人民法院依据新《公司法》修订该司法解释或者将其废除之前，并不因新《公司法》的施行而当然失效。

后，拟转让股权的股东可以“又不同意转让股权”[1]。

二、股份有限公司股份的限售

股份有限公司是资合性组织，法律原则上不限制其股东转让股份。但是，一方面，新《公司法》第157条规定了股份有限公司章程可以对此原则作出例外性规定，即股份有限公司章程可以对股份转让作出限制性规定[2]。另一方面，作为资合性的商事组织和可以充分实现所有权与经营权相分离的典型组织，为了平衡各方利益，法律亦对那些与股份有限公司，尤其是向社会公开募集股份的公众公司有着特殊关系的人员所持有的该股份有限公司的转让作出一定的限制性规定，即对股份有限公司的发起人及其董事、监事和高级管理人员所持有的本公司股份规定了一定的限售期和/或出售比例。根据《公司法》第160条的规定，公司公开发行股份前已发行的股份，自公司股票在证券交易所上市交易之日起一年内不得转让；股份有限公司董监高应当向公司申报其所持有的本公司股份及其变动情况，任职期间每年转让的股份不得超过所持股份总数的百分之二十五；公司上市的，一年内不得转让；离职的离职半年内不得转让；等等。此外，新《公司法》第144条、第145条还新增规定了股份有限公司可以发行类别股制度，转让受到限制的股份就是类别股的一种。

三、股权转让何时生效

股权转让何时生效的问题，也是对于股权转让各方，尤其是对于股权受让人来说，至关重要的问题之一。要正确回答这个问题，就必须首先对我国法律上的“负担设定行为”和“权利处分行为”相分离的原则有所了解。所谓“负担设定”是指合同约定一方享有要求另一方为某行为或者不为某行为的权利。自2007年

---

〔1〕《公司法司法解释（四）》第20条规定：“有限责任公司的转让股东，在其他股东主张优先购买后又不同意转让股权的，对其他股东优先购买的主张，人民法院不予支持，但公司章程另有规定或者全体股东另有约定的除外。其他股东主张转让股东赔偿其损失合理的，人民法院应当予以支持。”第17条第3款规定：“经股东同意转让的股权，在同等条件下，转让股东以外的其他股东主张优先购买的，人民法院应当予以支持，但转让股东依据本规定第二十条放弃转让的除外。”

〔2〕但是这种“限制”不得直接禁止转让或者在实质层面构成禁止转让，否则相关内容存在被认定无效的可能性。

《物权法》开始，我国法律上正式确认了这一原则。该原则有时也被称为合同效力与权利效力相区分原则，或者债权效力与物权效力区分原则。通俗地说，就是将合同的效力与合同履行过程中合同标的物的物权或者其他权利的变动加以区分，这里的“权利的变动”包括权利的设立（如设定担保物权），权利的转移，权利的消灭等。这种效力区分原则将合同行为等法律行为视为权利变动的原因，或者说是原因行为；将权利变动视为基于原因行为的结果或者说结果行为。举个最普通的例子，法律将签订买卖合同的行为与依据买卖合同将合同标的物的所有权从卖方转移给买方的物权变动加以区分，前者成立和生效只是后者的原因，但并不必然导致后者会一定发生。

股权转让何时生效的问题需要从三个层面加以理解，第一个层面是在股权转让双方的层面，股权转让合同的效力及其何时生效；第二个层面是在公司内部的层面，即股权受让人对标的公司的层面，股权受让人何时取得目标公司的股权并可以行使其股东权利；第三个层面是股权受让人与所有其他人的层面，即法律上所说的“对世”的层面，受让股东的股权何时具有普遍的对外人（对世）的对抗效力。

对于第一个层面，即股权转让合同的效力，原则上适用《民法典》关于合同效力的规定，合同没有法定无效情形的，自合同签订时起成立并生效。对于第二个层面，即股权受让人对标的公司股权行使的效力，或者说股权受让人何时起在公司这个层面成为公司的股东享有公司的股权，公司法本身规定的是自其股东身份记载于股东名册之日起。但是，鉴于实践中存在很多公司股东名册不规范，甚至未依据公司法的规定设立股东名册的实际情况，应当以公司认可受让人的股东身份之日，比如通知股东参加股东会等来认定股权受让人开始行使对标的公司的股权。对于第三个层面，即受让股东股权的对世对抗效力的时间，则是其股东身份依法在公司登记部门进行登记公示之日〔1〕。

〔1〕 参见云闯：《新公司法司法事务与办案指引》，法律出版社2024年版，第234-239页。

第二节 股权转让相关法律风险及其诉讼制度

从法律风险的类型上分析，股权转让的法律风险止于民事法律风险，一般情况下不会导致行政法律风险和刑事法律风险。从法律风险涉及的主体上分析，股权转让既可能会给股权转让的当事双方，即股权转让人和股权受让人带来法律风险，也可能会给其他股东和标的公司带来法律风险，还可能会给标的公司的董事、监事和高级管理人员带来法律风险。

一、股权转让人的法律风险

股权转让过程中转让人的法律风险主要包括以下几个方面：瑕疵转让引起的法律风险，出资责任方面的法律风险，不能依约取得转让价款的法律风险，股权转让不被公司认可的法律风险，股权变动未能依法登记、公示的法律风险，以及转让方未就股权转让依法申报纳税的税务法律风险等。

(一)瑕疵股权转让引起的转让方的法律风险

瑕疵股权转让是指股权转让未遵守公司法规定的条件和程序，从而使股权转让存在法律上的瑕疵。实践中发生的瑕疵股权转让主要有两种情况。一种是有限责任公司股东向股东以外的人转让股权时，没有依法通知其他股东，从而损害了其他股东的优先购买权。另一种是股份有限公司的限售股违反限售规定出让股份。对于前者，即损害其他股东优先购买权的瑕疵股权转让，这种瑕疵对外转让可能会面临两种结果，一是可能会因其他股东要求行使优先购买权而面临被认定无效或者实际无法履行，二是对外转让成为法律事实，其他股东无法再行使优先购买权。无论哪一种结果出现，出让人都会面临被追究民事责任的法律风险。第一种情况出现时，股权转让的受让人可以追究出让人的违约责任或赔偿责任。第二种情况出现时，其他股东可以追究出让人的赔偿责任[1]。对于股份有限公司的

---

〔1〕 参见《公司法司法解释(四)》第21条。

限售股股东违反限售规定出让股份这种情况，股份转让方面临的法律风险主要是股份转让合同存在被认定无效、不发生效力或者不能被履行等并因此被转让方追究违约责任。

（二）股权转让后转让人须继续承担出资责任的法律风险

已认缴未实缴的股东，以及瑕疵出资股东转让股权的均不能免除其出资义务。对此，《公司法》第88条的具体规定如下："股东转让已认缴出资但未届出资期限的股权的，由受让人承担缴纳该出资的义务；受让人未按期足额缴纳出资的，转让人对受让人未按期缴纳的出资承担补充责任。未按照公司章程规定的出资日期缴纳出资或者作为出资的非货币财产的实际价额显著低于所认缴的出资额的股东转让股权的，转让人与受让人在出资不足的范围内承担连带责任；受让人不知道且不应当知道存在上述情形的，由转让人承担责任。"

对于已认缴未实缴的"空股"，《公司法》第88条第1款规定股权转让后首先由受让人承担到期缴纳出资的义务。但如果届时受让人没有按时足额缴纳出资，股权出让人依然需要承诺补充责任。第88条第2款是关于瑕疵出资股东转让股权后出资责任如何承担的规定。瑕疵出资的情况又分为两种，一是章程规定出资日期已到，认缴股东仍未缴纳出资；二是非货币出资财产的价值显著低于所认缴出资的虚假出资的情况。这两种瑕疵出资股东转让股权的，股权转让后转让人依然要对瑕疵出资额与受让人一起承担连带责任。

（三）转让人不能依约取得转让价款的法律风险

股权转让人的另一种法律风险是股权转让后不能依约取得转让价款的法律风险。这种法律风险既可能来自股权受让人恶意不履行付款义务的道德风险，也可能来自股权受让人因客观原因导致付款能力下降而无法履行付款义务的商业风险，还可能来自股权转让行为在相关方之间引发争议和纠纷，致使股权受让人提出终止或者中止付款的抗辩。这里的"相关方"除了理所当然地包括股权转让双方之外，还包括公司其他股东以及公司本身。这里的"争议和纠纷"包括股权转让双方因股权转让合同的效力和履行而引发的纠纷，其他股东优先购买权纠纷，公司不予认可股权转让的纠纷，以及股权变动的登记与公示纠纷等。

此外，基于公司法和股权转让的特殊性，在面临无法依约取得股权转让价款的时候，股权转让人的救济途径可能较少，比如，最高人民法院第67号指导性案例就认定，股权转让约定分期付款的，转让人不享有《民法典》第634条规定的合同解除权。

案例7.1 最高人民法院第67号指导性案例——汤某龙诉周某海股权转让纠纷案〔1〕

【裁判要旨】

有限责任公司的股权分期支付转让款中发生股权受让人延迟或者拒付等违约情形，股权转让人要求解除双方签订的股权转让合同的，不适用《合同法》第167条关于分期付款买卖中出卖人在买受人未支付到期价款的金额达到合同全部价款的1/5时即可解除合同的规定。

【案情简介】

原告汤某龙与被告周某海于2013年4月3日签订《股权转让协议》及《股权转让资金分期付款协议》。双方约定：周某海将其持有的青岛变压器集团成都双某电器有限公司6.35%股权转让给汤某龙。股权合计710万元，分四期付清，即2013年4月3日付150万元；2013年8月2日付150万元；2013年12月2日付200万元；2014年4月2日付210万元。此协议双方签字生效，永不反悔。协议签订后，汤某龙于2013年4月3日依约向周某海支付第一期股权转让款150万元。因汤某龙逾期未支付约定的第二期股权转让款，周某海于同年10月11日，以公证方式向汤某龙送达了《关于解除协议的通知》，以汤某龙根本违约为由，提出解除双方签订的《股权转让资金分期付款协议》。次日，汤某龙即向周某海转账支付了第二期150万元股权转让款，并按照约定的时间和数额履行了后续第三、四期股权转让款的支付义务。周某海以其已经解除合同为由，如数退回汤某龙支付的4笔股权转让款。汤某龙遂向人民法

〔1〕 四川省成都市中级人民法院民事判决书，(2013)成民初字第1815号。

院提起诉讼，要求确认周某海发出的解除协议通知无效，并责令其继续履行合同。

另查明，2013年11月7日，青岛变压器集团成都双某电器有限公司的变更（备案）登记中，周某海所持有的6.35%股权已经变更登记至汤某龙名下。

四川省成都市中级人民法院于2014年4月15日作出（2013）成民初字第1815号民事判决：驳回原告汤某龙的诉讼请求。汤某龙不服，提起上诉。四川省高级人民法院于2014年12月19日作出（2014）川民终字第432号民事判决：（1）撤销原审判决；（2）确认周某海要求解除双方签订的《股权转让资金分期付款协议》行为无效；（3）汤某龙于本判决生效后十日内向周某海支付股权转让款710万元。周某海不服四川省高级人民法院的判决，以二审法院适用法律错误为由，向最高人民法院申请再审。最高人民法院于2015年10月26日作出（2015）民申字第2532号民事裁定，驳回周某海的再审申请。

【案件分析】

本案争议的焦点问题是周某海是否享有《合同法》第167条规定的合同解除权。

法院生效裁判认为：

一、《合同法》第167条第1款规定，“分期付款的买受人未支付到期价款的金额达到全部价款的五分之一的，出卖人可以要求买受人支付全部价款或解除合同”。第2款规定，“出卖人解除合同的，可以向买受人要求支付该标的物的使用费。”《最高人民法院关于审理买卖合同纠纷案件适用法律问题的解释》第38条规定：“合同法第一百六十七条第一款规定的‘分期付款’，系指买受人将应付的总价款在一定期间内至少分三次向出卖人支付。分期付款买卖合同的约定违反合同法第一百六十七条第一款的规定，损害买受人利益，买受人主张该约定无效的，人民法院应予支持。”依据上述法律和司法解释的规定，分期付款买卖的主要特征为：一是买受人向出卖人支付总价款分三次以上，出卖人交付标的物之后买受人分两次以上向出卖人支付价款；二是多发、常见在经营者和消费者之间，一般是买受人作为消费者为满足生活消费而发生的交易；三是出卖人向买受人授予了一定信用，而作为授信人的出卖人在价款回收上存在一定风险，为保障出卖人剩余价款的回收，出卖人在一定条件下可以行使解除合同的权利。

本案系有限责任公司股东将股权转让给公司股东之外的其他人。尽管案涉股权的转让形式也是分期付款，但由于本案买卖的标的物是股权，因此具有与以消费为目的的一般买卖不同的特点：一是汤某龙受让股权是为参与公司经营管理并获取经济利益，并非满足生活消费；二是周某海作为有限责任公司的股权出让人，基于其所持股权一直存在于目标公司中，其因分期回收股权转让款而承担的风险，与一般以消费为目的分期付款买卖中出卖人收回价款的风险并不同等；三是双方解除股权转让合同，也不存在向受让人要求支付标的物使用费的情况。综上所述，股权转让分期付款合同，与一般以消费为目的分期付款买卖合同有较大区别。对案涉《股权转让资金分期付款协议》不宜简单适用《合同法》第167条规定的合同解除权。

二、本案中，双方订立《股权转让资金分期付款协议》的合同目的能够实现。汤某龙和周某海订立《股权转让资金分期付款协议》的目的是转让周某海所持青岛变压器集团成都双某电器有限公司6.35%股权给汤某龙。根据汤某龙履行股权转让款的情况，除第二期股权转让款150万元逾期支付两个月，其余三期股权转让款均按约支付，周某海认为汤某龙逾期付款构成违约要求解除合同，退回了汤某龙所付710万元，不影响汤某龙按约支付剩余三期股权转让款的事实的成立，且本案一审、二审审理过程中，汤某龙明确表示愿意履行付款义务。因此，周某海签订案涉《股权转让资金分期付款协议》的合同目的能够得以实现。

三、从诚实信用的角度，《合同法》第60条规定："当事人应当按照约定全面履行自己的义务。当事人应当遵循诚实信用原则，根据合同的性质、目的和交易习惯履行通知、协助、保密等义务。"鉴于双方在股权转让合同上明确约定"此协议一式两份，双方签字生效，永不反悔"，因此周某海即使依据《合同法》第167条的规定，也应当首先选择要求汤某龙支付全部价款，而不是解除合同。

四、从维护交易安全的角度，一项有限责任公司的股权交易，关涉诸多方面，如其他股东对受让人汤某龙的接受和信任（过半数同意股权转让），记载到股东名册和在工商部门登记股权，社会成本和影响已经倾注其中。本案中，汤某龙受让股权后已实际参与公司经营管理、股权也已过户登记到其名下，如果不是汤某龙有根本违约行为，动辄撤销合同可能对公司经营管理的稳定产生不利影响。

综上所述，本案中，汤某龙主张的周某海依据《合同法》第167条之规定要求解除合同依据不足的理由，于法有据，应当予以支持。

【法律适用分析】

本案事实发生在2013年，争议诉至法院处理发生在2013至2015年，案件经过四川省成都市中级人民法院一审、四川省高级人民法院二审，最终申诉到最高人民法院，2015年10月26日最高人民法院作出终审裁定。本案入选最高人民法院发布的指导性案例，并刊载于人民法院案例库。尽管本案的事实和争议均发生在《民法典》之前，判决适用的法律《合同法》已经随着《民法典》的生效而废止。但是，其中引用的法律条文《合同法》第94条已经被《民法典》第563条第1款全文吸收，《合同法》第167条[1]的基本精神被《民法典》第634条[2]吸收。因此，在《民法典》已经生效的现在，该案仍具有作为指导案例的指导意义。这应该也是于2024年2月27日正式上线的人民法院案例库之所以继续收录本指导案例的原因。

(四)股权转让不被公司认可时转让人的法律风险

如果股权转让不被公司认可，公司可能会拒绝承认股权受让人的股东地位，并进而表现为拒绝将受让人记载于股东名册，或者对于未规范设置股东名册的公

〔1〕《合同法》第167条规定："分期付款的买受人未支付到期价款的金额达到全部价款的五分之一的，出卖人可以要求买受人支付全部价款或者解除合同。出卖人解除合同的，可以向买受人要求支付该标的物的使用费。"

〔2〕《民法典》第634条规定："分期付款的买受人未支付到期价款的数额达到全部价款的五分之一，经催告后在合理期限内仍未支付到期价款的，出卖人可以请求买受人支付全部价款或者解除合同。出卖人解除合同的，可以向买受人请求支付该标的物的使用费。"

司，则可能会拒绝受让人行使股东权利。这就会给股权转让双方都带来法律风险。对于股权转让人来说，面临的具体法律风险可能是受让人解除合同的风险，也可能是被迫与受让人一起以公司为被告提起“股东名册记载纠纷”之诉。

（五）股权变动未能依法登记、公示时转让人的法律风险

根据《公司法》第32条和第40条的规定，股东的姓名或者名称属于公司登记事项，而股权对外转让必然引起公司股东的变化，这种变化引导办理变更登记。登记部门办理变更登记之后，还应当将变更登记事项通过国家企业信用信息公示系统向社会公示。有限责任公司股东、股份有限公司发起人的股权、股份变更信息虽然不属于登记事项，但属于公司公示事项，公司有义务将其通过国家企业信用信息公示系统向社会公示。所以当股权发生内部转让时，如果转让人没有全部转让股权，而是转让一部分，同时又保留一部分，那么这种情况下，公司股东的姓名和名称没有发生变化，因此公司登记事项没有发生变化，所以无须向公司登记机关申请变更登记。但是，这种股权转让也必然导致有限责任公司股东股权信息的变化，如果是股份有限公司的发起人转让其股份，也必然导致股份有限公司发起人所持股份信息的变更。公司有义务将这些信息的变更通过国家企业信用信息公示系统向社会公示。只有完成了上述股权变动的登记或者公示，股权转让才具有对世的普遍对抗效力，才可以对抗其他相对人。

股权转让后股权变动未能依法登记、公示的客观后果是，虽然实际上相应的股权持有人已经从转让人变为受让人，但是这种客观情况却未能向社会公示，造成国家企业信用信息公示系统上公示的股东与实际不符。即在国家企业信用信息公示系统上显示的依然还是原股东，即股权转让人；实际股东，即股权受让人在国家企业信用信息公示系统上却没有显示。

因此，如果股权转让的前期程序全部完成了，但是却没有完成最后的登记公示，那么无论是对于股权转让方还是受让方，都会带来较大的法律风险。

对于股权转让人来说，这种法律风险主要是，如果其与第三人发生纠纷，依然登记公示在其名下的该已经转让的股权很可能会被作为其财产权利被查封甚至执行，这种情况下，股权转让人会被迫卷入后续的诉讼之中。

（六）转让方未就股权转让依法申报纳税的法律风险

股权是一种综合性权利，财产权属于其最主要的本质属性之一。但我国税法未将股权纳入财产税的课税对象。虽然股权持有期间取得分红或者股息的股东负有针对该收入依法申报纳税的义务。但这仅仅是将分红或者股息收入作为纳税对象的征税，既不是针对股权本身征税，也不是针对股权的价值变动征税。因此，持有股权期间，无论股权的价值如何变化，股东不会单纯因持有股权而需要纳税。

与此不同的是，股东转让股权时负有对其股权增值部分依法申报纳税的义务。如果转让股东没有对此依法申报纳税，甚至采取签订阴阳合同等方式企图不缴或者少缴税款，就会面临被追究法律责任的风险。这些法律风险不仅包括补缴税款的风险，构成逃税的还有可能面临被追收税收滞纳金和被罚款的行政法律风险，甚至情节严重的还会面临被追究逃税罪之刑事责任的刑事法律风险。

二、股权受让人的法律风险

股权转让过程中受让人的法律风险主要包括以下几个方面：瑕疵转让引起的受让人法律风险，出资责任方面的法律风险，股权转让不被公司认可的法律风险，股权变动未能依法登记、公示的法律风险等。

（一）瑕疵股权转让引起的受让方的法律风险

瑕疵股权转让主要包括公司股东转让股权时损害其他股东优先购买权和股份有限公司的限售股股东违反限售规定出让股份这两种情形。对于前者，即损害其他股东优先购买权的瑕疵股权转让，这种瑕疵对外转让可能会面临两种结果，一是可能会因其他股东要求行使优先购买权而面临被认定无效或者实际无法履行，二是对外转让成为法律事实，其他股东无法再行使优先购买权。无论哪一种结果出现，股权受让人的法律风险主要存在于第一种情形当中，即股权转让合同因其他股东行使优先购买权而不能履行。在这种情况下，股权受让人不能实现其收购股权的合同目的，只能追究转让方的违约责任。在已经支付股权转让款的情况下，还面临已经支付的股权转让款难以收回的法律风险。对于股份有限公司的限售股股东违反限售规定出让股份这种情况，股份受让方面临的法律风险主要是股份转让合同存在被认定无效、不发生效力或者不能被履行等。

(二)股权受让人的出资责任及风险防范

在有限责任公司注册资本限期认缴制的制度下，有两种情况股权受让人需要承担公司注册资本的出资责任。一种情况是转让的股权是已认缴出资但未届出资期限的股权。这种情况下，缴纳认缴出资的法律义务连同股权转让一起转移给该股权的受让人。受让股东在认缴期限到期时负有足额缴纳该认缴出资的法定义务。当然，如前文所述，如果受让股东届时未按期足额缴纳，股权出让方依然需要承担补充缴纳责任；并且这种责任不受转让次数的限制。另一种情况是所转让股权属于瑕疵出资。这里的“瑕疵出资”又分为两种情况，一是出资期限已届满但未按期足额实缴。二是所转让的股权存在虚假出资，主要是指作为出资的非货币财产的实际价额显著低于所认缴的出资额。在瑕疵出资的情况下，股权转让的受让人与转让人共同对出资承担连带责任。

这里需要特别指出并加以强调的是，《公司法》第88条第2款后段针对虚假出资情况下受让人承担出资责任的例外规定：“……受让人不知道且不应当知道存在上述情形的，由转让人承担责任。”对于股权受让人来说，这是对其前手的虚假出资免于承担责任的最重要的法律规定。这条规定为股权受让人规避为其前手承担虚假出资责任指明了道路。

那么，在实践中股权受让人如何才能证明自己对前手的虚假出资“不知道且不应当知道”呢？首先，国家企业信用信息公示系统上公示的信息具有公示公信的效力。股权受让人可以以此作为其“不知道”前手瑕疵出资的初步证据。为此，股权受让人在受让股权时可以也应当进行查询该系统上公示的相关信息。此外，为便于日后举证，股权受让人可以在查询的基础上将查询到的信息进行证据固定，如拍照、录制视频，必要时甚至公证等。其次，股权受让人还可以在签订股权受让合同时要求股权出让方对其出资的真实性进行书面的承诺与保证。这样的话，这些“承诺与保证”在发生纠纷时就可以成为进一步的补强性证据，用以证明受让人“不知道且不应当知道”出让人的虚假出资行为。

（三）股权转让不被公司认可时受让人的法律风险

如果股权转让不被公司认可，公司可能会拒绝承认股权受让人的股东地位，并进而表现为拒绝将受让人记载于股东名册，或者对于未规范设置股东名册的公司，则可能会拒绝受让人行使股东权利。这对于股权受让人来说是极大的法律风险，如果这种情况不能得到纠正，那么，受让人购买股权的合同目的就将无法实现。面对这种情况，受让人可以选择提起“股东名册记载纠纷”之诉或者以不能实现合同目的为由解除合同并追究出让人的赔偿或者违约责任。

（四）股权变动未能依法登记、公示时受让人的法律风险

关于股权变动应依法登记公示以及未能依法登记公示的法律后果，可参见本书本章本节“一、股权转让人的法律风险”之“（五）股权变动未能依法登记、公示时转让人的法律风险”部分，此处不再赘述。

对于股权受让人来说，股权变动未能依法登记、公示时受让人的法律风险主要有以下两种情形。一是股权被采取司法强制措施的风险：如果出让人与第三人发生纠纷，依然登记公示在出让人名下的股权很可能会被作为出让人的财产权利被查封甚至执行，这种情况下，股权受让人会被迫卷入后续的诉讼之中。二是道德风险，即出让人恶意处置该股权的法律风险。具体来说，该股权实际已经属于受让人，但却仍登记在出让人名下，因此不能完全排除该股权被出让人恶意处分的法律风险。这种恶意处分包括将该股权抵押甚至再次出让等。当发生这种情况时，受让人的风险不仅仅止于被迫卷入纠纷和诉讼，甚至也可能失去该股权。这种受让人取得股权后又失去的风险，在以下两种情况下都可能发生：第一种是出让人抵押该股权的行为被认定有效且该股权被抵押权人行使抵押权而被拍卖，第二种是出让人二次出让该股权且第二次出让的受让人对该股权构成善意取得。如果这种情况发生，受让人的法律救济途径是向出让人索赔。但是，出让人的实际赔偿能力有可能成为横亘在受让人面前的巨大难题。

三、股权转让中其他相关方的法律风险

股权转让的法律风险主体还有可能扩大到公司其他股东、公司本身以及公司

的董事、监事和高级管理人员。

（一）股权转让中其他股东的法律风险

对于其他股东来说，有限责任公司股权转让的法律风险主要包括两种情形。一是股权内部转让情形，公司法规定有限责任公司股权可以在股东之间自由转让。股权内部转让会导致公司股权结构发生变化，进而打破公司股东之间原有的平衡，从而给公司治理带来负面影响。二是股权外部转让情形，这主要跟其他股东的优先购买权有关，显性的风险是股权对外转让未依法通知其他股东而损害了后者的优先购买权，隐性的风险是股权对外转让虽然依法通知了其他股东没有损害其优先购买权，但是，其他股东无力购买该股权，从而使其他股东被迫在股权转让后必须与新股东"磨合"。若"磨合"得不好则势必影响有限责任公司的人合性，给公司治理带来负面影响。

（二）股权转让标的公司的法律风险

公司对其股东的股权转让负有配合义务。这种配合义务又可以分为对内和对外两个层面。对内的配合义务主要是指有限责任公司将受让股权的股东记载于股东名册，向其签发出资证明书，以及配合新股东行使股东权利，比如在公司召开股东会时依法通知新股东等。对外的配合义务主要是指公司对股权变动的登记和公示义务。其中对于因股权或股份转让导致有限责任公司的股东或者股份有限公司的发起人的姓名或者名称发生变化的，属于登记事项发生变化，公司应当依法向登记部门申请办理相关变更登记。股权转让事项不涉及公司登记事项变更但是涉及公司公示事项变更的，比如有限责任公司股权在股东内部的转让，公司应当依法通过国家企业信用信息公示系统向社会公示。如果公司因种种原因在公司股权转让过程中没有依法履行上述法定义务，那么其就会面临法律风险，这种法律风险既包括因此而卷入民事诉讼的法律风险，比如成为"股东名册记载纠纷"和"请求变更公司登记纠纷"等案件的被告；也包括承担经济责任的法律风险，比如公司未依法履行配合义务而给股权受让人等相关方造成损失的，会面临赔偿损失的民事法律风险。

四、与股权转让有关的民事诉讼

从民事案件案由的角度分析，与股权转让有关的民事诉讼主要包括股权转让纠纷、上市公司收购纠纷、股东名册记载纠纷和请求变更公司登记纠纷等。此外，请求公司收购股份纠纷从争议法律关系的本质上说，也是一种特殊的股权转让纠纷，但鉴于这种案件的立法初衷和归宿均是为了保护小股东的权益，因此，本书将其放在讨论小股东法律风险和权利保护的第九章。

（一）股权转让纠纷

实践中股权转让纠纷常见的有两类，一是股权转让合同纠纷，二是有限责任公司股东优先购买权纠纷。

如果股权转让纠纷不涉及其他股东的优先购买权，比如股权在原股东之间内部转让，或有限责任公司股权对外转让但其他股东均明确放弃优先购买权，那么纠纷的主体往往仅限于股权转让的转让人和受让人，这种纠纷就是典型的股权转让合同纠纷。股权转让人往往会因股权转让合同的效力问题、履行问题和违约责任问题等引发该类纠纷。此外，还有一类实践中常见的涉及第三方的股权转让纠纷，那就是代持股权转让而引发的纠纷。代持股权作为由隐名的实际股东委托显名的名义股东代为持有的股权，如果未经实际股东允许而被名义股东恶意转让，实际股东必然会以实际权利人的身份对股权转让提出异议，此时若不能通过协商解决争议，引发的纠纷既可能是隐名股东作为原告起诉名义股东和受让人的股权转让合同效力纠纷，也可能是隐名股东依据股权代持协议起诉名义股东的代持违约或侵权纠纷。隐名股东具体适合用哪一种方式维权需要进一步考察股权受让人对所涉股权是否构成善意取得。

如果股权转让没有完全按照公司法规定的程序进行，并因此损害了其他股东的优先购买权，从而导致其他股东基于其优先购买权而对股权转让提出异议或者赔偿，那么这种诉讼就是典型的因有限责任公司股东优先购买权而引发的股权转让纠纷。优先购买权受到侵害的股东可以主张行使其优先购买权并购买案涉股权，如果是非因自身原因导致其无法行使优先购买权，并且因此造成经济损失，其他股东可以要求瑕疵转让股权的股东赔偿其损失。

（二）适用“股权转让纠纷”以外的其他案由审理的与股权转让有关的纠纷

除了适用“股权转让纠纷”案由进行审理的典型的股权转让纠纷之外，有些纠纷虽然实质法律关系属于股权转让或者相关纠纷的根源是股权转让，但是由于其法律关系的特殊类型或者争议事项的特殊性，不适用“股权转让纠纷”案由，而是适用其他案由，主要包括上市公司收购纠纷、请求公司收购股份纠纷、股东名册记载纠纷和请求变更公司登记纠纷等。

上市公司收购是指投资者通过收购上市公司的股份而实现对其控制的行为。其法律关系本质是一种股份有限公司的股份收购，属于本书定义的广义的股权收购的范围。但是，鉴于上市公司作为公众公司，其除了遵守公司法之外还必须遵守证券法等专门法律的规定。为了维护持有上市公司股票的广大中小投资人的利益以及社会公共利益，公司法对包括上市公司收购在内的有关上市公司的具体事项作了特殊性规定，证券法更是对其作了更加细致明确的规定。正是基于这些特殊性，《民事案由规定》为这种纠纷规定了单独的三级案由——上市公司收购纠纷。

如果股权转让的其他方面都没有发生纠纷，而是在股权转让后公司拒绝变更股东名称或者对股权变动拒绝登记、公示，那么相关纠纷就适用股东名册记载纠纷或请求变更公司登记纠纷，而不再适用“股权转让纠纷”。

第八章　违反股东义务、滥用股东权利的法律风险及诉讼制度

公司股东依法享有股东权利，也负有作为股东的法定义务。股东如果滥用权利，违反法定义务就会带来法律风险，这种法律风险既有需要承担民事责任的民事法律风险，也有需要承担行政责任和刑事责任的行政法律风险和刑事法律风险。其中股东的行政法律风险主要是公司违反有关登记公示和公司清算的法律规定时，股东成为相关违法行为的“直接责任人员”从而存在的被处以行政罚款的法律风险。鉴于这项内容在本书当中是放在其他章节予以谈论的，因此，本章不再谈论股东违反法定义务滥用股东权利的行政法律风险。

第一节　股东的权利与义务

公司独立法律人格制度与股东有限责任制度是现代公司制度的核心，也是股东的权利与义务的逻辑起点和最终归宿。

一、公司独立法律人格与股东有限责任

从法律的角度分析，现代公司制度的核心是公司独立的法律人格和股东的有限责任。

公司独立的法律人格，又称公司法人人格、公司法人格、公司人格，可以从以下几个方面来理解：第一，公司是独立的法人主体，具有法律上的独立的主体资格，即独立的法律人格。这种“独立”主要体现在公司与公司的股东是分别的不同的法律主体。用更加通俗的话来表达就是：公司是公司，股东是股东，两者相互

独立，不容混同。第二，公司的独立法律人格体现在公司享有法律上的民事权利能力和行为能力，同时具有行政责任能力和刑事责任能力。具有民事权利能力和行为能力意味着公司可以独立从事民事行为，独立承担民事责任。这是公司作为商事组织的法律起点。具有行政责任能力和刑事责任能力意味着公司可以成为行政行为的对象和犯罪的主体。第三，公司有独立其股东的财产权，在公司存续期间，公司的财产与股东的财产相互独立，公司的财产是公司的财产，股东的财产是股东的财产。两者不容混同。第四，公司以其自己的财产独立对外承担责任。公司既然是具有独立法律人格的，法律拟制的“人”，也应该“一人做事一人当”。公司以自己的财产独立承担其行为所产生的一切对外责任。第五，公司有自己的意志。公司通过“股东会”和“董事会”等公司机关形成公司自己的意志。

股东有限责任，是指有限责任公司股东以其认缴的出资额为限，股份有限公司股东以其认购的股份为限，对公司承担责任。这也是《公司法》第4条的明确规定。那么，该如何理解这个“有限责任”呢？所谓“有限责任”，是与“无限责任”相对的。“无限责任”就是说承担责任的程度是没有上限的。按照《个人独资企业法》设立的个人独资企业的开办人，以及按照《合伙企业法》设立的合伙企业的无限合伙人，就需要对企业的债务承担无限责任。而“有限责任”是说承担责任的程度是有上限的。那么，这个“上限”是什么呢？对于有限责任公司股东来说，这个上限就是其认缴的出资额；对于股份有限公司股东来说，这个上限就是其认购的公司股份。

公司独立法律人格与股东有限责任是一个相互依存，相互关联的有机整体。公司的独立法律人格是股东有限责任的基础。公司独立法律人格和现代破产制度相结合又为股东有限责任得以彻底实现提供了制度保障。通俗地说，公司和公司股东是相互独立的法律主体。公司股东对公司的最核心最主要的义务是缴纳其认缴的出资或认购股份的股价款。这既是股东的义务，也是股东对公司承担责任的边界和上限。股东只要履行了该义务并且没有其他相关违法行为，就没有责任和义务承担公司的债务。公司的债务和一切法律责任皆由公司自己承担。如果公司经营不善，出现资不抵债或者明显缺乏清偿能力，可以通过现代破产制度对公司进行拯救或者清算。公司的股东不需要替公司偿还其不能清偿的债务。公司独立人格是股东承担有限责任的法理基础。如果公司独立法律人格遭到破坏，甚至被否认，股东有限责任就丧失了基础。

二、股东的权利与义务

公司法赋予了股东很多权利，同时也规定了很多义务。权利和义务相对应，也是一对既相互对立又有机统一的概念。股东只有诚信履行法定义务，规范行使权利，不滥用权利，不违背信义原则，遵守法律规定，不违反法律的禁止性规定，才能使公司本身行稳致远。

《公司法》第4条第2款规定了股东的基本权利："公司股东对公司依法享有资产收益、参与重大决策和选择管理者等权利。"除了这些基本权利之外，梳理公司法的规定，股东的权利还包括以下几方面：要求公司将自己的姓名或名称记载于股东名册的权利；要求公司对自己的股东身份和持股情况进行登记和公示的权利；参加股东会并在股东会上享有股东的相应权利，这些"相应权利"包括对股东会议案审议的权利，投票表决的权利，在股东会选举董事、监事时选举和被选举的权利等；查阅、复制公司章程、股东名册、股东会会议记录、董事会会议决议、监事会会议决议和财务会计报告的权利，有限责任公司股东和连续一百八十日以上单独或者合计持有公司百分之三以上股份的股份有限公司股东还有权要求查阅公司的会计账簿、会计凭证；转让股权的权利，即股东享有依法转让股权或股份的权利；等等。

此外，如果股东在经营管理公司过程中利用自己的股东身份和经营管理公司的便利条件而实施的行为所产生的法律后果止于民事责任，那么我们可以说该股东的不当行为属于滥用其股东权利。但是，如果股东在经营管理公司过程中利用自己的股东身份而实施的行为所产生的法律后果不是仅仅止于民事责任，而是严重到需要承担行政法律责任，甚至刑事法律责任，那么该股东所实施行为的法律性质就不仅仅是"滥用股东权利"，而应该是一种违法行为。因为法律并没有赋予股东实施这些行为的"权利"，之所以能够实施这些行为，仅仅是因为行为实施者不当利用了其股东、公司管理者或者公司实际控制人的身份和便利条件。因此，在本章第三节和第四节讨论相关行政法律风险和刑事法律风险时，本书在"权利"

两个字上加了引号。

接下来讨论股东的义务。有限责任公司股东应按时足额缴纳其认缴的出资、股份有限公司股东应按时足额缴纳股份认购款，这是股东的最主要的法定义务。除此之外，《公司法》第21条第1款还规定了股东诚信守法的基本义务："公司股东应当遵守法律、行政法规和公司章程，依法行使股东权利，不得滥用股东权利损害公司或者其他股东的利益。"《公司法》第22条第1款进一步规定了公司实际控制者和公司"操盘手"在关联交易中诚信守法对公司忠实勤勉的基本义务："公司的控股股东、实际控制人、董事、监事、高级管理人员不得利用关联关系损害公司利益。"

股东的上述基本义务可以总结为诚信守法。股东实施了法律作否定性评价的具体行为而需要承担法律责任的，都属于违反了股东的基本义务。

第二节 股东违反义务、滥用权利的民事法律风险及其诉讼制度

股东违反其诚信守法基本义务，滥用股东权利所引发的法律风险首先是民事法律风险，即滥用权利的股东需要为此承担对其不利的民事法律后果。这种不利的民事法律后果主要有三种，第一种是承担损失赔偿责任，第二种是导致公司的独立法律人格被个案否认并需要对公司债务承担无限的连带责任，第三种是可能导致关联公司的法人人格混同，进而在公司破产程序中概括性地否认各关联公司的独立法人人格并将其进行实质合并破产。与这些法律责任承担相配套的争议解决方式就是相应的民事诉讼制度，以下分别论述。

一、股东、实际控制人违反义务、滥用权利的民事赔偿责任

（一）股东滥用权利民事责任的一般性规定

诚信守法，不滥用权利是包括公司股东和实际控制人在内的一切民事主体的基本义务。《公司法》第21条第1款对公司股东的该项义务作了专门规定，第2款对股东违反该义务的法律后果作出明确规定："公司股东滥用股东权利给公司或者

其他股东造成损失的，应当承担赔偿责任。”这是公司法中关于股东滥用权利需承担损害赔偿责任的一般性规定。《民法典》第132条对此亦有类似规定：“民事主体不得滥用民事权利损害国家利益、社会公共利益或者他人合法权益。”

那么，何为“滥用权利”呢？

根据《民法典总则编司法解释》第3条的规定，对于“滥用权利”的认定应当综合多种因素进行动态系统的认定。该条第1款、第2款的具体规定如下：“对于民法典第一百三十二条所称的滥用民事权利，人民法院可以根据权利行使的对象、目的、时间、方式、造成当事人之间利益失衡的程度等因素作出认定。行为人以损害国家利益、社会公共利益、他人合法权益为主要目的行使民事权利的，人民法院应当认定构成滥用民事权利。”

（二）控股股东和实际控制人滥用权利民事责任的特别规定

相较于中小股东，公司控股股东和实际控制人的特殊地位为其滥用权利提供了更加便利的条件和更多的可能性。有鉴于此，《公司法》第22条和第192条对控股股东和控制人滥用权利的法律责任作出了进一步的特殊规定。《公司法》第22条规定：“公司的控股股东、实际控制人、董事、监事、高级管理人员不得利用关联关系损害公司利益。违反前款规定，给公司造成损失的，应当承担赔偿责任。”这一条是禁止滥用关联关系损害公司利益及其法律责任的规定。其中第1款是义务性规定，使用“不得”一词对相关主体利用关联关系损害公司利益的行为作出禁止性规定，同时也是义务性规定。第2款进一步规定了违反该义务时应当承担的民事责任——违反者应该赔偿公司因此而遭受的损失。

实践中存在一种“影子董事”“影子高管”现象。所谓“影子董事”“影子高管”现象，是指公司控股股东和实际控制人本人不是“董监高”，但却指使这些人员按照自己的意志履行其在公司中职权。如果公司的“董监高”等管理者所实施的违反其忠实勤勉义务的行为是受公司控股股东和实际控制人的指使而实施的，法律应该让违法行为的实施者和主使者都承担法律责任，如果仅仅让台前的实施者承担法律责任，而放过幕后的指使者，显然不仅有失公允，而且构成对指使者违法行为的放纵。“法网恢恢疏而不漏”，《公司法》没有放纵违法和滥用权利行为的幕后主使者，其第180条第3款和第192条专门对此作出规定：

《公司法》第180条第3款："公司的控股股东、实际控制人不担任公司董事但实际执行公司事务的，适用前两款规定。"《公司法》第192条："公司的控股股东、实际控制人指示董事、高级管理人员从事损害公司或者股东利益的行为的，与该董事、高级管理人员承担连带责任。"至于该种连带责任具体是什么样的责任以及具体有哪些"损害公司或者股东利益的行为"，将在本书第十一章谈论公司"董监高"的法律风险时进行详细论述，这里不再展开。

二、公司法上的公司法人人格否认制度

公司法人人格否认，又称为"揭开公司面纱""刺穿公司面纱"，是指基于股东滥用公司独立人格地位和股东有限责任严重损害公司债权人利益或者不同公司之间法人人格混同等法定的特殊事由，否定公司的独立法律人格，并在此基础上突破股东有限责任让股东对公司债务承担连带责任或者在破产程序当中对存在人格混同的两个以上的公司进行实质性的合并破产。规定在特定情况下否定公司法人人格的法律制度就是公司法人人格否认制度。《公司法》第23条是关于该制度的具体规定："公司股东滥用公司法人独立地位和股东有限责任，逃避债务，严重损害公司债权人利益的，应当对公司债务承担连带责任。股东利用其控制的两个以上公司实施前款规定行为的，各公司应当对任一公司的债务承担连带责任。只有一个股东的公司，股东不能证明公司财产独立于股东自己的财产的，应当对公司债务承担连带责任。"

第23条第1款规定的是经典意义上的公司法人人格否认，又称纵向的人格否认。所谓纵向的公司人格否认，是指否定公司人格的法律后果是从"纵向"上向上突破该公司股东的有限责任，让其对利益受到损害的公司债权人，即对公司的债务承担连带责任。根据该款规定，公司法上的公司法人人格否认制度所遵循的法理逻辑是民法上的侵权责任理论，因此可以从以下几个方面来理解这一制度。第一，必须有损害行为，即在客观上必须有损害债权人利益的特定的滥用权利的行为，即"滥用公司法人独立地位和股东有限责任，逃避债务"的行为。第二，必须有损害结果，即在结果上实际造成"严重损害公司债权人利益"的客观后果。第三，法律后果，适用这一制度否定公司人格的法律后果是滥用权利的股东不再

受“有限责任”的保护。第四，责任主体，即承担否定公司人格法律后果的责任主体是实施滥用权利行为的股东，而不能随意扩张到没有实施该行为的其他股东。第五，承担责任的方式是对利益受到损害的债权人的债权，即公司的特定债务承担连带清偿责任。

第23条第2款规定的是横向的公司人格否认，即如果第1款中的特定行为是股东利用其控制的两个以上的公司而实施并得以完成的，那么人格否认的法律后果就不再仅仅局限于公司的该股东，而是从横向上一并“刺穿”卷入其中的各个公司的“面纱”，使其一并向受损害的债权人承担连带责任。

第1款规定的纵向人格否认与第2款规定的横向人格否认，可以一并适用。即实施滥用权利的公司股东与第2款中的被其利用的各关联公司一并承担连带责任。

第23条第3款是关于一人公司的特别规定。这里的一人公司是指只有一个股东的公司，包括只有一个股东的有限责任公司，也包括新《公司法》规定的只有一个股东的股份有限公司。这里需要注意的是，一人公司也是具有独立法律人格的企业法人，其股东也享有有限责任保护。与有两个以上股东的其他公司（非一人公司）相比，所不同的仅仅是对于“公司与其股东之间是否存在人格混同”这一事实的举证责任。对于非一人公司来说，主张否认公司人格的债权人对此承担举证责任，至少要承担初步举证责任。而对于一人公司来说，其股东则对“公司与股东不存在人格混同”负有直接的举证责任。一人公司股东如果不能完成这种举证责任，法律上将直接推定两者存在人格混同。所以，《公司法》第23条第3款的规定实质上是一种举证责任倒置的责任分配特殊规定。

案例8.1 徐某集团工程机械股份有限公司诉成都川某工贸有限责任公司等买卖合同纠纷案〔1〕

【裁判要旨】

1.关联公司的人员、业务、财务等方面交叉或混同，导致各自财产无法区

〔1〕 江苏省徐州市中级人民法院民事判决书，（2009）徐民二初字第0065号；江苏省高级人民法院民事判决书，（2011）苏商终字第0107号。

分，丧失独立人格的，构成人格混同。

2.关联公司人格混同，严重损害债权人利益的，关联公司相互之间对外部债务承担连带责任。

【案情简介】

原告徐某集团工程机械股份有限公司（以下简称徐某机械公司）诉称：成都川某工贸有限责任公司（以下简称川某工贸公司）拖欠其货款未付，而成都川某工程机械有限责任公司（以下简称川某机械公司）、四川瑞某建设工程有限公司（以下简称瑞某公司）与川某工贸公司人格混同，三个公司实际控制人王某礼以及川某工贸公司股东等人的个人资产与公司资产混同，均应承担连带清偿责任。请求判令：川某工贸公司支付所欠货款10,916,405.71元及利息；川某机械公司、瑞某公司及王某礼等个人对上述债务承担连带清偿责任。

被告川某工贸公司、川某机械公司、瑞某公司辩称：三个公司虽有关联，但并不混同，川某机械公司、瑞某公司不应对川某工贸公司的债务承担清偿责任。

王某礼等人辩称：王某礼等人的个人财产与川某工贸公司的财产并不混同，不应为川某工贸公司的债务承担清偿责任。

法院经审理查明，川某机械公司成立于1999年，股东为四川省某工程总公司二公司、王某礼、倪某、杨某刚等。2001年，股东变更为王某礼、李某、倪某。2008年，股东再次变更为王某礼、倪某。瑞某公司成立于2004年，股东为王某礼、李某、倪某。2007年，股东变更为王某礼、倪某。川某工贸公司成立于2005年，股东为吴某、张某蓉、凌某、过某利、汤某明、武某、郭某，何某庆2007年入股。2008年，股东变更为张某蓉（占90%股份）、吴某（占10%股份），其中张某蓉系王某礼之妻。在公司人员方面，三个公司经理均为王某礼，财务负责人均为凌某，出纳会计均为卢某，工商手续经办人均为张某；三个公司的管理人员存在交叉任职的情形，如过某利兼任川某工贸公司副总经理和川某机械公司销售部经理的职务，且免去过某利川某工贸公司副总经理职务的决定系由川某机械公司作出；吴某既是川某工贸公司的法定代表人，又是川某机械公司的综合部行政经理。在公司业务方面，三个公司在工商行政管理部门登记的经营范围均涉及工程机械且部分重合，其中川某工贸公司的经营范围被川某机械公司的经营范围完全覆盖；川某机械公司系徐某机械公司在四川地区（攀枝花市除外）的唯一经销商，但三个公司均从事相关业务，且相互之间存在共用统一格式的《销售部业务手册》《二级经销协议》结算账户的情形；三个公司在对外宣传中区分不明，2008年12月4日重庆市公证处出具的《公证书》记载：通过因特网查询，川某工贸公司、瑞某公司在相关网站上共同招聘员工，所留电话号码、传真号码等联系方式相同；川某工贸公司、瑞某公司的招聘信息，包括大量关于川某机械公司的发展历程、主营业务、企业精神的宣传内容；部分川某工贸公司的招聘信息中，公司简介全部为对瑞某公司的介绍。在公司财务方面，三个公司共用结算账户，凌某、卢某、汤某明、过某利的银行卡中曾发生高达亿元的资金往来，资金的来源包括三个公司的款项，对外支付的依据仅为王某礼的签字；在川某工贸公司向其客户开具的收据中，有的加盖其财务专用章，有的则加盖瑞某公司财务专用章；在与徐某机械公司均签订合同、均有业务往来的情况下，三个公司于2005年8月共同向徐某机械公司出具说明，称因川某机械公司业务扩张而注册了另两个公司，要求所有债权债务、销售量均计算在川某工贸公司名下，并表示今后尽量以川某工贸公司名义进行业务往来；2006年12月，川某工贸公司、瑞某公司共同向徐某机械公司出具申请，以统一核算为由要求将2006年度的业绩、账务均计算至川某工贸公司名下。

另查明，2009年5月26日，卢某在徐州市公安局经侦支队对其进行询问时陈述：川某工贸公司目前已经垮了，但未注销。又查明徐某机械公司未得到清偿的货款实为10,511,710.71元。

江苏省徐州市中级人民法院于2011年4月10日作出（2009）徐民二初字第0065号民事判决：一、川某工贸公司于判决生效后10日内向徐某机械公司支付货款10,511,710.71元及逾期付款利息；二、川某机械公司、瑞某公司对川某工贸公司的上述债务承担连带清偿责任；三、驳回徐某机械公司对王某礼、吴某、张某蓉、凌某、过某利、汤某明、郭某、何某庆、卢某的诉讼请求。宣判后，川某机械公司、瑞某公司提起上诉，认为一审判决认定三个公司人格混同，属认定事实不清；认定川某机械公司、瑞某公司对川某工贸公司的债务承担连带责任，缺乏法律依据。徐某机械公司答辩请求维持一审判决。江苏省高级人民法院于2011年10月19日作出（2011）苏商终字第0107号民事判决：驳回上诉，维持原判。

【案件分析】

法院生效裁判认为：针对上诉范围，二审争议焦点为川某机械公司、瑞某公司与川某工贸公司是否人格混同，应否对川某工贸公司的债务承担连带清偿责任。川某工贸公司与川某机械公司、瑞某公司人格混同。一是三个公司人员混同。三个公司的经理、财务负责人、出纳会计、工商手续经办人均相同，其他管理人员亦存在交叉任职的情形，川某工贸公司的人事任免存在由川某机械公司决定的情形。二是三个公司业务混同。三个公司实际经营中均涉及工程机械相关业务，经销过程中存在共用销售手册、经销协议的情形；对外进行宣传时信息混同。三是三个公司财务混同。三个公司使用共同账户，以王某礼的签字作为具体用款依据，对其中的资金及支配无法证明已作区分；三个公司与徐某机械公司之间的债权债务、业绩、账务及返利均计算在川某工贸公司名下。因此，三个公司之间表征人格的因素（人员、业务、财务等）高度混同，导致各自财产无法区分，已丧失独立人格，构成人格混同。

川某机械公司、瑞某公司应当对川某工贸公司的债务承担连带清偿责任。公司人格独立是其作为法人独立承担责任的前提。《公司法》第3条第1款规定："公司是企业法人，有独立的法人财产，享有法人财产权。公司以其全部财产对公司的债务承担责任。"公司的独立财产是公司独立承担责任的物质保证，公司的独立人格也突出地表现在财产的独立上。当关联公司的财产无法区分，丧失独立人格时，就丧失了独立承担责任的基础。《公司法》第20条第3款规定："公司股东滥用公司法人独立地位和股东有限责任，逃避债务，严重损害公司债权人利益的，应当对公司债务承担连带责任。”本案中，三个公司虽在工商登记部门登记为彼此独立的企业法人，但实际上相互之间界限模糊、人格混同，其中川某工贸公司承担所有关联公司的债务却无力清偿，又使其他关联公司逃避巨额债务，严重损害了债权人的利益。上述行为违背了法人制度设立的宗旨，违背了诚实信用原则，其行为本质和危害结果与《公司法》第20条第3款规定的情形相当，故参照《公司法》第20条第3款的规定，川某机械公司、瑞某公司对川某工贸公司的债务应当承担连带清偿责任。

【法律适用分析】

该指导案例一审、二审判决时间均是在2011年，当时适用的《公司法》是2005年《公司法》，即2005年10月27日全国人大常委会对《公司法》第一次修订之后的公司法。《公司法》的这次修订已经将公司法人格否认制度写入公司法，即2005年《公司法》第20条。此后公司的历次修改，没有对该制度作实质修改，2005年《公司法》第20条规定的基本精神在2023年《公司法》当中得到继承并进一步充实完善为三个条文：第21条至第23条。因此，该指导案例在新《公司法》的背景下仍然适用。

三、破产法上的实质合并破产制度

如前所述，破产法上的实质合并破产制度，其实质也是一种公司法人人格否认制度。

从广义上说，合并破产分为程序性合并破产和实质性合并破产。程序性合并破产是指存在关联关系的两个以上的公司均符合破产条件，为了程序上的便利和实体上认定其相互债权债务关系的便利，由同一个法院同时或者先后分别受理这些公司的破产并指定相同的破产管理人办理。程序性合并破产并不否认各公司的独立法律人格，本质上各个公司仍然是分别破产，只是为了办理案件的便利在程序上将关联公司的破产程序一并进行。

与程序性合并破产不同，实质性合并破产是一种否认各个被合并公司的独立法律人格的企业破产制度，也是狭义上的“合并破产”。这种狭义的实质上的合并破产是指，对于存在法人人格混同的两家以上的关联公司，在破产程序中，各个公司的独立法律人格地位全部被否认，将所有被合并破产的公司视为一个整体，将各个公司的资产放在一起视为整体性的破产财产，将各个公司的对外债务全部视为同一个破产案件的破产债权。并且，被合并破产的所有公司之间的债权债务全部归于消灭，即被合并破产的各个公司之间的债权债务均不作为破产债权，这是因为各个公司的独立法律人格在破产中被否定，并且这些公司因合并破产而被视为一个主体，所以他们之间的债权债务因“债权人”和“债务人”的主体混同而归于消灭。

由上可见，从公司法律人格否认的角度去看，破产法上的合并破产制度对于各个被合并破产的公司来说是一种比公司法上的公司法人人格否认制度更为彻底的公司人格否认制度。之所以说“更为彻底”，是因为公司法上的公司法人人格否认制度一般是在个案中单独适用，而破产法上的合并破产制度对各个公司人格的否认则具有概括性和全面性。

《企业破产法》本身并未规定合并破产制度。合并破产制度是破产司法实践中探索的重要制度。2018年3月4日最高人民法院印发的《破产审判会议纪要》中的“六、关联企业破产”规定了实质合并破产的基本原则：“会议认为……既要通过实质合并审理方式处理法人人格高度混同的关联关系，确保全体债权人公平清偿，也要避免不当采用实质合并审理方式损害相关利益主体的合法权益。”《破产审判会议纪要》第32条规定：“关联企业实质合并破产的审慎适用。人民法院在审理企业破产案件时，应当尊重企业法人人格的独立性，以对关联企业成员的破产原因进行单独判断并适用单个破产程序为基本原则。当关联企业成员之间存在法人人格高度混同、区分各关联企业成员财产的成本过高、严重损害债权人公平清偿利益时，可例外适用关联企业实质合并破产方式进行审理。”

由此可见，当以下三个条件同时满足时才可以适用实质合并破产：（1）关联企业成员之间法人人格高度混同；（2）区分各关联企业成员财产的成本过高；（3）单独破产严重损害债权人公平清偿利益。

四、股东违反义务、滥用权利相关民事诉讼制度

与股东违反非法定义务、滥用股东权利直接相关的民事案件主要是二级案由“与公司有关的纠纷”之下的侵权类案由，由于这些案由多是从权利受损害一方的角度确定的案由名称，而这里讨论“股东违反义务、滥用权利相关民事诉讼”的立足点是实施损害行为的一方，即与股东或者实际控制人实施的违反法定义务和滥用权利行为相关的民事诉讼，所以这些民事诉讼因权利受到损害的主体的不同而被分散到相关案由的案件当中，并且这些相关的案由除了包含股东实施的相关行为引起的案件之外，也包含“董监高”因违反忠实勤勉义务而构成的损害赔偿之诉。这些案由主要有损害公司利益责任纠纷、损害股东利益责任纠纷和损害公司债权人利益责任纠纷。其中，损害公司债权人利益责任纠纷这个三级案由之下又分为“股东损害公司债权人利益责任纠纷”和“实际控制人损害公司债权人利益责任纠纷”两个四级案由。

此外，公司决议纠纷以及请求公司收购股权纠纷等案件也可能因为股东滥用权利而引起，但是考虑到本书的体例，本书将其放到具体讨论相关问题的章节中予以介绍，不纳入本章。

第三节　股东及实际控制人违反义务、滥用“权利”的刑事法律风险

当公司股东和实际控制人违反法定义务、滥用权利的行为严重程度达到触犯刑律时，就会存在构成犯罪并被追究刑事责任的可能性。这就是股东及实际控制人违反义务、滥用“权利”所导致的法律风险当中最严重的一种——刑事法律风险。股东及实际控制人因触犯刑律所构成罪名当中的虚报注册资本罪、虚假出资罪和抽逃出资罪已经在本书第五章进行了详细介绍。除此之外，相关罪名还包括《刑法》第160条规定的欺诈发行证券罪，第161条规定的违规披露、不披露重要信息罪，第162条规定的妨害清算罪，第162条之一规定的隐匿、故意销毁会计凭证、

会计账簿、财务会计报告罪，第162条之二规定的虚假破产罪，第169条之一规定的背信损害上市公司利益罪以及在公司可能构成的其他单位犯罪当中股东和实际控制人成为单位犯罪行为的“直接负责的主管人员”或者“其他直接责任人员”的情况。以上罪名中，《刑法》第162条、第162条之一及第162条之二规定的几个罪名将在本书讨论“公司终止相关法律风险”的第十七章予以介绍。本章节接下来介绍《刑法》第160条规定的欺诈发行证券罪，第161条规定的违规披露、不披露重要信息罪以及第169条之一规定的背信损害上市公司利益罪这三个罪名。

一、欺诈发行证券罪

《刑法》第160条第1款规定了一般主体犯该罪的构成要件：在招股说明书、认股书、公司、企业债券募集办法等发行文件中隐瞒重要事实或者编造重大虚假内容，发行股票或者公司、企业债券、存托凭证或者国务院依法认定的其他证券，数额巨大、后果严重或者有其他严重情节的，构成欺诈发行证券罪。该罪的主体要件是一般要件，个人和单位都可以构成该罪的犯罪主体。

《刑法》第160条第2款专门针对控股股东和实际控制人组织和指使实施该犯罪行为的构成要件以及法定刑罚：“控股股东、实际控制人组织、指使实施前款行为的，处五年以下有期徒刑或者拘役，并处或者单处非法募集资金金额百分之二十以上一倍以下罚金；数额特别巨大、后果特别严重或者有其他特别严重情节的，处五年以上有期徒刑，并处非法募集资金金额百分之二十以上一倍以下罚金。”由前可见，控股股东之外的中小股东不会以股东身份构成该罪，但是可以作为犯罪的一般主体按照该条的第1款或者第2款单位犯罪的责任人而构成该罪。此外，除股东之外，公司的实际控制人也是该罪的犯罪特殊主体。

控股股东和实际控制人犯该罪的法定刑罚包括自由刑和罚金刑，其中自由刑分为两个刑档：一般犯罪情节的，处五年以下有期徒刑；严重犯罪情节的，处五年以上有期徒刑。“五年以上有期徒刑”的上限是十五年有期徒刑。

二、违规披露、不披露重要信息罪

《刑法》第161条第1款规定了该罪的构成要件：依法负有信息披露义务的公

司、企业向股东和社会公众提供虚假的或者隐瞒重要事实的财务会计报告，或者对依法应当披露的其他重要信息不按照规定披露，严重损害股东或者其他人利益，或者有其他严重情节的，构成违规披露、不披露重要信息罪。该罪的法定刑罚包括自由刑和罚金刑，其中自由刑分为两个刑档：一般犯罪情节的，处五年以下有期徒刑；严重犯罪情节的，处五年以上十年以下有期徒刑。

《刑法》第161条第2款专门规定了控股股东和实际控制人犯该罪的依照第1款的规定处罚，并规定了其特殊构成要件："前款规定的公司、企业的控股股东、实际控制人实施或者组织、指使实施前款行为的，或者隐瞒相关事项导致前款规定的情形发生的，依照前款的规定处罚。"

案例8.2　某电气股份公司、温某乙、刘某胜欺诈发行股票、违规披露重要信息案〔1〕

【裁判要旨】

公司通过财务造假获准上市后又多次违规披露虚假财务信息，上市前后的财务造假行为相互独立，分别侵犯国家股票发行管理制度、上市公司信息披露管理制度，触犯欺诈发行股票罪、违规披露重要信息罪。主管人员和其他直接责任人员先后参与上市前后的财务造假行为，应予以数罪并罚。

【案情简介】

2011年3月30日，被告单位某电气股份公司向证监会提出在创业板上市的申请，因持续盈利能力不符合条件被驳回。该公司董事长、财务总监，即被告人温某乙、刘某胜为实现公司上市进行财务造假，在向证监会再次报送的申请文件中载入重大虚假内容。2014年1月，证监会核准某电气股份公司股票在深圳证券交易所创业板挂牌上市，该公司向社会公开发行股票，募集资金2.57亿元。此后，温某乙、刘某胜继续进行财务造假，向公众披露包含重大虚假内容的财务会计报告。2017年7月，深圳证券交易所决定某电气股份公

〔1〕 辽宁省丹东市中级人民法院刑事判决书，(2017)辽06刑初11号。

司退市摘牌。主承销商某证券公司设立先行赔付专项基金，赔付1万余名投资人损失共计2.36亿余元。2016年8月26日，侦查人员在被告人温某乙家中向温某乙下达询问通知书，温某乙随同侦查人员到办案地点接受询问。同日，刘某胜在茶馆接到侦查人员的电话，侦查人员到达茶馆向其下达询问通知书，刘某胜随同侦查人员到办案地点接受询问。两人到案后，均如实供述了犯罪事实。

辽宁省丹东市中级人民法院于2017年4月23日作出（2017）辽06刑初11号刑事判决：(1)被告单位某电气股份公司犯欺诈发行股票罪，判处罚金人民币832万元（已缴纳）。(2)被告人温某乙犯欺诈发行股票罪，判处有期徒刑二年六个月；犯违规披露重要信息罪，判处有期徒刑一年，并处罚金人民币10万元，决定执行有期徒刑三年，并处罚金人民币10万元。(3)被告人刘某胜犯欺诈发行股票罪，判处有期徒刑二年；犯违规披露重要信息罪，判处有期徒刑六个月，并处罚金人民币8万元，决定执行有期徒刑二年，并处罚金人民币8万元。一审宣判后，被告单位和被告人均未上诉，检察机关未抗诉，判决已发生法律效力。

【案件分析】

法院生效裁判认为，本案争议焦点为是否应对被告人温某乙、刘某胜予以数罪并罚。资本市场财务造假主要通过违规披露信息的方式表现出来，刑法对不同阶段涉财务造假的违规披露行为设置不同罪名和刑罚。在本案中，被告单位某电气股份公司通过虚构财务数据使公司成功上市公开发行股票，侵犯国家股票发行管理制度。此后，该公司继续多次违规披露虚假的财务会计报告，严重损害股东和他人利益，破坏上市公司信息披露管理制度。温某乙、刘某胜分别作为某电气股份公司董事长、财务总监，参与实施前后两个阶段的犯罪行为，侵犯的法益和造成的社会危害均不相同，只有认定构成两罪才能全面、客观评价所有犯罪行为，真正实现罪责刑相适应。

【法律适用分析】

本案例是人民法院案例库刊载的参考性案例。案涉犯罪行为发生在2011年至2016年。判决时间是2017年4月。

这里需要注意的是在此之后刑法的修改。2020年12月26日，第十三届全国人民代表大会常务委员会审议通过《刑法修正案（十一）》，该修正案第8条对《刑法》第160条和第161条进行了修改。根据《最高人民法院、最高人民检察院关于执行〈中华人民共和国刑法〉确定罪名的补充规定（七）》的规定，《刑法》第160条的罪名由原来的“欺诈发行股票、债券罪”，修改为“欺诈发行证券罪”。《刑法修正案（十一）》对《刑法》第160条和第161条从以下三个方面作了幅度较大的修改：一是增加完善了犯罪构成。二是增加了犯罪主体，将控股股东和实际控制人的组织、指使行为入罪。三是大幅度加大了刑事处罚力度，一方面将原来的一个刑档增加到两个刑档，另一方面将两个罪的自由刑上限幅度由修改之前的五年和三年分别增加到修改之后的十五年和十年。因此，上述案例中对于案件定性及数罪并罚的认定至今仍有参考意义。但是其中的量刑等内容已不再适用。

三、背信损害上市公司利益罪

《刑法》第169条之一第1款规定了上市公司的“董监高”犯背信损害上市公司利益罪的构成要件：“上市公司的董事、监事、高级管理人员违背对公司的忠实义务，利用职务便利，操纵上市公司从事下列行为之一，致使上市公司利益遭受重大损失的，处三年以下有期徒刑或者拘役，并处或者单处罚金；致使上市公司利益遭受特别重大损失的，处三年以上七年以下有期徒刑，并处罚金：（一）无偿向其他单位或者个人提供资金、商品、服务或者其他资产的；（二）以明显不公平的条件，提供或者接受资金、商品、服务或者其他资产的；（三）向明显不具有清偿能力的单位或者个人提供资金、商品、服务或者其他资产的；（四）为明显不具有清偿能力的单位或者个人提供担保，或者无正当理由为其他单位或者个人提供担保的；（五）无正当理由放弃债权、承担债务的；（六）采用其他方式损害上市公司利益的。”

《刑法》第169条之一第2款和第3款针对上市公司控股股东和实际控制人指使实施该犯罪的行为作出了专门规定："上市公司的控股股东或者实际控制人，指使上市公司董事、监事、高级管理人员实施前款行为的，依照前款的规定处罚。犯前款罪的上市公司的控股股东或者实际控制人是单位的，对单位判处罚金，并对其直接负责的主管人员和其他直接责任人员，依照第一款的规定处罚。"

按照《刑法》第169条之一第1款的规定，该罪的法定刑罚包括自由刑和罚金刑，其中自由刑分为两个刑档：一般犯罪情节的，处三年以下有期徒刑；严重犯罪情节的，处三年以上七年以下有期徒刑。

第九章　小股东的法律风险、权利保护及其诉讼制度

第一节　小股东的法律风险

小股东的法律风险首先是可能会受到大股东压制的法律风险，其次是小股东滥用股东权利的法律风险。

一、小股东有可能会受到大股东压制的法律风险

从理论上说，有限责任公司兼具人合性和资合性，股份有限公司属于资合性组织。但是，实践中除少数上市的公众股份有限公司之外，股东人数较少并进行相对封闭式治理的股份有限公司亦大量存在。这种人数较少且相对封闭的非公众股份有限公司的股东之间往往也具有相当的稳定性和人合性。当公司股东之间的人合性出现危机的时候，往往就会发生大股东压制小股东的现象。

大股东之所以有可能压制小股东，其背后的制度性基础是公司法设计的现代公司治理制度，包括股东会和董事会制度等公司机关制度、公司决议的多数决制度以及公司事务的执行制度等。其中最关键的是多数决制度。

公司股东之间应当竭力维护好公司的人合性，否则就会祸起萧墙，公司股东之间出现内讧，并进而出现大股东压制小股东的现象。这种内耗是违背公司法宗旨和公司作为商事主体宗旨的，股东之间的争斗大都会给当事的股东、公司本身以及其他股东造成时间、精力和经济上的损失，往往难有真正的赢家。

大股东压制小股东的方式方法很多，但万变不离其宗。这个“宗”，就是滥用其股东权利，甚至是利用其大股东的便利条件实施违法行为。

从小股东的股东权利受到侵害的表现形式分析，股东压制可能会波及股东权利的方方面面。比如小股东知情权的行使受到限制，或小股东参加股东会及在股东会上表决的权利受到限制甚至剥夺，或公司符合分红条件但长期不分红从而影响小股东的资产收益权，等等。

二、小股东滥用股东权利的法律风险

虽然不像大股东，尤其是控股股东那样更有滥用股东权利的便利条件和可能的利益驱使和心理冲动，但是，小股东滥用股东权利的可能性和现实性依然是客观存在的。比如，公司法规定的股东对公司事务的知情权就可能被小股东滥用。《公司法》第57条和第110条将股东知情权落实到资料查阅权，对于公司存续和经营决策的一般性资料，包括公司章程、股东名册、股东会会议记录、董事会会议决议、监事会会议决议、财务会计报告等，只要是公司的股东都有权查阅和复制。对于会计账簿和会计凭证等财务资料，有限责任公司的股东和股份有限公司，连续一百八十日以上单独或者合计持有公司百分之三以上股份的股东都享有查阅权。公司法赋予股东上述知情权的初衷和目的是保障股东正确行使其股东权利，比如在股东会审议事项的投票权利行使时，股东只有在充分知情的情况下才有可能作出理性的决定。如果小股东行使其知情权正是基于上述公司法的立法目的，那么这就属于正当行使权利。但如果小股东行使其知情权查阅相关资料的目的并非为了其正常行使股东权利，而是为了其他目的，比如，为了不正当竞争的目的而查阅相关资料或为了向公司的竞争对手出卖相关信息而查询公司相关资料，这就不再是正当行使股东权利，而是滥用股东权利，甚至是违法行为，轻者会带来承担民事法律责任的风险，严重者可能会涉嫌犯罪，引起刑事法律风险。

第二节 保护小股东权利的特殊法律制度

公司法设计了现代公司制度，或者说现代公司治理制度，其核心包括公司经营权可以和公司净资产的所有权分开的制度以及公司机关议事的多数决制度。前

者是指由公司净资产的权益所有者——公司全体股东组成公司的股东会，行使对公司重大事项的决策权和公司经营者——公司董事的选任权，并由董事会负责执行股东会的决定和负责公司的日常运营。后者是指股东会和董事会等公司机关在作出决议时采取多数决，即一般事项过半数表决权同意即为通过，特殊事项超过三分之二表决权同意即为通过。这种现代公司治理制度的理论基础是两个层面的代理：股东会中表决权的多数派代理了全体股东，董事会代表代理了股东会表决权的多数派。这种制度设计保障了公司的运行效率。但也为“多数派”的大股东压制“少数派”的小股东提供了制度空间，给公司经营者为了自身利益背离股东利益和公司利益提供了制度上的可能性和便利性。公司法为了保持“代理者”和“被代理者”之间的平衡，一方面加大了“董监高”等公司经营管理者的忠实和勤勉义务，本书第十一章将对此进行详细讨论，另一方面设计了若干保护小股东权利的特殊法律制度。这些特殊法律制度主要包括股东知情权制度、特定情形下小股东的“退出权”制度、特定情形下小股东的“一票否决权”制度等。

一、股东知情权制度

股东享有对公司事务的职权本是股东基本权利的题中应有之义。法律之所以仍对此给予浓墨重彩的规定，主要是为了保护中小股东，尤其是小股东的合法权益。这是因为，虽然法律规定的股东知情权制度是面向所有股东，但是鉴于一般情况下在公司实务中大股东对公司具有控制权，所以其知晓公司方方面面的信息是其控制公司过程中顺理成章、自然而然的事情，在实践中不需要对此予以特别规定并给予法律上的特殊保护。与此相反，在公司实务中经常会出现小股东对公司事务的知情权难以正常行使的情形，尤其是在公司人合性出现危机之后，大股东压制小股东的情况下，为了充分保护小股东的知情权，《公司法》第57条和第110条分别规定了有限责任公司股东和股份有限公司股东对公司资料的知情权。

《公司法》第57条规定：“股东有权查阅、复制公司章程、股东名册、股东会会议记录、董事会会议决议、监事会会议决议和财务会计报告。股东可以要求查阅公司会计账簿、会计凭证。股东要求查阅公司会计账簿、会计凭证的，应当向公司提出书面请求，说明目的。公司有合理根据认为股东查阅会计账簿、会计凭证有不正当目的，可能损害公司合法利益的，可以拒绝提供查阅，并应当自股东提出书面请求之日起十五日内书面答复股东并说明理由。公司拒绝提供查阅的，股东可以向人民法院提起诉讼。股东查阅前款规定的材料，可以委托会计师事务所、律师事务所等中介机构进行。股东及其委托的会计师事务所、律师事务所等中介机构查阅、复制有关材料，应当遵守有关保护国家秘密、商业秘密、个人隐私、个人信息等法律、行政法规的规定。股东要求查阅、复制公司全资子公司相关材料的，适用前四款的规定。”

《公司法》第110条规定：“股东有权查阅、复制公司章程、股东名册、股东会会议记录、董事会会议决议、监事会会议决议、财务会计报告，对公司的经营提出建议或者质询。连续一百八十日以上单独或者合计持有公司百分之三以上股份的股东要求查阅公司的会计账簿、会计凭证的，适用本法第五十七条第二款、第三款、第四款的规定。公司章程对持股比例有较低规定的，从其规定。股东要求查阅、复制公司全资子公司相关材料的，适用前两款的规定。上市公司股东查阅、复制相关材料的，应当遵守《中华人民共和国证券法》等法律、行政法规的规定。”

从上述法律规定可知，股东对公司事务的知情权在公司法上系通过规定股东对公司资料的查阅权来落实的。根据被查阅资料的性质区分，这种查阅权又分为两个层次。

（一）股东对公司非直接财务资料的查阅、复制权

第一个层次是对公司直接财务资料之外的其他重要事项所涉资料的查阅权，具体的范围包括公司章程、股东名册、股东会会议记录、董事会会议决议、监事会会议决议和财务会计报告。对于这些资料，公司股东，无论是有限责任公司股东还是股份有限公司股东，并且无论其持股多少，都有知情权。而且对这些资料“知情”的方式，不仅包括“查阅”，也包括“复制”。

（二）股东对公司直接财务资料的查阅权

第二个层次是对公司直接财务资料的知情权。公司直接财务资料指的是公司的会计账簿和会计凭证。对直接财务资料知情权的主体范围，公司法对有限责任公司和股份有限公司作出了不同规定。对于有限责任公司来说，公司全体股东

对公司财务资料都享有知情权，而不管其持有股权的数量多少。股份有限公司的情况与此不同，对于股份有限公司的小股东来说，法律并没有普遍性地赋予其对公司直接财务资料的知情权，而是需要对股东的持股比例和持股持续时间进行双重的考察。只有在持股比例和连续持股时间两个维度上都符合法定最低条件的股份有限公司股东，才对公司的直接财务资料享有知情权。持股比例上的最低要求是持有公司股份达到公司全部股份的百分之三以上。持股时间上的最低要求是连续一百八十日以上。并且持股比例和连续持股时间这两个维度的要求必须同时具备，即持有公司百分之三以上股东的时间必须持续至少一百八十日以上。此外，公司法这里允许股份有限公司的小股东联合起来行使该项权利，即容许在计算持股条件时进行累加。换句话说，如果若干小股东在分别计算持股条件时每一个小股东都不符合要求，但将每个股东连续持股时间超过一百八十日的股份进行累加之后的合计股份数量达到公司全部股份的百分之三以上，这些小股东可以联合起来一起行使该项知情权。此外，在知情权的行使方式上，该项知情权也与第一个层次不同。第一个层次对于公司一般性资料，公司股东不仅享有“查阅”的权利，还享有“复制”的权利。而第二个层次对于公司会计账簿和会计凭证这些直接财务资料，有限公司股东和符合条件的股份有限公司股东只有“查阅”的权利，没有“复制”的权利。

此外，这里值得特别指出的是，上述法律条文中的“会计凭证”是2023年《公司法》修订时新增加的内容。也就是说，新《公司法》明确将原始会计凭证增加规定为股东可以查询的财务资料，增加了股东的查阅范围。解决了多年以来对此问题在理论界和实务界悬而未决的争议，是保护股东知情权制度的重大进步。

二、小股东的“退出权”——股权回购请求权制度

如前所述，公司独立法律人格和股东有限责任是现代公司法上的两大支柱性制度。公司存续期间，非经依法减资程序，股东不得要求公司退回或者说返还其出资。这被称为公司资本维持原则，是公司法的基本原则之一，也是现代公司制度当中的基础性制度，更是公司独立法律人格和股东有限责任这两大公司法支柱性制度的自然逻辑推演和题中应有之义。

但是，为了减小现代公司制度在公司治理上的代理成本，更是为了实现小股东和大股东之间的利益平衡，更好地保护小股东权益并维持公司的正常运营，现代公司法在极其有限的局部对公司资本维持原则进行了突破，规定在某些特殊情形出现时赋予小股东退出公司的权利，这就是股权回购请求权。

股权回购请求权是指在法定的特殊事由出现时，特定股东依法享有的请求公司以公允价格回购其股权的权利。享有股权回购请求权的股东如果行使该项权利，公司就负有以公允价格收购该股东股权的义务。在程序上，股东提出行权请求后，首先由股东和公司双方协商股权回购的具体事宜。如果协商不成，行权股东可以提起诉讼要求公司履行回购义务。

《公司法》规定了相关股东享有股权回购请求权的三种情形。第一种是股东会通过特定事项的决议时小股东投反对票的情形。第二种是控股股东滥用权利并严重损害小股东利益的情形。第三种是公司发生特殊并购情况依法无须召开股东会的情形。

（一）对股东会针对特定事项的决议持异议而触发的“退出权”〔1〕

1.可以触发异议股东“退出权”的事项

有五类特殊事项，当股东会对其审议并通过决议时，为了充分保护对决议持反对意见的小股东的合法权益，《公司法》为此赋予持反对意见的小股东“退出权”，即对股东会通过这五类特殊事项的决议持反对意见的小股东有权请求公司按照合理的价格收购其股权。这五类特殊事项是：第一，公司连续五年符合分红条件而不分红；第二，公司合并；第三，公司分立；第四，公司转让主要财产；第五，经营期限届满等公司章程规定的公司解散事由出现时股东会通过修改公司章程使公司存续。

2.触发异议股东“退出权”的行为要件

触发异议股东“退出权”的行为要件是，对特殊事项持异议的股东必须参加审议该事项的股东会并且在表决时投反对票。只有一种情况例外，那就是股份有限公司分立或者合并的情况，对股份有限公司股东会通过的公司分立或者合并的

〔1〕 参见《公司法》第89条第1款、第161条第1款及第162条第1款第4项。

决议持异议的股东的“退出权”，不以其必须参加股东会并投反对票为前提条件。除此之外的其他情况，异议股东要取得股权回购请求权都必须参加相关股东会并在表决相关特殊事项的议案时投下反对票。否则，该股东就不享有股权回购请求权。但是，依据公司法规定应当召开股东会的事项，公司未召开股东会而径行实施的，或者虽然召开股东会而不通知股东参加的除外。这两种情况下股东或者未被通知参加股东会的股东仍享有股权回购请求权[1]。

3.触发异议股东“退出权”的例外规定

对股东会针对特定事项的决议持异议而触发的“退出权”这种制度，不适用于公开发行股份的股份有限公司。《公司法》第161条第1款规定：“有下列情形之一的，对股东会该项决议投反对票的股东可以请求公司按照合理的价格收购其股份，公开发行股份的公司除外”。也就是说，公开发行股份的股份有限公司，包括上市公司以及在其他机构公开发行股份的非上市公众公司的股东不享有前述股权回购请求权。法律之所以作出这样的规定，是因为这类公司的股份可以公允价格进行公开转让，其小股东可以“用脚投票”，因此没有必要为其股东规定股权回购请求权。

（二）因有限责任公司控股股东滥用权利而触发的“退出权”

《公司法》第89条第3款规定了因有限责任公司控股股东滥用权利而触发的“退出权”：“公司的控股股东滥用股东权利，严重损害公司或者其他股东利益的，其他股东有权请求公司按照合理的价格收购其股权。”

首先，需要从《公司法》的篇章结构上来理解上述规定。该条位于《公司法》的第四章“有限责任公司的股权转让”，因此，这里的“股东”均指有限责任公司的股东，不包括股份有限公司股东。《公司法》第六章“股份有限公司的股份发行和转让”当中没有类似规定。因为股份有限公司是资合性组织，股份有限公司股东可以自由对外转让其股份。因此，该项“退出权”仅适用于有限责任公司，不适用于股份有限公司。

其次，触发该项“退出权”既要满足行为要件，又要满足结果要件。行为要件

〔1〕 参见本章第三节的案例“上海某实业公司诉上海某房地产公司等请求公司收购股份纠纷案”。

就是必须存在控股股东滥用股东权利的客观行为。结果要件就是控股股东滥用股东权利的行为必须在客观上对公司的利益或者其他股东的利益造成了严重的损害结果。

最后，需要注意的是，并不是只有在其他股东的利益受到严重损害时，才触发其“退出权”。当控股股东滥用股东权利的行为严重损害了公司的利益，但没有直接损害其他股东的利益时，其他股东依然可以依据这一条而享有请求公司以合理价格回购其股权的权利。

（三）因依法无须召开股东会的特殊并购而触发的“退出权”

除了上述两种情况之外，《公司法》第219条第1款还规定了另一种触发小股东“退出权”的情形——公司的特殊并购，具体规定如下：“公司与其持股百分之九十以上的公司合并，被合并的公司不需经股东会决议，但应当通知其他股东，其他股东有权请求公司按照合理的价格收购其股权或者股份。”

依据该条规定，不需要召开股东会的是被合并公司，而不是合并公司。依据该条享有回购请求权的股东也是是被合并公司的小股东。对于此种合并，合并公司依然需要对公司合并事项按照公司法的规定召开股东会或者董事会并作出决议。而如果合并公司的小股东对公司合并事项有异议，其只能依据《公司法》第89条或者第162条的规定享有和行使股权回购请求权。

另外，对于依法不需要经过股东会决议的小额并购，由于其“不需要经过股东会决议”，因此，也不会触发小股东的“退出权”。《公司法》第219条第2款和第3款关于小额并购的具体规定如下：“公司合并支付的价款不超过本公司净资产百分之十的，可以不经股东会决议；但是，公司章程另有规定的除外。公司依照前两款规定合并不经股东会决议的，应当经董事会决议。”

三、有限责任公司小股东的“一票否决权”——特殊事项一致通过制度

如前所述，现代公司的决议制度以多数决为原则。按照审议事项的重要程度，又分为过半数表决权同意即可通过的一般多数决，和超过三分之二表决权同意才可通过的绝对多数决。

另外，公司法为了最大限度维持有限责任公司的人合性和保护小股东的权益，对于个别极其重大和特殊的事项，规定了全体股东一致决定的制度。这在客观上形成了小股东对这类事项的“一票否决权”。

梳理《公司法》中散见于不同章节的相关规定，需要有限责任公司全体股东一致决定或一致行动的事项主要有：第64条规定的对股东会通知时间的另行约定，第83条规定的公司不设监事的决定，第210条第4款规定的关于不按实缴出资比例分配利润的特别约定，第224条规定的不同比例减资的特别约定，第227条规定的不按照出资比例优先认缴增资的特别约定，以及第240条规定的申请公司简易注销。本书认为，其中对于小股东权利保护来说最为重要的是针对利润分配制度、同比例减资制度以及增资优先认缴权这三项作出与《公司法》规定的普遍原则所不同的例外约定。

《公司法》第210条第4款是关于公司利润分配方式的重要规定：“公司弥补亏损和提取公积金后所余税后利润，有限责任公司按照股东实缴的出资比例分配利润，全体股东约定不按照出资比例分配利润的除外；股份有限公司按照股东所持有的股份比例分配利润，公司章程另有规定的除外。”这里首先规定了公司利润分配方式的一般规则：有限责任公司按照股东实缴的出资比例分配利润，股份有限公司按照股东所持有的股份比例分配。但是，公司也可以通过公司自治不适用上述一般规则。这里同时规定了公司对此事项进行自治的模式：对于有限责任公司来说，需要全体股东一致约定；对于股份有限公司来说，需要在公司章程中予以约定。

《公司法》第224条第3款和第227条分别规定了公司减资和增资应遵循的一般原则，并规定了类似的公司自治突破一般原则的方法。《公司法》第224条第3款规定：“公司减少注册资本，应当按照股东出资或者持有股份的比例相应减少出资额或者股份，法律另有规定、有限责任公司全体股东另有约定或者股份有限公司章程另有规定的除外。”《公司法》第227条规定：“有限责任公司增加注册资本时，股东在同等条件下有权优先按照实缴的出资比例认缴出资。但是，全体股东约定不按照出资比例优先认缴出资的除外。股份有限公司为增加注册资本发行新股时，股东不享有优先认购权，公司章程另有规定或者股东会决议决定股东享有优先认购权的除外。”

根据上述规定，如果有限责任公司在减资时要进行不同比例减资，或者在增资时限制股东的优先认缴权，就必须经过“全体股东约定”。既然是“全体股东约定”，必然的逻辑推演就是任一股东反对都不能达成“全体股东约定”。这就是客观上所有股东都对此类特殊事项享有了“一票否决权”。

从公司自治的角度，这里的有限责任公司小股东的“一票否决权”制度均属于公司法赋予公司的自治事项。新《公司法》的一项重要的立法原则就是最大限度地赋予公司自治权。这些公司自治权运用好的话也可以成为维护公司小股东合法权利的法律武器。当然，小股东在入股公司之后，甚至在公司出现人合性危机之后再运用这些公司自治制度来维护自己的合法权益，可能为时已晚。小股东可以在最初加入公司时充分运用公司法留给公司的自治空间去协商并促成公司设计和通过相对公允，甚至是相对有利于保护小股东合法权益的公司自治制度。因为，这时候小股东尚未正式作为股东加入公司，而大股东之所以邀请或者准许其加入公司，往往可能是出于小股东在某些方面可能有着有利于公司发展的优越条件，这个时候小股东往往有着一定的协商话语权。所以，决定加盟公司之时就是小股东运用公司自治制度保护自己权利的绝佳之日。

第三节 小股东的维权路径——小股东权利保护相关诉讼制度

小股东权益遭到损害的形式多种多样，其维权路径也各不相同，所涉及的诉讼既有主要侧重于小股东权利保护的诉讼，比如股东知情权纠纷、请求公司收购股份纠纷和损害股东利益责任纠纷；也有其他公司诉讼，比如公司决议纠纷、公司盈余分配纠纷、增资纠纷、减资纠纷和损害公司利益责任纠纷等。出于篇章结构的考虑，本节以下介绍主要侧重于小股东权利保护的三种诉讼，其他诉讼制度在各相关章节中分别论述。

一、股东知情权之诉

股东对公司事务享有知情权，有权查阅公司资料，这是法律天平的一头。在法律天平的另一头，为了防止小股东出于不正当的目的查阅公司直接财务资料，损害公司的利益，公司法也作出了平衡性规定，规定了如果公司有合理根据认为股东查阅具有不正当目的，则可以拒绝其查阅。此时，如果股东坚持要求查阅，由谁来对是否准许股东查阅作出判断呢？答案当然是国家负责裁决争议的司法机关——人民法院。这就形成了股东知情权纠纷。这种纠纷在公司法的立法依据是本章第二节已经全文引用的《公司法》第57条和第110条。根据这两条的规定，股东不能够直接提起该诉讼，而是先要完成其前置程序。这个前置程序就是，股东必须首先向公司提交要求查询相关资料的书面申请，并且公司在法定的十五日内没有答复，或者明确给予拒绝其查询的答复。

知情权纠纷的原告通常是公司的股东，被告是公司。原告在起诉时需要提交证据证明其股东身份。对于股权已经转让的股东是否有权要求查阅公司资料并作为原告起诉的问题。一般情况下应认定股权已经转让的股东不再享有对公司事务的知情权，但是该股东因其持股期间的合法权益受到侵害而要求查阅其持股期间的公司资料的除外。《公司法司法解释（四）》第7条对此作了详细规定："股东依据公司法第三十三条、第九十七条或者公司章程的规定，起诉请求查阅或者复制公司特定文件材料的，人民法院应当依法予以受理。公司有证据证明前款规定的原告在起诉时不具有公司股东资格的，人民法院应当驳回起诉，但原告有初步证据证明在持股期间其合法权益受到损害，请求依法查阅或者复制其持股期间的公司特定文件材料的除外。"

对于什么情况下可以认定股东查阅"有不正当目的"，《公司法司法解释（四）》第8条作出如下详细规定，"有限责任公司有证据证明股东存在下列情形之一的，人民法院应当认定股东有公司法第三十三条第二款规定的"不正当目的"：（一）股东自营或者为他人经营与公司主营业务有实质性竞争关系业务的，但公司章程另有规定或者全体股东另有约定的除外；（二）股东为了向他人通报有关信息查阅公司会计账簿，可能损害公司合法利益的；（三）股东在向公司提出查阅请求之日前的三年内，曾通过查阅公司会计账簿，向他人通报有关信息损害公司合法利益的；(四)股东有不正当目的的其他情形”。该司法解释于2020年12月修正，因此其中引用的是2018年《公司法》，其中引用的“公司法第三十三条”和“第九十七条”的内容被吸收和修订之后成为新《公司法》的第57条和第110条。

二、请求公司收购股份之诉

为了使前文论述的小股东的“退出权”——股权回购请求权能够落到实处，公司法为此专门规定了股东的司法救济制度——提起股权回购请求权之诉。《公司法》第89条第2款和第161条第2款对此作出了明确规定：“自股东会决议作出之日起六十日内，股东与公司不能达成股份收购协议的，股东可以自股东会决议作出之日起九十日内向人民法院提起诉讼。”

民事案由“请求公司收购股份纠纷”除了适用于前述因股东会就股东分红、公司解散等特殊事项的决议而引发的股权回购请求权纠纷之外，也适用于《公司法》第89条第3款规定的因有限责任公司控股股东滥用权利而导致的股东回购股权请求权纠纷，以及《公司法》第219条第1款规定的因依法无须召开股东会的特殊并购而触发的股权回购请求权纠纷。

与股东知情权纠纷存在前置程序的情形相类似，请求公司收购股份纠纷也存在前置程序：第一，出现第二节介绍的触发股权回购请求权的事由；第二，股东向公司送达要求其回购股权的书面文件，该书面文件应当写明股东要求公司回购股权的原因，要求回购股权的数量、价格等；第三，在法定期间内未达成收购协议(提供双方协商或者公司拒绝协商或者公司明确拒绝回购或者不予答复的证据)。

案例9.1 上海某实业公司诉上海某房地产公司等请求公司收购股份纠纷案[1]

【裁判要旨】

1.有限责任公司转让财产，属于公司章程规定的股东会职权的，应当提

〔1〕 上海市静安区人民法院民事判决书，(2019)沪0106民初15563号；上海市第二中级人民法院民事判决书，(2020)沪02民终2746号。

交股东会讨论表决，如未召开，异议股东仍可通过其他途径表示反对，并有权自知道或应当知道异议事项之日起九十日内要求公司收购其股权。

2.判断是否属于公司法意义上的公司主要财产，应当从转让财产价值占公司资产的比重、转让的财产对公司正常经营和盈利的影响以及转让财产是否导致公司发生根本性变化等多角度进行考察，并以转让财产是否导致公司发生根本性变化，即对公司的设立目的、存续等产生实质性影响，作为判断的主要标准，其余两项则作为辅助性判断依据。

【案情简介】

2019年4月，原告上海某实业公司以原告持有被告股权、被告转让主要财产未召开股东会为由，以上海某房地产公司为被告，以上海某实业发展有限公司（以下简称上海某发展公司）和上海某置业股份有限公司（以下简称上海某置业公司）为第三人，向上海市静安区人民法院提起请求公司收购股份之诉，请求法院判令被告上海某房地产公司以23,375,555.56元的价格收购原告持有的被告公司10%股权。审理中原告将请求收购的价格调整为按被告公司2018年9月评估的净资产值的10%计为26,555,400元。

上海某实业公司诉称其持有上海某房地产公司10%股权，第三人上海某发展公司持有上海某房地产公司90%股权。上海某实业公司于2019年2月28日才知悉，上海某房地产公司已将公司主要财产上海市某大厦101室、102室、201室、301室、401室、1301室、1901室、2001室房产（建筑面积共计7,118.15平方米，以下简称案涉房产）出售，影响了公司的正常经营。上海某房地产公司及第三人处理公司主要财产却不召开股东会，致上海某实业公司未能提出异议，该行为侵犯了上海某实业公司的合法权益。根据法律规定，上海某实业公司有权要求上海某房地产公司收购股权，故诉请上海某房地产公司以23,375,555.56元的价格收购上海某实业公司持有的上海某房地产公司10%股权。

上海某房地产公司辩称：不同意上海某实业公司的诉讼请求，主要理由：（1）上海某房地产公司转让案涉房产属公司正常的经营行为，无须召开股东会讨论决定。(2)案涉房产并非公司主要财产。(3)即便上海某实业公司有权要求公司收购股权，但其主张时已过法律规定的九十日期间，该权利已归于消灭。上海某发展公司、上海某置业公司述称：同意上海某房地产公司的答辩意见，请求法院驳回上海某实业公司的诉讼请求。

法院经审理查明：1.上海某房地产公司股东和章程等情况：上海某房地产公司原股东情况为上海某实业公司持股10%，第三人上海某置业公司持股90%。上海某实业公司于2016年10月前为第三人上海某置业公司的控股股东，之后转让了持有的全部股份。2018年8月，第三人上海某置业公司将持有的上海某房地产公司90%股权转让给了其新设的全资子公司即第三人上海某发展公司，上海某实业公司持股10%不变。上海某房地产公司章程明确股东会行使下列职权：决定公司的经营方针和投资计划等。

2.本案所涉房产转让情况：2018年9月21日，第三人上海某置业公司召开股东大会，审议通过决议并发布公告：出售上海某房地产公司所有的上海市某大厦101室、102室、201室、301室、401室、1301室、1901室、2001室房产，建筑面积为7,118.15平方米。上海某房地产公司于2018年9月在资产负债表中将上述房产由投资性房产调整记载为存货，在未召开公司股东会的情况下，于2018年9月28日转让了上述房产，转让价共计132,397,589.63元（含税）。第三人上海某置业公司于2018年11月14日公告，出售房产的款项已于2018年11月12日履行完毕。

3.上海某房地产公司资产和经营情况：上海某房地产公司经营范围包括房地产开发经营、建筑装潢材料。2016年9月，在上海某实业公司作为第三人上海某置业公司、上海某房地产公司实际控制人期间，上海某房地产公司未经股东会决议，出售了某大厦9,384.32平方米房产，案涉房产为该次出售后剩余的房产。2017年上海某房地产公司营业收入8,592,943.23元，其中租金收入6,820,000元，当时上海某房地产公司在某大厦的房产的出租率约90%。2018年上海某房地产公司营业收入132,131,906.67元。2018年9月30日，上海某房地产公司委托某资产评估有限公司对其资产作评估，评估报告确认上海某房地产公司总资产296,064,800元，总负债30,510,700元，所有者权益265,554,000

元，转让房产可变现价值78,610,000元（不含税费53,790,600元）。2019年上半年上海某房地产公司的营业收入为198,521.14元。2019年9月19日，上海某房地产公司账上有资金98,805,479.44元。上海某房地产公司出售案涉房产后继续经营房屋租赁业务。

4.上海某实业公司主张上海某房地产公司收购股权情况：2019年3月6日上海某实业公司向上海某房地产公司经营地寄送要求上海某房地产公司收购股权的函，由前台签收。

上海市静安区人民法院于2020年2月26日作出（2019）沪0106民初15563号民事判决，判决：驳回原告上海某实业公司的诉讼请求。宣判后，上海某实业公司提起上诉，上海市第二中级人民法院于2020年5月29日作出（2020）沪02民终2746号民事判决，判决：驳回上诉，维持原判。

【案件分析】

法院生效裁判认为，本案涉及以下争议焦点：

一、上海某房地产公司出售案涉房产是否应当经过股东会表决

上海某房地产公司章程规定股东会的职权包括决定公司的经营方针和投资计划等。因此案涉房产转让应由上海某房地产公司股东会进行讨论，理由如下：第一，上海某房地产公司原来的经营方式以自有房产出租为主，其出售房产后，转为以转租方式经营，与原有的经营方式发生了重大的变化。上海某房地产公司出售房产的行为符合经营方针转变的评价标准。第二，上海某房地产公司原将案涉房产记载为投资性房产，从持有变为出售就是对投资计划的变更。第三，从小股东权利保护角度来看，作为房产实际所有人的上海某房地产公司的小股东应有权参与讨论表决。因此，上海某房地产公司转让公司案涉房产的事项符合上海某房地产公司关于股东会职权的相关规定，应当提交股东会讨论表决。

二、上海某实业公司主张由上海某房地产公司收购股权时是否已过法律规定的主张期间

根据《公司法》第74条第2款的规定，异议股东可以自股东会会议决议通过之日起九十日内提起诉讼。该条规定应以异议股东参加股东会并提出异议为前提，在公司应召开而未召开股东会进行表决的情况下，则应以异议股东知道或者应当知道异议事项时起算主张期间。就本案来看，应以上海某房地产公司通知上海某实业公司转让房产的事实这一时间点作为判断上海某实业公司主张期间起算的时点。鉴于上海某房地产公司始终未正式通知上海某实业公司，而上海某实业公司自认于2019年2月28日知悉该事实，故应以该时点起算主张期间。

三、上海某房地产公司出售房产是否属于转让《公司法》第74条第1款第2项所规定的主要财产

判断是否属于公司法意义上的公司主要财产，应当以转让财产是否导致公司发生根本性变化，即对公司的设立目的、存续等产生实质性影响，作为判断的主要标准，以转让财产价值占公司资产的比重、转让的财产对公司正常经营和盈利的影响作为辅助性判断依据。从本案来看，上海某房地产公司转让房产尚未达到造成公司产生根本性变化的程度：首先，从转让房产价值占比角度来看，上海某房地产公司转让的房产价值占其实有资产价值的比重尚未达到50%，故认定其为公司法意义上的公司主要财产，依据尚不够充分。其次，从公司是否正常经营角度来看，上海某房地产公司转让房产实际上是一次性兑现收益还是分期实现收益的商业判断问题，上海某房地产公司仍可以转让房产所得收益用于投资经营。上海某实业公司对房产转让价格也未提出异议，因此不能就此认为公司利益受损、经营不可持续。再次，从上海某房地产公司设立目的来看，上海某房地产公司章程从未将公司经营业务范围限定为从事自有房产的出租业务这一项，且上海某实业公司在作为上海某房地产公司实际控制人期间也曾出售房产获取大量资金，因此上海某房地产公司此次转让房产的行为不能被认定为违背公司设立的目的。上海某房地产公司因此次房产出售发生的变化都谈不上是根本性的变化。综上所述，法院认为，上海某房地产公司转让房产的行为并不足以被认定为公司法意义上的转让公司主要财产，上海某实业公司不能据此获得要求公司收购股权的权利。

【法律适用分析】

本案事实发生于2016年至2019年，法院判决时间为2020年。判决适用的是2018年《公司法》。判决引用的2018年《公司法》第74条的内容，在2023年《公司法》修订时仅对其作个别文字润色性修改之后成为2023年《公司法》的第89条。因此，本案例在2024年7月1日新《公司法》施行后仍具有参考意义。

三、损害股东利益责任之诉

当小股东的权益因其他股东滥用权利或公司董事、监事高级管理人员违反忠实勤勉的法定义务而遭受损害时，股东可以提起损害股东利益责任之诉。因此，该类诉讼主要有两类。

第一类是要求滥用股东权利的股东承担赔偿的诉讼。当小股东的权利因为大股东滥用股东权利而受到侵害，并且因此给小股东造成了经济损失的情况下，小股东可以滥用权利的大股东为被告提起该诉讼，要求滥权股东向其承担赔偿责任。此时，可以列公司为第三人。对于公司控股股东滥用权利严重侵害小股东权益的情形，小股东可以行使股权回购请求权；对其中造成小股东经济损失的情形，小股东也可以提起该诉讼。

第二类是要求公司“董监高”承担赔偿责任的诉讼。该类诉讼一般是因为公司的“董监高”违反对公司的忠实勤勉义务而损害了公司股东的利益，股东可以直接以违反法定义务的“董监高”为被告，提起损失赔偿之诉。如果“董监高”的相关行为是受公司的控股股东和实际控制人指使而实施，还可以将该控股股东和实际控制人同时列为被告，要求其承担连带赔偿责任。两种情况下都可以列公司为第三人。

第十章　公司法定代表人制度相关法律风险及其诉讼制度

第一节　公司法定代表人制度概述[1]

一、公司法定代表人的定义

要说清“法定代表人”这个概念，就必须先从“法人”制度说起。根据《民法典》第57条的规定，法人是具有民事权利能力和民事行为能力，依法独立享有民事权利和承担民事义务的组织。通俗地说，法人就是被法律赋予独立法律人格的组织。《民法典》第一编“总则”第三章分四节共计45条规定了我国的法人制度。《民法典》把法人分为营利法人、非营利法人和特别法人三类。营利法人是为营利目的而成立的法人。公司属于典型的营利法人[2]。非营利法人是为公益目的或者其他非营利目的而成立的法人，包括事业单位、社会团体、基金会、社会服务机构等。特别法人是指机关法人、农村集体经济组织法人、城镇农村的合作经济组织法人和基层群众性自治组织法人。

法人是法律拟制的“人”，是法律上具有独立人格地位的组织。既然是组织，就不像成年的健康自然人那样天然地具备表达自己意志的能力。所以，法人的意志需要由特定的自然人来“代表”。所以，法定代表人，可以顾名而思义，是指被

---

〔1〕 参见本书第一章第二节。

〔2〕 这里澄清一个常见的理解和认识误区，或者说是不正确的口头表达：公司是企业法人，公司的法定代表人可以简称为“法人代表”，但是不能简称为“法人”。说某人是“法人”的说法是一种常见的口语表达上的错误。

法律认可的有权代表法人实施民事行为的自然人〔1〕。如果说以上可以作为对“法定代表人”这一概念的通俗的理解，那么《民法典》第61条第1款就是关于“法定代表人”这一个概念的权威定义：“依照法律或者法人章程的规定，代表法人从事民事活动的负责人，为法人的法定代表人。”

公司法定代表人就是被法律认可的有权以公司名义并代表公司实施民事行为从事民事活动的自然人，该自然人为法律上认可的公司的负责人。

二、公司法定代表人的职权

“法定代表人”这个词在《公司法》中共出现了21次，分别出现在11个条文当中，其中《公司法》第10条和第11条是关于法定代表人制度的专门规定。第11条规定了公司法定代表人的职权以及与公司之间的法律关系，其中第1款和第2款的具体内容如下：“法定代表人以公司名义从事的民事活动，其法律后果由公司承受。公司章程或者股东会对法定代表人职权的限制，不得对抗善意相对人。”

《民法典》第61条第1款和第2款对此作了相同的规定：“依照法律或者法人章程的规定，代表法人从事民事活动的负责人，为法人的法定代表人。法定代表人以法人名义从事的民事活动，其法律后果由法人承受。”

除《公司法》第10条和第11条是关于法定代表人制度的专门规定之外，《公司法》与“法定代表人”有关的规定还散见于第32条、第33条、第35条、第46条、第55条、第95条、第149条、第178条、第196条，主要规定了如下内容：公司法定代表人的姓名属于公司登记事项和公司营业执照记载事项，公司章程应当记载公司法定代表人的产生和变更办法，公司的出资证明书、纸质股票和纸质债券应当有法定代表人签名，等等。

除《公司法》和《民法典》之外，也有其他法律明确规定了公司法定代表人代表公司从事某些特殊法律活动的职权，比如《民事诉讼法》第51条第2款规定：“法人由其法定代表人进行诉讼。其他组织由其主要负责人进行诉讼。”按照该规定，公司的诉讼权利应当由其法定代表人代表公司行使。

---

〔1〕与“法定代表人”只有一字之差的“法定代理人”的概念所针对的一般是自然人，即“法定代理人”是法律规定的有权代理无民事行为能力人和限制民事行为能力人实施民事法律行为的人。

三、公司法定代表人的产生和更换

公司法定代表人的人选范围。新《公司法》扩大了可以担任公司法定代表人的人选范围，将旧《公司法》规定的只有“董事长、执行董事或者经理”可以担任公司法定代表人，扩大到“代表公司执行公司事务的董事或者经理”，即可以担任公司法定代表人的董事不再限制于董事会当中的“董事长”一人，而是扩大到包括董事长在内的所有董事，只要其“代表公司执行公司事务”即可。

对于公司法定代表人如何产生和更换，新旧《公司法》对此的规定是不同的。按照旧《公司法》的规定，公司法定代表人的姓名是公司章程必须记载的事项。而制定和修改公司章程是公司股东会的职权。因此，在旧《公司法》之下，公司法定代表人的产生和更换是股东会的职权，需要召开股东会予以决定。而按照新《公司法》的规定，法定代表人的姓名并不是公司章程的必要记载事项，公司章程关于法定代表人的必要记载事项是“法定代表人的产生和变更办法”。因此，在2024年7月1日新《公司法》生效后，公司法定代表人如何产生和变更取决于公司章程规定的具体办法。如果公司章程规定公司的法定代表人的产生和变更由公司董事会决定，那么该公司法定代表人的产生和变更就不再需要召开股东会。

除了公司主动更换法定代表人，新《公司法》对公司被动更换法定代表人也作出了规定，即新《公司法》第10条规定了公司法定代表人的辞任和补任制度。这方面的具体内容，可参见本书第一章第二节的详细论述，在此不再赘述。

第二节 与公司法定代表人制度有关的法律风险

从承担法律风险的主体上区分，与公司法定代表人制度有关的法律风险可以分为公司法定代表人本人的法律风险和与法定代表人制度有关的公司的法律风险。

一、公司法定代表人本人的法律风险

根据《公司法》第10条第1款的规定，公司法定代表人的人选范围是公司的董

事和经理，而经理是法定的公司高级管理人员，并且依据《民法典》第61条第1款的规定，公司法定代表人又是公司的负责人。所以，公司法定代表人要么是公司的董事，要么属于公司的高级管理人员。因此《公司法》以及其他法律关于公司董事、监事和高级管理人员责任的规定，均适用于公司的法定代表人。

公司法定代表人本人与其“公司法定代表人”的身份和履职有关的法律风险主要包括因不当履职被追责或任职资格受到限制、因公司债务被限制高消费以及离任后无法登记等。

（一）公司法定代表人因不当履职被追责的风险

《公司法》第11条第3款是关于公司法定代表人因职务行为致人损害的责任应如何承担的规定：“法定代表人因执行职务造成他人损害的，由公司承担民事责任。公司承担民事责任后，依照法律或者公司章程的规定，可以向有过错的法定代表人追偿。”

根据该规定，公司法定代表人因职务行为致人损害的责任又可以分为对外责任和内部责任。对外责任是指对受损害人的民事责任。这种责任由公司直接承担。受害人不能要求法定代表人个人承担。但是，如果公司法定代表人在致人损害的职务行为的过程中存在过错，公司在对外承担责任之后，可以向有过错的法定代表人追偿。此时，法定代表人需要按照自己的过错程度分担公司的经济损失。

（二）公司法定代表人因不当履职任职资格受到限制的风险

如果公司因违法被吊销营业执照或者被责令关闭，并且公司法定代表人负有个人责任，那么该法定代表人的任职资格会因此而受到限制。《公司法》第178条第1款对此作出了明确规定：“有下列情形之一的，不得担任公司的董事、监事、高级管理人员……（四）担任因违法被吊销营业执照、责令关闭的公司、企业的法定代表人，并负有个人责任的，自该公司、企业被吊销营业执照、责令关闭之日起未逾三年……”依据该规定，对公司因违法行为被吊销或责令关闭负有个人责任的法定代表人，在该公司被吊销或责令关闭之日起三年内，不得再担任公司的董事、监事或者高级管理人员。

（三）公司法定代表人因公司债务被限制高消费等执行风险

公司与其法定代表人是各自独立的民事主体，各自独立对外承担民事责任。公司的债务应当由公司的财产偿还，法定代表人没有偿还公司债务的义务。法院判决公司对外承担给付金钱的时，只要法定代表人不是案件被执行人，并且也没有为逃避执行转移公司财产，法院不能执行公司法定代表人的财产，法定代表人也不应当为公司不能偿还债务承担法律责任。

但是，公司法定代表人还是需要在公司被强制执行且仍不能履行债务时承担相应的法律后果，这些法律后果对于公司法定代表人来说是其因担任公司法定代表人而需要承担的法律风险。这些法律后果主要有两个方面。一是当公司因不能履行生效判决被法院列为失信被执行人的情况下，法院公布的失信被执行人信息应当包含公司法定代表人的姓名。二是虽然法院不能执行法定代表人的财产，但可以对成为失信被执行人公司的法定代表人采取限制高消费的措施〔1〕。

（四）公司法定代表人离任后无法变更或"涤除"登记的风险

公司法定代表人本人的另一项风险是在其离任后无法完成相关登记。尽管在公司内部的法律关系上，已经离任的原法定代表人已经不再是该公司的法定代表人，但是在公司登记部门登记公示的公司信息当中和公司营业执照上面，此人依然还是该公司的"法定代表人"，还会因此而招致诸如前述的因公司债务被法院限制高消费等诸多麻烦。

这种法定代表人离任后无法完成相关登记的情形，既可能发生在法定代表人被动离任时，也可能发生在其主动辞任时；既可能是因为公司未确定新的法定代表人而在登记机关的登记系统中无法实际完成将原法定代表人"涤除"的登记，也可能是因为公司虽然确定了新的法定代表人，但是公司或者新的法定代表人怠于申请法定代表人变更登记。如果是公司已经合法确定了新的法定代表人，但因公司等相关主体不配合或者怠于变更登记的情形属于法定代表人离任登记当中的一般性风险，那么上述无法"涤除""登记"的风险则是一种"疑难杂症"。希望登

---

〔1〕 参见《限制被执行人高消费若干规定》第3条。

记机关尽早出台统一适用的规范性文件，规范相关操作，早日“治愈”这一“疑难杂症”。

二、与法定代表人制度有关的公司的法律风险

与法定代表人制度有关的公司的法律风险主要有法定代表人不当履职的法律风险和法定代表人不配合变更登记和交接的风险。

（一）法定代表人不当履职的法律风险

法定代表人以公司名义从事民事活动的法律后果直接由公司享有和承担。并且，除非法律对特殊的民事活动有特别的例外规定，公司章程或者股东会对法定代表人职权的限制，不得对抗善意相对人〔1〕。因此，法定代表人履职不当必然会给公司带来较大的法律风险。依据法定代表人的主观要件和代表公司的职务行为客观要件，这种风险又可以分为不可追究法定代表人个人责任的常规风险和可追究的法定代表人个人责任的不当履职风险。前者是法定代表人依法且无过错履职行为可能给公司带来的一般风险。这种风险公司应当承受，不可追究法定代表人的个人责任。后者是因法定代表人履职时违反忠实勤勉义务或者存在其他应归责的过错并且因此给公司造成不利法律后果的风险。这种风险发生时公司可以追究法定代表人个人的民事赔偿责任或其他法律责任。依据违法行为的性质及其造成损害后果的严重程度，这种风险又可以进一步分为民事法律风险、行政法律风险和刑事法律风险。民事法律风险主要是因法定代表人在履职时违反对公司的忠实勤勉义务或者法定代表人因可追责的过错履职行为给他人造成民事损害，导致公司损失或需要对外承担民事责任的法律风险。这种情况下公司可以依据公司法相关规定追究法定代表人的赔偿责任。行政法律风险是指因法定代表人的不当履职造成公司受到行政处罚的法律风险。刑事法律风险是指因法定代表人的违法履职行为导致公司构成单位犯罪并被追究刑事责任的法律风险。后面两种情况下法律往往会同时追究法定代表人作为主要责任人的行政法律责任或者刑事法律责任，因此本书也将其归类为可追责的不当履职风险。

---

〔1〕 参见2023年《公司法》第11条第2款。

（二）法定代表人不配合变更登记和交接的风险

在公司更换法定代表人或者原法定代表人辞任时，对公司来说，存在原法定代表人不配合变更登记和交接的风险。

按照新《公司法》生效之前的法律和配套法规、规章和部门规范性文件的规定，公司申请变更登记需要法定代表人在申请书上签名。这意味着在法律变更法定代表人的变更登记申请当然也需要“法定代表人”签名。这种情况下，已被换下来的原法定代表人如果不予配合，就会造成公司撤换法定代表人之后无法完成变更登记的情形发生。新《公司法》第35条第3款是专门为解决此问题而作出的规定：“公司变更法定代表人的，变更登记申请书由变更后的法定代表人签署。”因此，在2024年7月1日新《公司法》生效实施后，原法定代表人不配合变更登记的难题和法律风险将得到彻底解决。

尽管如此，原法定代表人不配合交接的风险却不会因新《公司法》的施行而发生明显变化。公司法定代表人作为公司的负责人，往往直接或者间接保管着公司的各种公章、营业执照和其他各种重要证件。如果出现公司财务负责人或重要财务人员与原法定代表人共进退的情况，那么法定代表人甚至还可能直接或间接控制着公司的会计账簿和会计凭证等重要财务资料。如果公司法定代表人变更时，原法定代表人拒不配合交接公司的公章、证照等公司特殊资产和资料，就会因此在一定时期和一定程度上造成公司经营的困难甚至混乱局面。实践中经常被媒体报道的公司公章抢夺“大战”往往就是这种法律风险集中爆发的表现。

然而，如果从专业法律人的视角去分析，其实没有必要去进行所谓的公章抢夺“大战”。的确，在公司治理模式一切正常运转的情况下，加盖公章和公司法定代表人签字都可以对外作为公司意志的代表。但是，当两者发生冲突时，应当以法定代表人的签字为准。因为公章本身并不是公司的代表，法定代表人才是公司的合法代表。而公司作为一个法人组织，变更和更换法定代表人是其内部行为。公司法对这种内部行为的要件和程序作出了细致完备的规定。当公司内部已经通过股东会、董事会等公司机关通过合法的程序按照法定的要件作出变更法定代表人的决定，该决定对于包括新老法定代表人在内的公司内部法律关系来说是立即生效的。因此，当出现被离任的原法定代表人拒不配合交接，甚至以公章对抗新任法定代表人的签字时，在法律上应当以新法定代表人的签字为准。

至于在此基础上的具体解决路径，一方面，公司可以提起公司证照返还之诉来寻求司法救济。第三节将对此作详细介绍，此处不予赘述。另一方面，这种情况下，即使新法定代表人重新刻制公司印章，也绝不是“私刻公章”，因为该法定代表人本来就是公司的合法代表人。至于其他资料，也可以通过司法维权或者依法更换等“和平方式”去解决。此外，需要特别指出的是，如果原法定代表人和公司其他人员或者其他相关人员拒不配合交接的资料当中包括某些极其重要的特殊资料，比如公司会计账簿和会计凭证等财务资料，甚至将这些重要资料隐匿或者故意销毁，情节严重情况下会涉嫌构成《刑法》第162条之一规定的“隐匿、故意销毁会计账簿、会计凭证、会计报告罪”〔1〕。在这种情况下，公司可以拿起刑法这一最高法律武器来保护自己——向公安机关报案控告拒不配合交接财务资料的人员涉嫌构成犯罪并要求立案追究其刑事责任。

第三节　与公司法定代表人制度有关的民事诉讼

与公司法定代表人制度间接相关的民事诉讼有公司决议效力之诉、公司决议撤销之诉和公司决议不成立之诉等公司决议诉讼，以及损害公司利益责任之诉，董事、高级管理人员损害公司债权人利益责任之诉等。这些相关的民事诉讼本书放在其他专门讨论相关话题的章节中进行论述。本节仅介绍与公司法定代表人制度直接相关的民事诉讼。这些民事诉讼包括公司法定代表人变更登记之诉、公司证照返还之诉和公司法定代表人本人与公司发生的纠纷之诉等。

一、法定代表人变更登记之诉

凡是在公司法定代表人发生变化之后因配合登记而引发的纠纷，都是法定代表人登记之诉，适用“请求变更公司登记纠纷”这个三级案由。这里之所以用“变

〔1〕 参见本书第十六章。

化”这个词，而没有用“变更”这个词，是因为想使其涵盖“涤除”登记之诉。所谓“涤除登记”之诉，是指在法定代表人辞任后公司没有依法任命新法定代表人的情况下，原法定代表人诉请在登记公示系统将其作为公司法定代表人的登记信息“涤除”这种诉讼。

（一）变更法定代表人登记之诉

法定代表人姓名是公司登记事项和公司营业执照必要记载事项。因此，公司通过内部决策程序变更其法定代表人的，应当向国家公司登记机关申请办理法定代表人变更登记，公司登记机关办理公司法定代表人变更登记的同时，为企业换发记载新任法定代表人姓名的新的营业执照，原营业执照作废。在这个过程中，无论是什么原因导致公司在通过内部决策程序变更法定代表人之后，没有及时在公司登记机关办理法定代表人变更登记，都有可能引发请求变更公司法定代表人登记之诉。

如果没有办理法定代表人变更登记是因为公司由于种种原因不予配合，卸任的法定代表人为了维护自己的合法权利而提起诉讼，那么这种情况下提起诉讼的已卸任的原法定代表人为原告，公司为被告。如果未办理变更登记的原因还包括其他需要配合的主体拒不配合，比如管理公司公章的股东因对法定代表人变更持有异议而拒不配合在相关申请文件上盖章，或有的地方的登记机关在办理变更登记时要求新任法定代表人到场签字；而新任法定代表人出于某些特殊考虑不愿配合，还可以将不予配合的主体列为被告，请求判令其协助配合。

如果是因为在旧《公司法》规定下变更登记需要卸任的原法定代表人配合而其拒不配合，应该列公司为原告，原法定代表人为被告，诉讼请求应当是请求法院判令原法定代表人履行协助配合办理变更登记的义务。

（二）法定代表人登记信息“涤除”之诉

现实生活中实际发生的问题往往会超乎立法者的想象。比如，对于出现公司法定代表人长期空缺的情况应当产生什么法律后果，又如何进行公司登记这个问题，无论是旧《公司法》还是新《公司法》都没有作出规定。

乍听起来，公司没有法定代表人这种情况似乎不可能发生。因为成立公司需要依法申请设立登记，而法定代表人的姓名是必要登记事项和公司营业执照必要记载事项。公司完成设立登记的标志性事件是取得营业执照。新旧《公司法》都明确规定“公司营业执照签发日期为公司成立日期”。也就是说，只有取得营业执照公司才算正式成立，因此，除非发生公司的申请设立人没有申报法定代表人并且公司登记机关办事人员渎职到对此没有注意，以至于在公司成立时签发没有记载法定代表人的营业执照这种极端荒唐的事情，否则公司在设立之初就没有法定代表人这种情况不可能发生。

但是，在公司设立之后的长期经营过程中，公司没有法定代表人这种情况的确会出现。有两种情形会导致出现公司没有法定代表人的情况。一种情形是公司原法定代表人辞任之后，公司没有依法及时确定新的法定代表人。另一种情形是具有产生和变更公司法定代表人职权的公司机关〔1〕在审议公司法定代表人变更的议案时，对于免除原法定代表人职务的议题形成多数意见并通过有效决议；但是对于拟新任法定代表人的人选提名却没有能够通过。这样，有权的公司机关就罢免了公司原法定代表人，却没有同时确定新的法定代表人。

对于第一种情形，虽然新《公司法》第10条第2款和第3款有所规定：“担任法定代表人的董事或者经理辞任的，视为同时辞去法定代表人。法定代表人辞任的，公司应当在法定代表人辞任之日起三十日内确定新的法定代表人。”但是，如果公司没有在法定代表人辞任之日起三十日内确定新的法定代表人会产生什么法律后果，是需要承担民事责任还是行政责任？新《公司法》只字未提。因此，《公司法》这里的规定的“当在法定代表人辞任之日起三十日内确定新的法定代表人”的公司义务，是一种软性义务，因为新《公司法》没有配套规定违反该义务的法律责任。当然，国务院及其负责公司登记的部门可以为此制定配套规定。通过配套法规和规章，一方面可以制定操作层面的规范，以便解决在公司未按期确定新法定代表人的情况下，如何“涤除”已卸任法定代表人仍被登记为该公司法定代表人之信息的实际问题；另一方面也可以为《公司法》第10条第3款设定相应的行政处罚，以便使该法律条文规定的公司义务成为一种硬性的义务。

---

〔1〕　在旧《公司法》规定的公司治理体制下是公司股东会，在新《公司法》规定的公司治理体制下由公司章程规定，可以是公司股东会或董事会，还可以是公司监事会，也可以是公司章程规定的其他方式。

在此之前，如果出现由于公司法定代表人空缺的原因而无法将已卸任法定代表人仍被登记公示为公司的现任法定代表人的信息进行“变更”的情况，已卸任的原法定代表人只能通过提起法定代表人登记信息“涤除”之诉来寻求司法救济[1]。法定代表人登记信息“涤除”之诉依然需要适用“请求变更公司登记纠纷”这个民事案由。通过诉讼维权的已卸任的公司原法定代表人可以作为原告，公司作为被告。公司所在地的法院为地域管辖法院。

案例10.1 韦某某诉新疆某房地产公司、新疆某投资公司、新疆某甲投资公司请求变更公司登记纠纷案[2]

【裁判要旨】

1.法定代表人是对外代表公司从事民事活动的公司负责人，登记的法定代表人依法具有公示效力。就公司内部而言，公司与法定代表人之间为委托法律关系，法定代表人代表权的基础是公司的授权，自公司任命时取得至免除任命时终止。公司权力机关依公司章程规定免去法定代表人的职务后，法定代表人的代表权即为终止。

2.有限责任公司股东会依据章程规定免除公司法定代表人职务的，公司执行机关应当执行公司决议，公司执行机关对外代表公司，因此，公司负有办理法定代表人工商变更登记的义务。

3.公司办理工商变更登记中依法提交股东会决议、选任新的法定代表人等均是公司对登记机关的义务，公司不履行该义务，不能成为法定代表人请求公司履行法定义务之权利行使的条件。

【案情简介】

新疆某房地产公司（以下简称某塔公司）于2013年3月26日成立，新疆某

[1] 至于如果公司主动申请登记机关“涤除”相关信息，而登记机关以“没有新任法定代表人所以不能办理”为由拒绝办理的情况下，公司能否以登记机关为被告提起行政诉讼的问题，值得进一步探讨。本书认为这种情况属于行政诉讼的受案范围，公司有权提起行政诉讼。

[2] 最高人民法院民事判决书，(2022)最高法民再94号。

投资公司（以下简称某塔投资公司）持股95%，新疆某甲投资公司（以下简称某甲公司）持股5%，某塔投资公司系某集团公司下属公司。韦某某受某集团公司委派担任某塔公司的董事长及法定代表人。2017年7月18日，某塔投资公司根据某集团公司下发的《关于干部免职的决定》，向韦某某发出免职通知书，免除韦某某某塔公司董事长、法定代表人职务。但某塔公司一直未变更公司工商登记，致使韦某某因某塔公司的相关诉讼而被限制高消费，韦某某向宁夏回族自治区银川市中级人民法院提起诉讼。

宁夏回族自治区银川市中级人民法院于2020年8月25日作出（2019）宁01民初3717号民事判决：驳回韦某某的诉讼请求。宣判后，韦某某提出上诉。宁夏回族自治区高级人民法院（2021）宁民终82号民事判决：驳回上诉，维持原判。宣判后，韦某某提出再审申请。最高人民法院于2021年12月17日作出（2021）最高法民7049号民事裁定：提审本案。最高人民法院于2022年5月17日作出（2022）最高法民再94号民事判决：一、撤销宁夏回族自治区高级人民法院（2021）宁民终82号民事判决、宁夏回族自治区银川市中级人民法院（2019）宁01民初3717号民事判决；二、某塔公司于本判决生效之日起三十日内为韦某某办理公司法定代表人变更登记；三、驳回韦某某的其他诉讼请求。

【案件分析】

法院生效裁判认为，法定代表人是对外代表公司意志的机关之一，登记的法定代表人依法具有公示效力，但就公司内部而言，公司和法定代表人之间为委托法律关系，法定代表人行使代表人职权的基础为公司权力机关的授权，公司权力机关终止授权则法定代表人对外代表公司从事民事活动的职权终止，公司依法应当及时办理工商变更登记。

本案中，某塔公司的章程第13条规定，某塔公司股东会是公司的权力机构，有权选举和更换董事。第19条规定，董事会董事由股东委派，董事会对股东会负责，执行股东会决议，董事长由董事会选举产生。第26条规定，董事长为公司法定代表人。2013年3月26日，某塔公司成立，韦某某是某塔公司股东，某塔投资公司委派的董事，依据公司章程经董事会选举为董事长，依据章程担任公司法定代表人，并办理了工商登记。因此，韦某某系受公司权力机关委托担任公司法定代表人。

2017年7月18日，某集团公司下发《关于干部免职的决定》，免除韦某某某塔公司董事长、法定代表人职务。2017年7月18日，某塔投资公司依据某集团公司上述干部免职决定，向韦某某发出免职通知书，免去韦某某公司董事长、法定代表人职务。免职通知书还载明："本公司作为某塔公司的控股股东，有权决定该公司董事长、法定代表人任免。本公司已将对你的免职决定通知另一股东新疆某甲投资公司，该公司未提出异议。本通知自发出之日生效。"韦某某被免职后，未在该公司工作，也未从公司领取报酬。本案诉讼中，某鸿公司明确其知晓并同意公司决定，因此，可以认定某塔公司两股东已经就韦某某免职作出股东会决议并通知了韦某某，该决议符合某塔公司章程规定，不违反法律规定，依法产生法律效力，双方的委托关系终止，韦某某已经不享有公司法定代表人的职责。《公司法》第13条规定，"公司法定代表人依照公司章程的规定，由董事长、执行董事或者经理担任，并依法登记。公司法定代表人变更，应当办理变更登记"，某塔公司应当依法办理法定代表人变更登记。

按照原国家工商行政管理局制定的《企业法人法定代表人登记管理规定》第6条："企业法人申请办理法定代表人变更登记，应当向原企业登记机关提交下列文件：(一)对企业原法定代表人的免职文件；(二)对企业新任法定代表人的任职文件；(三)由原法定代表人或者拟任法定代表人签署的变更登记申请书。"以及第7条："有限责任公司或者股份有限公司更换法定代表人需要由股东会、股东大会或者董事会召开会议作出决议……"之规定，某塔公司只需提交申请书以及对原法定代表人的免职文件、新法定代表人的任职文件，以及股东会、股东大会或者董事会召开会议作出决议即可自行办理工商变更登记。本案中，韦某某被免职后，其个人不具有办理法定代表人变更登记的主体资格，某塔公司亦不依法向公司注册地工商局提交变更申请以及相关文件，导致韦某某在被免职后仍然对外登记公示为公司法定代表人，在某塔公司相关诉讼中被限制高消费等，已经给韦某某的生活造成实际影响，侵害了其合法权益。除提起本案诉讼外，韦某某已无其他救济途径，故韦某某请求某塔公司办理工商变更登记，依法有据，应予支持。至于本案判决作出后，某塔公司是否再选任新的法定代表人，属于公司自治范畴，本案不予处理。

综上，再审法院认为，原一审、二审判决以某塔公司未形成决议等为由驳回韦某某的诉讼请求有误，依法予以纠正，韦某某请求某塔公司办理工商变更登记的请求成立，应予支持。某塔投资公司、某鸿公司仅是某塔公司的股东，且其已经就免除韦某某法定代表人作出决议，依法也非办理变更登记的义务主体，韦某某请求该两公司办理或协助办理法定代表人工商变更登记，依据不足，不予支持。

二、公司证照返还之诉

公司证照返还之诉是专门为解决本章第二节讨论的已卸任的公司原法定代表人拒不配合办理交接，在卸任之后不向公司返还其在任职时管理的公司公章、营业执照等公司特定资产的纠纷解决之诉。公司证照不限于文义中的证件和营业执照，还包括公司印章。在司法实践中，也有法院将证照范围扩张至包括公司的财务会计账簿等资料〔1〕。

各种印章、营业执照、证件等是公司的特殊资产。与一般资产相比较，其特殊之处在于其重要性并非主要来自其本身的金钱价值，而是来自其本身的特殊功用。这些特殊资产是公司开展正常经营活动必不可少的，如果其不能正常交接，势必严重影响公司正常经营。虽然可以通过其他临时紧急的途径来减轻这种不利影响，但是，相关纠纷如果不能通过协商解决，要想彻底解决争议就只能走司法救济的途径——依法提起公司证照返还之诉。《民事案由规定》为此类诉讼设置了专门案由——三级案由272. 公司证照返还纠纷。按照诉争标的的不同，又可以进一步分为公司印章返还之诉、公司营业执照返还之诉、公司重要证件返还之诉和公司财务资料返还之诉等。该诉讼的原告一般应为公司，被告为卸任后继续占有

〔1〕 参见赵旭东主编：《新公司法诉讼实务指南》，法律出版社 2024年版，第316页。

上述公司特定财产拒不返还的原法定代表人或者其他实际占有人。

这里需要特别指出的是，当公司证照返还纠纷的诉争标的是公司的印章时，会出现公司印章与公司法定代表人“人章冲突”[1]的问题。这时法院需要进行必要的公司诉讼代表权审查，不应简单地以“原告公司的起诉状没有加盖公章”为由认为其起诉不符合诉讼条件而不予受理。更不应直接认定被告提供的加盖公司公章的“表达公司对诉讼的意志”的文件，比如撤诉申请，就是有效的公司意志。法院需要对案件中的“人章冲突”和新老法定代表人都主张有诉讼代表权的“人人冲突”进行实体审理，并进而在程序上确定谁有权代表公司进行诉讼，在实体上判断被告占有案涉特定财产是否为非法占有，并在此基础上作出判决[2]。在程序上，如果法院认定原法定代表人已卸任，公司已依法确定新法定代表人，那么，应当认定新法定代表人是唯一可以代表公司行使诉权的主体，与此相冲突的“人”和“章”都不能代表公司的诉讼意志。也就是说，在这种情况下，新法定代表人的签字可以代表公司，原法定代表人本人及其控制的公司公章不能代表公司。比如，当公司作为原告提供的有新法定代表人签字却没有加盖公章的起诉状与加盖了原法定代表人所控制的印章的撤诉申请同时都被递交到法院的情况下，法院就应当对原法定代表人是否卸任及公司是否已依法确定新法定代表人的事实予以查明。如果法院确认了公司法定代表人已依法变更的事实，就应当在此基础上认定虽然没有加盖公司印章但是有新法定代表人签字的起诉状是能够代表公司诉讼意志的有效的起诉状，而加盖了原法定代表人所控制的印章的撤诉申请不能代表公司诉讼意志。其他诉讼文书亦应如此认定。

三、法定代表人本人与公司发生的纠纷之诉

与公司法定代表人制度有关的民事诉讼当中还有一类非常特殊的诉讼，那就是法定代表人个人与其担任法定代表人的公司之间发生民事纠纷所形成的诉讼。之所以说这是一类非常特殊的诉讼，是因为在这类诉讼中存在天然的公司诉讼代表权问题，即谁有权代表公司进行诉讼活动的问题。在一般情况下，公司由其法

---

〔1〕 郭勤贵：《公司诉讼36式：公司纠纷诉讼应对指南》，法律出版社 2022年版，第214页。

〔2〕 参见赵旭东主编：《新公司法诉讼实务指南》，法律出版社 2024年版，第322–333页。

定代表人参加诉讼，这也是民事诉讼法的明确规定。但是，如果在法定代表人本人与公司发生的纠纷之诉当中仍然由法定代表人代表公司参加诉讼，就会出现一般老百姓所理解的“自己告自己”的荒唐事。这当然也与基本的法理和法律逻辑完全相悖。

道理虽然是显而易见的，现实却是比较混乱的，对于法定代表人本人与公司发生的纠纷之诉如何确定公司诉讼代表权的问题，由于没有明确的法律规定，司法实践中的实际做法五花八门，有的采取向公司公告送达并且在公告期满后按照公司缺席的方式进行审理的方式，有的案件由受理法院为公司指定诉讼代表人，有的甚至采取仍认可法定代表人代表公司参加诉讼，其法定代表人则由其委托的代理人参加诉讼的方式进行诉讼〔1〕。

此外，如果公司作为原告，以法律没有明确规定的特殊事项起诉法定代表人，则应当经过公司内部的特别程序，由股东会或者监事会等有权公司机关作出决议〔2〕。

〔1〕 本书认为这种方式显然是不合适的。

〔2〕 参见云闯：《新公司法司法实务与办案指引》，法律出版社 2024年版，第131-132页。

第十一章　公司“董监高”相关法律风险与诉讼制度

按照现代公司法关于所有权和经营权可以分离的理论，公司的董事、监事和高级管理人员是受公司股东委托负责公司经营管理的公司管理者，其中的董事组成的董事会，监事组成的监事会，以及在不设董事会和监事会情形下的执行董事和监事，又是法定的公司机关。因此，为了减少代理成本，在代理者和被代理者之间实现平衡，公司法特别规定了公司“董监高”的法定义务，公司“董监高”基于其特殊身份，除了与一般公民一样负有遵守法律的义务，还负有遵守公司章程以及对公司的信义义务等特殊义务。其中对公司的信义义务又被进一步分为对公司的忠实义务和勤勉义务。如果公司“董监高”违反了这些义务，就需要承担法律责任，这些法律责任并非仅仅限于民事责任，还包括刑事责任。因此，公司“董监高”不当履职的法律风险不仅包括民事法律风险，也包括刑事法律风险。

第一节　公司“董监高”的法定义务

公司“董监高”负有遵守公司章程的义务以及对公司的信义义务，后者又可以进一步分为忠实义务和勤勉义务。

一、公司“董监高”遵守法律和公司章程的义务

遵守法律是每个公民的义务，公司“董监高”自然也不例外。除了遵守法律，公司“董监高”需要严格遵守的还有公司章程。因为公司章程是公司最重要的内

部文件，相当于公司的“宪章”，是公司内部规范公司内部法律关系、实现公司自治的具有最高效力的法律文件，对公司、股东和公司管理者都具有法律约束力。公司“董监高”遵守公司章程也是其作为公司管理者的题中应有之义。为此，《公司法》第5条和第179条作出专门规定：

《公司法》第5条规定：“设立公司应当依法制定公司章程。公司章程对公司、股东、董事、监事、高级管理人员具有约束力。”第179条规定：“董事、监事、高级管理人员应当遵守法律、行政法规和公司章程。”

《公司法》第187条还规定了“董监高”应要求列席股东会并接受质询的义务：“股东会要求董事、监事、高级管理人员列席会议的，董事、监事、高级管理人员应当列席并接受股东的质询。”

二、公司“董监高”的忠实义务

《公司法》第180条第1款规定了公司“董监高”的忠实义务：“董事、监事、高级管理人员对公司负有忠实义务，应当采取措施避免自身利益与公司利益冲突，不得利用职权牟取不正当利益。”

根据该条规定，公司“董监高”的忠实义务是指其应当忠于公司、诚信履职的义务。可以从积极和消极两个层面来理解忠实义务的外延，积极层面的外延是指“董监高”应当积极作为的层面。在这个层面，公司“董监高”应当采取措施避免自身利益与公司利益冲突。消极层面的外延是指禁止“董监高”主动作为的层面。在这个层面，“董监高”不得利用职权牟取不正当利益。

《公司法》第181条详细列举了“董监高”忠实义务消极层面的外延所包括的具体事项：“董事、监事、高级管理人员不得有下列行为：（一）侵占公司财产、挪用公司资金；（二）将公司资金以其个人名义或者以其他个人名义开立账户存储；（三）利用职权贿赂或者收受其他非法收入；（四）接受他人与公司交易的佣金归为己有；（五）擅自披露公司秘密；（六）违反对公司忠实义务的其他行为。”

《公司法》第182条至第184条分别规定了“董监高”需要经过特定的程序并满足特定的条件才可以实施的有关行为。与《公司法》第181条所列举的行为不同的是，对于“董监高”来说，这些行为并不是绝对禁止的行为，但在实施这些行为之前，必须经过法律和公司章程规定的特定程序并符合特定条件，否则就构成违反忠实义务。以下分别介绍。

《公司法》第182条规定了“董监高”进行自我交易[1]及关联交易时需要遵守的程序和满足的条件：“董事、监事、高级管理人员，直接或者间接与本公司订立合同或者进行交易，应当就与订立合同或者进行交易有关的事项向董事会或者股东会报告，并按照公司章程的规定经董事会或者股东会决议通过。董事、监事、高级管理人员的近亲属，董事、监事、高级管理人员或者其近亲属直接或者间接控制的企业，以及与董事、监事、高级管理人员有其他关联关系的关联人，与公司订立合同或者进行交易，适用前款规定。”根据本条的规定，“董监高”与公司的自我交易和关联交易并非绝对禁止。但是，其实施的程序和条件是涉事的董事、监事或者高级管理人员先向董事会或者股东会报告，经过后者审议批准。至于是向董事会还是股东会报告并由其通过，则由公司章程加以规定。如果公司章程没有对此作出规定，根据《公司法》第67条第2款第9项以及第120条第2款的规定，可以由董事会进行审议和批准。《公司法》第185条对董事会审议上述事项的议事方式和表决程序作出了特别规定，并且该特别规定也适用于接下来讨论的《公司法》第183条、第184条规定的谋取公司商业机会和经营公司同类业务的情形：“董事会对本法第一百八十二条至第一百八十四条规定的事项决议时，关联董事不得参与表决，其表决权不计入表决权总数。出席董事会会议的无关联关系董事人数不足三人的，应当将该事项提交股东会审议。”

《公司法》第183条用一般禁止加特殊例外的立法模式对“董监高”可否谋取公司商业机会的问题作出规定：“董事、监事、高级管理人员，不得利用职务便利为自己或者他人谋取属于公司的商业机会。但是，有下列情形之一的除外：（一）向董事会或者股东会报告，并按照公司章程的规定经董事会或者股东会决议通过；（二）根据法律、行政法规或者公司章程的规定，公司不能利用该商业机会。”

《公司法》第184条规定了“董监高”经营公司同类业务需要遵守的程序和满足的条件：“董事、监事、高级管理人员未向董事会或者股东会报告，并按照公司章程的规定经董事会或者股东会决议通过，不得自营或者为他人经营与其任职公司

[1] 自我交易是指公司的“董监高”代表公司与其本身进行交易。

同类的业务。”

此外,《公司法》第175条规定了国有独资公司董事和高级管理人员负有不得兼职的义务:“国有独资公司的董事、高级管理人员,未经履行出资人职责的机构同意,不得在其他有限责任公司、股份有限公司或者其他经济组织兼职。”

三、公司“董监高”的勤勉义务

《公司法》第180条第2款规定了公司“董监高”的勤勉义务:“董事、监事、高级管理人员对公司负有勤勉义务,执行职务应当为公司的最大利益尽到管理者通常应有的合理注意。”

对于勤勉义务的外延,《公司法》第八章“公司董事、监事、高级管理人员的资格和义务”当中并没有像规定忠实义务那样作出更加具体的规定。一般认为,勤勉义务当中“合理注意”的程度要求是“管理者通常应有的”,这显然是一个比较抽象且主观性较强的概念。所以不宜对其外延直接作出普遍适用的一般规定,而是应该留给个案,根据具体情况结合行为时的主客观要件进行综合判断。主观要件可以从行为人在主观上是善意的还是具有恶意的、是审慎的还是怠惰的等方面加以考察。客观要件可以通过与类似管理者作适当横向比较的方式加以考察。

另外,《公司法》其他章节当中规定的董事、监事或者高级管理人员的义务,从其性质上分析,有一些也属于勤勉义务,比如第51条和第107条规定的董事会对股东出资的核查义务,第232条和第238条规定的董事的清算义务以及清算组履行清算职责时的忠实义务和勤勉义务[1],等等。

第二节　公司“董监高”的民事法律风险

公司“董监高”基于其特殊身份,对公司负有忠实义务和勤勉义务。如果在执行公司事务过程中违反了这些信义义务,就可能会被追究相应的法律责任,包

[1] 详细内容可参见本书第十七章。

括因违反信义义务所造成的损失承担赔偿责任和违法收入被没收。除此之外，“董监高”的民事法律风险也包括其在约定的任职期间内被解任，尤其是无正当理由被解任的法律风险。该风险在本节不予展开，放在第三节中在讨论相关诉讼制度时一并讨论。以下详细讨论“董监高”违反信义义务的法律风险。

一、对违法履职行为造成的损失承担赔偿责任的法律风险

在《公司法》全部266个条文当中，一共有十二个条文规定了公司董事、监事和高级管理人员的赔偿责任。其中直接规定“应当承担赔偿责任”、“负赔偿责任”或者“承担连带赔偿责任”的有十一条；虽没有直接使用“赔偿责任”这四个字，但通过规定受损害方“可以向人民法院提起诉讼”这种方式间接规定“董监高”赔偿责任的有1条，即第190条。

分析《公司法》当中十二个规定“董监高”民事赔偿责任的法律条文，可以将其分为两类，一类是对“董监高”违反法定义务应承担责任的一般性的、概括性的规定，另一类是针对特定不当履职行为的专门性规定。

前者，即概括性的规定一共有三条，分别规定了违法履职的“董监高”对公司、对股东和对他人的赔偿责任。这三条分别是《公司法》第188条、第190条和第191条。《公司法》第188条规定了违法履职的“董监高”对公司的赔偿责任：“董事、监事、高级管理人员执行职务违反法律、行政法规或者公司章程的规定，给公司造成损失的，应当承担赔偿责任。”《公司法》第190条规定了违法履职的“董监高”对股东的赔偿责任：“董事、高级管理人员违反法律、行政法规或者公司章程的规定，损害股东利益的，股东可以向人民法院提起诉讼。”《公司法》第191条规定了“董监高”违法履职造成他人损害时责任应当如何承担：“董事、高级管理人员执行职务，给他人造成损害的，公司应当承担赔偿责任；董事、高级管理人员存在故意或者重大过失的，也应当承担赔偿责任。”根据该条规定，“董监高”违法履职造成他人损害的，原则上应当由公司承担赔偿责任；“董监高”不承担责任。只有当“董监高”对此存在故意或者重大过失的，“董监高”才“应当承担赔偿责任”。

后者，即《公司法》中针对特定不当履职行为的专门性规定一共有九条。这

九条分别是，关于利用关联关系损害公司利益的第22条，关于出资核查义务及其违反责任的第51条，关于禁止抽逃出资及其违反责任的第53条，关于董事会决议法律责任的第125条第2款，关于违法财务资助及其法律责任的第163条，关于违法分配利润法律责任的第211条，关于违法减资法律责任的第226条，关于未及时履行清算义务法律责任的第232条，以及关于清算组怠于履行清算义务法律责任的第238条。以下分别详细介绍。

《公司法》第22条是关于禁止利用关联关系损害公司利益及其法律责任的规定：“公司的控股股东、实际控制人、董事、监事、高级管理人员不得利用关联关系损害公司利益。违反前款规定，给公司造成损失的，应当承担赔偿责任。”

《公司法》第51条是关于董事会对股东出资的核查义务及其违反责任的规定：“有限责任公司成立后，董事会应当对股东的出资情况进行核查，发现股东未按期足额缴纳公司章程规定的出资的，应当由公司向该股东发出书面催缴书，催缴出资。”

《公司法》第53条是关于禁止抽逃出资及其违反责任的规定，协助抽逃出资的“董监高”需要对公司损失承担赔偿责任：“公司成立后，股东不得抽逃出资。违反前款规定的，股东应当返还抽逃的出资；给公司造成损失的，负有责任的董事、监事、高级管理人员应当与该股东承担连带赔偿责任。”

《公司法》第125条第2款是关于董事应当对董事会的决议承担责任的规定：“董事应当对董事会的决议承担责任。董事会的决议违反法律、行政法规或者公司章程、股东会决议，给公司造成严重损失的，参与决议的董事对公司负赔偿责任；经证明在表决时曾表明异议并记载于会议记录的，该董事可以免除责任。”根据上述规定，董事因董事会决议而向公司承担赔偿责任需要同时满足以下要件：第一是主体要件，必须是参与决议的董事。未参与决议的董事无须承担责任。第二是决议内容要件，决议当中必须存在违反国家法律或者行政法规或者违反公司章程或股东会决议的内容。第三是结果要件，必须存在公司的损失，并且这种损失必须达到“严重”的程度。第四是因果要件，即公司决议当中违法或违反章程的内容与公司严重损失之间必须存在因果关系。不过，参与表决的董事有一张可以免责的“金牌”，那就是在董事会审议和表决该决议时持反对意见并记录在案。

所以，如果董事在参加董事会时认为决议内容不当，必须坚持自己的反对意见，要求记录在案并在当时的会议记录上签字。不能碍于情面而不去表达自己的不同意见。这也是董事防范此种法律风险的有效方法。

《公司法》第163条是关于财务资助的法律规定。财务资助是指公司为他人取得本公司或者其母公司的股份提供财务上的资助。第163条规定的具体内容为："公司不得为他人取得本公司或者其母公司的股份提供赠与、借款、担保以及其他财务资助，公司实施员工持股计划的除外。为公司利益，经股东会决议，或者董事会按照公司章程或者股东会的授权作出决议，公司可以为他人取得本公司或者其母公司的股份提供财务资助，但财务资助的累计总额不得超过已发行股本总额的百分之十。董事会作出决议应当经全体董事的三分之二以上通过。违反前两款规定，给公司造成损失的，负有责任的董事、监事、高级管理人员应当承担赔偿责任。"

《公司法》第211条规定："公司违反本法规定向股东分配利润的，股东应当将违反规定分配的利润退还公司；给公司造成损失的，股东及负有责任的董事、监事、高级管理人员应当承担赔偿责任。"

《公司法》第226条规定："违反本法规定减少注册资本的，股东应当退还其收到的资金，减免股东出资的应当恢复原状；给公司造成损失的，股东及负有责任的董事、监事、高级管理人员应当承担赔偿责任。"

根据《公司法》第232条、第238条的规定，除合并和分立导致公司解散的情形之外，其他原因导致公司解散的，应当清算。董事是公司清算义务人，应当在解散事由出现之日起十五日内组成清算组进行清算。除了公司章程另有规定或者股东会决议另选他人之外，清算组由董事组成。关于公司清算的具体规定可参见本书第十七章的有关内容。这里在简要介绍董事在公司清算当中的上述法定义务的基础上，着重说明一下董事违反上述义务的法律责任——对造成的损失承担赔偿责任。具体规定如下：

《公司法》第232条第3款规定："清算义务人未及时履行清算义务，给公司或者债权人造成损失的，应当承担赔偿责任。"请注意，根据本条第1款的规定，这里的"清算义务人"就是公司董事。

《公司法》第238条第2款规定：“清算组成员怠于履行清算职责，给公司造成损失的，应当承担赔偿责任；因故意或者重大过失给债权人造成损失的，应当承担赔偿责任。”

二、“董监高”的违法收入被公司没收的法律风险

“董监高”违反信义义务的另一项民事法律风险是违法收入被公司没收。这是2023年《公司法》新增加的内容：

《公司法》第186条规定：“董事、监事、高级管理人员违反本法第一百八十一条至第一百八十四条规定所得的收入应当归公司所有。”公司基于该条法律规定没收“董监高”违法收入的权利被称为“归入权”。

第三节 公司“董监高”法律风险相关民事诉讼

与公司“董监高”民事法律风险有关的民事诉讼可以按照“董监高”诉讼地位的不同，将其分为要求“董监高”承担赔偿责任之诉和董事请求公司赔偿之诉。

一、要求“董监高”承担赔偿责任之诉

本节第一部分详细阐述了《公司法》直接或间接规定公司“董监高”对其违反信义义务造成的损失承担赔偿责任的十二个法律条文及其对应的十二种情况。当这些情况发生，相关方与相关董事、监事或高级管理人员不能就赔偿责任协商解决时，受损害方提起的损害赔偿之诉都属于这里所说的“要求‘董监高’承担赔偿责任之诉”。按照受损害方的不同身份，又可以进一步区分为公司损失赔偿及公司归入权之诉、股东损失赔偿之诉和他人损失赔偿之诉等三种。

（一）“董监高”违规履职公司损失赔偿及公司归入权之诉

“董监高”对公司负有忠实勤勉的信义义务。也就是说，“董监高”信用义务所指向的对象是公司。所以，《公司法》规定“董监高”赔偿责任的十二个条文当

中，除了一个针对股东损失赔偿（第190条）、一个针对他人损失赔偿（第191条）之外，其余10个条文针对的全部都是公司损失赔偿。

对于"董监高"违反信义义务违规履职给公司造成损失的，公司当然可以以自己的名义要求其赔偿或者直接提起赔偿责任之诉。但是，这里面往往会有一个操作层面的困境："董监高"作为公司的经营管理者，一般情况下是公司意志的代表者和实施者；让他们代表公司去追究他们自己对公司的赔偿责任，在逻辑和实践层面都没有可操作性。

为了突破这个困境，《公司法》第189条为此设计了专门的诉讼制度："董事、高级管理人员有前条规定的情形的，有限责任公司的股东、股份有限公司连续一百八十日以上单独或者合计持有公司百分之一以上股份的股东，可以书面请求监事会向人民法院提起诉讼；监事有前条规定的情形的，前述股东可以书面请求董事会向人民法院提起诉讼。监事会或者董事会收到前款规定的股东书面请求后拒绝提起诉讼，或者自收到请求之日起三十日内未提起诉讼，或者情况紧急、不立即提起诉讼将会使公司利益受到难以弥补的损害的，前款规定的股东有权为公司利益以自己的名义直接向人民法院提起诉讼。他人侵犯公司合法权益，给公司造成损失的，本条第一款规定的股东可以依照前两款的规定向人民法院提起诉讼。公司全资子公司的董事、监事、高级管理人员有前条规定情形，或者他人侵犯公司全资子公司合法权益造成损失的，有限责任公司的股东、股份有限公司连续一百八十日以上单独或者合计持有公司百分之一以上股份的股东，可以依照前三款规定书面请求全资子公司的监事会、董事会向人民法院提起诉讼或者以自己的名义直接向人民法院提起诉讼。"

综合《公司法》第189条、第190条的规定，"董监高"违规履职造成公司损失的赔偿之诉，可以采取以下四种方式之一：

第一，公司直接起诉。可以由公司作为原告，对因违规履职造成公司损失的"董监高"直接提起损害赔偿之诉。

第二，公司机关代表诉讼。《公司法》第189条第1款是关于公司机关代表诉讼的规定。根据该款规定，如果由于相关"董监高"的特殊地位，难以以公司的名义直接提起诉讼，可以启动公司机关代表诉讼。公司机关代表诉讼是指，由监事会或者董事会等公司机关以自己的名义代表公司提起诉讼。其启动条件是必须由有权股东书面要求其提起该诉讼。至于具体到个案到底是应该由董事会还是监事会提起公司机关代表诉讼，则需要依据违规履职者的身份区别确定，如果违规履职者的身份是董事或者高级管理人员，则应由监事会提起代表诉讼；如果违规履职者的身份是监事，则应由董事会提起代表诉讼。所谓“有权股东”，对于有限责任公司来说，只要是股东即可；对于股份有限公司来说，还需要进一步考察其持股数量和连续持股时间，只有连续180日以上单独或者合计持有股份有限公司1%以上股份的股份有限公司股东，才有权要求公司机关提起要求“董监高”赔偿公司损失的机关代表诉讼。

第三，股东代表诉讼。《公司法》第189条第2款是关于股东代表诉讼的规定。根据该款规定，如果公司不直接起诉，公司机关在接到有权股东要求其提起机关代表诉讼的书面文件之后拒绝起诉或者在三十日内的法定期限内没有起诉，那么有权股东可以自己的名义提起股东代表诉讼。

第四，股东双重代表诉讼。《公司法》第189条第4款是关于股东双重代表诉讼的规定。根据该款规定，对于公司的全资子公司的“董监高”违规履职造成该全资子公司损失的，母公司股东可以其母公司股东的身份穿透母公司直接书面要求子公司的机关提起机关代表诉讼。如果子公司的机关拒绝起诉或者在三十日内的法定期限内没有起诉，则股东可以自己的名义直接提起要求子公司的“董监高”向子公司赔偿的股东代表诉讼。该类诉讼的法理基础是母公司的股东对母公司享有股东权利，因此可以代表母公司直接要求全资子公司的机关提起机关代表诉讼，而在该要求没有得到满足时，该股东提起的代表子公司的代表诉讼，其实所代表的应该是子公司的股东——母公司，所以该类诉讼被称为“股东双重代表诉讼”。

上述公司机关代表诉讼和股东代表诉讼，可以列起诉的公司机关（某某公司董事会或者监事会）或者股东为原告，违规履职的“董监高”为被告，并且必须把公司列为第三人。另外，这些诉讼的诉讼请求只能要求被告向作为案件第三人的公司赔偿，不能要求被告向原告赔偿。

此外，“董监高”违规履职收入归公司所有的公司归入权之诉可以与公司损失赔偿之诉一并提起，这里不再展开论述。

案例11.1 陈某勇、浙江万某建设集团有限公司等损害公司利益责任纠纷案[1]

【裁判要旨】

股东代表诉讼是一种特别救济程序。在该诉讼指向的争议为合同纠纷的情况下，一般而言，只有在公司因合同遭受损失，但公司不积极主张赔偿损失的情况下，符合条件的股东方可依照该款规定提起股东代表诉讼；在公司与他人签订的合同对他人的违约行为约定了违约金，但公司没有因他人的违约行为遭受损失的情况下，公司根据合同履行的实际情况，选择是否向他人主张违约金应属于商业判断的范畴，在没有证据证明公司与他人存在恶意串通的情况下，股东不得通过股东代表诉讼提出与公司相反的主张。

【案情简介】

宏某公司系怀化市某项目的建设单位。经招投标，该项目由浙江万某建设集团有限公司（以下简称万某公司）中标施工。2011年8月18日，宏某公司与万某公司签订建设工程施工合同，约定工程总建筑面积302,103.85平方米，价款暂定3.6亿元。合同专用条款第47条第12项特别约定，本工程未经发包人同意不得分包，如承包人擅自分包，发包人有权要求承包人按分包工程总价的20%支付违约金。之后，万某公司将工程分成四个标段分包给陈某标、黄某平、张某灿、余某松（以下称陈某标等四人），由陈某标等四人负责施工。万某公司某项目部账户的银行流水账显示，宏某公司已付万某公司工程款5.492亿元，多于万某公司支出的工程款7000余万元。宏某公司的股东为黄某飞、周某成、吴某安、陈某勇、万某公司，各出资400万元，占股20%，其中黄某飞为法定代表人。万某公司的股东为周某成等6名自然人，其中周某成为法定代表人。2014年12月16日，陈某勇认为万某公司存在违反法律规定和施工合同约定肢解分包工程的行为，函告黄某飞要求宏某公司起诉万某公司，

[1] 最高人民法院民事判决书，（2021）最高法民终1289号。

黄某飞次日收函后一直未予回复。2015年1月19日，陈某勇向一审法院提起诉讼。

2012年2月18日，甲方（宏某公司）与乙方（陈某勇）签订宏某公司承包经营协议，约定经公司股东会研究决定，目前开发的北区、南区项目约45万平方米实施承包经营，由内部股东一次性承包，经公司股东会讨论一致同意。具体事项如下：“……二、北区、南区共45万平方米总销售收入全部归乙方所有，乙方上交甲方不得低于税后利润4.5亿元……四、……至2012年2月底，公司经营开发期间的一切债权债务由乙方承担。五、……承包范围内的一切事务由承包人处理并做好相关工作。”该协议甲方落款处有宏某公司股东黄某飞、周某成、吴某安以及万某公司时任法定代表人蒋某贤签字，并有宏某公司的盖章，乙方落款处有陈某勇签字。

陈某勇向一审法院提出诉讼请求：(1)判决万某公司向宏某公司支付违法分包违约金7200万元（暂按南区项目工程施工合同总价3.6亿元的20%计算，要求按照司法审价确认南区项目工程造价的20%计算）；(2)本案诉讼费用由万某公司负担。

湖南省高级人民法院作出(2019)湘民初25号民事判决书，判决：一、万某公司于判决生效之日起十日内支付宏某公司违约金5492万元；二、驳回陈某勇的其他诉讼请求。案件受理费401,800元，由宏某公司负担95,316元，由万某公司负担306,484元。一审判决后，双方均提起上诉，案件由最高人民法院二审。

【案件分析】

最高人民法院审理认为：本案系损害公司利益责任的股东代表诉讼。《公司法》第151条第3款规定：“他人侵犯公司合法权益，给公司造成损失的，本条第一款规定的股东可以依照前两款的规定向人民法院提起诉讼。”依照该款规定提起的股东代表诉讼是一种特别救济程序。在该诉讼指向的争议为合同纠纷的情况下，一般而言，只有在公司因合同遭受损失，但公司不积极主张赔偿损失的情况下，符合条件的股东方可依照该款规定提起股东代表诉讼；在公司与他人签订的合同对他人的违约行为约定了违约金，但公司没有因他人的违约行为遭受损失的情况下，公司根据合同履行的实际情况，选择是否向他人主张违约金应属于商业判断的范畴，在没有证据证明公司与他人存在恶意串通的情况下，股东不得通过股东代表诉讼提出与公司相反的主张。但本案的特别之处在于，宏某公司与陈某勇于2012年2月28日签订《承包经营协议》，约定陈某勇通过“股东内部承包”的方式，实际承担案涉项目的权利义务，案涉项目的一切事务由陈某勇负责。该《承包经营协议》有万某公司时任法定代表人蒋某贤的签字，并由宏某公司另外四位股东黄某飞、周某成、吴某安、陈某勇签字认可。因此，在本案的特定情形下，宏某公司在与万某公司签订的《建设工程施工合同》项下的权利义务实际由陈某勇承担，陈某勇可以依据《建设工程施工合同》的约定主张万某公司向宏某公司支付违约金。

关于万某公司是否构成违约的问题。万某公司主张，陈某标等四人是由宏某公司股东黄某飞、吴某安、万某公司等分别指定的，陈某勇对此知情。但是除相关陈述外，万某公司对其主张没有提供其他证据予以证明。虽然宏某公司于2018年6月7日出具情况说明，认可宏某公司股东之间有关于宏某公司的工程由万某公司承包并由宏某公司股东指定实际施工人的约定，陈某标等四人由宏某公司股东根据该约定指定，但是仍无其他证据佐证。且即便陈某标等四人由宏某公司的其他股东指定，但根据宏某公司承包经营协议约定，案涉工程事务由陈某勇负责，万某公司对该内部承包协议亦知情，本案证据尚不足以证明陈某勇同意将案涉工程分包给陈某标等四人施工。万某公司还主张宏某公司和陈某勇以向陈某标等四人支付工程款等方式表明其认可案涉工程由陈某标等四人施工。对此，宏某公司作为案涉工程的发包人，陈某勇作为案涉工程的实际负责人和权利义务承受人，支付工程款是其义务，即便陈某勇知道案涉工程由陈某标等四人实际施工并向其支付工程款，该等事实也不足以证明宏某公司和陈某勇同意将案涉工程分包给陈某标等四人。此外，万某公司还主张宏某公司以及宏某公司各股东共同于2016年6月30日签署的《矛盾协调框架协议》已就宏某公司及宏某公司各股东之间的纠纷进行最终处理，并约定各方不得再以任何方式追究责任，陈某勇现提起本案诉讼有违诚信。陈某勇辩称万某公司有关各方已通过矛盾协调框架协议对案涉工程进行结算的主张没有事实依据。因双方就有关矛盾协调框架协议是否就涉及案涉工程的纠纷进行最终处理无法达成一致意见，且万某公司也未提供证据证明矛盾协调框架协议已完全履行，本院对万某公司有关陈某勇提起本案诉讼有违诚信的主张不予支持。综上所述，万某公司将案涉工程分包给陈某标等四人，违反了建设工程施工合同第47条第12款的约定，构成违约。

一审已查明，案涉建设工程施工合同专用条款第47条第12款约定，本工程未经发包人同意不得分包，如承包人擅自分包，发包人有权要求承包人按分包工程总价的20%支付违约金。但是，万某公司主张其不应该承担违约金，其分包行为也没有给宏某公司造成任何损失。因案涉工程已经完工，工程造价由人民法院通过司法程序认定，考虑到建设工程施工合同承包人的利润率普遍不高，万某公司又主张违约金过高，陈某勇和宏某公司也未提供证据证明案涉工程存在质量问题或宏某公司还存在其他损失，又由于违约金具有补偿和惩罚的双重功能，但不能异化，故出于利益平衡考虑，本院酌情认定万某公司应向宏某公司支付违约金3000万元。

此外，万某公司还主张陈某勇提起本案诉讼超过诉讼时效。因双方对陈某勇何时知晓案涉工程由陈某标等四人实际施工均无证据证明，且当时案涉工程造价未最终确定，陈某勇于2014年12月16日向宏某公司发函，要求宏某公司提起诉讼，在宏某公司不起诉的情况下，陈某勇于2015年2月28日提起本案诉讼，应认定为并未超过诉讼时效。

（二）“董监高”违规履职股东损失赔偿之诉

虽然“董监高”的忠实勤勉义务所指向的对象是公司，但是现实生活中也会发生“董监高”履职时违反信义义务直接损害股东的利益的情况，比如公司在实施增资、减资以及利润分配等这些直接涉及股东具体利益事项时就会出现“董监高”因违规履职而造成股东直接损失的情形。该类诉讼股东维权的直接法律依据是《公司法》第190条。在诉讼程序方面，应以维权股东为原告，违规履职的

"董监高"为被告，公司为第三人；起诉时直接适用损害股东利益责任纠纷这个案由。

（三）"董监高"职务行为造成他人损失赔偿责任之诉

《公司法》第191条是关于在"董监高"的职务行为造成他人损失的情况下，责任应当如何承担的规定："董事、高级管理人员执行职务，给他人造成损害的，公司应当承担赔偿责任；董事、高级管理人员存在故意或者重大过失的，也应当承担赔偿责任。"这一条是2023年《公司法》新增加的内容。根据该条的规定，原则上，"董监高"的职务行为造成他人损失的，应当由公司承担赔偿责任，"董监高"不承担赔偿责任。这样规定的法理基础是，职务行为的法律后果不管是不利的法律后果还是有利的法律后果，都应当由履职人代表的组织承担。作为上述原则的例外，当"董监高"对其职务行为造成他人损失存在故意或者重大过失时，该"董监高"对他人的损失也承担赔偿责任。这种责任应当是一种补充赔偿责任，而不应当与公司一起承担连带责任。并且"董监高"承担责任应当以其主观上对于其履职行为的不当及损害结果的发生存在"故意"或者"重大过失"这种比较严重的主观过错为前提条件。

对于在诉讼过程中对"董监高"是否存在这种严重的主观过错如何加以认定的问题，有观点〔1〕认为应该采用推定过错原则和举证责任倒置原则，即认为在诉讼过程中应当由"董监高"对其不存在主观过错承担完全的举证责任，"董监高"若不能证明其没有严重过错，则推定其存在严重过错。对此观点，本书不敢苟同。本书认为，如果采用过错推定原则和完全的举证责任倒置原则，一方面与该条法律规定的文义内容及其法理基础相悖〔2〕，另一方面也存在实践中"董监高"对他人赔偿责任被无限扩大的可能性。本书认为，对此应当适用一般侵权责任的认定举证模式。首先由"他人"对其所主张的"董监高"存在"故意或者重大过失"举出初步证据，再把举证责任分配给"董监高"，然后双方还可以进一步举证，最后

---

〔1〕 参见云闯：《新公司法司法实务与办案指引》，法律出版社2024年版，第357-358页。

〔2〕 我国其他立法例中对于过错推定和举证责任倒置一般均采用法律条文直接规定的立法模式，比如《民法典》第八章规定的各种高度危险责任、第1247条规定的禁养的危险动物造成他人损害的侵权责任以及该章其他规定。

由法院依据证据认定规则综合加以认定。当然，此问题还有待最高人民法院出台司法解释，在此之前则需要于2024年7月1日新《公司法》实行后在司法实践中进行探索。

最后，关于上述几类诉讼案件适用的案由，鉴于《民事案由规定》当中“与公司有关的纠纷”这个三级案由之下的四级案由，既有按照诉讼主体确定的，比如损害公司利益责任纠纷、损害股东利益责任纠纷等，也有按照纠纷所涉及的基础法律关系确定的，比如清算责任纠纷、公司关联交易损害责任纠纷等，并且这两者的文义外延存在竞合性交叉。因此，对于该类纠纷，如果可以依据其基础法律关系适用“与公司有关的纠纷”这个三级案由之下的四级案由，比如清算责任纠纷和公司关联交易损害责任纠纷，则适用该四级案由，否则，可以按主体适用“损害公司利益责任纠纷”“损害股东利益责任纠纷”以及“损害公司债权人利益责任纠纷”等案由，如果上述第三类案件中的“他人”在“与公司有关的纠纷”这个三级案由之下没有对应的身份，并且也没有对应的基础法律关系，那么则适用其他侵权案由。

二、董事请求公司赔偿之诉

对于在董事任职期限内公司股东会能够无理由解除其职务的问题，我国法学界的观点和法律本身的规定曾经有过巨大转变。在2005年之前，尤其是20世纪90年代我国公司法立法初期，通说认为董事会是公司的法定机关，因此在董事任期内股东会不能无故解除其职务。这种观点被立法吸收，《公司法》2005年第一次修订之前的历次版本，均规定“董事在任期届满前，股东（大）会不得无故解除其职务”〔1〕。随着讨论和实践的深入，尤其是进入21世纪以后，学界对此问题的主流观点慢慢开始发生变化。董事委任说即认为董事和股东会之间是委托任职关系逐步成为主流观点。立法对此作出呼应。首先是2005年10月全国人大常委会对《公司法》进行第一次修订时删除了之前《公司法》当中“董事在任期届满前，股东（大）会不得无故解除其职务”的内容，但是没有对此问题作出进一步的明确回应。再后来，最高人民法院2019年4月颁布实施的《公司法司法解释（五）》首次在司法解

〔1〕 1993年《公司法》、1999年《公司法》和2004年《公司法》都在第47条、第115条。

释层面明确接受董事委任说：该司法解释第3条第1款规定："董事任期届满前被股东会或者股东大会有效决议解除职务，其主张解除不发生法律效力的，人民法院不予支持。"这就是股东会对董事的无因解除权：股东会可以随时解除董事的职务，并且不需要理由。这背后的法理学逻辑是：股东会与董事之间是委托任职关系。委托任职关系的基础关系是委托关系。在委托关系中委托方和受托方都享有无因解除权。

同时，为了实现法律天平的平衡，《公司法司法解释（五）》专门针对股东会对董事的无因解除权规定了董事的损失补偿请求权，见第3条第2款："董事职务被解除后，因补偿与公司发生纠纷提起诉讼的，人民法院应当依据法律、行政法规、公司章程的规定或者合同的约定，综合考虑解除的原因、剩余任期、董事薪酬等因素，确定是否补偿以及补偿的合理数额。"

上述规定在2023年《公司法》修订时被接纳并将"补偿权"发展为"赔偿请求权"。2023年《公司法》第71条规定："股东会可以决议解任董事，决议作出之日解任生效。无正当理由，在任期届满前解任董事的，该董事可以要求公司予以赔偿。"该条第1款首先规定了股东会对董事的无因解除权，并且规定股东会解除董事任职的决议在作出之日即生效，不需要决议送达到被解任董事时才生效。第2款规定了被解任董事的赔偿请求权，即在任职期限内被无正当理由解任的董事享有要求公司赔偿的权利。这是与股东会的无因解除权相伴而生的一项权利，两者可以在一定程度上起到相互抑制和制衡的作用。

被解任董事基于新《公司法》第71条的规定，所提起的要求公司赔偿的诉讼就是本节谈论的"董事请求公司赔偿之诉"。被无故解任的董事当然地是该诉的原告。该诉的被告应当是公司，而不是作出解任决议的股东会。对于该诉应适用的案由，有待最高人民法院对《民事案由规定》作出完善。本书认为应当在第三级案由"与公司有关的纠纷"之下增加与之相对应的专门的四级案由。对于该类诉讼当中赔偿的数额，则应当"依据公司章程和委任合同的约定，综合考虑解除的原因、剩余任期、董事薪酬等因素进行综合判断"〔1〕。

---

〔1〕 刘斌：《新公司法注释全书》，中国法制出版社2024年版，第333页。

第四节　公司“董监高”的刑事法律风险

一、公司“董监高”的刑事法律风险综述

如前文所述，“董监高”负有遵守法律、遵守公司章程的义务，还对公司负有忠实勤勉的信义义务，如果“董监高”在执行公司职务活动中，违反法律或者严重违背信义义务，可能会因此触犯刑律构成犯罪，并被追究刑事责任。这就是公司董事、监事和高级管理人员的刑事法律风险。

“董监高”违背信义义务严重损害公司利益、侵犯企业产权的行为，在刑法学中被称为公司内部腐败。这是国家法律当前严厉打击的对象。2023年12月29日，全国人大常委会在通过《公司法》第二次修订案的同时，通过了《刑法修正案（十二）》。《刑法修正案（十二）》的修正目的及其主要内容之一就是加大对民营企业内部腐败的打击力度。2023年7月25日，全国人大常委会法制工作委员会主任沈春耀在全国人大常委会审议《刑法修正案（十二）（草案）》时所作的《关于〈中华人民共和国刑法修正案（十二）（草案）〉的说明》指出，本次刑法修改的必要性之一是为了“进一步加强对民营企业平等保护……刑法对国有公司、企业相关腐败犯罪作了规定，不适用于一般的民营企业。这次修改刑法，增加民营企业内部人员故意背信损害企业利益的相关犯罪”；修正案的主要内容之一是“增加惩治民营企业内部人员腐败相关犯罪”。

《刑法修正案（十二）》已经于2024年3月1日起施行。根据按历次修正案修正后的最新刑法的规定，《刑法》第二编“分则”第三章“破坏社会主义市场经济秩序罪”之第三节“妨害对公司、企业的管理秩序罪”一共有15条，合计规定了18个罪名。具体如下：

第158条，虚报注册资本罪；第159条，虚假出资罪，抽逃出资罪；第160条，欺诈发行证券罪；第161条，违规披露、不披露重要信息罪；第162条，妨害清算罪；第162条之一，隐匿、故意销毁会计凭证、会计账簿、财务会计报告罪；第162条之二，

虚假破产罪；第163条，非国家工作人员受贿罪；第164条第1款，对非国家工作人员行贿罪；第164条第2款，对外国公职人员、国际公共组织官员行贿罪；第165条，非法经营同类营业罪；第166条，为亲友非法牟利罪；第167条，签订、履行合同失职被骗罪；第168条，国有公司、企业、事业单位人员失职罪，国有公司、企业、事业单位人员滥用职权罪；第169条，徇私舞弊低价折股、出售公司、企业资产罪；第169条之一，背信损害上市公司利益罪。

除《刑法》“分则”第三章第三节规定的上述罪名之外，该章第四节“破坏金融管理秩序罪”当中第190条规定的逃汇罪，其犯罪的主体构成要件是一般的公司和企业，因此也是与一般公司职员职务行为有关的犯罪。《刑法》“分则”第五章“侵犯财产罪”当中，第271条规定的职务侵占罪和第272条规定的挪用资金罪，也属于与公司职员职务行为有关的犯罪。

以下对两个罪名展开讨论，即《刑法》第165条规定的非法经营同类营业罪和《刑法》第169条之一规定的背信损害上市公司利益罪。因为这两个罪名主体要件属于特殊要件，刑法规定只有“董监高”才是这两个犯罪的适格犯罪主体。

二、非法经营同类营业罪

《刑法》第165条是关于非法经营同类营业罪的规定：“国有公司、企业的董事、监事、高级管理人员，利用职务便利，自己经营或者为他人经营与其所任职公司、企业同类的营业，获取非法利益，数额巨大的，处三年以下有期徒刑或者拘役，并处或者单处罚金；数额特别巨大的，处三年以上七年以下有期徒刑，并处罚金。其他公司、企业的董事、监事、高级管理人员违反法律、行政法规规定，实施前款行为，致使公司、企业利益遭受重大损失的，依照前款的规定处罚。”根据该条的规定，非法经营同类营业罪的构成要件如下：

1.主体要件。本罪为特殊主体要件，只有公司的董事、监事、高级管理人员才可以成为本罪的犯罪主体。“董监高”以外的其他主体不是本罪的适格犯罪主体，不能构成本罪。

2.主观要件。本罪是故意犯罪，犯罪主体应当具有利用职务便利非法经营与所任职公司同类营业的主观故意。

3.客观要件。具有“利用职务便利，自己经营或者为他人经营与其所任职公司、企业同类的营业，获取非法利益”的行为是本罪的客观要件。

4.结果要件。本罪是需要结果要件的犯罪。在结果上获取的非法利益要达到数额巨大或者特别巨大的程度，才能构成犯罪。对于“数额巨大”的具体标准，2010年《刑事案件立案标准的规定（二）》第12条规定，非法经营同类营业获利数额在10万元以上的即为“数额巨大”，应予立案追诉。

关于非法经营同类营业罪刑罚，根据《刑法》第165条的规定，非法经营同类营业罪的刑罚包括两个刑档，犯罪数额巨大的，处三年以下有期徒刑或者拘役，并处或者单处罚金；数额特别巨大的，处三年以上七年以下有期徒刑，并处罚金。

三、背信损害上市公司利益罪

《刑法》第169条之一是关于背信损害上市公司利益罪的规定：“上市公司的董事、监事、高级管理人员违背对公司的忠实义务，利用职务便利，操纵上市公司从事下列行为之一，致使上市公司利益遭受重大损失的，处三年以下有期徒刑或者拘役，并处或者单处罚金；致使上市公司利益遭受特别重大损失的，处三年以上七年以下有期徒刑，并处罚金：（一）无偿向其他单位或者个人提供资金、商品、服务或者其他资产的；（二）以明显不公平的条件，提供或者接受资金、商品、服务或者其他资产的；（三）向明显不具有清偿能力的单位或者个人提供资金、商品、服务或者其他资产的；（四）为明显不具有清偿能力的单位或者个人提供担保，或者无正当理由为其他单位或者个人提供担保的；（五）无正当理由放弃债权、承担债务的；（六）采用其他方式损害上市公司利益的。上市公司的控股股东或者实际控制人，指使上市公司董事、监事、高级管理人员实施前款行为的，依照前款的规定处罚。犯前款罪的上市公司的控股股东或者实际控制人是单位的，对单位判处罚金，并对其直接负责的主管人员和其他直接责任人员，依照第一款的规定处罚。”根据该条的规定，背信损害上市公司利益罪的构成要件如下：

1.主体要件。本罪为特殊主体要件，可以构成本罪的犯罪主体包括两类，一类是上市公司的董事、监事、高级管理人员，另一类是上市公司的控股股东或者实际控制人，该控股股东或者实际控制人可以是单位，从而构成单位犯罪。除上述两类主体之外的其他主体，包括非上市公司的“董监高”在内，都不是本罪的适格犯罪主体，不能构成本罪。

2.主观要件。本罪是故意犯罪，犯罪主体应当具有违背对公司的忠实义务，利用职务便利，操纵上市公司从事该条所罗列的违法行为的犯罪主观故意。

3.客观要件。利用职务便利，操纵上市公司从事该条所罗列的违法行为是本罪的客观要件。

4.结果要件。本罪是需要结果要件的犯罪。在结果上，上市公司利益损失的程度要达到重大损失以上，才能构成犯罪。关于“重大损失”的判断标准，根据2022年《刑事案件立案标准的规定（二）》第13条的规定，操纵上市公司从事《刑法》第169条第1款第1项至第5项行为之一，致使上市公司直接经济损失数额在一百五十万元以上的，为“重大损失”。此外，致使公司、企业发行的股票或者公司、企业债券、存托凭证或者国务院依法认定的其他证券被终止上市交易的，也属于“重大损失”，应予立案追诉。

关于背信损害上市公司利益罪的刑罚，根据《刑法》第169条之一的规定，该罪的刑罚包括两个刑档，犯罪行为致使上市公司利益遭受重大损失的，处三年以下有期徒刑或者拘役，并处或者单处罚金；致使上市公司利益遭受特别重大损失的，处三年以上七年以下有期徒刑，并处罚金。在单位构成本罪的情况下，对单位判处罚金，对其直接负责的主管人员和其他直接责任人员判处有期徒刑。

案例11.2 秦某背信损害上市公司利益案[1]

【裁判要旨】

1.挪用资金罪的主体为特殊主体，即公司、企业或者其他单位的工作人员，主观方面只能出于故意，即行为人明知自己在挪用或借贷本单位资金，并且利用了职务上的便利，而仍故意为之，所侵害的客体是公司、企业或者其他单位资金的使用收益权，对象则是本单位的资金。

2. 法条竞合作为刑法理论虽未在我国《刑法》中明确规定，但作为一种

〔1〕 新疆维吾尔自治区克拉玛依市克拉玛依区人民法院刑事判决书，(2020)新0203刑初98号。

立法方法却被《刑法》广泛采用。通常认为，法条竞合是指同一犯罪行为因法条的错综规定，出现数个法条所规定的构成要件在其内容上具有从属或者交叉关系的情形，犯罪本身是单纯的一罪，并不触犯数个罪名，仅仅是法条的适用问题，所触犯的法条之间在法律适用上是排除关系，故一般按照特别法、实害法优于普通法、危险法的原则处理；而想象竞合是指一个行为触犯了数个罪名，数个罪名在观念上竞合但相互之间不存在包容关系，犯罪本身是形式上的数罪，犯罪行为所触犯的法条在法律适用时可以全部适用，但在处理时，择其重者作为一罪处罚。

3. 挪用资金罪和背信损害上市公司利益罪的客观方面均有规定，但二罪在犯罪对象和犯罪客体方面存在明显而较大的区别，尤其是背信损害上市公司利益罪在主观上强调对“掏空”上市公司行为的追求或放任进而损害上市公司利益，两个罪名在法律适用上相互排除，故本案属于法条竞合。两个罪名所保护的财产性法益虽具有共同性，但背信损害上市公司利益罪更限缩侧重于对上市公司的利益保护，应优先考虑适用此罪名。

【案情简介】

2015年11月20日，在被告人秦某任准某股份法定代表人、董事长期间，准某股份（乙方）与中某融金（甲方）签订《借款及保证合同》一份，借款金额4000万元，借款期限6个月，用途为补充企业经营流动性资金，乙方收款人为创某能源北京分公司，开户行：民生银行北京西长安街支行，被告人秦某及创某能源（合称丙方）为共同保证人。合同尾部甲方处加盖有中某融金印章，乙方处加盖有准某股份印章，丙方处有被告人秦某签名并加盖有创某能源的印章。同日，准某股份向中某融金出具《委托收付资金协议》一份，委托创某能源收取该笔借款，该协议尾部加盖有准某股份的印章。合同签订后，被告人秦某担任董事长并实际控制的创某能源下属北京分公司民生银行账户收到中某融金通过招商银行账户先后分九次转入资金共计4000万元，均用于创某能源日常经营及其关联公司资金周转，其中转入中某信托有限公司900万元、剑川县汇某矿业50万元、新疆广某投资有限公司780万元、深圳盛某咨询有限公司80万元、创某能源集团有限公司300万元、四川创某碳材料有限公司50万元、创某能源北京分公司交通银行账户1840万元。准某股份公司的公司章程第113条第7项规定："为避免年度股东大会召开时间较晚、影响经营工作的正常开展，公司董事会可就年度投资预算提前审核并形成决议；在年度股东大会审议之前，董事会通过后的年度预算内投资事项可择机实施，由董事长批准后执行。在上述额度内，单项金额不超过500万元的，由公司经理办公会审批；高于500万元的，由公司董事长审批；达到本条第3项规定条件的，提交股东大会审批。"2015年11月20日签订《借款及保证合同》(合同编号：2015联贷字第26号)前，该笔4000万元融资未履行上述规定审批程序，与之相关的2015年11月20日准某股份公司董事会纪要上常某、王某甲、胡某、王某丙、马某、何云、唐某的签名均非本人签字。2015年12月中某融金与创某能源北京分公司曾就案涉的4000万元借款协商签订借款及保证合同，但双方最终未签订纸质合同。

2016年5月26日，因4000万元借款到期，经与中某融金协商，被告人秦某以准某股份(乙方)的名义与徐某(甲方)签订《借款及保证合同》一份，借款金额2000万元，借款期限6个月，用途为补充企业经营流动性资金，乙方收款人及开户行空白，被告人秦某及创某能源为共同保证人。合同尾部甲方处有徐某签名，乙方处加盖有准某股份印章，丙方处有被告人秦某签名并加盖有创某能源的印章。同日，被告人秦某以准某股份名义出具《委托收付资金协议》一份，委托北京华某平安投资管理有限公司(以下简称华某平安投资)从债权人徐某处收取该笔借款，该协议尾部加盖有准某股份的印章。2016年5月26日签订《借款及保证合同》前，该笔2000万元融资未履行准某股份内部规定程序，所加盖的准某股份的印章系被告人秦某事前安排准某股份工作人员履行印章借出审批手续后带至北京交由被告人秦某本人加盖。2016年5月27日，徐某(转让人)与中某融金(受让人)签订《债权转让及回购协议》，徐某将基于《借款及保证合同》对准某股份所享有的2000万元债权转让给中某融金。2015年11月25日至2015年12月31日，创某能源根据其下属的北京分公司与安投融签订的《咨询服务协议书》向中某融金支付100万元服务费。

2015年12月25日至2016年2月3日，创某能源通过民生银行账户向中某融金支付利息504,983.42元。

2018年1月，中某融金就通过徐某“过桥”展期的2000万元借款向北京市海淀区人民法院提起诉讼，请求准某股份偿还借款本金并支付利息，被告人秦某及创某能源承担连带保证责任。因中某融金无正当理由未到庭应诉，2020年6月29日，北京市海淀区人民法院作出（2018）京0108民初7881号民事裁定，对本案按撤诉处理。2017年9月，中某融金就剩余2000万元借款向北京市海淀区人民法院提起诉讼，请求准某股份偿还借款本金并支付利息，被告人秦某及创某能源承担连带保证责任。2019年12月北京市海淀区人民法院作出（2017）京0108民初49984号民事裁定，以中某融金涉案资金来源于案外人涉嫌非法吸收公众存款所得，并已由公安机关立案侦查，故中某融金的起诉不符合相关法律规定为由裁定驳回起诉，准某股份提出上诉。2020年5月25日北京市第一中级人民法院作出（2020）京01民终3631号民事裁定，撤销（2017）京0108民初49984号民事裁定，指令北京市海淀区人民法院继续审理。

另查明，2014年1月至2016年12月，秦某利用担任准某股份公司法定代表人、董事长的职务便利，以个人名义或通过该公司财务总监王某甲等高级管理人员安排的方式，以员工吕某甲等八人的个人名义借支公司备用金，其中秦某个人借支100万元，吕某甲等八人借支2685万元，共计2785万元均转入秦某指定账户，用于创某能源集团及其关联企业的日常经营及资金周转。具体事实如下：

1. 2014年1月17日至12月22日，秦某个人或者通过常某、宗某、王某甲等人，指派准某股份公司员工以个人名义多次借支备用金，其中，吕某甲借支七次共240万元，崔某借支二次共140万元，王某乙借支一次100万元，共计480万元。

2. 2015年1月5日至4月3日，秦某通过常某、宗某、王某甲等人，指派准某股份公司员工以个人名义多次借支备用金，其中，吕某甲借支三次共280万元，崔某借支二次共170万元，王某乙借支三次共244万元，邱某姝借支三次共270万元，邢某借支一次80万元，共计1044万元。

3. 2015年7月27日至11月11日，秦某个人或者通过常某、宗某、王某甲等人，指派准某股份公司员工以个人名义多次借支备用金，其中，吕某甲借支三次共150万元，崔某借支一次200万元，邱某姝借支一次200万元，郑某甲借支一次200万元，郭某夏借支二次330万元，共计1080万元。

4. 2016年1月4日和7月13日，秦某通过宗某、徐某世、王某甲等人，指派准某股份公司员工郑某甲以个人名义借支二次备用金共计81万元。

上述借支款项2015年12月28日前归还准某股份21,461,218.73元，2016年12月29日前归还准某股份6,388,781.72元，合计27,850万元。

【案件分析】

本案控辩双方基于被告人秦某是否构成挪用资金罪，主要形成如下争议焦点：一是案涉4000万元借款是否属于准某股份借款；二是被告人秦某是否具有挪用本单位资金的主观故意；三是案涉4000万元和2785万元两笔款项是否归被告人秦某个人使用；四是本案挪用资金罪与背信损害上市公司利益罪之间属于法条竞合还是想象竞合。

法院认为：

一、被告人秦某的行为不构成挪用资金罪

《刑法》第272条规定“公司、企业或者其他单位的工作人员，利用职务上的便利，挪用本单位资金归个人使用或者借贷给他人，数额较大、超过三个月未还的，或者虽未超过三个月，但数额较大、进行营利活动的，或者进行非法活动的，处三年以下有期徒刑或者拘役；挪用本单位资金数额巨大的，或者数额较大不退还的，处三年以上十年以下有期徒刑。”本罪的主体为特殊主体，即公司、企业或者其他单位的工作人员，主观方面只能出于故意，即行为人明知自己在挪用或借贷本单位资金，并且利用了职务上的便利，而仍故意为之，所侵害的客体是公司、企业或者其他单位资金的使用收益权，对象则是本单位的资金。

二、被告人秦某的行为构成背信损害上市公司利益罪

(1)被告人秦某符合本罪犯罪主体的规定；(2)被告人秦某存在违反忠实

义务的行为;(3)被告人秦某利用其职务便利实施了犯罪行为;(4)被告人秦某的行为符合“采用其他方式损害上市公司利益”的规定。

三、本案属于法条竞合而非想象竞合,应当适用特别法条优于普通法条的原则

法条竞合作为刑法理论虽未在我国《刑法》中明确规定,但作为一种立法方法却被《刑法》广泛采用。通常认为,法条竞合是指同一犯罪行为因法条的错综规定,出现数个法条所规定的构成要件在其内容上具有从属或者交叉关系的情形,犯罪本身是单纯的一罪,并不触犯数个罪名,仅仅是法条的适用问题,所触犯的法条之间在法律适用上是排除关系,故一般按照特别法、实害法优于普通法、危险法的原则处理;而想象竞合是指一个行为触犯了数个罪名,数个罪名在观念上竞合但相互之间不存在包容关系,犯罪本身是形式上的数罪,犯罪行为所触犯的法条在法律适用时可以全部适用,但在处理时,择其重者作为一罪处罚。本案中,虽然被告人秦某所采用的向本单位以外的由其实际控制的公司提供资金的行为在挪用资金罪和背信损害上市公司利益罪的客观方面均有规定,但二罪在犯罪对象和犯罪客体方面存在明显而较大的区别,尤其是背信损害上市公司利益罪在主观上强调对“掏空”上市公司行为的追求或放任进而损害上市公司利益,两个罪名在法律适用上相互排除,故本案属于法条竞合。两个罪名所保护的财产性法益虽具有共同性,但背信损害上市公司利益罪更限缩侧重于对上市公司的利益保护,应优先考虑适用此罪名。

新疆维吾尔自治区克拉玛依市克拉玛依区人民法院于2020年12月10日作出(2020)新0203刑初98号刑事判决书,判决如下:

被告人秦某犯背信损害上市公司利益罪,判处有期徒刑二年十个月,缓刑三年,并处罚金10万元。

第十二章　公司一般职员的守法和信义义务及其法律风险

本书所称的"公司一般职员"是指除董事、监事和管理人员之外的公司中的其他职员。一般情况下，公司一般职员与公司的法律关系属于劳动关系，属于《劳动法》和《劳动合同法》等劳动法律的调整范围，而不属于作为商事组织法的《公司法》的调整范围。但是，一方面公司一般职员与公司的法律关系虽然受劳动法律调整但却依然是公司内部法律关系，另一方面公司一般职员也完全可以成为相关法律责任的承担主体，比如《公司法》第十四章，即"法律责任"这一章所规定的行政法律责任以及《刑法》"分则"当中规定的"妨害对公司、企业的管理秩序罪"这一节所规定的刑事法律责任，其责任承担主体有相当一部分可以是公司的一般职员，而并不需要其有"董监高"的特殊身份。因此，笔者将公司一般职员的守法和信义义务及其法律风险纳入本书的讨论范围。

第一节　公司一般职员的守法和信义义务

遵守法律是每一个公民、法人和非法人组织都应尽的义务。公司一般职员首先是一个社会公民，对此自然也不例外。但这并不是本书在这里讨论"公司一般职员的守法义务"所要展开深入讨论的内容，本书接下来所要讨论的"公司一般职员的守法和信义义务"重点强调的是，公司一般职员在执行公司职务过程中，或者在其行为可能涉及公司利益的时候，除了遵守作为一个普通公民需要遵守的法律一般规定之外，还必须遵守法律上与之有关的特别规定或者专门性规定。否则，该员工就可能因其行为存在违法性而需要承担相应法律责任。这种法律责任不仅包括民事责任和行政责任，也包括刑事责任。前者就是本书所界定的公司一般职员的守法和信义义务，后者则是本书所讨论的公司一般职员的法律风险。

一、公司一般职员的守法义务

这里所说的公司一般职员的守法义务，是指作为公司职员，在执行公司职务时对于其职务行为的合法性具有特别注意的义务，以及保证其行为不违反法律的义务。当其执行公司职务的行为具有违法性时，公司职员应当主动终止实施该行为，如果公司仍坚持要求其实施该行为，其应当拒绝。否则，实施该违法行为所造成的法律后果很可能不仅由公司来承受，该员工本人也很可能会因此而承受严重的法律后果[1]。这类行为在公司法和刑法的规定中俯拾即是，比如虚报注册资本、协助股东抽逃出资、妨害清算、欺诈发行证券、违规披露或不披露重要信息，等等。

二、公司一般职员的信义义务

对于公司“董监高”的信义义务，《公司法》进行了相当细致的规定[2]。但是，对于“董监高”之外的公司一般职员信义义务，《公司法》却没有直接规定。这绝不意味着公司一般职员对公司没有信义义务。一方面，公司的员工在工作中都有一定的代表或落实公司意志的职责和职权。员工基于其身份和工作责任，对公司负有忠实、勤勉等义务应是题中应有之义。另一方面，虽然《公司法》没有直接规定公司一般职员的忠实勤勉义务，但是《公司法》第十四章以及《刑法》《劳动合同法》等相关法律当中有关公司“董监高”之外的公司其他人员承担责任的规定，完全可以也应当理解为是公司一般职员忠实勤勉之信义义务的间接规定。鉴于《公司法》第十四章和《刑法》当中的有关规定将在接下来的两节进行详细讨论或者本书其他章节已有论述，这里仅举几个《劳动合同法》当中的规定，以对此加以作证。比如《劳动合同法》第91条规定：“用人单位招用与其他用人单位尚未解

---

〔1〕 具体的法律后果请参见本章第二节和第三节以及本书第四章至第六章、第十三章和第十六章至第十七章。

〔2〕 具体请参见本书第十一章。

除或者终止劳动合同的劳动者，给其他用人单位造成损失的，应当承担连带赔偿责任。”这里的“承担连带责任”显然是与劳动者连带，即是指违规招人的用人单位与劳动者一起向“其他用人单位”承担连带责任。那么也就间接说明了该劳动者对原用人单位负有信义义务。又如，《劳动合同法》第3条规定的签订劳动合同应遵循的基本原则当中也包含“诚实信用原则”，这其实完全可以理解为“信义义务”的另外一种表述。再如，《劳动合同法》第90条关于劳动者违法解除劳动合同及违反保密义务或者竞业限制约定等情形下的赔偿责任的规定，其法理基础除了劳动合同关系，从更深层面分析也完全可以理解为是作为员工的劳动者对作为用人单位的公司之信义义务的推演。如果说《劳动合同法》上这些规定的背后的法理还可以从合同的理论去解释，那么《民法典》第1191条规定的，单位工作人员职务行为致人损害的单位直接赔偿责任及单位对重大过错工作人员的追偿权，其背后的法理基础只能解释为单位的独立人格和工作人员对单位的勤勉义务，而勤勉义务恰恰是信义义务的重要范畴之一。

第二节 公司一般职员的民事和行政法律风险

一、公司一般职员违法履职和背信行为的民事法律风险

公司一般职员需要为其违法违规履职和严重背信的行为承担相应的民事法律责任，这就是公司一般职员的民事法律风险。这些民事责任主要有以下两种：

（一）对公司造成直接损失的赔偿责任

对于公司职员的违法履职行为和其他背信行为造成公司直接损失的，该职员是否需要承担赔偿责任的问题，《公司法》《劳动合同法》《民法典》都没有作出明确规定。原劳动部1994年12月6日印发的《工资支付暂行规定》（劳部发〔1994〕489号）第16条规定：“因劳动者本人原因给用人单位造成经济损失的，用人单位可按照劳动合同的约定要求其赔偿经济损失。经济损失的赔偿，可从劳动者本人的

工资中扣除。但每月扣除的部分不得超过劳动者当月工资的20%。若扣除后的剩余工资部分低于当地月最低工资标准，则按最低工资标准支付。”实务中一般认为，在此情况下要确定员工是否应当承担赔偿责任，需要对该员工的主观状态加以考察，如果员工对其行为及该行为造成公司损失的危害结果在主观认知上的状态是明知且故意的，则应当承担赔偿责任，如果不是故意但存在重大过失，则应该根据其过错程度适当承担赔偿责任，如果没有重大过失，则无须承担赔偿责任。

（二）履职造成他人损失时员工的间接赔偿责任

公司员工履职行为造成他人损失的，首先应当由公司对他人承担赔偿责任。该员工对此存在故意或重大过失的，公司对外赔偿之后，可以向该员工追偿，该员工应当按照其过错程度向公司承担一定的赔偿责任。《民法典》第1191条第1款对此作了明确规定：“用人单位的工作人员因执行工作任务造成他人损害的，由用人单位承担侵权责任。用人单位承担侵权责任后，可以向有故意或者重大过失的工作人员追偿。”

此外，对于《公司法》第186条规定公司对“董监高”违反忠实义务时的违法收入的“归入权”能否适用于公司一般职员的问题，目前法律没有明确规定。本书认为，对于那些直接非法占有或占用公司资产的违法行为，比如侵占公司资产、挪用公司资金等，不管是否构成刑事犯罪，该收入都应当无条件返还给公司。因为这些财产从性质上根本不是员工的收入，而是本来就属于公司的财产。其他情况则需要依据行为是否构成刑事犯罪以及相关财产是否被作为刑事案件的赃款赃物而有所区别，如果相关行为构成犯罪并且相关违法收入被认定为犯罪所得或者赃款赃物的情况下，该收入一般会随着刑事案件的办理而被发还给受害人——此处讨论的员工供职的公司；或者作为犯罪所得而被收归国有（比如非国家工作人员受贿罪当中的受贿财物），这时既然有关财物被收归国有，自然也不再存在公司“归入权”的问题。如果相关行为不构成犯罪，则需要具体问题具体分析，不能一概而论。

二、公司一般职员违法履职的行政法律风险

如果公司一般职员在其履职过程中实施、协助实施或参与实施了法律禁止

的应受行政处罚的行为，那么这种行政处罚的客体既可能是公司，也可能是该员工。根据《公司法》第十四章的规定，员工承担被行政处罚的法律责任的构成要件如下：

第一，客观行为要件。员工实施、协助实施或参与实施了《公司法》规定的应受到行政处罚的行为。这些行为包括虚报注册资本、未依法公示或者不如实公示应公示信息、虚假出资、抽逃出资和妨害清算，其中的“未依法公示应公示信息”属于一种不作为的行为，即不履行法律规定的作为义务的不作为行为。对这种行为的实施者的考察是看哪些员工对此负有职责及其职责大小。

第二，责任要件，或者称为作用要件。员工的职责或者行为应当对于违法行为的实施和完成起到主要作用，也就是该员工是实施该违法行为的“直接负责的主管人员”或“其他直接责任人员”。

公司一般职员因违法履职而受到的行政处罚的种类是行政罚款，行政罚款的数额因不同的违法行为而异，从1万元到30万元不等。其中，对虚报注册资本和抽逃出资行为的直接责任人员的行政罚款的数额是3万元以上30万元以下；对未依法公示、不如实公示应公示信息、虚假出资和妨害清算这三种违法行为的直接责任人员的行政罚款的数额是1万元以上10万元以下。

第三节 公司一般职员的刑事法律风险

这里所称的“公司一般职员的刑事法律风险”，特指公司一般职员因违法履职及违背信义义务的行为所产生的刑事法律风险。本书不讨论与其职务无关的公司一般职员的其他法律风险。

如果公司一般职员执行公司事务的履职行为是触犯刑律的犯罪行为，或者公司一般职员的行为虽然不是职务行为但却是一种因严重违背其对公司的信义义务而被入罪的犯罪行为，那么客观上就存在该职员因违法履职行为或者严重背信行为而构成犯罪并被追究刑事责任的可能性，即本书中界定的“公司一般职员的刑事法律风险”。

公司一般职员的刑事法律风险可能涉及的犯罪包括非国家工作人员受贿罪等罪名〔1〕，具体如下：《刑法》第163条规定的非国家工作人员受贿罪，第164条第1款规定的对非国家工作人员行贿罪，第164条第2款规定的对外国公职人员、国际公共组织官员行贿罪，第166条规定的为亲友非法牟利罪，第167条规定的签订、履行合同失职被骗罪，第168条规定的国有公司、企业、事业单位人员失职罪和国有公司、企业、事业单位人员滥用职权罪，第169条规定的徇私舞弊低价折股、出售公司、企业资产罪，第190条规定的逃汇罪，第271条规定的职务侵占罪以及第272条规定的挪用资金罪等十一个罪名。

一、非国家工作人员受贿罪

《刑法》第163条规定了非国家工作人员受贿罪。按照该条第1款的规定，公司、企业或者其他单位的工作人员，利用职务上的便利，索取他人财物或者非法收受他人财物，为他人谋取利益，数额较大或者有其他严重情节的，构成非国家工作人员受贿罪。该条第2款规定，公司、企业或者其他单位的工作人员在经济往来中，利用职务上的便利，违反国家规定，收受各种名义的回扣、手续费，归个人所有的，按照该罪论处。该罪犯罪构成中的"公司、企业"不区分其所有制性质，即不区分国有、民营。但是，犯罪主体必须是非国家工作人员。如果行为实施人是公司中从事国家公务人员，由于其在刑法"以国家工作人员论"，所以不构成该罪，而构成受贿罪。

非国家工作人员受贿罪是一项重罪，最高可以判处无期徒刑。根据《刑法》第163条规定，非国家工作人员受贿罪的刑罚分为三个刑档："数额较大的，处三年以下有期徒刑或者拘役，并处罚金；数额巨大或者有其他严重情节的，处三年以上十年以下有期徒刑，并处罚金；数额特别巨大或者有其他特别严重情节的，处十年以上有期徒刑或者无期徒刑，并处罚金。"

关于该罪中的"数额较大"、"数额巨大"和"数额特别巨大"的具体认定标准，《贪污贿赂案件司法解释》第11条规定，非国家工作人员受贿罪"数额较

〔1〕 本书仅讨论任何行业的公司的职员都可以作为犯罪主体的犯罪。保险公司、商业银行等金融行业公司以及其他特殊行业公司的工作人员作为特殊犯罪主体的相关犯罪，本书不予讨论。

大”“数额巨大”的起点认定标准按照该解释关于受贿罪、贪污罪相对应的数额标准规定的二倍执行。这里需要注意的是,《贪污贿赂案件司法解释》颁布于2016年,而《刑法修正案(十一)》制定于2020年。所以前者所针对的是《刑法修正案(十一)》修订《刑法》之前的第163条。修订之前的《刑法》第163条规定的该罪的刑罚只有两个刑档,对应的数额要求是“数额较大”和“数额巨大”。这就是为什么在《贪污贿赂案件司法解释》第11条当中仅仅提到了“数额较大”和“数额巨大”,而没有提到“数额特别巨大”的原因之所在。而在2020年《刑法修正案(十一)》颁布至今,尚没有专门针对修订之后《刑法》第163条的数额标准的司法解释出台。

本书认为,在新的司法解释出台之前,《贪污贿赂案件司法解释》的规定依然可以继续适用。因为该解释规定的受贿罪、贪污罪的数额有数额较大、数额巨大和数额特别巨大三项认定标准。因此,可以依据该条规定的“非国家工作人员受贿罪的数额认定按照受贿罪、贪污罪数额认定标准的二倍执行”的立法精神,以受贿罪、贪污罪的数额认定标准直接乘以二得出非国家工作人员受贿罪的数额认定标准。这样的话,《贪污贿赂案件司法解释》规定的受贿罪、贪污罪“数额较大”、“数额巨大”和“数额特别巨大”的认定标准分别是3万元以上不满20万元、20万元以上不满300万元以及300万元以上。因此,非国家工作人员受贿罪的“数额较大”、“数额巨大”和“数额特别巨大”的认定标准可以分别是6万元以上不满40万元、40万元以上不满600万元以及600万元以上。但是,根据2022年《刑事案件立案标准的规定(二)》第10条的规定,非国家工作人员受贿,数额在3万元以上的,应予立案追诉。因此,关于此问题,目前最高人民法院和最高人民检察院的司法解释之间存在不一致的规定,有待以后修改统一。

二、对非国家工作人员行贿罪

《刑法》第164条第1款规定了对非国家工作人员行贿罪。按照该条规定,为谋取不正当利益,给予公司、企业或者其他单位的工作人员以财物,数额较大或者巨大的,构成非国家工作人员受贿罪。

关于非国家工作人员行贿罪的刑罚,根据《刑法》第164条第1款的规定,非国家工作人员行贿罪的刑罚分为两个刑档："数额较大的，处三年以下有期徒刑或者拘役，并处罚金；数额巨大的，处三年以上十年以下有期徒刑，并处罚金。"

对于该罪中的"数额较大"和"数额巨大"的具体认定标准，根据《贪污贿赂案件司法解释》第11条的规定，对非国家工作人员行贿罪的数额较大和数额巨大的数额认定起点，按照该解释关于行贿罪相对应的数额标准的二倍执行。而该解释规定的行贿罪的相关数额起点标准分别是3万元和100万元。因此，对非国家工作人员行贿罪的"数额较大"和"数额巨大"的起点认定标准分别是6万元和200万元。此外，鉴于个人和单位都可以成为本罪的犯罪主体，2022年《刑事案件立案标准的规定（二）》第11条分别规定了个人犯该罪和单位犯该罪不同的立案追诉标准："个人行贿数额在三万元以上的，单位行贿数额在二十万元以上的，应予立案追诉。"

三、对外国公职人员、国际公共组织官员行贿罪

《刑法》第164条第2款规定了对非国家工作人员行贿罪。按照该条规定，为谋取不正当商业利益，给予外国公职人员或者国际公共组织官员以财物的，依照前款的规定处罚，数额较大或者巨大的，构成对外国公职人员、国际公共组织官员行贿罪。

关于外国公职人员、国际公共组织官员行贿罪的刑罚，《刑法》第164条第2款规定："数额较大的，处三年以下有期徒刑或者拘役，并处罚金；数额巨大的，处三年以上十年以下有期徒刑，并处罚金。"

此外，根据《刑法》第164条第3款的规定，单位可以成为对非国家工作人员行贿罪和对外国公职人员、国际公共组织官员行贿罪这两个罪的犯罪主体。在单位犯这两个罪时，单位中具体实施犯罪行为的工作人员，就是应当承担刑事责任的责任人员。这种情况下，应对单位判处罚金，并对其直接负责的主管人员和其他直接责任人员依照第164条第1款的规定处罚。

至于该罪中的"数额较大"和"数额巨大"的具体认定标准，与对非国家工作人员行贿罪的认定标准相同，"数额较大"和"数额巨大"的起点标准分别是6万元和200万元。此外，鉴于个人和单位都可以成为本罪的犯罪主体，2022年《刑事案

件立案标准的规定(二)》第12条分别规定了个人犯该罪和单位犯该罪不同的立案追诉标准:“个人行贿数额在三万元以上的,单位行贿数额在二十万元以上的,应予立案追诉。”

最后,《刑法》第164条第4款规定了该罪的法定从宽处罚情节:“行贿人在被追诉前主动交待行贿行为的,可以减轻处罚或者免除处罚。”

四、为亲友非法牟利罪

《刑法》第166条规定了为亲友非法牟利罪:“国有公司、企业、事业单位的工作人员,利用职务便利,有下列情形之一,致使国家利益遭受重大损失的,处三年以下有期徒刑或者拘役,并处或者单处罚金;致使国家利益遭受特别重大损失的,处三年以上七年以下有期徒刑,并处罚金:(一)将本单位的盈利业务交由自己的亲友进行经营的;(二)以明显高于市场的价格从自己的亲友经营管理的单位采购商品、接受服务或者以明显低于市场的价格向自己的亲友经营管理的单位销售商品、提供服务的;(三)从自己的亲友经营管理的单位采购、接受不合格商品、服务的。其他公司、企业的工作人员违反法律、行政法规规定,实施前款行为,致使公司、企业利益遭受重大损失的,依照前款的规定处罚。”

《刑法》第166条第2款是《刑法修正案(十二)》新增加的内容,根据上述修正之后的刑法最新规定,国有单位和非国有单位的工作人员都可以成为该罪的适格犯罪主体,该罪已经由2023年刑法修正之前的特定主体犯罪,变成适合于所有公司工作人员的相对一般主体犯罪。这是《刑法修正案(十二)》加大对民营经济的保护力度,加大打击公司、企业内部腐败的具体体现。

根据该条的规定,公司一般职员犯为亲友非法牟利罪的犯罪客观要件是,利用职务便利实施《刑法》第166条第1款所列举的三种非法行为之一,并且致使国家利益(适用于国有公司员工)或者所供职公司利益(适用于非国有公司)遭受了重大损失。对于为亲友非法牟利罪当中“重大损失”的认定标准,2010年《刑事案件立案标准的规定(二)》第13条作出了具体规定:“国有公司、企业、事业单位的工作人员,利用职务便利,为亲友非法牟利,涉嫌下列情形之一的,应予立案追诉:(一)造成国家直接经济损失数额在十万元以上的;(二)使其亲友非法获利数额在二十万元以上的;(三)造成有关单位破产,停业、停产六个月以上,或者被吊销许可证和营业执照、责令关闭、撤销、解散的;(四)其他致使国家利益遭受重大损失的情形。”

这里需要说明的是,上述规定发布时刑法规定的该罪的犯罪主体仅包括国有公司、企业、事业单位的工作人员,不包括非国有公司的工作人员。《刑法修正案(十二)》将该犯罪的犯罪主体扩大到非国有公司工作人员之后,截至本书付稿之日尚没有新的配套司法文件出台。但是,刑法对于国有公司工作人员的背信行为的处罚力度远远大于非国有公司工作人员,因此,根据举重以明轻的法律解释规则,在新的司法解释出台之前,对于非国有公司工作人员犯该罪的具体认定标准,可以参照2010年《刑事案件立案标准的规定(二)》针对国有公司工作人员犯罪的认定标准。

关于为亲友非法牟利罪的刑罚,根据《刑法》第166条的规定,该罪有两个刑档:致使所供职的单位利益遭受重大损失的,处三年以下有期徒刑或者拘役,并处或者单处罚金;遭受特别重大损失的,处三年以上七年以下有期徒刑,并处罚金。

案例12.1 刘某某为亲友非法牟利案〔1〕

【裁判要旨】

1.国有控股公司中从事公务的人员属于国有公司工作人员。国有控股公司中从事公务的人员属于国有公司工作人员。虽然刑法上的国有公司、企业是指国有独资公司、企业,但“国有公司、企业人员”并非仅指国有独资公司、企业工作人员。根据《最高人民法院、最高人民检察院关于办理国家出资企业中职务犯罪案件具体应用法律若干问题的意见》第6条的规定,经国有公司、企业提名、推荐、任命、批准等,在国有控股、参股公司及其分支机构中从事公务的人员,以及经国家出资企业中负有管理、监督国有资产职责的组织批准或者研究决定,代表其在国有控股、参股公司及其分支机构中从事组织

〔1〕 黑龙江省高级人民法院刑事裁定书,(2021)黑刑终83号;黑龙江省佳木斯市中级人民法院刑事判决书,(2018)黑08刑初11号。

领导、监督、经营、管理工作的人员，可认定为以国家工作人员论的“国有公司、企业人员”。

2.通过下属单位负责人的职权，安排以明显高于市场的价格购买商品，属于利用职务上的便利。利用职务上有隶属关系的其他国有公司、企业工作人员的职务便利可以认定其利用了职务便利。《全国法院审理经济犯罪案件工作座谈会纪要》第3条第1项规定，《刑法》第385条第1款规定的“利用职务上的便利”，既包括利用本人职务上主管、负责、承办某项公共事务的职权，也包括利用职务上有隶属、制约关系的其他国家工作人员的职权。担任单位领导职务的国家工作人员通过不属于自己主管的下级部门的国家工作人员的职务为他人谋取利益的，应当认定为“利用职务上的便利”为他人谋取利益。

3.当行为人的行为兼具为自己以及亲友牟利的因素时，以为亲友非法牟利罪定罪更为合理。在具体案件中，应当考虑以下因素：行为人是否具有为亲友非法牟利的意图；行为人的行为是否不同于典型的贪污行为；以为亲友非法牟利罪进行处罚是否具有合理性。

【案情简介】

2010年1月，被告人刘某某为解决其子刘某甲就业问题，安排成立某汽车租赁公司，刘某某与朋友、表弟等出资入股该公司，其中刘某某实际占股约43%，是公司最大股东，刘某甲主要负责该公司财务工作。2012年2月，为拓展业务，刘某某安排某汽车租赁公司出资成立某科贸公司，上述两家公司均由刘某某实际控制，且工作人员相同。2012年年底，刘某某利用担任某移动公司副总经理的职务便利，推荐其下属公司福州分公司向某科贸公司采购大米，福州分公司以210万元的价格向某科贸公司采购48,650公斤五常大米，经鉴定，所采购的大米2013年1月在福州市的市场价格为87.57万元，某科贸公司非法获利122.43万元。该款项后被用于公司购车及日常经营等。

黑龙江省佳木斯市中级人民法院一审以为亲友非法牟利罪判处被告人刘某某有期徒刑六个月，并处罚金2万元。一审宣判后，被告人刘某某不服，提起上诉。黑龙江省高级人民法院经审理认为，一审判决认定的事实清楚，证据确实、充分，定罪准确，量刑适当，审判程序合法，裁定驳回上诉，维持原判。

【案件分析】

法院生效判决认为，被告人刘某某身为国有公司工作人员，利用职务便利，以明显高于市场的价格向自己亲友经营管理的单位采购商品，使国家利益遭受重大损失，其行为构成为亲友非法牟利罪。

五、签订、履行合同失职被骗罪

《刑法》第167条规定了签订、履行合同失职被骗罪："国有公司、企业、事业单位直接负责的主管人员，在签订、履行合同过程中，因严重不负责任被诈骗，致使国家利益遭受重大损失的，处三年以下有期徒刑或者拘役；致使国家利益遭受特别重大损失的，处三年以上七年以下有期徒刑。"

根据该条规定，签订、履行合同失职被骗罪是特定主体犯罪，只有国有公司、企业、事业单位的工作人员才是该罪的适格犯罪主体。并且该工作人员还仅限于对犯罪所涉合同的签订和履行负有主要责任的主管人员。非国有公司的职员不是该罪的适格犯罪主体，不会触犯该罪。该罪的客观要件是在签订、履行合同过程中失职被骗且致使国家利益造成重大损失或者更大损失。该罪的主观要件为过失要件，这种过失在外观上表现为"严重不负责任"的失职行为。

对于签订、履行合同失职被骗罪当中"重大损失"的认定标准，根据2010年《刑事案件立案标准的规定（二）》第14条的规定，有以下四种情形之一的，应当认定为"重大损失"："（一）造成国家直接经济损失数额在十万元以上的；（二）使其亲友非法获利数额在二十万元以上的；（三）造成有关单位破产，停业、停产六个月以上，或者被吊销许可证和营业执照、责令关闭、撤销、解散的；（四）其他致使国家利益遭受重大损失的情形。"

关于签订、履行合同失职被骗罪的刑罚，根据《刑法》第167条的规定，该罪有两个刑档：致使国家利益遭受重大损失的，处三年以下有期徒刑或者拘役；遭受特别重大损失的，处三年以上七年以下有期徒刑。鉴于该罪的犯罪主体在主观上没有通过犯罪行为为自身谋取非法利益的主观恶性，因此该罪的刑罚当中没有“罚金”这种附加刑，只有自由刑。

六、国有公司、企业、事业单位人员失职罪、滥用职权罪

《刑法》第168条是关于国有公司、企业、事业单位人员失职罪和国有公司、企业、事业单位人员滥用职权罪的规定：“国有公司、企业的工作人员，由于严重不负责任或者滥用职权，造成国有公司、企业破产或者严重损失，致使国家利益遭受重大损失的，处三年以下有期徒刑或者拘役；致使国家利益遭受特别重大损失的，处三年以上七年以下有期徒刑。国有事业单位的工作人员有前款行为，致使国家利益遭受重大损失的，依照前款的规定处罚。国有公司、企业、事业单位的工作人员，徇私舞弊，犯前两款罪的，依照第一款的规定从重处罚。”根据该条规定，这两个罪的犯罪主体是特定主体，只有国有公司、企业、事业单位的工作人员才是此二罪的适格犯罪主体。该二罪的客观要件分别是在履行工作职务时严重失职或滥用职权，并因此给国家利益造成重大损失或者更大损失。

2010年《刑事案件立案标准的规定（二）》第15条规定了国有公司、企业、事业单位人员失职罪中“重大损失”的立案追诉标准：“[国有公司、企业、事业单位人员失职案（刑法第一百六十八条）]国有公司、企业、事业单位的工作人员，严重不负责任，涉嫌下列情形之一的，应予立案追诉：（一）造成国家直接经济损失数额在五十万元以上的；（二）造成有关单位破产，停业、停产一年以上，或者被吊销许可证和营业执照、责令关闭、撤销、解散的；（三）其他致使国家利益遭受重大损失的情形。”第16条规定了国有公司、企业、事业单位人员滥用职权罪中“重大损失”的立案追诉标准：“[国有公司、企业、事业单位人员滥用职权案（刑法第一百六十八条）]国有公司、企业、事业单位的工作人员，滥用职权，涉嫌下列情形之一的，应予立案追诉：（一）造成国家直接经济损失数额在三十万元以上的；（二）造成有关单位破产，停业、停产六个月以上，或者被吊销许可证和营业执照、责令关闭、撤销、解散的；（三）其他致使国家利益遭受重大损失的情形。”

由上文可知，在立案追诉时，国有公司、企业、事业单位人员失职罪与国有

公司、企业、事业单位人员滥用职权罪对于"重大损失"的标准是不同的，前者是50万元以上，后者是30万元以上。本书认为，司法解释之所以作出这样的不同规定，其背后的法理逻辑应该是：前者失职犯罪一般在主观要件上是一种过失犯罪，而后者滥用职权犯罪在主观要件上则是一种故意犯罪。因此后者的主观恶性大于前者，所以在对犯罪进行打击的严厉程度上，对后者的打击也应该严于前者。

关于国有公司、企业、事业单位人员失职罪、滥用职权罪的刑罚，根据《刑法》第168条的规定，此二罪均有两个刑档：致使国家利益遭受重大损失的，处三年以下有期徒刑或者拘役；致使国家利益遭受特别重大损失的，处三年以上七年以下有期徒刑。与签订、履行合同失职被骗罪的刑罚相类似，此二罪的刑罚当中没有"罚金"这种附加刑，只有自由刑。

此外，该条第3款规定了该罪的一项法定处罚情节，即对徇私舞弊犯该罪的，从重处罚。

七、徇私舞弊低价折股、出售公司、企业资产罪

《刑法》第169条规定了徇私舞弊低价折股、出售公司、企业资产罪："国有公司、企业或者其上级主管部门直接负责的主管人员，徇私舞弊，将国有资产低价折股或者低价出售，致使国家利益遭受重大损失的，处三年以下有期徒刑或者拘役；致使国家利益遭受特别重大损失的，处三年以上七年以下有期徒刑。其他公司、企业直接负责的主管人员，徇私舞弊，将公司、企业资产低价折股或者低价出售，致使公司、企业利益遭受重大损失的，依照前款的规定处罚。"本条第2款是2023年12月29日通过的《刑法修正案（十二）》新增加的内容，根据上述修正之后的刑法最新规定，国有单位和非国有单位的相关主管人员都可以成为该罪的适格犯罪主体。而在2023年刑法修正之前，只有国有公司、企业的相关主管人员才是本罪的适格犯罪主体。这是《刑法修正案（十二）》加大对民营经济的保护力度，加大打击公司、企业内部腐败的又一具体体现。

对该罪刑法规定当中的"重大损失"具体如何认定的问题，根据2010年《刑事案件立案标准的规定（二）》第17条的规定，造成国家直接经济损失数额在三十万

元以上的或者造成有关单位破产，停业、停产六个月以上，或者被吊销许可证和营业执照、责令关闭、撤销、解散等情形的应当认定为相关单位的利益遭受重大损失，应当立案追诉。

关于徇私舞弊低价折股、出售公司、企业资产罪的刑罚，根据《刑法》第169条的规定，该罪有两个刑档：致使所供职单位利益遭受重大损失的，处三年以下有期徒刑或者拘役；遭受特别重大损失的，处三年以上七年以下有期徒刑。该罪的刑罚只有自由刑，没有罚金刑。

八、逃汇罪

《刑法》第190条规定了逃汇罪："公司、企业或者其他单位，违反国家规定，擅自将外汇存放境外，或者将境内的外汇非法转移到境外，数额较大的，对单位判处逃汇数额百分之五以上百分之三十以下罚金，并对其直接负责的主管人员和其他直接责任人员，处五年以下有期徒刑或者拘役；数额巨大或者有其他严重情节的，对单位判处逃汇数额百分之五以上百分之三十以下罚金，并对其直接负责的主管人员和其他直接责任人员，处五年以上有期徒刑。"根据该条规定，该罪是一个典型的单位犯罪，只有公司、企业或者其他单位才可以构成该罪，个人不是该罪的适格犯罪主体，不能构成该罪。但是，我国刑法对单位犯罪实行双罚制，即对于单位犯罪，对单位科以财产刑，对负责的个人科以自由刑等主刑。因为单位犯罪一般情况下必须由单位员工去实施，所以，本书将该犯罪放到本章讨论。

关于该罪中的"数额较大"的具体认定标准，根据2022年《刑事案件立案标准的规定（二）》第41条的规定，逃汇数额单笔在200万美元以上或者累计数额在500万美元以上的，属于数额较大，应予立案追诉。

关于逃汇罪的刑罚，根据《刑法》第190条的规定，该罪实行双罚制，对单位处以罚金，对其直接负责的主管人员和其他直接责任人员判处有期徒刑或者拘役，设两个刑档，逃汇数额较大的，处五年以下有期徒刑；数额巨大或者有其他严重情节的，处五年以上有期徒刑。根据法律规定，单独判处有期徒刑的，其上限是十五年。所以这里的"五年以上有期徒刑"虽没有明确上限，但按照法律规定，其上限是十五年。可见，该罪亦是一项重罪，最高刑罚为十五年有期徒刑。

九、职务侵占罪

公司职员违法履职或与其职务相关的严重背信行为构成的犯罪主要集中在《刑法》“分则”第三章“破坏社会主义市场经济秩序罪”，尤其是其中的第四节“妨害对公司、企业的管理秩序罪”。但是，公司职员与其职务相关的犯罪并非仅限于此。除此之外，还包括两个财产性犯罪——职务侵占罪和挪用资金罪。这两个罪的犯罪构成也是典型的公司员工的严重背信行为。但鉴于这两个罪所损害的法益除了公司管理秩序职务，还包括公司的财产权利，并且后者才是其损害的最主要法益，因此，《刑法》在其体例结构上将这两个罪放到《刑法》“分则”第五章“侵犯财产罪”当中。

与前述非国家工作人员受贿罪一样，有关本罪以及接下来谈论的挪用资金罪的法律规定也经过了《刑法修正案（十一）》的修订。修订的内容主要是加重了刑事处罚，其中职务侵占罪的最高刑由修订之前的十五年有期徒刑，增加到无期徒刑。

《刑法》第271条是关于职务侵占罪的规定：“公司、企业或者其他单位的工作人员，利用职务上的便利，将本单位财物非法占为己有，数额较大的，处三年以下有期徒刑或者拘役，并处罚金；数额巨大的，处三年以上十年以下有期徒刑，并处罚金；数额特别巨大的，处十年以上有期徒刑或者无期徒刑，并处罚金。国有公司、企业或者其他国有单位中从事公务的人员和国有公司、企业或者其他国有单位委派到非国有公司、企业以及其他单位从事公务的人员有前款行为的，依照本法第三百八十二条、第三百八十三条的规定定罪处罚。”按照该款规定，该罪的客观构成要件是利用职务上的便利，将本单位财物非法占为己有；该罪的主体要件是一般身份主体，即公司、企业或者其他单位的一般工作人员都可以构成该罪。该罪的主观要件是故意犯罪，犯罪主体在犯罪时应具有将本单位财物非法占为己有的主观故意。该罪有三个刑档，侵占数额较大的，处三年以下有期徒刑或者拘役，并处罚金；数额巨大的，处三年以上十年以下有期徒刑，并处罚金；数额特别巨大的，处十年以上有期徒刑或者无期徒刑，并处罚金。可见，作为侵犯公司财产权的犯罪，本罪是一项重罪，最高可以判处无期徒刑。

本罪的数额认定标准问题遇到了与非国家工作人员受贿罪相类似的情况：一方面《贪污贿赂案件司法解释》对此作出了明确规定，另一方面在《贪污贿赂案件司法解释》颁布之后，《刑法修正案（十一）》又对该罪的刑罚设定进行了修订，由原来只包含两个刑档，变成了修订之后的三个刑档，在原两个数量标准的基础上又增加了一个“数额特别巨大”。因此导致了《贪污贿赂案件司法解释》中的有关规定与现行刑法的规定不能一一对应。本书认为，在新的司法解释颁行之前，依然可以参照《贪污贿赂案件司法解释》规定的精神来确定职务侵占罪的数额认定标准。《贪污贿赂案件司法解释》第11条规定的确定职务侵占罪的数额标准的基本精神和操作办法是：按照受贿罪、贪污罪以对应数额标准的五倍执行。因此，在新的司法解释颁行之前，可以按照此精神和方法推算出职务侵占罪的数额认定标准，即职务侵占罪当中“数额较大”、“数额巨大的”和“数额特别巨大”的认定标准分别是15万元以上不满100万元、100万元以上不满1500万元以及1500万元以上。

此外，《刑法》第271条第2款是一款犯罪主体排除的规定，即职务侵占罪的犯罪主体虽然是公司，尤其是国有公司、企业的工作人员，但是，不包括在这些单位中从事公务的人员。因为，对于这样的人员，基于其国家工作人员的特殊身份，法律对其有特殊要求。因此，如果这样的公务人员在公司等单位中实施了该条第1款的行为，其不构成职务侵占罪而构成贪污罪，这就是该条第2款中提到的“本法第三百八十二条、第三百八十三条”规定的犯罪。

十、挪用资金罪

《刑法》第272条规定了挪用资金罪：“公司、企业或者其他单位的工作人员，利用职务上的便利，挪用本单位资金归个人使用或者借贷给他人，数额较大、超过三个月未还的，或者虽未超过三个月，但数额较大、进行营利活动的，或者进行非法活动的，处三年以下有期徒刑或者拘役；挪用本单位资金数额巨大的，处三年以上七年以下有期徒刑；数额特别巨大的，处七年以上有期徒刑。国有公司、企业或者其他国有单位中从事公务的人员和国有公司、企业或者其他国有单位委派到非国有公司、企业以及其他单位从事公务的人员有前款行为的，依照本法第三百八十四条的规定定罪处罚。有第一款行为，在提起公诉前将挪用的资金退还的，可以从轻或者减轻处罚。其中，犯罪较轻的，可以减轻或者免除处罚。”

《刑法》第272条第1款是关于该罪犯罪构成及其处罚的规定。按照该款规定，该罪的客观构成要件有两种表现形式，只要符合其中一种即构成该罪。第一种表现形式是，利用职务上的便利，挪用本单位资金归个人使用或者借贷给他人，数额较大，超过三个月未还。第二种表现形式是，利用职务上的便利，挪用本单位资金归个人使用或者借贷给他人，数额较大，进行营利活动或者非法活动。

该罪的主体要件是一般身份主体，即公司、企业或者其他单位的一般工作人员都是本罪的适格犯罪主体，都可以构成该罪。但是，根据《刑法》第272条第2款的规定，本罪的犯罪主体不包括在公司、企业等单位中从事公务的人员。如果这些具有特殊身份的人员在公司等单位中实施了该条第1款的行为，不应按照挪用资金罪处理，应认定为挪用公款罪，这就是该条第2款中提到的“本法第三百八十四条”规定的犯罪。

该罪的主观要件是故意犯罪，犯罪主体在犯罪时具有职务上的便利，将本单位财物非法占为己有的主观故意。该罪有三个刑档，挪用资金数额较大的，处三年以下有期徒刑或者拘役；挪用资金数额巨大的，处三年以上七年以下有期徒刑；数额特别巨大的，处七年以上有期徒刑。可见，作为侵犯公司财产权的犯罪，本罪也是一项重罪，最高刑是十五年有期徒刑。

关于挪用资金罪中“数额较大”、“数额巨大”和“数额特别巨大”的具体认定标准。本罪的数额认定标准问题遇到了与职务侵占罪几乎相同的情况。基于与前文在职务侵占罪部分提到的同样的理由，本书认为，在新的司法解释颁布之前，可以参照《贪污贿赂案件司法解释》第11条规定的基本精神和操作办法来确定挪用资金罪的数额认定标准。

第十三章　与公司登记与公示制度有关的法律风险

公司登记制度是指公司将《公司法》规定的登记事项向公司登记机关申请登记，公司登记机关审核后对符合登记条件的登记事项进行登记，并通过国家企业信用信息公示系统向社会公示的制度。公司登记包括设立登记、变更登记和注销登记。除公司设立和公司注销之外，登记并不是相关事项的生效要件，登记的法律效果是其公信公示的对抗效力；应登记的事项没有登记的，不得对抗善意相对人。公示制度，是指《公司法》第40条规定的公司的公示义务，以及公司依据该条规定将其法定公示事项通过国家企业信用信息公示系统向社会公示的制度。关于公司登记与公示制度更为详细的内容，请参阅本书第一章第三节。

申请公司登记机关登记其法定登记事项以及依法公示其法定公示事项，是公司的法定义务。公司违反该义务会引起一系列不利法律后果，这就是与公司登记与公示制度有关的法律风险。这些法律风险既包括民事法律风险，也包括行政法律风险和刑事法律风险。但鉴于其刑事法律风险主要是公司设立阶段虚报注册资本和虚假出资的刑事法律风险，而该法律风险已在本书第四章进行了详细阐述，故而在本章不予赘述。接下来本章分两节讨论与公司登记与公示制度有关的民事法律风险和行政法律风险。

第一节　与公司登记与公示制度有关的民事法律风险

从公司存续的角度看，与公司登记与公示制度有关的民事法律风险存在于公司从“生”到“死”的全生命周期。首先，在公司“出生”阶段，即公司的设立阶段，登记是设立公司的法定生效要件。只有完成登记取得登记机关颁发的公司营业执照，公司才能正式成立。如果把公司这个法律拟制的“人”与自然人相类比，筹备设立公司的所有活动以及申请公司设立登记的所有活动，都相当于孕育公司的“十月怀胎”，而营业执照的办法则相当于公司这个“婴儿”的呱呱坠地。

如果公司在设立过程中“胎死腹中”，即没有完成设立登记使公司正式成立，那么，公司各发起人之间的关系在法理上就被认定为一种民事合伙关系，发起人之间应对公司发起设立的民事活动承担连带责任。这对于公司各发起人，尤其是没有实际执行发起事务的发起人来说，当然是一种巨大的民事法律风险。关于该法律风险以及公司设立登记阶段其他法律风险，请参阅本书第四章。关于公司“死亡”阶段，即公司注销登记的相关法律风险，可参阅本书第十七章，这里也不再赘述。以下着重讨论一下公司存续期间与公司登记与公示制度有关的法律风险。

在公司存续阶段，与登记、公示制度有关的法律风险基本上源于登记公示制度三要素——登记公示事项、登记公示义务和登记公示效力。前文讨论了登记公示义务和登记公示效力，现在回顾一下登记公示事项。

根据《公司法》第32条的规定，公司登记事项包括公司的以下信息：名称、住所、注册资本、经营范围、法定代表人的姓名以及有限责任公司股东、股份有限公司发起人的姓名或者名称。根据《公司法》第40条的规定，以下事项属于公司应依法公示的公示事项：(1)有限责任公司股东认缴和实缴的出资额、出资方式和出资日期，股份有限公司发起人认购的股份数；(2)有限责任公司股东、股份有限公司发起人的股权、股份变更信息；(3)行政许可取得、变更、注销等信息；(4)法律、行政法规规定的其他信息。

其次，关于登记公示义务和登记公示效力，《公司法》第34条规定：“公司登记事项发生变更的，应当依法办理变更登记。公司登记事项未经登记或者未经变更登记，不得对抗善意相对人。”《公司法》第40条第2款规定：“公司应当确保前款公示信息真实、准确、完整。”对于公司来说，与登记公示制度有关的法律风险，主要是其违反有关登记公示的法定义务而引发的需要承担相应法律责任的可能性。

对于公司在登记公示方面的法定义务，可以总结概括为两方面：第一，公司有依法登记和依法公示的义务，第二，公司应确保登记申请材料以及公示信息真实、准确、完整。如果公司违反了这两项法定义务，并且因此造成了相关方的损失，则相关方有可能要求该公司承担损害赔偿责任。比如，公司的行政许可取得、变更、注销等信息均是公司公示事项，公司如有这方面的信息就负有将其及时公示的义务，并且应当确保公示的信息是真实、准确、完整的。如果某公司行政许可信息已经变更或注销，却没有对该信息进行及时公示，抑或在根本没有相关行政许可的情况下，伪造、杜撰虚假的行政许可信息并将其公示到国家企业信用信息公示系统，且相关交易中相对方基于相关公示信息作出相关交易决策并且因此而遭受损失。那么，该公司就有可能被追究损失赔偿责任。

对于公司之外的其他相关主体来说，与登记公示制度有关的法律风险，主要来自登记公示的对抗效力。法定登记公示事项实际却没有进行登记公示，或者登记公示的信息与实际不符都会给有关各方带来民事上的法律风险，实际上本书在其他章节讨论的某些风险其背后的症结恰恰在此，比如代持股双方的风险、与法定代表人制度有关的法律风险，等等。鉴于已经在其他章节进行了详细讨论，这里就不再赘述。

第二节 与公司登记与公示制度有关的行政法律风险

在分布的范围方面，与公司登记与公示制度有关的行政法律风险与其民事法律风险相类似，也广泛分布于公司从“生”到“死”的全生命周期。

在公司设立阶段，与公司登记与公示制度有关的行政法律风险主要有虚报注册资本或者以其他方式欺诈登记以及虚假出资的行政法律风险，后果可能是被处以行政罚款，甚至被撤销登记或者吊销营业执照等。关于这方面的详细介绍请参阅本书第五章，这里不再赘述。除此之外，未登记或未完成登记而适用“有限公司”、“有限责任公司”和“股份有限公司”等名称的，也存在被处以行政罚款的行政法律风险。《公司法》第259条对此作出了详细规定：“未依法登记为有限责任公司或者股份有限公司，而冒用有限责任公司或者股份有限公司名义的，或者未依法登记为有限责任公司或者股份有限公司的分公司，而冒用有限责任公司或者股份有限公司的分公司名义的，由公司登记机关责令改正或者予以取缔，可以并处十万元以下的罚款。”

在公司存续阶段，与公司登记与公示制度有关的行政法律风险可以分为未依法变更登记的行政法律风险和未依法公示的行政法律风险。前者导致的法律后果有行政罚款和吊销营业执照两种，后者造成的行政法律责任主要是行政罚款。

《市场主体登记管理条例》第46条规定了公司的市场主体未履行法定变更登记义务的行政法律责任：“市场主体未依照本条例办理变更登记的，由登记机关责令改正；拒不改正的，处1万元以上10万元以下的罚款；情节严重的，吊销营业执照。”可见，在法定登记事项发生变更后公司不履行变更登记义务，未依法变更登记的，轻者将被处以1万元到10万元的罚款；重者会被吊销营业执照。

《公司法》第251条规定了公司违反法定公示义务需要承担的行政法律责任：“公司未依照本法第四十条规定公示有关信息或者不如实公示有关信息的，由公司登记机关责令改正，可以处以一万元以上五万元以下的罚款。情节严重的，处以五万元以上二十万元以下的罚款；对直接负责的主管人员和其他直接责任人员处以一万元以上十万元以下的罚款。”可见，如果公司法定公示事项发生变更之后，公司不履行公示义务，未依法公示变更信息，公司以及公司当中的相关责任人员个人都将面临处以行政罚款的法律风险。所不同的是罚款的数额，对公司罚款的上下限幅度是1万元到20万元，对相关责任人员个人的罚款数额的幅度是1万元以上10万元以下。这里的“相关责任人员”包括公司内对公司公示事务直接负责的主管人员和其他直接责任人员。

此外，在公司终止阶段，与公司登记与公示制度有关的行政法律风险主要是公司被强制注销的风险，这是2023年《公司法》修订新增加的内容。《公司法》第241条规定：“公司被吊销营业执照、责令关闭或者被撤销，满三年未向公司登记机关申请注销公司登记的，公司登记机关可以通过国家企业信用信息公示系统予以公告，公告期限不少于六十日。公告期限届满后，未有异议的，公司登记机关可以注销公司登记。依照前款规定注销公司登记的，原公司股东、清算义务人的责任不受影响。”

《公司法》第241条第1款是关于强制注销条件和程序的规定。根据该款以及公司法其他有关条款的规定，公司登记机关将公司强制注销的实质条件是，公司被吊销营业执照、责令关闭或者被撤销并且在超过三年仍未主动向公司登记机关申请注销公司登记。其应遵循的程序及程序性条件有以下五步：第一步，公司登记机关发布强制注销公告，公告应当在国家企业信用信息公示系统发布，并应当载明拟予以强制注销的公司名称、强制注销原因、公告期限以及公告期内受理异议的部门等信息。第二步，公告期届满。第三步，公告期内没有收到异议。第四步，登记机关对该公司进行注销登记。第五步，登记机关将该公司已被强制注销登记的信息通过国家企业信用信息公示系统向社会公示。

根据《公司法》第241条第2款的规定，公司被强制注销登记的，原公司股东、清算义务人的责任不受影响，即相关主体应继续承担对公司进行清算等法定义务，未履行清算义务的依法承担相关法律责任[1]。这是公司被强制注销对于原公司股东、董事等相关主体的法律风险之一。公司被强制注销对相关主体的法律风险之二，是在公司被强制注销之后，公司终止，公司的法律人格消亡，因此公司原法定代表人对外代表公司的权利，包括诉讼代表权在内，都一起随之消灭。在此之后，如果再出现公司的债权人起诉公司的情况，公司原法定代表人就不再是可以代表公司诉讼的适格主体，公司股东就有可能被作为被告起诉，或者也极有可能启动公司在法院主持下的司法强制清算，在这种情况下，公司股东和董事等就会被迫卷入相关诉讼并极有可能被进一步追究相关法律责任，具体责任范围和责任形式可参阅本书第十七章，这里不予赘述。

〔1〕 具体内容可参阅本书第十七章。

第十四章　公司决议制度相关法律风险及其诉讼制度

第一节　公司决议制度概述

公司法意义上的决议，是指公司股东会、董事会等公司机关依据公司法和公司章程规定的权限和表决程序，就公司事项经过审议和表决而所作出的，体现其意志的文件。公司决议制度是指与公司决议相关的一系列制度体系，从狭义上理解主要包括决议的议事和表决规则制度和决议效力制度，其中后者又包括决议有效和无效制度、瑕疵决议可撤销制度、决议不成立制度以及瑕疵决议的法律效力制度。从广义上理解，公司决议制度除了包含所有狭义上的内容，还包括决议机关的职权制度以及决议争议的纠纷解决制度。此外，关于公司决议制度，除本章内容之外，还可以参阅本书第一章第六节有关内容。

一、公司机关的职权及其议事与表决规则

（一）公司机关的职权

公司机关是指公司法规定的可以形成、代表或执行公司意志的公司内设机构，除了股东会、董事会（不设董事会公司的执行董事）和监事会（不设监事会但设监事的公司的监事），还包括公司的法定代表人。但法定代表人制度主要解决的是对外代表公司意志的问题，其与这里讨论的公司决议制度及其法律风险鲜有涉及，所以这里讨论的公司机关主要是指公司的股东会、董事会和监事会。

公司机关也可以对其职权范围内的事项进行审议并在必要时作出决定或决议，如果公司机关超出其职权作出决议，就会影响该决议的效力，因此有必要回顾

一下各公司机关的法定职权。

第一，股东会的职权。在公司法设计的公司治理结构当中，股东会是公司的权力机关，其职权是审议和决定公司的重大事项。根据《公司法》第59条和第112条第1款的规定，公司股东会行使下列职权：(1)选举和更换董事、监事，决定有关董事、监事的报酬事项；(2)审议批准董事会的报告；(3)审议批准监事会的报告；(4)审议批准公司的利润分配方案和弥补亏损方案；(5)对公司增加或者减少注册资本作出决议；(6)对发行公司债券作出决议；(7)对公司合并、分立、解散、清算或者变更公司形式作出决议；(8)修改公司章程；(9)公司章程规定的其他职权。

第二，董事会的职权。根据《公司法》第67条第2款和第120条第2款的规定，公司董事会行使下列职权：(1)召集股东会会议，并向股东会报告工作；(2)执行股东会的决议；(3)决定公司的经营计划和投资方案；(4)制订公司的利润分配方案和弥补亏损方案；(5)制订公司增加或者减少注册资本以及发行公司债券的方案；(6)制订公司合并、分立、解散或者变更公司形式的方案；(7)决定公司内部管理机构的设置；(8)决定聘任或者解聘公司经理及其报酬事项，并根据经理的提名决定聘任或者解聘公司副经理、财务负责人及其报酬事项；(9)制定公司的基本管理制度；(10)公司章程规定或者股东会授予的其他职权。

除上述职权之外，有限责任公司董事还可以依据股东会的授权对发行公司债券作出决议。股份有限公司董事会还可以依据公司章程或者股东会的授权在一定范围内对公司发行股份作出决定。

第三，监事会的职权。根据《公司法》第78条和第111条的规定，公司监事会行使下列职权：(1)检查公司财务；(2)对董事、高级管理人员执行职务的行为进行监督，对违反法律、行政法规、公司章程或者股东会决议的董事、高级管理人员提出解任的建议；(3)当董事、高级管理人员的行为损害公司的利益时，要求董事、高级管理人员予以纠正；(4)提议召开临时股东会会议，在董事会不履行本法规定的召集和主持股东会会议职责时召集和主持股东会会议；(5)向股东会会议提出提案；(6)依照本法第189条的规定，对董事、高级管理人员提起诉讼；(7)公司章程规定的其他职权。

(二)公司机关的议事与表决规则

1.股东会的议事与表决规则

(1)有限责任公司股东会的表决权规则

关于股东在股东会的表决权如何确定,即在股东会表决时各参会股东分别享有的表决权数量如何确定,这就是股东会表决权规则要解决的问题。对此问题,公司法针对有限责任公司和股份有限公司规定了不同的制度。对于有限责任公司股东会的表决权规则,《公司法》第65条规定如下:"股东会会议由股东按照出资比例行使表决权;但是,公司章程另有规定的除外。"这里有两个问题需要进一步讨论。一是这里的"出资"是认缴出资还是实缴出资的问题,二是章程对此的"另行规定"有没有边界的问题。

第一,在公司章程对此没有作出"另行规定"的情况下,《公司法》规定的"按照出资比例行使表决权"当中的"出资"是指实缴出资还是认缴出资?理论界和实务界一度对此有着不同的认识,但最高人民法院2019年11月8日发布的《九民纪要》统一了大家的认识:在公司章程没有相反规定的情况下,这里的"出资"应当理解为认缴出资,而不是实缴出资〔1〕。

第二,公司章程对此"另有规定"的空间有多大?或者换句话说,公司章程对此"另有规定"有没有边界,如果有的话,边界又在哪里?本书认为,《公司法》第66条其实是为这里的"另行规定"设定了边界。《公司法》第66条第1款规定:"股东会的议事方式和表决程序,除本法有规定的外,由公司章程规定。"同时根据《公司法》第25条的规定,公司股东会、董事会的决议内容违反法律、行政法规的无效。而公司章程是股东会决议通过的文件,其内容违反法律规定的自然也无效。

因此,这个边界就是,"另行规定"的内容不能导致其在实施结果上与公司法明确规定的股东会的议事与表决制度相冲突。比如,公司法规定公司股东会表决实行多数决原则,除公司法明确规定的个别极其特殊的事项实行全体股东一致通过之外,股东会审议表决其他事项时应当按照公司法的规定采取多数决。而如果

〔1〕 参见《九民纪要》第7条。

公司章程对股东表决权的“另有规定”导致的实施结果是对这种多数决制度的否定，那么，该“另行规定”就极有可能在面临司法审查时会被以“违反法律”为由而被判决确认无效。举一个例子，假如某有限责任公司章程规定“在股东会表决时，每一个股东都拥有一票否决权”，那么该规定的实施效果就会导致股东会要通过任意事项都必须经过全体股东一致同意，而这显然是与公司法规定的多数决原则相互冲突。因此，该“另行规定”应当是无效的规定。

再举一个看似与上例类似，实则有本质不同的例子，假如另一家有限责任公司在其章程中规定，某股东系本公司的创始人和灵魂人物，因此其对公司股东会审议事项享有一票否决权。本书认为，同样是关于股东一票否决权的规定，上一个例子当中的规定属无效规定，但这一个例子中的规定，就应当属于有效规定。因为，上例中规定的所有股东都享有一票否决权的制度与多数决制度天然冲突，而在本例中规定的一个股东的一票否决权并不与多数决制度天然冲突。假如该公司章程当中关于股东表决权的“另行规定”只有这些内容，那么也就是除该“另行规定”之外，该公司股东会表决权制度仍须执行公司法规定的按股东出资比例行使表决权，所以可以从该股东的出资比例的不同情况对此加以分析，假如该“灵魂股东”的认缴出资额占公司全部注册资本的比例超过2/3，那么按照一般的表决权规则该股东也是该公司的绝对控股股东，其也享有“一票否决权”。假如情况相反，该股东的出资比例没有超过2/3，那么这里对该股东享有一票否决权的规定，可以解释为公司章程对公司法规定的按出资比例行使表决权的规定作出了核心要义如下的“另行规定”：股东会表决时，在确定和计算各股东的表决权时，该“灵魂股东”的表决权不按照其出资比例确定和计算，而是直接赋予其2/3以上的表决权，其他股东的表决权则按比例递减，该情况所导致的实施效果，仅仅是在该“灵魂股东”的出资比例没有超过2/3的情况下公司赋予其享有超过2/3的表决权。这其实与没有“另行规定”但该“灵魂股东”出资比例超过2/3的情形是一样的，因此，并不与公司法规定的多数决制度相冲突，所以是合法的另行规定。

除此之外，《公司法》第65条的“另行规定”的想象空间是足够大的，比如以下各个“另行规定”在实施效果上都没有与公司法明确规定的有限责任公司股东会表决权制度相冲突，因此都应该是合法有效的：“股东会表决时各股东依然一票，不按出资比例计算表决权”、“股东会表决时按实缴出资比例计算表决权”以及“股东会表决权以出资额作为计算基础，但不直接按出资额测算比例，而是在测算之前，须先将不同股东的出资额乘以不同的系数（比如有的乘以2，有的乘以0.5），然后再按照各个乘积占各乘积之和的比例确定各股东的表决权”，等等。所以《公司法》第65条是公司法中体现公司自治原则的一个典型条款。

（2）股份有限公司股东的表决权规则

股份有限公司的表决权规则与有限责任公司有所不同。除依法发行的类别股之外，股份有限公司的股份实行同股同权制度，即每一股份有一表决权。但公司持有的本公司股份没有表决权[1]。因此，除类别股在发行时就对其相关权利进行明确之外，股份有限公司不容许像有限责任公司那样对股东的表决权“另行规定”。以上讨论了表决权规则，接下来讨论多数决规则。

（3）有限责任公司股东会的多数决规则

如前述，有限责任公司股东会的多数决规则是指，除公司法明确规定的个别极其特殊的事项实行全体股东一致通过之外，有限责任公司股东会审议表决其他事项时应当按照采取多数决，即多数表决权同意审议事项即为通过。这里的“多数”又分为一般多数和绝对多数。一般多数是指超过一半表决权同意即为通过。绝对多数是指超过2/3表决权同意方为通过。前者适用于表决除特殊事项以外的一般事项，后者适用于股东会表决特殊事项。需要绝对多数决才能通过的特殊决议事项包括修改公司章程、增加或者减少注册资本的决议，以及公司合并、分立、解散或者变更公司形式等[2]。此外，还须特别说明的是，对于有限责任公司来说，有一些极其特殊的事项，容许在全体股东一致同意的情况下作出与公司法规定的一般原则不同的规则，这些极其特殊的事项包括公司利润分配时不按实缴出资比例分配[3]，减资时按不同比例减资[4]以及增资时不按照出资比例优先认缴出资[5]等。

---

〔1〕 参见《公司法》第116条第1款。

〔2〕 参见《公司法》第66条第3款。

〔3〕 参见《公司法》第110条第4款。

〔4〕 该事项除容许全体股东一致约定之外，也容许章程进行规定。参见《公司法》第224条第3款。

〔5〕 参见《公司法》第227条第1款。

(4)股份有限公司股东会的多数决规则

与有限责任公司相比,股份有限公司股东会的多数决规则主要有两点不同,第一个不同点是,多数决制度中计算“多数”的方法不同,有限责任公司股东会是按照全体股东的表决权来计算是否构成“多数”;而股份有限公司股东会在计算是否构成“多数”时,则是按照“出席会议的股东所持表决权”进行计算,即按照同意的表决权占出席会议的股东所持的全部表决权的比例来进行计算。换句话说,对于有限责任公司来说,鉴于其人合性以及最多不超过五十个股东的股东人数限制,在计算股东会表决有没有达到多数时,不管股东有没有实际参加会议,其表决权都应纳入计算。而对于股份有限公司来说,在计算股东会投票是否达到多数时,没有参加会议股东所持的股份不计算在内,只按照参加会议的股东所持的股份计算。第二个不同点是,前述提到的“个别极其特殊的事项全体股东可一致通过作出与公司法规定的一般规则不同的规则”这种制度,仅仅适用于有限责任公司,股份有限公司不能适用。

此外,《公司法》第117条规定了一种特殊的表决规则——累积投票制:“股东会选举董事、监事,可以按照公司章程的规定或者股东会的决议,实行累积投票制。本法所称累积投票制,是指股东会选举董事或者监事时,每一股份拥有与应选董事或者监事人数相同的表决权,股东拥有的表决权可以集中使用。”根据该条的规定,累积投票制仅适用于股份有限公司,并且只有在股东会选举董事和监事才可以适用,不能扩大适用于其他事项。另外,要适用该规则还必须在公司章程中作出规定,公司章程没有规定的,不能直接适用该表决规则。

2.董事会和监事会的议事与表决规则

与股东会的议事与表决规则相比,董事会的议事与表决规则有以下几个重要的不同点:

第一,董事会和监事会的表决权实行严格的人头制,即实行一人一票,并且不容许作出其他例外性规定,无论是有限责任公司还是股份有限公司都不容许。

第二,本人出席董事会会议及委托代理出席会议的特别规定。《公司法》第125条第1款规定了股份有限公司董事本人出席董事会的义务并对委托代理出席作出了特别规定:“董事会会议,应当由董事本人出席;董事因故不能出席,可以书面委托其他董事代为出席，委托书应当载明授权范围。”该款规定了股份有限公司董事有本人出席股东会的义务，这是其勤勉义务的题中应有之义。同时对董事因特殊情况不能本人出席董事会的情况下，委托代理参会作出了特别规定：首先，只有其他董事才可以作为受托人，不得委托董事之外的其他人代为出席董事会。其次，委托的方式必须采取书面方式，并且在委托书上需要明确写明委托人、受托人以及委托事项和委托权限等内容。因此，董事委托其他董事代理出席董事会只能采取书面方式，口头委托或电话委托等非书面委托均为无效委托。

对于有限责任公司，《公司法》没有类似的明确规定，但是，本书认为从董事勤勉义务和董事职责来说，有限责任公司出席董事会也应当参照适用上述股份有限公司的规定。

二、公司决议效力制度

公司决议效力制度包括决议有效和无效制度、瑕疵决议可撤销制度、决议不成立制度以及瑕疵决议的法律效力制度。现代公司法实行最大限度的公司自治，因此只要公司决议在内容上不违反法律法规、公司章程和股东会决议，在程序上不违反相关议事和表决规则，原则上都是有效的。因此，可以从决议效力的有效性出现瑕疵或者可能会受到挑战的有效决议的对立面来讨论公司决议效力制度。我们可以概括性地把有效性出现瑕疵或者可能会受到挑战的公司决议笼统地称为瑕疵决议。这样的话，公司瑕疵决议的情况可以分为决议无效、决议可撤销和决议不成立三种情况。

决议无效。根据《公司法》第25条的规定，公司股东会、董事会的决议内容违反法律、行政法规的无效。

决议可撤销。根据《公司法》第26条的规定，股东会和董事会决议在内容上的瑕疵和程序上的瑕疵有可能会使其成为可撤销的决议。内容上的瑕疵指的是决议内容违反公司章程。程序瑕疵是指会议在召集程序和表决方式等方面违反法律、行政法规或公司章程。

决议不成立。《公司法》第27条是关于决议不成立的规定：“有下列情形之一的，公司股东会、董事会的决议不成立：（一）未召开股东会、董事会会议作出决议；（二）股东会、董事会会议未对决议事项进行表决；（三）出席会议的人数或者所持表决权数未达到本法或者公司章程规定的人数或者所持表决权数；（四）同意决议事项的人数或者所持表决权数未达到本法或者公司章程规定的人数或者所持表决权数。”这是2023年《公司法》修订时在吸收《公司法司法解释（四）》有关内容的基础上新增的条款。此种情况下的“决议”要么从未产生，要么虽然产生出来但产出过程存在重大“先天缺陷”，因此从法律意义上认定为“公司决议”从未成立。

第二节 公司决议制度相关法律风险及其诉讼制度

一般情况下，与公司决议制度有关的法律风险止于民事法律风险，鲜有涉及行政法律风险和刑事法律风险。因此，其对应的诉讼制度也限于民事诉讼。与公司决议制度有关的民事法律风险和对应的诉讼制度主要有公司决议无效、公司决议被撤销和公司决议被确认不成立三种情况。

一、公司决议无效的法律风险及其诉讼制度

（一）公司决议无效的法律风险

《公司法》第25条规定：“公司股东会、董事会的决议内容违反法律、行政法规的无效。”

公司决议也是一种民事法律行为，根据《民法典》第134条第2款的规定，该法律行为只要是作出程序上没有瑕疵，那么决议自作出时成立。根据《民法典》第136条的规定，除法律另有规定或当事人另有约定之外，民事法律行为自成立时生效。因此，正常情况下，公司决议自作出时即成立和生效。

那么，又该怎么理解《公司法》第25条的规定呢？

首先，决议无效的事由是决议的内容违法，而非程序违法，后者至多会涉及决议可撤销或者补充成立，是本书接下来要讨论的问题。

其次，《公司法》第25条规定的是“违反法律、行政法规”。所以如果决议内容

违反的不是法律或行政法规的规定，而是其他效力等级更低的规章、地方性法规或者其他规范性文件的规定，则并不必然导致决议无效。

那么如何区别一个文件法律、行政法规还是其他的哪一类文件呢？这里结合《立法法》的规定讲一个最简便易行的方法——两步辨别法。第一步是看制定机关，只有全国人民代表大会以及全国人大常委会制定的文件才属于狭义上的"法律"；"行政法规"的制定机关是国务院；规章的制定主体是国务院各部委等国务院直属机构和设区的市以上的人民政府，前者制定的叫"部门规章"，后者制定的叫地方政府规章；设区的市以上的地方人民代表大会及其常务委员会是"地方性法规"的制定主体。除上述主体外的其他机关制定的文件没有专用名称，如果是可以反复适用的概括性的规范性文件则被称为"其他规范性文件"。第二步看如何发布，并不是特定主体制定的所有规范性文件都是以上被冠以特殊名称的文件，要作出准确判断，除了看制定机关之外，还需要看发布方式，只有经正式签署和颁布的才是上述规范文件，比如法律需要由国家主席签署主席令颁布施行，行政法规需要国务院总理签署国务院令颁布施行，以此类推。

再次，虽然公司决议不会因违反法律和行政法规之外的效力等级更低的规范性文件的规定而直接导致无效，但是，如果所违反的效力更低的规范性文件的内容属于社会公序良俗，那么，对该规定的违反则可能构成违背公序良俗。而根据《民法典》第153条第2款的规定，违背公序良俗的民事行为无效，因此，公司决议内容违背公序良俗的，该决议会被认定无效。参考《民法典合同通则司法解释》第17条的规定，下列情形有可能被认定违背公序良俗："（一）影响政治安全、经济安全、军事安全等国家安全的；（二）影响社会稳定、公平竞争秩序或者损害社会公共利益等违背社会公共秩序的；（三）背离社会公德、家庭伦理或者有损人格尊严等违背善良风俗的。"

最后，这里规定的"违反法律、行政法规"可能会在司法实践中被结合《民法典》第153条第1款的规定作限缩性解释，即并非任何违反法律、行政法规规定的都无效，只有违反法律、行政法规强制性规定的才无效〔1〕。

对于决议被法院判决确认无效之后的法律后果，《民法典》第155条、第157条

〔1〕 参见刘斌编著：《新公司法注释全书》，中国法制出版社2024年版，第121–122页。

和《公司法》第28条进行了具体规定：

《民法典》第155条规定："无效的或者被撤销的民事法律行为自始没有法律约束力。"

《民法典》第157条规定："民事法律行为无效、被撤销或者确定不发生效力后，行为人因该行为取得的财产，应当予以返还；不能返还或者没有必要返还的，应当折价补偿。有过错的一方应当赔偿对方由此所受到的损失；各方都有过错的，应当各自承担相应的责任。法律另有规定的，依照其规定。"

《公司法》第28条规定："公司股东会、董事会决议被人民法院宣告无效、撤销或者确认不成立的，公司应当向公司登记机关申请撤销根据该决议已办理的登记。股东会、董事会决议被人民法院宣告无效、撤销或者确认不成立的，公司根据该决议与善意相对人形成的民事法律关系不受影响。"

结合以上规定，以及《立法法》规定的在法律适用上特别法优先于一般法的法律适用原则，可以将决议无效的法律后果总结如下：

公司决议无效的法律后果分为对内和对外两个层面。所谓对内层面，即在公司内部层面，决议被确认无效之后，决议自始不发生法律效力，原则上应当恢复到决议之前的状态。不能恢复的各相关方应依法承担法律责任。这里的恢复到之前的状态还包括一项对公司的行政义务，即如果依据该协议已经办理了相关登记，则公司应当向公司登记机关撤销该登记。类似义务还包括如果决议事项涉及公司公示事项并且公司已经通过国家企业信用信息公示系统向社会公示，公司应当撤销该公示。对外的层面即保护交易善意相对人的层面，公司依据该决议而与善意相对人实施民事法律行为所形成的民事法律关系不受公司决议无效的影响。

（二）公司决议无效之诉

公司决议无效之诉适用的案由是《民事案由规定》规定的三级案由序号270"公司决议纠纷"，并应当适用其下的第一个四级案由"公司决议效力确认纠纷"。公司决议无效之诉的管辖法院为公司所在地的人民法院。如果公司章程中有公司决议争议提交仲裁管辖的条款，也可以由仲裁管辖。公司的股东、董事、监事等可以作为公司决议无效之诉的原告。此外，公司内部的其他人员，比如公司法定代表人、其他高级管理人员以及利益受到决议影响的其他人员，也可以成为公司决议无效之诉适格的原告。当然，如果是公司法定代表人提起诉讼，存在公司诉讼代表权需要特殊对待的问题，对此可参阅本书第十章的相关内容。公司是公司决议无效之诉的恒定被告。所谓“恒定被告”，可以从两个层面理解其含义，第一层含义是，公司决议无效之诉只能以公司为被告，而不能以股东会、董事会等公司的决议机关为被告。第二层含义是，在公司决议无效之诉中，决议公司只能作为被告，不能作为原告。因为公司决议是公司的意志，公司不能自己起诉自己。除原告和被告之外，公司决议无效之诉还可以将其他与该决议有利害关系的主体列为诉讼中的第三人。

二、公司决议被撤销的法律风险及其诉讼制度

（一）公司决议被撤销的法律风险

《公司法》第26条规定了公司决议可撤销制度：“公司股东会、董事会的会议召集程序、表决方式违反法律、行政法规或者公司章程，或者决议内容违反公司章程的，股东自决议作出之日起六十日内，可以请求人民法院撤销。但是，股东会、董事会的会议召集程序或者表决方式仅有轻微瑕疵，对决议未产生实质影响的除外。未被通知参加股东会会议的股东自知道或者应当知道股东会决议作出之日起六十日内，可以请求人民法院撤销；自决议作出之日起一年内没有行使撤销权的，撤销权消灭。”

根据上条的规定，有三种事由可以导致公司决议存在被撤销的法律风险，其中前两种属于决议的程序瑕疵，后一种属于内容瑕疵。这三种事由分别是：第一，会议召集程序瑕疵。会议召集程序瑕疵是指会议在召开程序上违反法律、行政法规或者公司章程的规定。比如召开有限责任公司股东会没有通知到全体股东是典型的会议召集程序瑕疵。又如，《公司法》第64条第1款规定：“召开股东会会议，应当于会议召开十五日前通知全体股东；但是，公司章程另有规定或者全体股东另有约定的除外”。如果某有限责任公司的公司章程中对此没有“另有规定”，全体股东也没有“另行约定”，某一天上午公司突然通知当天下午召开股东会，导致若干位在外地的股东无法参加，这种情况显然也属于会议召集程序瑕疵。第二，

会议表决程序瑕疵。会议表决程序瑕疵是指会议在表决程序上违反法律、行政法规或者公司章程的规定。比如，公司法明确规定董事会表决实行一人一票，假如某公司某次董事会在表决时全体董事在会上一致认可该次会议表决不实行一人一票，而是董事长有三票表决权，副董事长有两票表决权，其他董事有一票表决权，这样的关于董事会表决权的决定显然是违反公司法强制规定的。第三，决议的内容违反公司章程的规定。请注意，这里只有公司章程，而没有"法律、行政法规"，因为，如果内容违反法律、行政法规，属于决议无效事项，不属于决议可撤销事项。

对于上述三种决议可撤销事由当中的程序事由，《公司法》第26条第1款后段是一个限缩性的但书条款。根据该但书条款的规定，只有存在重大程序瑕疵的决议才可以撤销，那些只存在轻微程序瑕疵，但是该瑕疵对决议未产生实质影响的决议，不能以存在程序瑕疵为由而被撤销。比如对于召开有限责任公司股东会应当采取何种方式通知股东的问题，公司法没有规定，而如果某有限责任公司章程中规定应当采用书面方式通知，但实践中多次股东会都实际采取了电话加手机短信的方式通知，某一次股东会亦采取了这样的方式通知到全体股东，某股东接到通知后通过电话和微信询问了关于会议议程的相关具体问题，在开会时也到场参加了会议，会后又以会议通知违反公司章程为由起诉撤销股东会决议，该案例中的程序瑕疵就应当被认定为法律规定的不导致决议被撤销的轻微瑕疵。

（二）公司决议撤销之诉

《公司法》第26条不仅规定了公司决议可撤销制度，也规定了如何撤销公司决议的诉讼制度。根据该条规定，只有公司的股东才可以作为原告提起请求撤销公司决议的公司决议撤销之诉。并且，根据《公司法司法解释（四）》第2条的规定，原告还必须在起诉时仍具有股东资格。公司是公司决议撤销之诉的被告，理由同前文公司决议无效之诉。其他利害关系人可以列为第三人。公司决议撤销之诉适用的案由是《民事案由规定》规定的三级案由序号270"公司决议纠纷"，并应当适用其下的第一个四级案由"公司决议撤销纠纷"。公司决议无效之诉的管辖法院为公司所在地的人民法院。如果公司章程中有公司决议争议提交仲裁管辖的条款，或者全体股东达成有效的仲裁协议的，也可以由仲裁管辖。

公司股东提起撤销之诉适用《公司法》第26条规定的特殊时限，必须在公司决议作出之日起的六十日内起诉，没有接到股东会通知的股东，在其知道或者应当知道股东会决议作出之日起六十日内向人民法院提起诉讼。并且该撤销权的最长保护期是一年。一年内没有行使撤销权的，撤销权消灭。也就是说，即使股东因没有接到会议通知而不知道股东会的决议，决议作出之日起超过一年的，股东的撤销权也消灭。以上“六十日”“一年”的规定都是除斥期间，不适用诉讼时效当中关于时效中断和中止的规定。

公司决议被撤销的法律后果与公司决议被确认无效的法律后果基本相同，对内自始不发生效力，但是对外善意相对人基于决议与公司形成的民事法律关系不受影响。

案例14.1 李某军诉上海某环保科技有限公司公司决议撤销纠纷案[1]

【裁判要旨】

人民法院在审理公司决议撤销纠纷案件中应当审查：会议召集程序、表决方式是否违反法律、行政法规或者公司章程，以及决议内容是否违反公司章程。在未违反上述规定的前提下，解聘总经理职务的决议所依据的事实是否属实，理由是否成立，不属于司法审查范围。

【案情简介】

原告李某军诉称：被告上海某环保科技有限公司（以下简称某环保公司）免除其总经理职务的决议所依据的事实和理由不成立，且董事会的召集程序、表决方式及决议内容均违反了公司法的规定，请求法院依法撤销该董事会决议。

被告某环保公司辩称：董事会的召集程序、表决方式及决议内容均符合法律和章程的规定，故董事会决议有效。

法院经审理查明：原告李某军系被告某环保公司的股东，并担任总经理。

〔1〕 最高人民法院指导案例10号，载《最高人民法院公报》2013年第2期。

某环保公司股权结构为：葛某乐持股40%，李某军持股46%，王某胜持股14%。三位股东共同组成董事会，由葛某乐担任董事长，另两人为董事。公司章程规定：董事会行使包括聘任或者解聘公司经理等职权；董事会须由2/3以上的董事出席方才有效；董事会对所议事项作出的决定应由占全体股东2/3以上的董事表决通过方才有效。2009年7月18日，某环保公司董事长葛某乐召集并主持董事会，三位董事均出席，会议形成了“鉴于总经理李某军不经董事会同意私自动用公司资金在二级市场炒股，造成巨大损失，现免去其总经理职务，即日生效”等内容的决议。该决议由葛某乐、王某胜及监事签名，李某军未在该决议上签名。

上海市黄浦区人民法院于2010年2月5日作出（2009）黄民二（商）初字第4569号民事判决：撤销被告某环保公司于2009年7月18日形成的董事会决议。宣判后，某环保公司提出上诉。上海市第二中级人民法院于2010年6月4日作出（2010）沪二中民四（商）终字第436号民事判决：一、撤销上海市黄浦区人民法院（2009）黄民二（商）初字第4569号民事判决；二、驳回李某军的诉讼请求。

【案件分析】

法院生效裁判认为：根据《公司法》第22条第2款的规定，董事会决议可撤销的事由包括：（1）召集程序违反法律、行政法规或公司章程；（2）表决方式违反法律、行政法规或公司章程；（3）决议内容违反公司章程。从召集程序看，某环保公司于2009年7月18日召开的董事会由董事长葛某乐召集，三位董事均出席董事会，该次董事会的召集程序未违反法律、行政法规或公司章程的规定。从表决方式看，根据某环保公司章程规定，对所议事项作出的决定应由占全体股东2/3以上的董事表决通过方才有效，上述董事会决议由三位股东（兼董事）中的两名表决通过，故在表决方式上未违反法律、行政法规或公司章程的规定。从决议内容看，某环保公司章程规定董事会有权解聘公司经理，董事会决议内容中“总经理李某军不经董事会同意私自动用公司资金在二级市场炒股，造成巨大损失”的陈述，仅是董事会解聘李某军总经理职务的原因，而解聘李某军总经理职务的决议内容本身并不违反公司章程。

董事会决议解聘李某军总经理职务的原因如果不存在，并不导致董事会决议撤销。首先，公司法尊重公司自治，公司内部法律关系原则上由公司自治机制调整，司法机关原则上不介入公司内部事务；其次，某环保公司的章程中未对董事会解聘公司经理的职权作出限制，并未规定董事会解聘公司经理必须要有一定原因，该章程内容未违反公司法的强制性规定，应认定有效，因此某环保公司董事会可以行使公司章程赋予的权力作出解聘公司经理的决定。故法院应当尊重公司自治，无须审查某环保公司董事会解聘公司经理的原因是否存在，即无须审查决议所依据的事实是否属实，理由是否成立。综上，原告李某军请求撤销董事会决议的诉讼请求不成立，依法予以驳回。

三、公司决议不成立的法律风险及其诉讼制度

根据《民法典》第134条第2款的规定，公司依照法律和章程规定的议事方式和表决程序作出的决议，自决议作出时成立。《公司法》第27条规定了公司决议不成立的四种情形，前两种是会议召集程序方面的瑕疵，后两种是表决程序的瑕疵，其具体内容在上一节已经全文引用，这里不再赘述。公司决议被确认不成立的法律后果与协议无效和协议被撤销基本相同，即也分为对内和对外两个层面，对内自始不发生效力，对外公司根据该决议与善意相对人形成的民事法律关系不受影响。

现行《民事案由规定》规定的三级案由“公司决议纠纷”之下只有“公司决议效力确认纠纷”和“公司决议撤销纠纷”两个四级案由，没有“确认公司决议不成立纠纷”。因此，现在公司决议不成立之诉应当适用“公司决议纠纷”这个三级案由。以后，在最高人民法院修订《民事案由规定》很有可能会增加“确认公司决议不成立纠纷”作为三级案由“公司决议纠纷”之下的四级案由。根据《公司法司法解释（四）》第1条的规定，公司股东、董事、监事等可以作为公司决议不成立之诉的原告。此外，与公司决议有直接利害关系的其他主体也可以成为该诉的适格原告。公司是公司决议不成立之诉的被告。公司决议无效之诉的管辖法院为公司所在地的人民法院。如果公司章程中有公司决议争议提交仲裁管辖的条款，或者全体股东达成有效的仲裁协议，也可以由仲裁管辖。

第十五章　公司对外担保相关内部法律风险及其诉讼制度

第一节　公司对外担保制度简述

担保债务被称为或有债务。公司作为担保人为他人提供了有效的担保，无论是以公司资产设定抵押的物保，还是公司作为连带责任保证人的人保，一旦该“他人”未按期履行债务，公司就面临无条件为他人偿还债务的巨大风险。虽然公司在替作他人偿还债务之后，享有向其追偿的法定权利，但是，既然该人作为主债务人不能向债权人履行债务，公司的追偿权往往也难以实现。现实中经营良好的公司因为一次担保被追究担保责任而导致公司出现财务危机，甚至破产倒闭的例子并不鲜见。

因此，除了专门以提供担保为营业的担保公司以及银行出具保函等专门的金融机构之外，对于一般的非以担保为业的非金融类公司来说，担保是一种常规营业之外的风险巨大的商事行为。为了从法律上防范公司风险，保护公司及其相关方，如公司股东、公司债权人等各方的合法权益，公司法对公司对外担保这种公司对外的商事行为规定了严格的内部程序。这就是2018年《公司法》第16条和2023年《公司法》第15条的规定。后者仅对前者作了个别文字调整，没有实质性修改，其第1款是关于公司对外担保制度的一般规定：

2023年《公司法》第15条第1款规定：“公司向其他企业投资或者为他人提供担保，按照公司章程的规定，由董事会或者股东会决议；公司章程对投资或者担保的总额及单项投资或者担保的数额有限额规定的，不得超过规定的限额。”按照该款前段的规定，公司对外担保，即为“他人”提供担保，属于公司机关董事会或者股东会的决议事项，具体是由董事会决议还是股东会决议则由公司章程作出规定。这里的“他人”，指公司之外的所有人，包括公司的股东、实际控制人、董事、监事和高级管理人员等。但是，公司为其全资子公司的业务提供担保的除外。这里的担保，包括物保、人保等各种典型和非典型的担保方式。公司加入他人债务的行为也准用关于担保的规定。

2023年《公司法》第15条第2款和第3款是关于公司为股东和实际控制人提供担保的特别规定：“公司为公司股东或者实际控制人提供担保的，应当经股东会决议。前款规定的股东或者受前款规定的实际控制人支配的股东，不得参加前款规定事项的表决。该项表决由出席会议的其他股东所持表决权的过半数通过。”

按照上述规定，公司为公司股东或者实际控制人提供担保的，有权作出决议的公司机关是股东会，董事会不再是适格的决议机关。并且股东会在审议相关议案时应当实行回避制度，即被担保的股东或者受被担保的实际控制人支配的股东，不得参加表决。决议通过需要由出席会议的其他股东所持表决权的过半数同意。

第二节　公司对外担保相关内部法律风险及其诉讼制度

一、公司对外担保相关内部法律风险

公司严格按照《公司法》的规定经股东会或董事会等公司有权机关作出有效决议之后对外担保所形成的公司依法承担担保责任的风险，是公司的商业风险和对外风险，不在本书的谈论范围之内。本书要讨论的是公司违反《公司法》关于对外担保的规定而对外提供担保的情况下，公司及公司内部人员的法律风险，这就是公司对外担保的相关内部法律风险。

公司对外担保制度在司法实践中遇到的问题是，对于违反该条规定的公司对外担保，其效力如何评判，是有效还是无效。如果无效，公司应否承担其他民事责任。对此问题的认识和实践有一个逐步统一的过程，目前已通过司法解释确定

下来,《民法典担保制度司法解释》第7条规定:“公司的法定代表人违反公司法关于公司对外担保决议程序的规定,超越权限代表公司与相对人订立担保合同,人民法院应当依照民法典第六十一条和第五百零四条等规定处理:(一)相对人善意的,担保合同对公司发生效力;相对人请求公司承担担保责任的,人民法院应予支持。(二)相对人非善意的,担保合同对公司不发生效力;相对人请求公司承担赔偿责任的,参照适用本解释第十七条的有关规定。法定代表人超越权限提供担保造成公司损失,公司请求法定代表人承担赔偿责任的,人民法院应予支持。第一款所称善意,是指相对人在订立担保合同时不知道且不应当知道法定代表人超越权限。相对人有证据证明已对公司决议进行了合理审查,人民法院应当认定其构成善意,但是公司有证据证明相对人知道或者应当知道决议系伪造、变造的除外。”

首先,关于公司违法对外担保的效力,公司法和上述司法解释共同从四个方面构建起公司对外担保的效力制度。第一,对外担保属于法定的公司决议事项,依法需要经有权决议机关作出决议。第二,在没有有效决议的情况下公司法定代表人以公司名义对外担保属于法定代表人的越权代表行为。第三,公司对外担保时相对人负有合理审查义务,有义务对公司的担保行为是否经过公司决议机关作出决议进行审核。第四,相对人构成善意的,公司应承担担保责任;相对人非善意的,担保合同对公司不发生效力。

其次,对于违反法律规定的公司对外担保被确认对公司不发生效力的情况下,公司应否承担其他民事责任的问题,根据《民法典担保制度司法解释》第17条的规定,应当综合债权人和担保人各自的过错来确定担保人是否应当承担赔偿责任以及赔偿责任的大小。债权人与担保人均有过错的,担保人承担的赔偿责任不应超过债务人不能清偿部分的二分之一;担保人有过错而债权人无过错的,担保人对债务人不能清偿的部分承担赔偿责任;债权人有过错而担保人无过错的,担保人不承担赔偿责任。在法定代表人越权担保的情况下,鉴于法定代表人系代表公司的行为,所以,一般会认定公司对无效担保行为存在过错。对于债权人,如果其尽到了合理审查义务,要么会构成善意而使得担保对公司有效,要么有可能会被认定为“债权人无过错而担保人有过错”,这种情况下公司需要全额承担赔偿责任。从承担责任的数额上看，这种责任与担保对公司有效情况下公司承担担保责任的数额基本一致。但是，上述担保无效情况下公司的赔偿责任在适用时有一种公司例外，那就是上市公司。根据《民法典担保制度司法解释》第9条的规定，对违反法律的无效担保，上市公司既不承担担保责任，也不承担过错赔偿责任。

综上所述，对于上市公司之外的一般公司来说，虽然有违法对外担保效力制度的保护，因法定代表人或其他高级管理人员违法对外担保所面临的法律风险依然是巨大的：有可能需要承担担保金额一半的赔偿责任，或者承担全部担保责任。

对于公司法定代表人等公司高级管理人员来说，在没有有效的公司内部决议情况下违法以公司的名义对外担保，其风险也是巨大的，很有可能会被追究给公司造成损失的赔偿责任。这里需要说明的是，虽然《民法典担保制度司法解释》第7条当中只规定了法定代表人越权对外担保及其赔偿责任，但是这并不是说法定代表人之外的其他高级管理人员不会成为应承担赔偿责任的责任人。比如，实践中有一些公司在业务中以法定代表人签名章代替法定代表人的签名，如果在法定代表人不在场且不知情的情形下，董事、经理等公司高级管理人员没有公司决议而以公司名义为他人提供担保，并在相关文件上加盖公司印章和法定代表人签名章，甚至伪造公司决议，那么，在公司对外承担责任之后，实施违法担保的直接责任人员显然负有对公司的赔偿责任。

二、与公司对外担保内部法律风险有关的民事诉讼

公司违法对外担保的相对人基于担保合同要求公司承担担保责任或赔偿责任的纠纷，从纠纷的主体上划分，也应当属于公司的对外诉讼，但是，如果从其担保合同的效力认定以及担保无效之后的赔偿责任认定等所依据的主要是公司法上的公司对外担保制度这个角度，即从主要法律依据的角度，也可以将其视为公司诉讼。该诉以担保相对人为原告，公司为被告，大都同时依据主债务合同同时起诉主债务人，此时，主债务人为第一被告，公司为第二被告。关于管辖，该类诉讼基础法律关系仍是担保合同，法律关系上说属于合同纠纷，不属于地域专属专项的公司有关纠纷，因此可以适用合同约定管辖。如果合同约定仲裁，应由仲裁管辖。

合同没有约定管辖的应由被告所在地或者合同履行地人民法院管辖。

有三类诉讼属于典型的与公司对外担保内部法律风险有关的民事诉讼。第一类是法定代表人越权对外担保公司损失赔偿之诉。该诉适用的案由是损害公司利益责任纠纷，公司是原告；也可以由股东提起股东代表诉讼，此时该股东是原告，列公司为第三人。公司法定代表人是被告。第二类是公司董事和/或其他高级管理人员违法以公司名义对外担保所引发的公司损失赔偿之诉。有关该诉的具体介绍可以参阅本书第十一章。第三类是因关联违法担保而引发的关联交易赔偿之诉。该诉适用序号278三级案由——公司关联交易损害责任纠纷。公司是该诉的原告。股东可以提起股东代表诉讼，这时该股东是原告，列公司为第三人，诉讼请求只能要求被告向公司赔偿，不能要求向作为原告的股东赔偿。在关联违法担保关系中违背信义义务对公司损失负有赔偿责任的董事、监事和其他高级管理人员为被告。该诉属于与公司有关的纠纷，适用《民事诉讼法》第27条规定的地域专属管辖，即由公司所在地人民法院管辖。

案例15.1 吉林柳河某银行股份有限公司、亿某集团股份有限公司、亿某信通股份有限公司、邓某等合同纠纷案〔1〕

【裁判要旨】

《公司法》规定："公司向其他企业投资或者为他人提供担保，依照公司章程的规定，由董事会或者股东会、股东大会决议。"公司为他人提供担保时，该他人负有对公司的该担保行为是否依公司法和公司章程经过公司股东会或董事会决议负有审慎审查义务。当公司法定代表人未依法经过公司决议机关决定和授权而擅自以公司名义为他人提供担保，而该他人未能证明其已经尽到审慎审查义务时，应当认定担保合同无效，且认定公司和该他人对于担保合同无效均具有过错，两者均应承担相应责任。

〔1〕 最高人民法院民事判决书，(2019)最高法民终1603号；吉林省高级人民法院民事判决书，(2017)吉民初80号。

【案情简介】

2017年1月8日，亿某集团股份有限公司（以下简称亿某集团）与长某国际信托股份有限公司（以下简称长某信托）签订《信托贷款合同》，主要内容为长某信托向亿某集团发放贷款，贷款金额2亿元，并对利息的计算和支付作出了详细约定。

同日，长某信托与邓某签订《保证合同》，保证人提供的保证为连带责任保证，保证人担保的主债权本金金额为2亿元，保证范围除主债权外还包括利息、罚息、复利、违约金及其他实现债权的费用，保证期间为合同生效之日起至债务人的债务履行期届满后两年之日止。

同日，长某信托与亿某信通股份有限公司（以下简称亿某信通公司）签订《保证合同》，约定保证人承诺取得签署合同所必须的授权和批准（如董事会决议及股东会决议等）。

2017年1月11日，焦作中某银行股份有限公司（以下简称焦作中某）与长某信托签订《信托合同》。主要内容为：该信托以焦作中某为委托人和受益人，以长某信托为受托人，信托资金金额为2亿元，信托期限自信托生效日起计算至2017年12月27日。

同日，长某信托通过中国建设银行网上银行向亿某集团转账2亿元。

同日，焦作中某与柳河某银行签订《信托受益权转让协议》，焦作中某将其享有的《信托合同》项下所有信托受益权转让给柳河某银行，转让价款为人民币200,162,000元。并在银行业信贷资产登记流转中心办理了成交确认。

亿某集团于2017年1月11日支付了第一部分利息2,027,777.78元，于2017年3月20日支付了第一季度利息340万元，于2017年6月20日支付了第二季度利息460万元，从2017年9月20日起开始出现逾期。

2017年11月2日，长某信托分别向亿某集团、邓某、亿某信通公司发出《宣布贷款提前到期通知函》，宣布贷款提前到期，提前到期日为2017年11月6日。

2017年11月6日，长某信托与柳河某银行签订《信托财产原状分配协议》，约定长某信托将信托贷款合同项下财产权利按原状分配至柳河某银行。

二审法院对一审查明的事实予以确认。另查明，亿某信通公司系上市公司，亿某集团持有亿某信通公司32.89%股份。亿某信通公司于2016年10月修订的公司章程第55条规定："公司下列对外担保行为，须经股东大会审议通过：……（五）对股东、实际控制人及其关联方提供的担保。"2018年6月29日，亿某信通公司召开2017年年度股东大会，发布的公告未提及对案涉担保情况进行决议的事项。2019年3月21日，哈尔滨市中级人民法院作出（2019）黑01破申6号民事裁定，受理亿某集团的破产重整申请。

鉴于贷款到期债务人未及时还清贷款，柳河某银行起诉至吉林省高级人民法院，请求判令亿某集团清偿借款本金人民币2亿元及相应利息和违约金，判令邓某、亿某信通公司对上述请求承担连带还款责任等。

【案件分析】

关于保证合同责任问题。一审法院认为，邓某与长某信托签订的《保证合同》，由邓某本人签字，属双方当事人真实意思表示，不违反法律、法规强制性规定，合法有效。关于亿某信通公司与长某信托签订的《保证合同》效力问题，亿某信通公司的抗辩理由主要是未经过亿某信通公司股东大会决议，应为无效。《公司法》第16条第2款规定："公司为公司股东或者实际控制人提供担保的，必须经股东会或者股东大会决议。"该规定属于针对公司内部管理、运营机制的程序性规定，本意在于限制公司主体行为，防止公司的实际控制人或高级管理人员损害公司、小股东或其他债权人的利益，实质系内部控制程序，不能以此增加交易相对方的责任或冲击交易安全。故该规定应理解为管理性强制性规定，违反该规定不必然导致合同无效。另案涉《保证合同》约定了保证人亿某信通公司保证其提供担保已经通过了股东会或股东大会决议，合同相对方已经尽了合理审查义务。因此，案涉《保证合同》不存在《合同法》第52条规定的无效情形，应认定为有效。根据《担保法》第18条第2款关于"连带责任保证的债务人在主合同规定的债务履行期届满没有履行债务的，债权人可以要求债务人履行债务，也可以要求保证人在其保证范围内承担保证责任"的规定，邓某与亿某信通公司对本案中亿某集团对柳河某银行负有的债务，承担连带偿还责任。同时，根据《担保法》第31条关于“保证人承担保证责任后，有权向债务人追偿”和《最高人民法院关于适用〈中华人民共和国担保法〉若干问题的解释》第42条中“人民法院判决保证人承担保证责任或者赔偿责任的，应当在判决书主文中明确保证人享有担保法第三十一条规定的权利”的规定，一审法院对亿某信通公司承担保证责任后的追偿权予以明确。

吉林省高级人民法院于2019年4月2日作出（2017）吉民初80号民事判决书，判决亿某集团于一审判决发生法律效力后，立即给付柳河某银行借款本金2亿元及其利息，邓某、亿某信通公司对一审判决主文第一项、第二项确定的给付义务承担连带给付责任。一审宣判后亿某集团和亿某信通公司均不服，上诉至最高人民法院。

最高人民法院于2019年12月16日作出（2019）最高法民终1603号民事判决书，对一审判决进行了改判，其中关于亿某信通公司的责任改判为：

亿某信通公司对判决发生法律效力后十日内亿某集团应当给付柳河某银行借款本金2亿元及相应利息不能清偿部分，承担50%赔偿责任。

关于保证合同的效力问题，最高人民法院认为，《公司法》第16条第1款规定：“公司向其他企业投资或者为他人提供担保，依照公司章程的规定，由董事会或者股东会、股东大会决议；公司章程对投资或者担保的总额及单项投资或者担保的数额有限额规定的，不得超过规定的限额。”按照亿某信通公司于2016年10月修订的公司章程第55条的规定，公司对股东、实际控制人及其关联方提供的担保，须经股东大会审议通过。2018年6月29日，亿某信通公司作为上市公司，召开的2017年年度股东大会发布的公告未提及对案涉担保情况进行决议的事项。公司章程中并未授权法定代表人为他人提供担保的决定权，亿某信通公司时任法定代表人曲某在《保证合同》上加盖名章、决定为他人提供担保的行为，超越了法律和公司章程规定的权限。基于《公司法》第16条第1款对公司为他人提供担保权限的规定，案涉《保证合同》的相对人柳河某银行知道或者应当知道亿某信通公司在拟决定签订该《保证合同》时应当按照公司章程规定的权限行事。据此，柳河某银行在受让债权时，应当合理审慎地审查亿某信通公司的章程及有关决议或者决定文件。一审中，柳河某银行起诉主张亿某信通公司为案涉借款签订的《保证合同》合法有效、《保证合同》中载明亿某信通公司对外提供担保已经经过亿某信通公司股东会决议。但是，柳河某银行并未提供审查亿某信通公司股东会决议材料的证据。《合同法》第50条规定："法人或者其他组织的法定代表人、负责人超越权限订立的合同，除相对人知道或者应当知道其超越权限的以外，该代表行为有效。"鉴于柳河某银行知道或者应当知道亿某信通公司法定代表人决定签订《保证合同》超越权限，该《保证合同》应认定为无效。一审法院认定《保证合同》合法有效，适用法律错误，本院予以纠正。

亿某信通公司时任法定代表人曲某，在未按其公司章程规定经股东大会决议情况下，擅自决定为他人提供担保，是导致《保证合同》无效的原因之一。曲某以亿某信通公司法定代表人名义签订《保证合同》的行为属职务行为，《保证合同》上亦加盖亿某信通公司公章，亿某信通公司应对曲某的职务行为后果承担责任。亿某信通公司对于《保证合同》无效具有主观过错，应承担相应责任。对于亿某信通公司方面签订《保证合同》的权限，柳河某银行未尽谨慎审查义务，其对于《保证合同》的无效也具有过错，同样应承担相应责任。根据《最高人民法院关于适用〈中华人民共和国担保法〉若干问题的解释》第7条关于"主合同有效而担保合同无效，债权人无过错的，担保人与债务人对主合同债权人的经济损失，承担连带赔偿责任；债权人、担保人有过错的，担保人承担民事责任的部分，不应超过债务人不能清偿部分的二分之一"的规定，柳河某银行与亿某信通公司的上述过错程度大致相当，故对于债务人亿某集团不能清偿部分债务，亿某信通公司应承担50%的赔偿责任。根据《最高人民法院关于适用〈中华人民共和国担保法〉若干问题的解释》第9条的规定，亿某信通公司向柳河某银行承担赔偿责任后，可以向债务人亿某集团追偿。

第十六章　公司财务会计制度相关法律风险及其诉讼制度

现代会计制度是现代公司制度的两大基石之一。《公司法》设专章，即第十章规定了“公司财务、会计”制度，《会计法》[1]是规范包括公司在内的所有会计主体的会计行为的特别法。遵守国家法律、法规规定的财务会计制度是公司的法定义务，若有违反就会引发相关主体的法律责任，这就是与公司财务会计制度有关的法律风险。与公司财务会计制度有关的法律风险，既包括民事法律风险，也包括行政法律风险和刑事法律风险，以下分三节分别论述。另外，鉴于本书第三章“公司诉讼概论”所论述的内容基本能够涵盖本章相关行政法律风险和刑事法律风险所对应的诉讼制度，以下第二节和第三节不再具体介绍相关诉讼制度，而只论述相关法律风险。

第一节　与公司财务会计制度有关的民事法律风险及其诉讼制度

公司股东是公司净资产的所有权人，享有依法取得公司利润的权利。因此与公司利润分配制度有关的民事法律风险是与公司财务会计制度有关的民事法律风险的最主要内容。这又可以分为两个方面：一个是违法分配利润，另一个是应该分配利润而不分配。

---

〔1〕 本章引用的《会计法》条文均为2017年修正的《会计法》。

一、公司违法分配利润的民事法律风险及其诉讼制度

（一）公司违法分配利润的民事法律风险

股东的分红权既然是“依法取得公司利润”，那么公司向股东分红必须严格遵守法律的规定，不得违反法律的强制性规定向股东分配公司利润，否则就构成违法分配利润。公司违法分配利润的法律风险主要是公司股东以及公司董事、监事和高级管理人员的相关民事法律责任。

1.《公司法》规定的公司利润分配制度

公司向股东分配利润必须遵守《公司法》规定的公司利润分配制度。梳理《公司法》当中的有关规定，这些制度可以分为分配利润的实体性条件和程序性条件。

（1）分配利润的实体性条件

并不是所有的公司利润都可以分配。《公司法》设定了公司分配利润的实体性条件，公司分配利润必须符合这些条件。

首先，要分配利润公司必须有真实的利润。如果公司实际没有利润但却通过虚假的会计记载或会计处理虚增或虚列利润并分配，所涉及的法律责任就不仅仅是民事责任，而是虚假会计行为对应的行政责任甚至抽逃出资罪等刑事责任。

其次，并不是公司有了利润就可以分配。公司在分配利润之前必须依法纳税。尚未依法纳税的利润是税前利润，不可以分配。公司有了利润就必须按照《企业所得税》和《税收征管法》等法律、法规的规定依法缴纳企业所得税。依法缴纳企业所得税之后的“税后利润”才是接下来讨论的进入分配视角的“利润”。

再次，也不是所有的税后利润都可以分配，公司还必须先从税后利润当中依法提取公积金。公积金分为法定公积金、任意公积金和资本公积金，法定公积金和任意公积金因为都是源于公司盈余，又都被称为盈余公积。法定公积金和任意公积金是从公司税后利润中提取的公司积累资金；资本公积金一般是指股东的股权超过注册资本的资金。《公司法》第213条是关于资本公积金的规定：“公司以超

过股票票面金额的发行价格发行股份所得的溢价款、发行无面额股所得股款未计入注册资本的金额以及国务院财政部门规定列入资本公积金的其他项目，应当列为公司资本公积金。”

《公司法》第210条第1款和第3款分别规定了应当如何从公司利率中提取法定公积金和任意公积金。《公司法》第210条第1款规定：“公司分配当年税后利润时，应当提取利润的百分之十列入公司法定公积金。公司法定公积金累计额为公司注册资本的百分之五十以上的，可以不再提取。”第3款规定：“公司从税后利润中提取法定公积金后，经股东会决议，还可以从税后利润中提取任意公积金。”

最后，在公司当年度盈利，但以往年度亏损并且截至当年度尚有未弥补的亏损的情况下，公司应当弥补以往年度的亏损。公司首先可以用公积金弥补亏损，但是在弥补亏损时并不是所有种类的公积金可以一并使用，而是有先后顺序，应当先使用任意公积金，再使用法定公积金[1]，在全部任意公积金和法定公积金弥补亏损之后，仍有未弥补亏损的，才能动用资本公积金弥补亏损。《公司法》第214条第1款和第2款对此作出了具体规定：“公司的公积金用于弥补公司的亏损、扩大公司生产经营或者转为增加公司注册资本。公积金弥补公司亏损，应当先使用任意公积金和法定公积金；仍不能弥补的，可以按照规定使用资本公积金。”

此外，《公司法》第210条第2款还规定了用当年利润弥补亏损及其与用积累的法定公积金弥补亏损以及提取当年法定公积金之间的顺序：“公司的法定公积金不足以弥补以前年度亏损的，在依照前款规定提取法定公积金之前，应当先用当年利润弥补亏损。”

综上所述，公司利润在依法缴纳企业所得税、弥补亏损、提取法定公积金和任意公积金之后，仍有剩余的，才属于可以向股东分配的可分配利润。

（2）分配利润的程序性条件

公司要向股东分配可分配利润，还必须经过公司法规定的法定程序作出决

---

〔1〕 有学者认为在使用盈余公积弥补亏损时对于法定公积金和任意公积金的使用顺序，2023年《公司法》并没有作出规定。本书认为，对于2023年《公司法》第214条应理解为，用公积金弥补亏损时，三种公积金的顺序是：任意公积金是第一顺位，法定公积金是第二顺位，资本公积金是最后的第三顺位。对于资本公积金能否用于弥补亏损的问题，我国公司法的规定经历了从未禁止（1993年《公司法》和1999年《公司法》第179条）到禁止（2005年《公司法》第169条），再到明确准许（2023年《公司法》第214条）的变化，随着这种变化，在2005年《公司法》作出禁止性规定之前，也出现过用资本公积金弥补公司亏损的实例。

议，才能分配。按照公司法的规定，应当由公司董事会制定利润分配方案，方案报给股东会审议批准之后方可以实施。董事会在制定分配方案时，应当遵守公司法和公司章程的规定。《公司法》第210条第4款、第5款对此作出了详细规定："公司从税后利润中提取法定公积金后，经股东会决议，还可以从税后利润中提取任意公积金。公司弥补亏损和提取公积金后所余税后利润，有限责任公司按照股东实缴的出资比例分配利润，全体股东约定不按照出资比例分配利润的除外；股份有限公司按照股东所持有的股份比例分配利润，公司章程另有规定的除外。"

2.公司违法分配利润的民事法律风险

公司违法分配利润损害了公司的利益，也间接损害了公司债权人的利益。因此，应当由相应主体承担法律责任。首先应当承担的法律责任是股东应当将公司违法违规分配的利润退还给公司。除此之外，如果公司还有损失，违法、违规分配利润的相关责任方还应当承担损害赔偿责任。《公司法》第211条对此作出明确规定："公司违反本法规定向股东分配利润的，股东应当将违反规定分配的利润退还公司；给公司造成损失的，股东及负有责任的董事、监事、高级管理人员应当承担赔偿责任。"

（二）与公司违法分配利润民事法律风险相关的诉讼制度

如前述，公司违法分配利润的，取得利润的公司股东负有返还责任；造成公司损失的，负有责任的公司股东和董事、监事和高级管理人员负有损失赔偿责任。追究这种责任引发的诉讼属于损害公司利益责任之诉，适用"损害公司利益责任纠纷"这个案由。公司是适格的原告。公司经依法催告不起诉时，股东可以提起代表诉讼，此时起诉的股东为原告，公司为第三人。

二、公司应该分配利润而不分配的民事法律风险及其诉讼制度

有一种情况与公司违法分配利润的情况正好相反，这就是公司应该分配利润却不分配的情况。这又可以分为两种情况。一种情况是公司已经合法地作出了有效的利润分配决议，但是公司却不执行决议向股东分配利润，或者在执行决议时向一部分股东分配利润却不向另一部分股东分配利润。这种情况下，未收到分配款的股东可以提起给付红利之诉。另一种情况是公司符合利润分配条件但是公司

不能作出分配利润的决议，这可能是大股东或者一部分股东不愿意分配利润，而愿意将利润作为未分配利润留在公司。对于那些希望尽快分红的小股东来说，这当然对其是不利的。但是，如果问题仅限于此，那么，主张分红的小股东的救济手段恐怕只限于"股权回购请求权"[1]等非常有限的范围，而很难能够成功主张分红权。但是，如果公司一方面不向某些股东分红，比如某些中小股东，另一方面又变相向另一些股东"分红"，比如通过向某些股东担任或委派的董事、高级管理人员等人员发放畸高的报酬、通过不公平关联交易让渡公司利益等滥用大股东权利的方式向某些股东变相"分红"，等等；那么，受到"压迫"的股东除了其他救济手段之外，还可以提起公司盈余分配之诉。

（一）要求公司给付红利之诉

如果公司股东会已经作出合法有效的利润分配决议，即已经批准了含有明确具体的分配内容的利润分配方案，而公司却不履行或不完全履行已经通过的利润方案。那么分红权受到损害的股东可以提起要求公司给付红利之诉。该诉适用的案由是"公司盈余分配纠纷"。原告是未收到分红款项的股东，被告是公司，案件由公司住所地法院管辖。公司应当履行股东会审议批准的利润分配方案，及时向股东支付利润分配款。所谓及时支付是指，利润分配方案中有支付期限并且该期限未超过法定最长期限的，公司应当在利润分配法案规定的期限内支付分配款项；利润分配方案中没有支付期限或者虽然规定了支付期限但规定的期限超过法定最长期限的，公司应当在法律规定的最长支付期限内支付分配款项。关于"法律规定的最长支付期限"，新《公司法》第112条规定的6个月；新《公司法》生效之前，《公司法司法解释（五）》第4条规定的1年。

（二）抽象公司盈余分配之诉

如果公司股东会没有作出分配利润的决议，而一部分公司股东认为公司应当分配利润却不分配而提起诉讼要求公司向其分配利润，一般情况下法院会驳回其诉讼请求。因为，一方面，具体的分配请求应当有具体的分配方案，没有分配方案

〔1〕 详细内容可参阅本书第九章。

就意味着没有具体的分配内容；另一方面，原则上公司利润分配是公司的自治事项，应当由公司机关自行决议，司法不应予以干涉。但是，如果出现一部分股东一方面严重滥用股权行变相分配之实，另一方面却故意利用董事会和股东会多数决的表决规则阻挠利润分配方案的制定和通过，那么公司内部自治就出现了违背公平的失衡，此时司法公权力对公司自治私权利的介入和干预就具有了法理上的正当性，这种情况下提起公司盈余分配之诉就有可能得到法院的支持。《公司法司法解释（四）》第15条对此作出规定："股东未提交载明具体分配方案的股东会或者股东大会决议，请求公司分配利润的，人民法院应当驳回其诉讼请求，但违反法律规定滥用股东权利导致公司不分配利润，给其他股东造成损失的除外。"

该诉在程序上与要求公司给付红利之诉基本相同，适用的案由也是"公司盈余分配纠纷"。原告是要求公司分红的股东，被告是公司，该诉讼属于《民事诉讼法》第27条规定的与公司有关的诉讼，因此应当由公司住所地人民法院管辖。

案例16.1 庆阳市太某热力有限公司与甘肃居某门业公司、李某军公司盈余分配案〔1〕

【裁判要旨】

公司在经营中存在可分配的税后利润时，有的股东希望将盈余留作公司经营以期待获取更多收益，有的股东则希望及时分配利润实现投资利益，一般而言，即使股东会或股东大会未形成盈余分配的决议，对希望分配利润股东的利益不会发生根本损害，因此，原则上这种冲突的解决属于公司自治范畴，是否进行公司盈余分配及分配多少，应当由股东会作出公司盈余分配的具体方案。但是，当部分股东变相分配利润、隐瞒或转移公司利润时，则会损害其他股东的实体利益，已非公司自治所能解决，此时若司法不加以适度干预则不能制止权利滥用，亦有违司法正义。虽目前有股权回购、公司解散、代位诉讼等法定救济路径，但不同的救济路径对股东的权利保护有实质区别，故需司法解释对股东的盈余分配请求权进一步予以明确。

〔1〕 最高人民法院民事判决书，(2016)最高法民终528号。

【案情简介】

庆阳市太某热力有限公司（以下简称太某热力公司）由李某军和张某龙二人于2006年3月设立，公司注册资本1000万元，李某军以货币212万元、实物438万元总计出资650万元，占注册资本65%；张某龙出资350万元，占注册资本35%。2006年6月，太某热力公司经庆阳市工商行政管理局登记注册成立，经营范围为热能供给、管道安装维修。

2007年4月，张某龙与甘肃居某门业有限责任公司（以下简称居某门业公司）签订股权转让协议，将其在太某热力公司的350万元股权转让给居某门业公司。2007年5月，李某军与甘肃太某工贸有限公司（以下简称太某工贸公司）、居某门业公司签订股权转让协议，将其在太某热力公司的股权600万元转让给太某工贸公司，50万元转让给居某门业公司。同年5月，太某热力公司修改公司章程，将公司股东变更为太某工贸公司和居某门业公司，太某工贸公司持股比例60%，居某门业公司持股比例40%，并在工商行政管理部门进行变更登记。

2009年9月29日，庆阳市人民政府召开市长办公会决定对太某热力公司进行整体收购，并形成第23期会议纪要。

2009年10月6日，庆阳市西峰区人民政府（甲方）与太某热力公司（乙方）签订《庆阳市西峰区新区集中供热站工程回购合同》约定，按照庆阳市人民政府2009年第23期会议纪要制定该合同，回购太某热力公司资产，经甘肃华某会计师事务所评估价款为9126.48万元，扣减政府拨付的补助资金和已交付乙方的城市供热配套费，共计3234.72万元。甲方再支付乙方收购价款7000万元。合同还约定，甲方已于2009年10月前向乙方支付1000万元，其余6000万元于2009年采暖期结束前一次性付清。

2010年7月10日，庆阳市经济发展投资有限公司向太某热力公司支付资产转让余款57,616,003.25元。

居某门业公司以太某热力公司应分红而未分红为由起诉至甘肃省高级人民法院，提出一审诉讼请求：一、判令太某热力公司对盈余的7000余万元现金和盈余的32.7亩土地（从政府受让取得时的地价款为330万元）按照《公司法》第35条和太某热力公司章程第27条之规定向居某门业公司进行分配；

二、判令李某军对居某门业公司的第一项诉讼请求承担连带责任。

本案审理期间，经居某门业公司申请，一审法院于2013年5月委托甘肃茂某会计师事务所对太某热力公司的盈余状况进行了审计。2015年2月9日，会计师事务所出具《审计报告》，结论为：截至2014年10月31日，太某热力公司资产总额93,635,362.38元，其中货币资金2,984,981.97元、应收账款33,900,000元、其他应收款21,657,860.38元、固定资产646,278.82元、工程施工34,446,241.21元；负债总额4,856,924.26元；所有者权益88,778,438.12元，其中实收资本12,805,025.04元、未分配利润75,973,413.08元；清算收益112,067,641.39元，清算支出36,094,228.31元，清算净收益75,973,413.08元。

《审计报告》"重大事项说明"有以下几项内容：(1)截至2013年8月31日"工程施工"账面数35,488,291.09元，审计调整后34,446,241.21元。由于记入工程施工成本的附件大部分为白条、收据等，无法认定其真实性，所以工程施工34,446,241.21元暂时未转清算损益；(2)居某门业公司提供资料，太某热力公司在经营期间为世纪新村花园小区、太一地中海、贡园小区1-16#楼铺设、接通供热管道，并安装了换热站，应收取接口费1038.21万元，账面无反映；(3)公司资产明细账列支的其中一台锅炉金额1,674,974.96元，为无股东签字的白条入账，已做审计调整。经了解该锅炉为李某军2005年购入，确实在收购中移交政府，根据甘肃正某资产评估事务有限公司2009年9月5日出具的评估报告，该锅炉评估净值743,580元，不应作为公司收益参与股东分配；4.公司账面反映实收资本14,980,000元，审计调整后12,805,025.04元，大部分为现金记入或关联单位转账，并非投资款，并与公司章程、两次验资报告相互矛盾，本次审计对实收资本的真实性无法确认。该《审计报告》另外说明：本次审核暂按审计调整后利润总额29,546,551.95元计提企业所得税7,386,637.99元。因清算结果未确定，尚未对清算期间的清算所得计提所得税，以当地税务机关对清算所得期间所得的税款清算数为准。

该《审计报告》载明，太某热力公司应收账款33,900,000元，系2010年9月8日转入兴某建安公司，于2013年7月30日收回1,000,000元，清算数33,900,000元；其他应收款21,694,383.08元中，兴某建安公司12,988,795.65元。

一审法院甘肃省高级人民法院作出（2013）甘民二初字第8号民事判决书，判决：一、太某热力公司于判决生效后10日内支付居某门业公司盈余分配款20,466,276.4元；二、太某热力公司按中国人民银行同期贷款利率向居某门业公司支付20,466,276.4元自2010年7月11日起至实际付清之日的利息；三、如太某热力公司到期不能履行上述一、二项给付，由李某军承担赔偿责任。

【案件分析】

一审法院认为，关于太某热力公司的分红权。太某热力公司章程及工商登记资料记载，该公司注册资本1000万元。居某门业公司2007年受让张某龙持有35%、李某军持有5%太某热力公司股份后，认缴公司出资额400万元，持有公司40%股份，成为太某热力公司股东。根据《公司法》规定及太某热力公司章程，居某门业公司享有按照其在太某热力公司的出资比例分取红利的权利。太某热力公司应当依法向股东居某门业公司分配利润。关于居某门业公司要求李某军承担连带责任的诉讼请求。《公司法》第21条规定，公司的控股股东、实际控制人、董事、监事、高级管理人员不得利用其关联关系损害公司利益。违反前款规定，给公司造成损失的，应当承担赔偿责任；第152条规定，董事、高级管理人员违反法律、行政法规或者公司章程的规定，损害股东利益的，股东可以向人民法院提起诉讼。李某军系太某热力公司执行董事、法定代表人，在庆阳市人民政府整体收购太某热力公司全部资产后，违反《公司法》及太某热力公司章程规定，未经公司股东会决策同意，将资产转让所得款项中5600万余元转入兴某建安公司，由该公司长期占用，形成太某热力公司账面巨额应收款项，严重损害公司股东利益，给公司造成损失，应当对太某热力公司支付居某门业公司的盈余分配款承担赔偿责任。居某门业公司要求李某军承担赔偿责任的诉讼请求成立，应予支持。

一审宣判后，太某热力公司和李某军不服，上诉至最高人民法院。

最高人民法院二审在可分配款的定量问题上，对于一审中争议的“1038.21万元入网‘接口费’”进行了重新认定，将其从可分配利润中扣除，因此对利润分配数额作出重新认定，并据此对一审判决进行了改判。但是，对于其他基本的定性问题，最高人民法院基本上支持了一审法院观点，并在二审裁判理由部分对相关问题作了进一步论述。

最高人民法院认为，公司在经营中存在可分配的税后利润时，有的股东希望将盈余留作公司经营以期待获取更多收益，有的股东则希望及时分配利润实现投资利益，一般而言，即使股东会或股东大会未形成盈余分配的决议，对希望分配利润股东的利益不会发生根本损害，因此，原则上这种冲突的解决属于公司自治范畴，是否进行公司盈余分配及分配多少，应当由股东会作出公司盈余分配的具体方案。但是，当部分股东变相分配利润、隐瞒或转移公司利润时，则会损害其他股东的实体利益，已非公司自治所能解决，此时若司法不加以适度干预则不能制止权利滥用，亦有违司法正义。虽目前有股权回购、公司解散、代位诉讼等法定救济路径，但不同的救济路径对股东的权利保护有实质区别，故需司法解释对股东的盈余分配请求权进一步予以明确。在本案中，首先，太某热力公司的全部资产被整体收购后没有其他经营活动，一审法院委托司法审计的结论显示，太某热力公司清算净收益为75,973,413.08元，即使扣除双方有争议的款项，太某热力公司也有巨额的可分配利润，具备公司进行盈余分配的前提条件；其次，李某军同为太某热力公司及其控股股东太某工贸公司法定代表人，未经公司另一股东居某门业公司同意，没有合理事由将5600万余元公司资产转让款转入兴某建安公司账户，转移公司利润，给居某门业公司造成损失，属于太某工贸公司滥用股东权利，符合《公司法司法解释（四）》第15条但书条款规定应进行强制盈余分配的实质要件；最后，前述司法解释规定的股东盈余分配的救济权利，并未规定须以采取股权回购、公司解散、代位诉讼等其他救济措施为前置程序，居某门业公司对不同的救济路径有自由选择的权利。因此，一审判决关于太某热力公司应当进行盈余分配的认定有事实和法律依据，太某热力公司、李某军关于没有股东会决议不应进行公司盈余分配的上诉主张不能成立。

本案是2016年《公司法司法解释（四）》颁布之后，最高人民法院适用公司司法解释审理公司盈余分配纠纷的第一例重要案例。对于抽象公司盈余分配之诉具有很强的参考意义。

第二节　与公司财务会计制度有关的行政和刑事法律风险

一切违反法律规定的公司财务会计制度的不规范的甚至违法的财务会计行为都有可能带来相关主体的行政法律风险。《公司法》对此采取了两种立法模式，一种是直接规定的立法模式，另一种是半指引式立法模式。前者是指对公司某些不规范的财务会计行为，《公司法》直接规定了相关行政责任；后者是指对于另一些应当科以行政责任的不规范的公司财务会计行为，《公司法》进行了列举，但是对于应当承担的行政责任，《公司法》却没有直接作出明确具体的规定，而是指引到《会计法》等其他专门的法律法规。《公司法》中采取前一种立法模式的条款包括第251条关于公司不公示、不如实公示重要信息的行政法律责任，以及第256条关于公司清算时隐匿财产以及对资产负债表或者财产清单作虚假记载的虚假会计行为及其他妨害清算行为的行政法律责任。其中，《公司法》第251条关于公司不公示、不如实公示重要信息的行政法律责任在本书第十三章讨论与公司登记与公示制度有关的行政法律风险时已有详细论述；《公司法》第256条关于妨害清算的行政法律责任将在本书讨论公司终止法律风险的章节，即本书第十七章进行讨论，故而这两种违法行为的行政法律责任在本章不再赘述。此外，公司向股东分配利润时公司负有针对股东取得的分红收入代扣代缴个人所得税的义务，如有违反则会引发税法上的行政责任，鉴于该行政责任虽然源于公司内部法律关系，但其本质是税法上的责任，故而本书亦不展开讨论。《公司法》中采取后一种立法模式，即半指引式立法模式的条款是第254条。本章接下来首先讨论该部分内容，然后讨论《会计法》规定的其他违法财务会计行为的行政法律责任。

一、设立账外账和提供虚假财务会计报告的行政法律责任

《公司法》第207条规定了公司遵守法定会计制度的法定义务："公司应当依照法律、行政法规和国务院财政部门的规定建立本公司的财务、会计制度。"第208条规定了公司依法如实编制和提供财务会计报告的法定义务："公司应当在每一会

计年度终了时编制财务会计报告，并依法经会计师事务所审计。财务会计报告应当依照法律、行政法规和国务院财政部门的规定制作。”

如前所述，现代会计制度是现代公司制度的两大基石之一，遵守法定的财务会计制度，如实建账，如实编制和提供财务会计报告，是公司在财务会计制度方面最基本最核心的法定义务。公司对该义务的违反就是对现代公司制度基础的动摇。因此该类行为属于严重的违法行为，轻则需要承担行政责任，重则触犯刑律承担刑事责任[1]。

《公司法》第254条规定，对公司设立账外账和提供虚假财务会计报告的行为应当给予行政处罚，并将具体如何处罚的事项指引到《会计法》等其他专门法律：“有下列行为之一的，由县级以上人民政府财政部门依照《中华人民共和国会计法》等法律、行政法规的规定处罚：（一）在法定的会计账簿以外另立会计账簿；（二）提供存在虚假记载或者隐瞒重要事实的财务会计报告。”

公司在法定会计账簿之外另行设立会计账册，即账外建账，设立账外账，甚至多本账等行为，以及公司提供虚假的财务会计报告，包括财务会计报告当中含有虚假记载，或者虽然没有虚假记载但隐瞒重要内容的行为，既是严重违反公司法的行为，也是严重违反会计法的行为。因此，对于这两种严重违反公司财务会计制度的违法行为的行政法律责任，《公司法》采取了半指引式的立法模式，一方面明确这两种违法行为属于应当受到行政处罚的违法行为，另一方面将具体如何处罚指引到《会计法》等其他专门规范财务会计制度的法律法规。

关于处罚机关，请注意，与《公司法》规定其他违法行为的行政处罚主体一般是公司登记机关相比，第254条的规定也是不同的，对设立账外账和提供虚假财务会计报告这两种严重违法行为进行行政处罚的法定处罚机关，不是公司登记机关，而是县级以上人民政府财政部门。这是因为，各级财政部门是财务会计制度和行为的法定管辖机关，也是公司财务会计行为的管辖机关，由其作为违法财务会计行为的查处机关，顺理成章。

关于责任形式，根据《会计法》的规定，设立账外账和提供虚假财务会计报告这两种违法行为的行政法律责任主要是行政罚款，此外对于国家工作人员，除了

〔1〕 参见本书第八章第三节中的违规披露、不披露重要信息罪。

面临行政罚款的行政法律责任，还会面临行政处分的内部行政责任；对于会计人员，除了面临行政罚款的行政法律责任之外，还包括从业限制的行政法律责任。

第一，关于设立账外账的行政法律责任。根据《会计法》第40条、第42条的规定，对不依法设置会计账簿和私设会计账簿的，构成犯罪的，依法追究刑事责任；尚不构成犯罪的，由县级以上人民政府财政部门责令限期改正，可以对单位并处3000元以上5万元以下的罚款；对其直接负责的主管人员和其他直接责任人员，可以处2000元以上2万元以下的罚款；属于国家工作人员的，还应当由其所在单位或者有关单位依法给予行政处分；会计人员有该违法行为且情节严重的，但不构成犯罪的五年内不得从事会计工作；构成犯罪的，终身不得再从事会计工作。有关法律对该违法行为的处罚另有规定的，依照有关法律的规定办理。

第二，关于提供虚假财务会计报告的行政法律责任。根据《会计法》第40条、第43条的规定，对提供虚假财务会计报告的，构成犯罪的，依法追究刑事责任；尚不构成犯罪的，由县级以上人民政府财政部门予以通报，可以对单位并处5000元以上10万元以下的罚款；对其直接负责的主管人员和其他直接责任人员，可以处3000元以上5万元以下的罚款；属于国家工作人员的，还应当由其所在单位或者有关单位依法给予撤职直至开除的行政处分；会计人员有该违法行为尚不构成犯罪的，五年内不得从事会计工作；构成犯罪的，终身不得再从事会计工作。

二、《会计法》规定的其他违法财务会计行为的行政法律责任

除了前文提到的在《公司法》中明确规定的应受到行政处罚的公司违法财务会计行为之外，《会计法》还规定了其他违法财务会计行为的行政法律责任，以下对此进行简要介绍。

首先，《会计法》第42条规定的行政法律责任所针对的违法行为，除了包含前述的诸如不依法设置会计账簿和私设会计账簿等设立账外账或不设会计账簿之外，还包括其他八种违法行为。因此，前述《会计法》第42条规定的行政法律责任一共针对十种财务会计违法行为，它们分别是：（1）不依法设置会计账簿；（2）私设会计账簿；（3）未按照规定填制、取得原始凭证或者填制、取得的原始凭证不符合

规定；(4)以未经审核的会计凭证为依据登记会计账簿或者登记会计账簿不符合规定；(5)随意变更会计处理方法；(6)向不同的会计资料使用者提供的财务会计报告编制依据不一致；(7)未按照规定使用会计记录文字或者记帐本位币；(8)未按照规定保管会计资料，致使会计资料毁损、灭失；(9)未按照规定建立并实施单位内部会计监督制度或者拒绝依法实施的监督或者不如实提供有关会计资料及有关情况；(10)任用会计人员不符合本法规定。

其次，《会计法》第44条规定了隐匿和故意销毁会计资料的行政法律责任："隐匿或者故意销毁依法应当保存的会计凭证、会计账簿、财务会计报告，构成犯罪的，依法追究刑事责任。有前款行为，尚不构成犯罪的，由县级以上人民政府财政部门予以通报，可以对单位并处五千元以上十万元以下的罚款；对其直接负责的主管人员和其他直接责任人员，可以处三千元以上五万元以下的罚款；属于国家工作人员的，还应当由其所在单位或者有关单位依法给予撤职直至开除的行政处分；其中的会计人员，五年内不得从事会计工作。"

最后，《会计法》第45条规定了授意、指使、强令他人实施违法财务会计行为的行政法律责任："授意、指使、强令会计机构、会计人员及其他人员伪造、变造会计凭证、会计账簿，编制虚假财务会计报告或者隐匿、故意销毁依法应当保存的会计凭证、会计账簿、财务会计报告，构成犯罪的，依法追究刑事责任；尚不构成犯罪的，可以处五千元以上五万元以下的罚款；属于国家工作人员的，还应当由其所在单位或者有关单位依法给予降级、撤职、开除的行政处分。"

三、与公司财务会计制度有关的刑事法律风险——隐匿、故意销毁会计凭证、会计账簿、财务会计报告罪

与公司财务会计制度有关的刑事法律风险主要涉及违规披露、不披露重要信息罪，妨害清算罪和隐匿、故意销毁会计凭证、会计账簿、财务会计报告罪等三项罪名。其中违规披露、不披露重要信息罪是企业控股股东和实际控制人也可以构成的犯罪，已在本书第八章详细论述；下一章，即本书第十七章将详细介绍发生在公司终止阶段的妨害清算罪。故而本章只展开讨论其中的一项罪名，它是与公司财务会计制度最直接相关的一项犯罪，这项犯罪就是隐匿、故意销毁会计凭证、会

计账簿、财务会计报告罪。虽然我国现行《刑法》在1997年制定的时候，并没有将隐匿、故意销毁会计凭证、会计账簿、财务会计报告这种行为作为犯罪对待。但是，1999年12月全国人大通过的第一个刑法修正案将该行为入罪并为此单独增加了一个刑法条文，这就是《刑法》第162条之一："隐匿或者故意销毁依法应当保存的会计凭证、会计账簿、财务会计报告，情节严重的，处五年以下有期徒刑或者拘役，并处或者单处二万元以上二十万元以下罚金。单位犯前款罪的，对单位判处罚金，并对其直接负责的主管人员和其他直接责任人员，依照前款的规定处罚。"

从犯罪主体上说，本罪是普通犯罪主体犯罪，对犯罪主体的身份没有特殊规定，而且个人和单位的又可以成为本罪的犯罪主体。

在犯罪的客观要件方面，从犯罪行为上分析，本罪的犯罪行为包括隐匿和故意销毁两种行为，两种行为即可以单独构成本罪，同时实施两项行为构成本项罪名；从犯罪的对象上分析，犯罪行为指向的标的包括会计凭证、会计账簿和财务会计报告这三类财务会计资料。会计凭证是指作为会计记账依据的能够证明会计记载事项真实发生的原始凭证，比如发票和银行转账凭证等、会计账簿是依据会计凭证记录会计事项的法定账簿、财务会计报告是依据会计账簿并在必要时查阅、参考会计凭证对一定时期或者一定时点的会计事项所作的总结性的包含重要会计信息的文件，一般除文字叙述性的"报告"之外，还必须包含按照会计规则编制的财务会计报表，如资产负债表、利润表（损益表）、现金流量表和所有者权益变动表（股东权益变动表）等，以及对报表中的信息进行必要说明的财务报表附注。犯罪行为指向的犯罪对象可以是这三种会计资料当中的任何一种、几种或者全部。

在犯罪的客观要件方面，从罪名上分析，本条规定的罪名是一个类罪罪名，可以分解为若干个子罪名。因为，隐匿和故意销毁这两种犯罪行为可以单独或者合并与三种犯罪标的的一种、任意两种或者全部三种之间自由组合，这样就可以排列组合出来多个罪名，如隐匿会计凭证罪、隐匿会计账簿罪、隐匿财务会计报告罪、隐匿销毁会计凭证、会计账簿罪、隐匿销毁会计凭证、会计账簿、财务会计报告罪、故意销毁会计凭证罪、故意销毁会计账簿罪、故意销毁财务会计报告罪、故意销毁会计凭证、会计账簿罪……无论多少种排列组合，其中的任意一个都构成该罪，并且无论多少种组合，也无论是多少次可以由这些组合涵盖的违法行为，只能构成《刑法》第162条之一这一条规定的一个大罪名，不能构成刑罚意义上的“数罪”，更不存在数罪并罚的问题。

在犯罪的客观要件方面，还有一个危害性的程度性要件，也就是说，并不是所有隐匿、故意销毁会计凭证、会计账簿、财务会计报告的行为都构成该罪，要构成该罪，违法行为的程度还必须达到“情节严重”的程度。至于“情节严重”的具体判断标准，依据2022年4月6日颁布的《刑事案件立案标准的规定（二）》第8条的规定，具有下列情形之一的，应予立案追诉：“（一）隐匿、故意销毁的会计凭证、会计账簿、财务会计报告涉及金额在五十万元以上的；（二）依法应当向监察机关、司法机关、行政机关、有关主管部门等提供而隐匿、故意销毁或者拒不交出会计凭证、会计账簿、财务会计报告的；（三）其他情节严重的情形。”

最后，关于该罪的刑罚，根据《刑法》第162条之一的规定，犯该罪的，处五年以下有期徒刑或者拘役，并处或者单处2万元以上20万元以下罚金。对于单位犯该罪的，对单位判处罚金，并对其直接负责的主管人员和其他直接责任人员判处五年以下有期徒刑或者拘役。

案例16.2 林某存、林某宣、林某甘故意销毁会计凭证、会计账簿案[1]

【裁判要旨】

《会计法》第2条规定：“国家机关、社会团体、公司、企业、事业单位和其他组织（以下统称单位）必须依照本法办理会计事务。”《村民委员会组织法》第2条第1款、第3条第3款规定：“村民委员会是村民自我管理、自我教育、自我服务的基层群众性自治组织，实行民主选举、民主决策、民主管理、民主监督。”“村民委员会可以根据村民居住状况、集体土地所有权关系等分设若干村民小组。”即村民小组也属《会计法》规定的其他组织之范畴，需依法办理会计事务。

故意销毁依法应当保存的会计凭证、会计账簿，情节严重的构成故意销

〔1〕 广东省汕尾市中级人民法院刑事裁定书，（2020）粤15刑终188号。

毁会计凭证、会计账簿罪，依法应予惩处。

【案情简介】

2007年至2012年，被告人林某存任陆丰市某村副村长，被告人林某宣任会计，被告人林某甘任出纳。2008年年初，林某存、林某东（已故）、林某宣、林某甘利用职务上的便利，擅自将村前的村民集体土地6400平方米卖给林某超，所得款项人民币19.28万元未存入村民小组账户，而存入林某宣的私人账户，用于建设村前的灰町，林某宣负责保管存款账户和建设村灰町开支的单据，村民代表林某都、林某谦负责管理银行账户密码。灰町建设完毕后，林某存在林某甘家中召开林某宣、林某甘等村干部参与的村小组成员及村民代表会议，就建设灰町的资金进行核算，核算后，林某存、林某宣、林某甘等人认为该笔资金未入村总账，便将建设灰町的结算、收付凭证单据进行销毁，导致该笔资金去向无法核清。2013年，村换届选举后，林某存、林某宣卸任，村会计账本由林某宣保管，会计凭证由林某甘保管，林某宣于2013年9月，林某甘于2014年分别将保管的村会计账本、会计凭证销毁。

2019年1月4日，被告人林某存被抓获归案。同日，被告人林某宣、林某甘自动到陆丰市公安局经济犯罪侦查大队投案。广东省陆丰市人民法院于2020年1月22日作出（2019）粤1581刑初620号刑事判决书，判决如下：一、被告人林某存犯故意销毁会计凭证、会计账簿罪，判处有期徒刑三年，并处罚金人民币25,000元；二、被告人林某宣犯故意销毁会计凭证、会计账簿罪，判处有期徒刑二年，并处罚金人民币20,000元；三、被告人林某甘犯故意销毁会计凭证罪，判处有期徒刑一年九个月，并处罚金人民币20,000元。

【案件分析】

一审法院认为，被告人林某存、林某宣故意销毁依法应当保存的会计凭证、会计账簿，情节严重，其行为均已构成故意销毁会计凭证、会计账簿罪，被告人林某甘故意销毁依法应当保存的会计凭证，情节严重，其行为已构成故意销毁会计凭证罪。公诉机关指控三被告人所犯罪名成立，应予支持。鉴于被告人林某宣、林某甘在日常工作中受林某存领导，且在案发后自动投案，酌情给予从轻处罚，可以判处比林某存较轻的刑罚。被告人林某存、林某宣被执行有期徒刑刑罚完毕后五年以内再犯本罪，系累犯，依法从重处罚。

一审宣判后，林某存、林某宣、林某甘不服，上诉至广东省汕尾市中级人民法院。上诉人林某宣上诉称，原审判决认定事实和适用法律错误，量刑不当。林某宣没有任何故意犯罪的事实依据，与下任会计移交时，由于村里没有设置保管账本的地方，就一直将账本存放在其家中。后来由于台风吹塌房子打湿账本，其雇请的工人清洁时将账本当废品清理。相关法律并未强制要求村民小组有建立账本及保管封存的义务，因此遗失账本不应该承担刑事责任。其主动到公安机关接受调查，也如实供述事实真相，请法院判处无罪。上诉人林某甘上诉称，对原审的罪名没有异议，但量刑畸重。本案是共同犯罪，其在本案中系从犯，属于从属地位，由于不懂法的无心之失导致会计凭证毁灭。其有自首、认罪认罚、初犯等从轻、减轻的情节，请求法院从轻处罚。广东省汕尾市中级人民法院于2020年4月20日作出（2020）粤15刑终188号刑事裁定书，裁驳回上诉，维持原判。

对于上诉人林某存、林某宣、林某甘所提的上诉意见，广东省汕尾市中级人民法院认为：证人林某珠证实上诉人林某宣扔掉账本，证人林某锡证实2011年上诉人林某存离任时没有移交收支凭证，证人林某都、林某谦证实村干部决定销毁会计凭证，上诉人林某存在公安机关侦查期间供述其任职期间的村小组收入情况并有建账及凭证，账本和凭证由上诉人林某宣、林某甘保管；上诉人林某宣在公安机关侦查期间供述村小组收入情况，由其经手入账并保管账本，之后遗失，单据是林某甘保管；对林某超卖地款用于建设灰町，账务清理清算后烧毁是林某存同意的，随后有关部门调查时无法提供。以上证据足以证明上诉人林某存、林某宣、林某甘故意销毁会计凭证、会计账簿的事实。故上诉人林某存提出其无指使任何人销毁任何账簿的意见与事实不符，本院不予采纳；林某宣提出其没有销毁会计账簿的意见不能成立，本院不予采纳。

上诉人林某存、林某宣故意销毁依法应当保存的会计凭证、会计账簿，情节严重，其行为均已构成故意销毁会计凭证、会计账簿罪，依法应予惩处；上诉人林某甘故意销毁依法应当保存的会计凭证，情节严重，其行为已构成故意销毁会计凭证罪，依法应予惩处。上诉人林某甘主动投案后不如实供述其犯罪事实，依法不能认定为自首。上诉人林某甘提出其自动投案，是自首的意见不能成立，不予采纳。对三上诉人量刑的问题，原审法院已给予充分考虑，综合认定了上诉人林某宣、林某甘在日常工作中受林某存领导，且在案发后自动投案，酌情给予从轻处罚，可以判处比林某存较轻的刑罚，故上诉人林某宣、林某甘上诉要求再从轻的依据不足，本院不予采纳。上诉人林某存、林某宣曾因故意犯罪被判处有期徒刑，在刑罚执行完毕后五年内再故意犯应当判处有期徒刑刑罚之罪，是累犯，依法应当从重处罚。

第十七章　公司终止相关法律风险及其诉讼制度

公司终止制度由三个依次衔接的部分，或者说三个相互衔接的制度组成，它们是公司解散制度、公司清算制度和公司注销制度。与公司终止有关的法律风险既包括民事法律风险，也包括行政法律风险和刑事法律风险。与公司终止制度有关的民事诉讼程序既包括清算责任纠纷等诉讼程序，也包括公司司法解散、司法强制清算等非诉讼程序。与公司终止制度有关的行政法律风险和刑事法律风险所对应的行政诉讼制度和刑事诉讼制度已在本书第三章作了介绍，本章不再赘述。

第一节　公司终止制度概述〔1〕

公司终止，是指公司作为一个独立的具有拟制法律人格的民事主体的终结。公司终止之后，公司不复存在。公司终止一般需要经历以下三个过程：一是公司解散；二是公司清算；三是公司注销，又称注销公司登记。这是一般情况下的公司终止，除此之外，还有特殊情况下的公司终止，那就是公司破产。至于公司合并和公司分立，虽然从广义上也可以将其视作公司终止，并且这两种情形也是公司解散的法定事由之一，但是从狭义上分析，公司合并和公司分立并不是严格意义上的公司终止，因为这两种情况下原公司的资产和债务都有合法的概括承继主体或者连带承担的主体。因此，公司合并和公司分立导致的原公司解散和注销不在这里讨论的范围之内，对其不予展开讨论。

通常情况下，公司终止一般需要经过三个步骤，第一步是公司解散，第二步是

〔1〕 关于该制度的立法变化等内容可参见本书第一章第八节。

公司解散之后对公司进行清算，第三步是清算结束之后注销公司登记。第三步完成之后，公司的法人资格消灭，公司终止，不再存续。

一、公司解散

公司解散是一个法律意义上的概念，不是一个人员或者财产遣散的形式意义上的概念。"公司解散是公司因出现法定事由或章程规定事由时，停止其经营活动并进行清算程序，以终止法人资格的法律行为。"[1]

公司解散后的公司法人资格并不立即消灭，而是成为行为能力受到限制的清算法人，即进入清算阶段或者等待进入清算阶段的法人。该阶段的法人可以进行与清算有关的活动，丧失继续进行正常营业的资格。《公司法》第236条第3款对此作出明确规定："清算期间，公司存续，但不得开展与清算无关的经营活动。公司财产在未依照前款规定清偿前，不得分配给股东。"

公司解散是法定解散事由出现时导致的一种法律后果和公司的法定状态，《公司法》第229条第1款规定了公司解散以及导致公司解散的事由："公司因下列原因解散：(一)公司章程规定的营业期限届满或者公司章程规定的其他解散事由出现；(二)股东会决议解散；(三)因公司合并或者分立需要解散；(四)依法被吊销营业执照、责令关闭或者被撤销；(五)人民法院依照本法第二百三十一条的规定予以解散。"前三项解散事由属于公司自愿解散，第四项事由属于因行政机关的行政行为导致公司解散的公司行政解散，第五项事由被称为司法强制解散。

如果尚未向股东分配财产，那么上述第一项和第二项解散是可逆的，即公司股东会可以消除解散事由使公司存续。《公司法》第230条对此作出明确规定："公司有前条第一款第一项、第二项情形，且尚未向股东分配财产的，可以通过修改公司章程或者经股东会决议而存续。依照前款规定修改公司章程或者经股东会决议，有限责任公司须经持有三分之二以上表决权的股东通过，股份有限公司须经出席股东会会议的股东所持表决权的三分之二以上通过。"根据该条第1款的规定，因公司章程规定的营业期限届满而解散的，在尚未向股东分配财产的情况下，公司股东会可以通过修改公司章程中的公司经营期限的方式延长公司的经营期

〔1〕 刘斌编著：《新公司法注释全书》，中国法制出版社2024年版，第816页。

限，从而消除该项公司解散事由，使公司存续；在股东会已经作出决议解散公司但尚未向股东分配财产的情况下，公司股东会可以作出新的决议撤销原决议，或者重新通过公司不解散而继续经营的新决议，这种情况也属于股东会消除公司原解散事由，使公司继续存续。根据该条第2款的规定，无论是修改公司章程中关于公司经营期限的规定还是在公司通过解散公司的决议之后再另行通过使公司存续的新决议，都属于特殊表决事项，需要三分之二以上表决权方能通过。第三项解散事由，即合并与分立导致的公司解散，不是公司必须清算的法定事由。公司因合并或分立解散的，清算不是必需的程序。第四项是关于行政解散的规定，公司被公司登记机关等有权机关吊销营业执照、责令关闭或者被撤销的，这些行政措施是导致公司解散的法定事由。第五项和《公司法》第231条规定的司法强制解散，将在本章第二节进行介绍。

二、公司清算

（一）清算的分类

除公司因合并或分立而解散的情况之外，其他解散事由导致的公司解散，都应当进入公司清算程序。公司清算是在公司解散之后，对公司的资产和债务进行全面的清理，并将公司资产扣除清算费用并偿还公司全部债务之后的剩余资产向公司股东分配，最终在资产和债务两个维度上彻底了结公司事务的法定程序。清算首先需要全面清理公司资产以及公司的债务，并在此基础上制定包含资产变现或处置方案、偿债方案以及剩余资产分配方案的完整的清算方案。自行清算的清算方案需经股东会审议批准，司法强制清算的清算方案需经受理清算的人民法院批准。清算方案经有权机关批准之后，由清算组执行。正常情况下，清算方案执行完毕之后，公司的资产和债务都会归零。因为公司的债务应当全部偿还，偿还公司债务之后的公司剩余资产应当全部向股东分配。

以上是公司资产足以清偿公司债务情况下的公司清算，除此之外，还有一种适用特别程序的特别清算，这就是破产清算。除非特别说明，本书中所称的清算均指依据《公司法》的非破产清算。

破产清算是在企业符合法院受理破产的条件时依据破产法进行的特别程序，

是企业破产程序之一，必须在法院受理之后由法院主持。鉴于破产清算是适用破产法的特别程序。而破产法之博大精深不亚于公司法，如要详细介绍和讨论则需要另行著书单独论述。所以这里对公司破产程序以及其中的破产清算不作过多介绍，仅介绍一下破产清算与非破产清算之间的关系。从启动和是否可以转换的角度，两者之间是一种单向排斥的关系，启动破产清算程序之后，一般不可以再进行非破产清算；而启动非破产清算程序之后，在清算过程中如果发现公司符合破产条件的，还可以，并且应当终结非破产清算程序，同时向法院申请破产清算来启动破产清算程序。《公司法》第237条对此作出了具体规定："清算组在清理公司财产、编制资产负债表和财产清单后，发现公司财产不足清偿债务的，应当依法向人民法院申请破产清算。人民法院受理破产申请后，清算组应当将清算事务移交给人民法院指定的破产管理人。"

从清算是自愿还是强制以及是否有法院介入的角度去划分，可以将公司清算分为自愿清算和司法强制清算。公司因出现解散事由而解散之后，清算义务人依法自行组成清算组进行清算的，是自愿清算。公司应当清算而不自行清算的，利害关系人或者公司登记机关可以申请人民法院进行强制清算，这就是司法强制清算。关于司法强制清算的具体内容，本章第二节再展开讨论。董事是法定的公司清算义务人。关于自愿清算义务人的清算义务以及清算组的组成等，也在本章第二节讨论相关民事法律风险时一并讨论，这里不予赘述。

（二）清算财产的支付

这里介绍一下与清算期间清算财产的支付有关的两项重要的法律制度。

在具体介绍这两项制度之前，先介绍一下一般情况下适用的比较稳妥的清算财产支付办法。对于清算期间清算财产的支付，除特殊的必须立即支付的清算费用之外，一般情况下，应该等清算方案制定并经有权机关确认之后，再按照清算方案的安排统一支付。《公司法》第236条第1款是关于清算方案的制定和确认的法律规定："清算组在清理公司财产、编制资产负债表和财产清单后，应当制订清算方案，并报股东会或者人民法院确认。"

如果在清算方案被确认之前，甚至是在尚未制定清算方案的时候，遇特殊情况需要以清算资产偿还清算债务，应当遵守以下原则。

第一个原则是，债权申报期间不得清偿债权。这里的“债权申报期间”应当理解为清算组通知申报债权法定通知期间、发布债权申报公告的期间，以及法定的债权人申报债权的期间，并且应当以法定的最长期间计算。这样，鉴于发布公告的期间和公告发布后债权人法定的债权申报期间都长于直接通知已知债权人的对应期间，因此应当以公告期间来计算“不得个别清偿”的“债权申报期间”。这个期间的最长时间可以是自清算组成立之日起一百零五日，因为清算组成立后，发布债权申报公告的最长时限是六十日，公告发布之后债权人正常申报（而非申报期满后补充申报）债权的申报期间是四十五日，因此，两者相加是一百零五日。《公司法》第235条是关于债权申报期间以及申报期内不得单独清偿的规定：“清算组应当自成立之日起十日内通知债权人，并于六十日内在报纸上或者国家企业信用信息公示系统公告。债权人应当自接到通知之日起三十日内，未接到通知的自公告之日起四十五日内，向清算组申报其债权。债权人申报债权，应当说明债权的有关事项，并提供证明材料。清算组应当对债权进行登记。在申报债权期间，清算组不得对债权人进行清偿。”

法律之所以规定债权申报期间不得清偿债权，是因为在债权申报结束之前，公司的债务情况存在相当大的不确定因素，而如遇通过申报债权发现存在公司资产不足以清偿公司全部债务的情况，就应当启动破产程序，进行破产清算，按照破产法的规定各债权人按清偿顺序和比例进行概括性公平清偿。所以，在申报期内不得清偿债权，否则一旦清偿之后又发现公司资不抵债需要转入破产程序的，一方面损害了其他债权人公平清偿的权利，另一方面可能引发后续的个别清偿撤销之诉[1]。

第二个原则是，公司清算资产的支付应当严格按照法定的顺序进行，在所有清算债务支付完毕之前，不得向股东分配资产。公司资产应当优先用于偿付公司的债务，只有在公司的全部债务都清偿完毕之后公司资产仍有剩余的，公司股东才对剩余资产享有分配请求权。这既是法律规定的清算制度，也是现代公司制度

〔1〕《企业破产法》第32条规定：“人民法院受理破产申请前六个月内，债务人有本法第二条第一款规定的情形，仍对个别债权人进行清偿的，管理人有权请求人民法院予以撤销。但是，个别清偿使债务人财产受益的除外。”

公司独立法律人格和股东有限责任的题中应有之义。《公司法》第236条第2款、第3款对此作出明确规定："公司财产在分别支付清算费用、职工的工资、社会保险费用和法定补偿金，缴纳所欠税款，清偿公司债务后的剩余财产，有限责任公司按照股东的出资比例分配，股份有限公司按照股东持有的股份比例分配。清算期间，公司存续，但不得开展与清算无关的经营活动。公司财产在未依照前款规定清偿前，不得分配给股东。"

最后，清算方案执行完毕，公司清算结束之后，清算组应当制作清算报告，并报有权机关确认。

三、注销公司登记

注销公司登记，简称公司注销，是公司终止的最后一个阶段。根据新《公司法》的规定，公司注销可以分为清算注销、简易注销和行政强制注销三种。

公司清算结束，有权机关，即自愿清算情况下的公司股东会和司法强制清算情况下受理清算的人民法院确认清算报告之后，清算组将清算报告报送公司登记机关，并申请注销公司登记，这就是清算注销。此外，破产清算结束之后，破产管理人依法申请注销公司登记的，也属于清算注销。

简易注销是公司不经过清算程序而直接申请注销公司登记，这是2023年《公司法》增加的新制度[1]，新《公司法》第240条详细规定了公司简易注销制度："公司在存续期间未产生债务，或者已清偿全部债务的，经全体股东承诺，可以按照规定通过简易程序注销公司登记。通过简易程序注销公司登记，应当通过国家企业信用信息公示系统予以公告，公告期限不少于二十日。公告期限届满后，未有异议的，公司可以在二十日内向公司登记机关申请注销公司登记。公司通过简易程序注销公司登记，股东对本条第一款规定的内容承诺不实的，应当对注销登记前的债务承担连带责任。"本条第1款规定了简易注销的条件，即全体股东承诺"公司存续期间未产生债务"，或者承诺"公司已清除全部债务"。第2款规定了简易注销的程序。第3款规定了简易注销的法律责任，即股东承诺不实的，对公司注销登记前的债务承担连带责任，对此，本章第二节将继续讨论。

---

〔1〕 2023年修订《公司法》之前，国务院2021年7月颁布的《市场主体登记管理条例》已有类似规定。

行政强制注销也是新《公司法》规定的新制度。这种制度仅适用于被吊销营业执照、责令关闭或者被撤销的公司，是指经公示无异议之后，依职权对这类公司强制注销公司登记，新《公司法》第241条规定了公司行政强制注销制度："公司被吊销营业执照、责令关闭或者被撤销，满三年未向公司登记机关申请注销公司登记的，公司登记机关可以通过国家企业信用信息公示系统予以公告，公告期限不少于六十日。公告期限届满后，未有异议的，公司登记机关可以注销公司登记。依照前款规定注销公司登记的，原公司股东、清算义务人的责任不受影响。"本条第1款规定了公司行政强制注销的条件和程序。第2款规定了公司行政强制注销对公司股东和清算义务人的法律后果，即其义务和责任不受公司行政强制注销的影响，对此，本章第二节将继续讨论。

公司注销之后，公司登记机关应当将公司已注销的信息通过国家企业信用信息公示系统向社会公示。

第二节 公司终止相关民事法律风险及其诉讼制度

在公司解散、清算和注销这三个公司终止的环节当中，每一个环节都存在一定的法律风险，并且也都有与之相对应的民事诉讼制度，以下分别阐述。

一、与公司解散有关的民事法律风险及其诉讼制度

（一）股东会决议或干预公司解散的民事法律风险及其诉讼制度

当公司出现《公司法》第229条第1款规定的五种情形之一时，公司解散。五种情形当中会直接或间接引发民事法律风险的为前两种情形，即公司因章程规定的解散情形出现而解散和公司股东会决议解散。如前文所述，这两种情形都是公司解散情形当中的"可逆"型解散事由。公司股东会可以通过修改公司章程或者重新作出使公司存续的新决议的方式而使公司"起死回生"。在股东会审议上述相关事项时投反对票的股东，以及在股东会决议解散公司时投反对票的股东认为其他股东存在滥用股东权利并采取进一步维权措施的，可能引发对应的民事法律

风险，这些法律风险包括公司被迫回购股权和公司股东的赔偿责任等，具体分析如下。

对于公司章程规定的公司营业期限届满或者章程规定的其他公司解散事由出现之后公司股东会修改公司章程使公司存续这种情况，《公司法》第89条第1款和第161条第1款明确赋予了投反对票的股东股权回购请求权，即这种情况下投反对票的股东享有要求公司以合理价格收购其股权的权利。

此外，对于股东会决议解散公司以及股东会决议解散公司之后又重新决议公司存续的情形，虽然没有被作为前述触发对股东会决议投反对票股东的股权回购请求权的情形，但是，如果作出该决议的公司是有限责任公司，对决议持异议且认为其他股东滥用权利的股东依然享有救济的权利。这种救济的权利包括《公司法》第89条第3款规定的股权回购请求权，以及《公司法》第21条第2款规定的对滥用权利股东的损失赔偿请求权。因此，如果公司存续，则可能会存在异议股东依据上述规定要求股权回购请求权的可能性；如果股东会决议公司解散而异议股东认为公司不应解散且因公司解散造成其损失，以及其他股东对公司解散存在滥用股东权利，则可能会引发异议股东对其他股东的滥用股东权利损害赔偿之诉。如果公司与该股东在法定期限内没有针对公司回购异议股东股权达成一致，则会进一步引发请求公司收购股权之诉。

关于上述股权回购请求权制度及其对应的民事诉讼制度，以及上述股东对滥用股权股东的损失赔偿请求权制度及其对应的民事诉讼制度，在本书第八章和第九章已经进行了较为详细的论述，此处不再赘述。以下介绍在本章中初次出现的司法强制解散之诉。

（二）司法强制解散公司——公司解散之诉

有限责任公司既具有人合性也具有资合性。虽然在一般理论上认为股份有限公司是资合性组织，但是不公开发行股份的非公众股份有限公司也往往具有一定的封闭性和人合性。既然具有人合性，就有可能出现公司治理僵局（以下简称公司僵局）。当出现公司僵局并且长期不能化解时，就需要国家司法权介入以最终结束僵局，这就是公司司法强制清算制度。《公司法》第231条是关于该制度的规定："公司经营管理发生严重困难，继续存续会使股东利益受到重大损失，通过其他途径不能解决的，持有公司百分之十以上表决权的股东，可以请求人民法院解散公司。"根据该条的规定，需要满足四个实体要件才可以通过司法介入强制解散公司。这四个实体要件分别是，第一，出现严重公司僵局，即法律条文中所说的"公司经营管理发生严重困难"；第二，公司僵局不能及时化解，公司继续存续会使股东利益受到重大损失；第三，公司僵局通过其他途径不能解决；第四，提请诉讼的股东持有公司百分之十以上表决权。

在程序上，要求解散公司的股东为原告，两个以上的股东均要求解散公司的，可以作为共同原告。该诉应当以公司被告，可以将其他股东列为第三人。将其他股东列为被告的，法院应当向其释明应当将其他股东列为第三人，原告拒绝将其他股东列为第三人坚持将其列为被告的，应驳回对其他股东的起诉。其他股东也可以主动申请作为第三人参加诉讼。在管辖方面，该诉属于与公司有关的诉讼，应当由公司住所地人民法院管辖。公司的主要办事机构所在地为其住所地。

在诉讼请求方面，不可以在该诉中一并要求对公司进行清算。必须在法院判决公司解散或者公司因其他法定事由而解散之后，才可以申请法院对公司清算。

公司作为市场经济的基本细胞，将其司法强制解散是迫不得已而为之的最后选择，因此《公司法司法解释（二）》第5条和《公司法司法解释（五）》第5条等司法解释都要求法院在审理此类案件时应当注重调解，可以通过调解找到解决公司僵局的其他合法途径的，法院将会予以准许，从而最终避免公司解散。根据后者的规定，可以解决僵局的其他合法途径包括公司回购部分股东股份、其他股东受让部分股东股份、他人受让部分股东股份、公司减资、公司分立以及其他能够解决分歧，恢复公司正常经营，避免公司解散的方式。

二、与公司清算有关的民事法律风险及其诉讼制度

与公司清算有关的民事法律风险及其诉讼制度主要包括清算义务人未及时履行清算义务以及清算组违背信义义务的法律风险及其对应的诉讼制度，以下分别讨论。

（一）清算义务人未及时履行清算义务的民事法律风险及其诉讼制度

1.清算义务人的清算义务

《公司法》第232条第1款规定了公司义务人的清算义务："公司因本法第二百二十九条第一款第一项、第二项、第四项、第五项规定而解散的，应当清算。董事为公司清算义务人，应当在解散事由出现之日起十五日内组成清算组进行清算。"根据该条的规定，公司董事是公司的清算义务人，应当在公司出现解散事由（公司合并、分立除外）之日起十五日内组成清算组进行清算。又根据该条第2款的规定，除公司章程对公司清算组的组成另有规定或者公司股东会决议另选他人组成公司清算组的情形之外，公司清算组由公司董事组成。因此，公司董事是法定的公司清算义务人，有义务在公司解散事由出现之日起十五日内组成清算组对公司进行清算。

2.清算义务人不履行清算义务的损失赔偿责任

如果公司董事作为法定的清算义务人，没有及时履行上述清算义务，那么就会产生一系列法律风险，首先是存在长期未及时清算导致公司资产损失并进而损害公司债权人和公司股东的合法权益的风险。其次是董事为此承担损失赔偿责任的风险。《公司法》第232条第3款对此作出了规定："清算义务人未及时履行清算义务，给公司或者债权人造成损失的，应当承担赔偿责任。"

由上述风险引发的民事诉讼是清算责任之诉，下文在介绍清算组背信责任之诉讼制度时再详细讨论。以下讨论清算义务人未及时履行清算义务的另一项民事法律风险及其司法救济制度——司法强制清算制度。

3.司法强制清算制度——公司清算之非讼程序

公司出现解散事由应当清算而不清算的，利害关系人以及行政解散情形下的公司登记机关，可以申请人民法院对公司进行强制清算，这就是司法强制清算制度——申请公司清算之非讼程序。《公司法》第233条对此作出了具体规定："公司依照前条第一款的规定应当清算，逾期不成立清算组进行清算或者成立清算组后不清算的，利害关系人可以申请人民法院指定有关人员组成清算组进行清算。人民法院应当受理该申请，并及时组织清算组进行清算。公司因本法第二百二十九条第一款第四项的规定而解散的，作出吊销营业执照、责令关闭或者撤销决定的部门或者公司登记机关，可以申请人民法院指定有关人员组成清算组进行清算。”

首先，与2018年《公司法》第183条相比，2023年《公司法》第233条在规定有权申请公司强制清算的适格主体方面，将前者的“债权人”修改为“利害关系人”，后者除了包括前者，还包括公司股东、董事等与公司清算有利害关系的主体。

其次，司法强制清算不是诉讼程序，而是非讼特别程序。该程序适用的案由是二级案由“公司清算案件”之下的三级案由序号420“申请公司清算”。鉴于是非讼特别程序，因此启动程序的诉讼文件不是起诉状，而是申请书；当事人也不是“原告”和“被告”，而是“申请人”和“被申请人”。请求法院指定清算组对公司清算的当事人应当作为申请人。

再次，2023年《公司法》第233条第1款规定的是清算利害关系人申请清算的情况，适用于各类解散事由导致公司解散后应清算而未清算的情形；第2款规定的是公司登记机关作为申请人的司法强制清算，只适用于公司被吊销营业执照、责令关闭或者撤销这三种公司被行政解散的情形。

复次，法院受理公司清算案件之后，一般会适当参照破产清算的程序进行审理，比如法院在指定清算组时，一般会在法院确定的具备担任破产管理人资格的中介机构当中选择指定。

最后，司法强制清算程序与清算责任之诉是不同的司法程序。前者是非讼程序，其诉讼是请求法院指定清算组对公司进行强制清算；后者是诉讼程序，其诉讼请求是要求清算责任人损失承担赔偿责任。此外，司法强制清算与自愿清算的异同是，前者的清算组由法院指定，对法院负责并报告工作；而后者的清算组由法律或者公司章程直接规定或者经股东会决议确定，向股东会报告工作。但司法强制清算当中清算组的职权与自愿清算之清算组的职权相同，都是《公司法》第234条规定的职权：“清算组在清算期间行使下列职权：（一）清理公司财产，分别编制资产负债表和财产清单；（二）通知、公告债权人；（三）处理与清算有关的公司未了结的业务；（四）清缴所欠税款以及清算过程中产生的税款；（五）清理债权、债务；（六）分配公司清偿债务后的剩余财产；（七）代表公司参与民事诉讼活动。”

（二）清算组违背信义义务的法律风险及其诉讼制度

1.清算组违背信义义务的民事责任

《公司法》第238条规定了清算组的信义义务及其违背信义义务的法律责任："清算组成员履行清算职责，负有忠实义务和勤勉义务。清算组成员怠于履行清算职责，给公司造成损失的，应当承担赔偿责任；因故意或者重大过失给债权人造成损失的，应当承担赔偿责任。"

该条第1款规定了清算组成员在履行清算职责时负有忠实和勤勉的信义义务，关于忠实义务和勤勉义务的内涵和外延，可以参考公司"董监高"对公司的信义义务，本书第十一章已经对此作了详细介绍。

该条第2款规定了清算组成员违背信义义务的法律责任。清算组成员违背信义义务的民事法律责任的责任形式是承担损失赔偿责任。但是，法律在规定清算组成员的损失赔偿责任时，针对不同主体的损失，对清算组成员规定了不同的主观审慎性要求。对于公司的损失，只要是由于清算组成员怠于履行其清算职责造成的，清算组成员就应当承担赔偿责任；而对于公司债权人的损失，所要求的清算组成员的主观过错程度则与此不同，不仅要求损失结果和清算组成员怠于履行清算职责之间有法律上的因果关系，还对清算组成员的主观过错程度提出了更高的要求，只有清算组成员存在重大过错时，债权人才可以要求其承担损失赔偿责任。法律上的"重大过错"包括"故意"和"重大过失"，而不包括除此之外的一般性过错。

2.清算责任之诉

清算责任之诉是指因公司清算义务人违反清算义务在公司解散之后未及时进行清算，或者清算组成员在清算过程中违背忠实和勤勉的信义义务而给公司、公司股东或者公司债权人造成损失，清算责任人或清算组成员被要求对损失承担赔偿责任的诉讼。

《公司法》第238条规定的损失赔偿的诉讼属于清算责任之诉。该诉适用的案由是《民事案由规定》规定的三级案由序号284——清算责任纠纷。该诉除包括《公司法》第238条对应的清算组赔偿责任之诉之外，还包括前文提到的《公司法》

第232条对应的清算义务人赔偿责任之诉，以及后文提到的《公司法》第240条简易注销制度和第241条行政强制注销制度所对应的股东的赔偿责任之诉等。

要求相关主体承担与公司清算有关的损失赔偿责任的主体是清算责任之诉的原告，他们可能是公司、公司的债权人、公司股东等。法定的清算义务人、依法产生的清算组成员以及依法负有清算相关责任的股东，以及指使董事等清算义务人或清算组成员不依法清算的控股股东和实际控制人等都可以成为该诉讼的被告。在公司既不是原告，也不是被告时，可以列公司为第三人。

当然，除上述民事责任之外，如果清算组在履职过程中严重违背忠实义务实施了隐匿、转移财产、做假账等严重背信行为，除了需要承担行政责任甚至刑事责任[1]之外，当然还需要承担财产返还等民事责任。

案例 17.1　旗某影业有限公司、仇某某等清算责任纠纷案[2]

【裁判要旨】

公司股东明知公司未清偿债务的情况下，未按我国公司法规定将公司解散清算事宜书面通知债权人，未经合法清算即注销公司，存在重大过错，对债权人因未及时申报债权而遭受的损失，应承担赔偿责任。

【案情简介】

2021年9月22日，旗某影业有限公司（以下简称旗某公司）向一审法院提出诉讼，请求判令仇某某、李某连带赔偿旗某公司：(1)影片《贪某》发行纯收益损失人民币12,666,766.38元。(2)逾期付款损失人民币769,506.06元。(3)以上两项损失暂计至2021年8月31日共计为人民币13,436,272.44元。事实与理由：旗某公司是一家香港公司，于2016年10月8日与海宁唯某影业有限公司（以下简称唯某公司）签署《影片联合投资发行的投资权转让协议》(以下简称投资权转让协议)。协议约定，旗某公司应向唯某公司支付人民币1234

〔1〕 具体内容见下一节。

〔2〕 浙江省高级人民法院民事判决书，(2022)浙民终377号。

万元，唯某公司应向旗某公司支付影片《贪某》发行纯收益的10%。协议签署后，旗某公司按约向唯某公司支付了全部合同款（于2016年10月17日支付1,858,466.62美元）。影片发行公映后，截至2017年7月25日，唯某公司应支付给旗某公司的纯收益已达1365万港元（按当日汇率，相当于人民币11,799,333元），但唯某公司一直未按约定向旗某公司支付上述发行纯收益。随时间经过，上述发行纯收益数额不断增加，但唯某公司仍未与旗某公司结算并支付该影片的发行纯收益。经旗某公司不断催告，直至2020年4月才收到一份唯某公司出具的发行收益结算报表（事后得知此报告为仇某某发送），该报表显示截至2019年12月31日，唯某公司应向旗某公司支付的发行收益为14812643.25港元。正当旗某公司准备向唯某公司确认以上结算报表中的金额时，突然得知唯某公司已于2020年3月10日注销。经查询其登记档案得知，唯某公司清算时，由仇某某、李某组成清算组，但清算组未依法将清算事宜通知身为债权人的旗某公司，导致旗某公司无从申报债权并获得相应清偿，给旗某公司造成重大损失。仇某某、李某作为唯某公司的股东，唯某公司存续期间的一切经营行为均由其二人决策和控制。其存续期间一直未履行协议项下义务，未向旗某公司支付发行收益。事后仇某某、李某又在未通知旗某公司的情况下办理了唯某公司的清算和注销手续，显然是为了逃废债务。因此，仇某某、李某的行为已严重侵犯了旗某公司的债权，损害了原告的合法权益，对旗某公司的损失负有全部责任。根据我国《公司法》《公司法司法解释（二）》《民法典》等法律规定，仇某某、李某应对旗某公司的损失承担连带赔偿责任。

【案件分析】

一审法院经审理认为，仇某某、李某对旗某公司主张的事实经过和欠款金额无异议，予以认定。另查明，仇某某认可李某持有的唯某公司10%的股份系代其所持，但旗某公司表示不知情。

唯某公司于2020年3月10日注销登记，注销前未清偿上述债务。仇某某和李某作为唯某公司的股东和清算组成员，未按我国公司法规定将公司解散清算事宜书面通知旗某公司，导致旗某公司未及时申报债权而未获清偿。根据《公司法司法解释（二）》第11条第2款的规定，两人应对由此造成旗某公司的损失承担赔偿责任。虽然仇某某认可李某所持股份系代其所持，但对外仍应由二人共同承担赔偿责任。

浙江省嘉兴市中级人民法院于2022年2月28日作出（2021）浙04民初70号民事判决书，判决：一、仇某某、李某赔偿旗某公司影片发行的收益损失12,666,766.38元，于判决生效之日起十五日内履行；二、仇某某、李某按全国银行间同业拆借中心一年期贷款市场报价利率赔偿旗某公司自2020年3月10日起至实际清偿之日止的上述第一项损失的利息损失。

一审宣判后仇某某不服上诉至浙江省高级人民法院。浙江省高级人民法院于2022年9月2日作出（2022）浙民终377号民事判决书，判决驳回上诉，维持原判。

三、与公司注销有关的民事法律风险及其诉讼制度

只有经过注销公司登记，公司的终止程序才能最终完成。依据在注销之前是否必须进行清算作为区分标准，注销可以分为清算注销和非清算注销。清算注销是指在公司清算完毕之后注销公司登记。这是一般情况下的公司注销。非清算注销，顾名思义，是指在没有经过清算的情况下注销公司登记，又可以进一步分为简易注销和行政强制注销两种，都是《公司法》2023年修订时新增加的内容。

通常情况下的注销是清算注销。这种注销，在注销之前已经通过清算程序完整地梳理了公司的资产和债务，依法制订并经有权机关批准或确认了清算方案，并且通过执行清算方案，公司的全部债务均得到清偿，清偿债务之后的公司剩余财产已经依法分配给股东。所以在清算注销的情况下，在清算方案执行完毕之后，注销之前，除了注销公司登记之外，公司的一切事务都已经了结，此时再办理公司注销登记，便没有了后顾之忧，一般即使后续出现法律风险大多也是前期清算阶段的问题。因此清算注销是规范的公司注销，这种注销的法律风险较小。注销阶段的法律风险主要存在于非清算注销，即简易注销和行政强制注销。

（一）简易注销制度的法律风险及相关民事诉讼

简易注销是指公司在未经清算的情况下由全体股东作出相关承诺之后直接注销公司的一种法律制度，其具体内容已在本章第一节作了介绍，这里不再赘述。这种制度的法律风险主要体现为《公司法》第240条第3款规定的股东承诺不实的法律责任："公司通过简易程序注销公司登记，股东对本条第一款规定的内容承诺不实的，应当对注销登记前的债务承担连带责任。"

该款规定是对股东有限责任制度的突破，当该款规定被"激活"时，股东不再受到有限责任制度的保护，而需要对公司的债务承担连带责任。连带责任在承担责任的顺位上不分先后，这里的连带责任在数额上也没有上限，因此是对股东有限责任的实质性的突破。对于股东来说，换取不清算就注销公司这种简易注销的代价是极其巨大的，除非以下两种情况，不建议对公司进行简易注销。这两种情况是，第一种，公司成立后没有开展任何经营活动，因此公司在存续期间确实未产生债务；第二种，公司虽有经营，但股东对一切经营情况完全了解，能够保证公司已清偿全部债务并且没有对外担保等或有债务。

追究简易注销法律责任的诉讼，一般情况下也应当适用清算责任之诉，前文已对该诉作了介绍，这里不再赘述。

（二）公司被行政强制注销的法律风险及相关民事诉讼

根据《公司法》第241条第2款的规定，公司被行政强制注销的，原公司股东、清算义务人的责任不受影响。换句话说，公司虽然被强制注销了，作为独立法律主体的资格不复存在了，但是公司清算义务人对原公司的资产和债务进行清理的清算义务并不受影响，因此公司的法定清算义务人公司董事仍负有清算义务，仍应承担未及时清算的法律责任。如果公司清算组已经成立，所有清算组成员履行清算职责之忠实勤勉义务也丝毫不受公司强制注销的影响，清算组违背履职信义义务的，依然应当承担前文提到的损失赔偿责任。对于公司股东来说，如果公司章程规定由股东组成清算组或者股东会决议另行指定了清算组，那么股东就成为了清算组成员应承担对应的直接法律责任，或者对清算组履职负有监督的责任。

另外，如果公司存在股东认缴注册资本尚未实缴的情况，那么随着公司解散，认缴期限视为立即到期，如果在清算中发现公司现有资产不足以足额偿付公司债务，已认缴未实缴注册资本的公司股东负有立即缴纳出资的义务。

关于公司被行政强制注销的法律风险所对应的民事诉讼，前述因清算义务人违反清算义务，或者清算组成员违背信义义务，或者公司股东违背了其清算直接或者间接相关的义务，适用清算责任之诉；如果是因公司股东已认缴未实缴注册资本而被要求向公司出资或者因股东抽逃出资而被要求返还出资，或者因股东其他滥用权利被要求承担赔偿责任等出现纠纷诉至法院，则应分别依据相应法律关系适用股东出资纠纷、损害公司利益责任纠纷和损害公司债权人利益责任纠纷等相关案由。鉴于适用这些案由的相关诉讼已在本章其他部分或本书其他章节进行了论述，这里也不再一一详细介绍。

第三节 公司终止相关行政法律风险和刑事法律风险

与公司终止有关的行政法律风险和刑事法律风险主要是《公司法》规定的妨害清算的行政法律责任以及《刑法》规定的妨害清算罪和虚假破产罪。

一、公司终止相关行政法律风险——妨害清算的行政法律责任

在清算过程中隐匿财产和虚假账务处理等行为，属于性质极其恶劣的违背清算忠实义务的严重违法行为，法律对这种行为的规制不再局限于返还财产等民事责任的范围，而是上升到对违反者科以行政责任，甚至在刑法中将该行为入罪并对行为者科以刑事处罚，即接下来要讨论的妨害清算罪。关于妨害清算的行政法律责任，《公司法》第256条对此规定如下：“公司在进行清算时，隐匿财产，对资产负债表或者财产清单作虚假记载，或者在未清偿债务前分配公司财产的，由公司登记机关责令改正，对公司处以隐匿财产或者未清偿债务前分配公司财产金额百分之五以上百分之十以下的罚款；对直接负责的主管人员和其他直接责任人员处以一万元以上十万元以下的罚款。”

根据该条的规定，妨害清算的客观表现有三种，具有三种表现当中的任何一种的，即可构成法律上规定的“妨害清算”。这三种客观表现分别是，第一，在清算时隐匿财产；第二，在清算时对资产负债表或者财产清单作虚假记载；第三，清算过程中在未清偿债务前分配公司财产。

妨害清算情节严重的，构成妨害清算罪，应当依法追究刑事责任。妨害清算尚不构成犯罪的，应当依据《公司法》的上述规定追究行政责任。承担行政责任的主体包括公司和直接责任人员，承担责任的方式是行政罚款，其中对公司的罚款数额以隐匿财产或者未清偿债务前公司财产作为计算基数，对公司罚款的数额幅度为该计算基数的百分之五至百分之十；承担行政责任的个人是对妨害清算行为直接负责的主管人员和其他直接责任人员，行政罚款的上下限幅度是一万到十万元。

二、公司终止相关刑事法律风险——妨害清算罪和虚假破产罪

与公司终止有关的刑事法律风险涉及两个罪名，分别是妨害清算罪和虚假破产罪。

（一）妨害清算罪

《刑法》第162条规定了妨害清算罪：“公司、企业进行清算时，隐匿财产，对资产负债表或者财产清单作虚伪记载或者在未清偿债务前分配公司、企业财产，严重损害债权人或者其他人利益的，对其直接负责的主管人员和其他直接责任人员，处五年以下有期徒刑或者拘役，并处或者单处二万元以上二十万元以下罚金。”

根据该条规定，本罪的客观要件包括三个行为要件和一个考量危害程度的危害结果要件。这三个行为要件分别是隐匿财产对资产负债表或者财产清单作虚假记载以及在未清偿债务前分配公司财产。这三个行为要件只要构成其中一项且符合结果要件时，即构成本罪，同时具有三个行为要件的两项或者三项都具有的，也构成本罪之一罪，不构成数罪。此外，犯罪行为必须发生在公司或企业清算过程中，这可以理解为本罪的客观要件之一，即行为的背景要件。

妨害清算的危害程度必须达到“严重损害债权人或者其他人利益”的程度才构成犯罪，这是本罪客观要件当中的危害结果要件，是区分罪与非罪时必须考量的要素。至于“严重损害”的具体标准，2022年《刑事案件立案标准的规定(二)》第7条对此作出了明确规定：“〔妨害清算案(刑法第一百六十二条)〕公司、企业进行清算时，隐匿财产，对资产负债表或者财产清单作虚伪记载或者在未清偿债务前分配公司、企业财产，涉嫌下列情形之一的，应予立案追诉：(一)隐匿财产价值在五十万元以上的；(二)对资产负债表或者财产清单作虚伪记载涉及金额在五十万元以上的；(三)在未清偿债务前分配公司、企业财产价值在五十万元以上的；(四)造成债权人或者其他人直接经济损失数额累计在十万元以上的；(五)虽未达到上述数额标准，但应清偿的职工的工资、社会保险费用和法定补偿金得不到及时清偿，造成恶劣社会影响的；(六)其他严重损害债权人或者其他人利益的情形。”

关于本罪的犯罪主体要件，虽然从刑法条文的表述上，《刑法》在规定本罪时使用了“公司企业进行清算时”这个表述，但本罪并不是单位犯罪。上述表述应理解为犯罪的客观要件之一，即要构成本罪相关行为必须发生在公司、企业清算的时候；而不能理解为本罪的犯罪主体是“公司、企业”。所以本罪的犯罪主体是一般个人主体，刑法没有规定本罪犯罪主体的特殊身份，只要实施本罪客观要件之行为的主体均可以构成本罪。但是，在实践中，犯本罪的主体一般是公司、企业清算时清算组的组成人员或者公司的股东或实际控制人等与清算事务直接相关的人员。如果说对于犯罪主体有所限制的话，那就是，只有对妨害清算行为直接负责的主管人员和其他直接责任人员才是本罪的适格犯罪主体，其他一般参与人员和间接责任人员不是本罪的适格犯罪主体。

在犯罪主观方面，本罪是故意犯罪，具有妨害清算之主观故意是构成本罪的主观要件。

根据《刑法》第162条的规定，本罪的刑罚包括自由刑和罚金附加刑。自由刑的幅度是五年以下有期徒刑或者拘役，罚金刑的幅度是二万元以上二十万元以下。对于犯罪情节较轻需要从轻处罚的，可以单独适用罚金刑，不判处自由刑，即单独判处罚金，而不判处有期徒刑，也不判处拘役。

案例17.2　王某乔妨害清算案[1]

【裁判要旨】

行为人在其实际经营的公司被法院裁定受理破产申请后，隐匿财产，对管理人隐瞒不报，在未清偿债务前擅自处置公司财产，不仅造成破产清算工作失去真实、客观的依据，还严重损害了债权人或者其他人权益，符合妨害清算罪的构成要件。

【案情简介】

王某乔系宿迁某建设公司实际经营管理人。2019年10月14日，因宿迁某建设公司不能清偿到期债务，债权人向法院申请对宿迁某建设公司进行破产清算，法院于2020年5月12日指定江苏某律师事务所为该公司破产管理人。王某乔在明知宿迁某建设公司已经进入破产清算程序并已指定管理人的情况下，于2020年5月15日至18日，私自接收江苏某信息技术有限公司支付给宿迁某建设公司的工程质保金等款项合计人民币501万余元，并对管理人隐瞒不报，擅自将上述款项用于支付到期贷款利息、工程款等。2021年9月15日，宿迁某建设公司破产管理人向公安局报案，提出在破产清算过程中王某乔未将对应款项支付给管理人，涉嫌妨害清算罪并提交相关证据材料。公安机关经过分析掌握其主要犯罪事实后，电话通知被告人王某乔到案配合调查，王某乔到案后未作如实供述，后经公安机关多次讯问，才如实供述自己的犯罪事实。被告人王某乔自愿认罪认罚，签字具结。

江苏省宿迁市宿豫区人民法院于2022年6月1日作出（2022）苏1311刑初101号刑事判决，以被告人王某乔犯妨害清算罪，判处有期徒刑十个月，并处罚金人民币5万元。宣判后，公诉机关未提出抗诉，被告人未提出上诉，判决已生效。

【案件分析】

法院生效裁判认为：被告人王某乔作为宿迁某建设公司的负责人，在该

---

〔1〕 江苏省宿迁市宿豫区人民法院刑事判决书，（2022）苏1311刑初101号。

公司进行破产清算时，隐匿财产，在未清偿债务前擅自处置公司财产，严重损害债权人或者其他人利益，其行为已构成妨害清算罪。公诉机关指控被告人王某乔犯妨害清算罪的罪名成立。

关于妨害清算罪的进行清算时的认定。刑法明确规定公司、企业进行清算时发生的妨害清算行为能构成妨害清算罪。妨害清算罪主要是为了保护濒危公司的债权人或者其他人的合法权益。因此，进行清算时的起止时间就成了认定妨害清算罪与非罪的重点要素。受理破产申请裁定是人民法院在经过一定事实调查基础上作出的法律裁定。本案中将法院裁定受理破产申请作为该公司进行清算的开始时间，以此来认定清算起始时间，既有很强的可操作性，也有很强的法律严肃性。

关于隐匿财产与在未清偿债务前擅自处置公司财产问题。本罪在客观方面主要表现为公司在清算时，有隐匿财产或者在公司清偿债务前分配公司财产的行为。本案中，被告人王某乔经营的公司私自接收江苏某信息技术有限公司支付给宿迁某建设公司的工程质保金等款项合计人民币501万余元，并对管理人隐瞒不报，擅自将上述501万余元用于支付到期贷款利息、工程款等，符合妨害清算罪的行为特征。

综上，宿迁某建设公司进行破产清算时，故意隐匿财产，在未清偿债务前擅自处置公司财产，严重损害债权人或者其他人利益，王某乔为该公司直接负责的主管人员，应当处五年以下有期徒刑或者拘役，并处或者单处2万元以上20万元以下罚金。王某乔具有坦白、立功、认罪认罚等情节，法院依法对其判处有期徒刑十个月，并处罚金人民币5万元，量刑适当。

（二）虚假破产罪

《刑法》第162条之二规定了虚假破产罪："公司、企业通过隐匿财产、承担虚构的债务或者以其他方法转移、处分财产，实施虚假破产，严重损害债权人或者其他人利益的，对其直接负责的主管人员和其他直接责任人员，处五年以下有期徒刑或者拘役，并处或者单处二万元以上二十万元以下罚金。"

首先，从立法技术上分析，本罪与妨害清算罪立法模式基本相同。在犯罪主体要件方面，本罪的法条内容虽然以“公司、企业”开头，但并不是单位犯罪，而是个人犯罪，并且是一般主体要件。对虚假破产行为直接负责的主管人员和其他直接责任人员才是本罪的适格犯罪主体，其他一般参与人员和间接责任人员不是本罪的适格犯罪主体。

其次，在犯罪客观要件方面，该条列举了三种可以构成本罪的虚假破产行为，它们都是本罪的犯罪客观要件，它们是隐匿财产，承担虚构的债务或者以其他方法转移、处分财产。这三种行为满足其一即可构成本罪，满足若干的也只构成本罪之一罪，不构成数罪。

最后，“实施破产”是本罪的另一客观要件，即必须存在实施公司或企业破产的行为，才能构成本罪，如果仅有前述“隐匿财产”等行为，那么即使前述行为在客观上使公司、企业达到了法定破产条件，但没有去实施破产，也不构成虚假破产罪。但这种情况不排除相关行为构成其他犯罪的可能性。

虚假破产罪的犯罪客观要件当中也包括危害结果要件，虚假破产行为必须具有危害结果并且达到“严重损害债权人或者其他人利益的”程度。至于“严重损害”的具体标准，2022年《刑事案件立案标准的规定（二）》第9条对此作出了明确规定：“〔虚假破产案（刑法第一百六十二条之二）〕公司、企业通过隐匿财产、承担虚构的债务或者以其他方法转移、处分财产，实施虚假破产，涉嫌下列情形之一的，应予立案追诉：（一）隐匿财产价值在五十万元以上的；（二）承担虚构的债务涉及金额在五十万元以上的；（三）以其他方法转移、处分财产价值在五十万元以上的；（四）造成债权人或者其他人直接经济损失数额累计在十万元以上的；（五）虽未达到上述数额标准，但应清偿的职工的工资、社会保险费用和法定补偿金得不到及时清偿，造成恶劣社会影响的；（六）其他严重损害债权人或者其他人利益的情形。”

犯罪主观方面，本罪是故意犯罪，具有虚假破产之主观故意是构成本罪的主观要件。

根据《刑法》第162条之二的规定，本罪的刑罚包括自由刑和罚金附加刑。自由刑的幅度是五年以下有期徒刑或者拘役，罚金刑的幅度是2万元以上20万元以下。对于犯罪情节较轻需要从轻处罚的，可以单独适用罚金刑，不判处自由刑。

第十八章　防范公司内部法律风险的万能钥匙
——诚信文化与法治思维

在多维度探讨了公司从“生”到“死”之全生命周期的内部法律风险之后，有必要作一个设问：如何防范公司内部法律风险呢？或者说，有没有防范公司内部法律风险的万能钥匙？

笔者认为，答案是肯定的。这把防范公司内部法律风险的万能钥匙就是——诚信文化与法治思维。

第一节　防范公司内部法律风险的形而上之大道——诚信文化

“形而上曰谓之道，形而下曰谓之器。”对于个人来说，诚信是防范法律风险的大道；对于公司来说，诚信文化是防范法律风险的大道。

从表面上看，本书第四章到第十七章全方位多角度阐述的公司从“出生”（公司成立）到“死亡”（公司终止）的公司全生命周期的内部法律风险，似乎绝大多数来自对法律规定的违反；或者换句话说，来自法律规定的法律责任。实则不然。因为，法律之所以规定某个行为的民事法律责任，以至于对其科以行政责任甚至将其入罪科以刑事责任，皆是因为该行为是对法定义务的违反，并且该违反法定义务的行为往往还损害了他人的民事权利、侵害了行政法甚或刑法所保护的社会秩序这种更高的法益。

问题的探讨不应到此结束。因为，如果我们的分析仅仅深入到“法律规定法律责任的背后逻辑是法定义务，我们为了防范法律风险就应当遵守法律，履行法定义务”这个层面，那么进一步的逻辑推演就应当是为了防范法律风险就必须对法律规定的所有义务和法律责任谙熟于心，而这在法律越来越复杂的当代几乎是不可能完全做到的，在面对浩如烟海的法律、法规、规章以及其他规范性文件时，每个人的时间和精力都是有限的，无法将其全部掌握且运用自如。因此，用这样的理论逻辑和方法去防范法律风险，其结果则只可能会是“备左则右寡，备右则左寡；无所不备，则无所不寡”〔1〕。

那么，到底应该怎样防范法律风险呢?

应该从形而上的角度去思考和解决这个问题。

应该从更高的“道”的层面去思考和解决这个问题。

而不是仅仅停留在法律条文本身的形而下之“器”的角度。当然对重要法律条文，比如本书中介绍的《公司法》中的重要内容的学习是完全必要的，也是非常重要的。但是，不能仅仅停留在此，而是应该在此基础上提升到更高的角度——“道”的角度。

这个“道”就是诚信。

古语云，法不悖理，理不悖情。诚信是义务的来源，是义务背后的最高法则；而义务是法律责任的来源，是法律责任背后的法理基础，是法律责任条款的逻辑起点和最后归宿。比如，《刑法》对虚假出资和抽逃出资的法律责任之设定，其背后的法理逻辑是股东的出资义务，而股东的出资义务既是现代公司制度的核心股东有限责任制度和公司独立法律人格制度得以构建的基础前提和条件，也是其叙事的起点。而现代公司制度之所以能够诞生和繁荣背后的大道则是诚信——对“公司与股东在法律人格上相互独立”之“诚”和对这种法律制度之“信”。有了这种诚信，才有可能在思想深处树立起“公司的是公司的，股东的是股东的，两种应该泾渭分明，不可混淆”这种意识。有了这种诚信来统领思想，在思想上一般就不会动违背诚信之念。既然连虚假出资、抽逃出资的念头都没有启动，自然就从最深处的源头在不知不觉中就防范了可能的法律风险。这种以诚信为做人基本原则，甚至内心信仰诚信的人，假如遇到了建议其实施虚假出资、抽逃出资

〔1〕《孙子兵法·虚实篇》。

的“狗头军师”，即使其对法律关于虚假出资、抽逃出资的法律风险和法律责任一点也不了解，也不会影响其内心本能的判断。即使偶尔出现内心对行为是非的本能判断与法律的规定相左的情况，如果再加上下一节介绍的防范公司内部法律风险万能钥匙的另一面——法治思维的情况下，那么其不正确的是非判断就会进一步在法治思维的庇佑之下很快得以纠偏。不仅仅虚假出资和抽逃出资是这样，其他绝大多数具有较高法律风险需要承担较重法律责任的行为基本上都是这样。

所以说，诚信是大道，不仅是做人的大道，也是个人防范风险的大道，是个人防范法律风险之万能钥匙的一个面。行动要先起念，有了诚信这个大道，人就会不动或者少动违法之念；即使动了违法之念，如果其内心除了诚信这个大道之外，还拥有法治思维，那么其所动的违法的“邪念”也往往会被很快扼杀。这样就从最根本和最深入的层面上防范了违法行为的法律风险。

俗话说，单丝不成线，孤木不成林。一个人的诚信只能在其自身层面防范法律风险，还不能在整个公司的层面防范法律风险。要想在整个公司的层面获得防范法律风险的万能钥匙，只有公司中某一个人，或者某几个人的诚信还远远不够，而是需要在公司中形成、推崇并践行诚信文化。

“文化”这个词也许是内涵和外延都最丰富的词语之一。这里所说的公司的诚信文化，是指公司将诚信作为内部治理和外部经营的一项基本原则，一种理念，一种信念，甚至是一种是信仰；进而在实践中使诚信成为一种风尚，一种习惯，一种在潜意识中遵循的法则。

当诚信作为公司内外部治理的信念在公司员工中被广泛接纳、接受，甚至融入大多数员工的血液时，公司当中就会形成以诚信为荣，以背叛和背信为耻的良好风气；当诚信做事、诚信做人成为公司多数员工和公司各个部门的思维习惯和潜意识当中遵循的最高法则，诚信文化就在公司里发扬光大，她神奇的力量就会赋予公司对各种违法行为的超级“免疫力”，使公司免于违法行为所带来的法律风险的困扰。

第二节　防范公司内部法律风险的万能之器——法治思维

如果说诚信文化是防范公司法律风险的形而上的大道，那么法治思维就是与其相对应的形而下的防范公司内部法律风险的万能利器。两者共同组成了一把防范公司内部法律风险的万能钥匙，分别是这把万能钥匙的两个面。

可以从思想和行动两个层面来理解法治思维，对法治的知行合一是法治思维的最高境界。

在思想的层面，法治思维是指对法治的信仰。法治思维首先要在思想上相信法律，信任法律，相信法治是维护社会正常运转、维持社会秩序、保护包括自己在内的每个人权利的最佳制度选择；相信法律的背后是公平，是正义；相信只有人人遵守法律才能够实现包括自己在内的全社会利益的最大化，这种利益不仅包括经济利益，还包括精神、文化等幸福生活的各个方面；相信对法律的违背就是对公平正义之人间大道的违背；相信这种违背的后果绝不是仅仅危害他人，而是必然最终会伤及自己。有了这种对法律的信任，就会在内心深处生发起对法律规范的景仰，对法律责任的敬畏。有了这种景仰和敬畏，在主观上就不会轻易产生违法行为的思想动机，就会产生对违法行为的强大的自身免疫力。

在行动的层面，法治思维是指对法治的实践，即践行法治，或者更准确地说，应当是主动践行法治。在民事权利受到损害之后请律师提起民事诉讼来实现对民事权利的司法救济，是践行法治；触犯刑律之后请律师依法辩护，这也是践行法治；但是，这些都是被动地践行法治。如果说这种被动地践行法治也是一种法治思维的话，那么，其至多仅仅是法治思维的最低级模式和最初级阶段。这种事后救济的低级阶段的法治思维之于法律风险防范难有裨益〔1〕。所以严格意义上，这

〔1〕　实践中多见的比这种最初级的模式稍微高出一点点的模式是，在行动方案酝酿和实施的前期完全忘记了法律专业人士的存在，等到生米已经或者快要煮成熟饭的“签订合同或者其他法律文件的时候”才去找法律专业人士去审查合同或法律文件。殊不知，法律审查的功能可不是或者至少不应当仅仅是对合同等法律文件进行文字或者法律文字上的审查。如果整个方案本身存在较大的法律上的风险、隐患或者漏洞，那么对于法律风险防范来说，此时已经为时已晚，对文件的法律审查所能够起到的对法律风险的防范作用已经非常有限。

种模式只能叫作践行法制，而不能叫作践行法治。

古语云，凡事预则立不预则废。这里所说的作为法治思维行动层面的高级阶段的主动践行法治，是指在“动念”这个阶段就以法治“预”之。换句话说，在策划、谋划、筹划一件事情，尤其是重要事情的时候，应当给法治留有一席之地，并且应当将其待为上宾，决不能让法治缺席。只有这样，才可以在行动方案的酝酿阶段就开始识别其可能的法律风险，再在此基础上论证该法律风险可防范性，并在确定行动没有法律风险或者法律风险可控并值得承担的基础上综合制订、完善行动方案。这样，在重大事务的酝酿阶段，法治就深入参与其中，能够从行动的初始源头上最大限度地防范法律风险。

如果一个公司诚信文化已经蔚然成风，那这个公司就用诚信之大道武装了其灵魂。而如果该公司又在思想[1]和行动层面掌握了法治思维的方法论，并且能够将思想和行动两个层面结合起来达到知行合一的境界，那么，就可以说该公司掌握了形而下的防范公司法律风险的万能利器。这样，万能钥匙的两个面——诚信文化和法治思维就都被“锻造”出来。公司就得到了这把完整的防范公司内部法律风险的万能钥匙。

〔1〕 对于公司来说，作为一个组织，其“思想”是指其股东会、董事会等公司机关的思想。